mir-Edition

Herausgegeben von
A. Al-Laham (†)
J. Engelhard, Bamberg Deutschland
M. Kutschker, Ingolstadt, Deutschland
K. Macharzina, Stuttgart, Deutschland
M.-J. Oesterle, Stuttgart, Deutschland
S. Schmid, Berlin, Deutschland
M. K. Welge, Dortmund, Deutschland
J. Wolf, Kiel, Deutschland

In der mir-Edition werden wichtige Ergebnisse der wissenschaftlichen Forschung sowie Werke erfahrener Praktiker auf dem Gebiet des internationalen Managements veröffentlicht.

The series mir-Edition includes excellent academic contributions and experiential works of distinguished international managers.

Herausgegeben von
Prof. Dr. Andreas Al-Laham (†)

Prof. Dr. Johann Engelhard
Universität Bamberg

Prof. Dr. Michael Kutschker
Universität Eichstätt, Ingolstadt

Prof. Dr. Profs. h.c. Dr. h.c.
Klaus Macharzina
Universität Hohenheim, Stuttgart

Prof. Dr. Michael-Jörg Oesterle
Universität Stuttgart

Prof. Dr. Stefan Schmid
ESCP Europe Wirtschaftshochschule Berlin

Prof. Dr. Martin K. Welge
Universität Dortmund

Prof. Dr. Joachim Wolf
Universität Kiel

Thomas Kotulla

Strategien der internationalen Produktstandardisierung und -differenzierung

Mit einem Geleitwort von Prof. Dr. Stefan Schmid

RESEARCH

Dr. Thomas Kotulla
Berlin, Deutschland

Dissertation, ESCP Europe Wirtschaftshochschule Berlin, 2012

ISBN 978-3-8349-4437-5　　　　　　　ISBN 978-3-8349-4438-2 (eBook)
DOI 10.1007/978-3-8349-4438-2

Die Deutsche Nationalbibliothek verzeichnet diese Publikation in der Deutschen Nationalbibliografie; detaillierte bibliografische Daten sind im Internet über http://dnb.d-nb.de abrufbar.

Springer Gabler
© Gabler Verlag | Springer Fachmedien Wiesbaden 2012
Das Werk einschließlich aller seiner Teile ist urheberrechtlich geschützt. Jede Verwertung, die nicht ausdrücklich vom Urheberrechtsgesetz zugelassen ist, bedarf der vorherigen Zustimmung des Verlags. Das gilt insbesondere für Vervielfältigungen, Bearbeitungen, Übersetzungen, Mikroverfilmungen und die Einspeicherung und Verarbeitung in elektronischen Systemen.

Die Wiedergabe von Gebrauchsnamen, Handelsnamen, Warenbezeichnungen usw. in diesem Werk berechtigt auch ohne besondere Kennzeichnung nicht zu der Annahme, dass solche Namen im Sinne der Warenzeichen- und Markenschutz-Gesetzgebung als frei zu betrachten wären und daher von jedermann benutzt werden dürften.

Einbandentwurf: KünkelLopka GmbH, Heidelberg

Gedruckt auf säurefreiem und chlorfrei gebleichtem Papier

Springer Gabler ist eine Marke von Springer DE. Springer DE ist Teil der Fachverlagsgruppe Springer Science+Business Media
www.springer-gabler.de

Vorwort der Herausgeber

Für viele Unternehmen ist es heutzutage unerlässlich, sich auf ausländischen Märkten zu betätigen. Ein erfolgreiches Management der Internationalisierung stellt Unternehmen allerdings immer wieder vor neue Herausforderungen. Die Herausgeber beabsichtigen mit der Schriftenreihe mir-Edition, die vielfältigen und komplexen Managementanforderungen der internationalen Unternehmenstätigkeit wissenschaftlich zu begleiten. Die mir-Edition soll zum einen der empirischen Feststellung und der theoretischen Verarbeitung der in der Praxis des Internationalen Managements beobachtbaren Phänomene dienen. Zum anderen sollen die hierdurch gewonnenen Erkenntnisse in Form von systematisiertem Wissen, von Erklärungen und Denkanstößen sowie von Handlungsempfehlungen verfügbar gemacht werden.

Diesem angewandten Wissenschaftsverständnis fühlt sich seit nunmehr 50 Jahren auch die in über 40 Ländern gelesene internationale Fachzeitschrift mir – Management International Review – verpflichtet. Während in der Zeitschrift allerdings nur kurzgefasste englischsprachige Aufsätze publiziert werden, soll der breitere Raum der vorliegenden Schriftenreihe den Autoren und Lesern die Möglichkeit zur umfänglichen und vertieften Auseinandersetzung mit dem jeweils behandelten Problem des Internationalen Managements eröffnen. Der Herausgeberkreis der mir-Edition wurde 2008 um weitere renommierte Fachvertreter des Internationalen Managements erweitert. Geblieben ist jedoch die Herausgeberpolitik für die mir-Edition, in der Schriftenreihe innovative und dem Erkenntnisfortschritt dienende Beiträge einer kritischen Öffentlichkeit vorzustellen. Neben Forschungsergebnissen, insbesondere des wissenschaftlichen Nachwuchses, können auch einschlägige Werke von Praktikern mit profundem Erfahrungswissen im Internationalen Management einbezogen werden. Wissenschaftliche Sammelbände, etwa zu Tagungen aus dem Bereich des Internationalen Managements, sind ebenso sehr gerne in der Reihe willkommen. Die Herausgeber laden zu Veröffentlichungen sowohl in deutscher als auch in englischer Sprache ausdrücklich ein.

Das Auswahlverfahren sieht vor, dass die Herausgeber gemeinsam über die Veröffentlichung eines für die Reihe eingereichten Werkes entscheiden. Wir freuen uns auf Ihre Manuskripte und hoffen, mit dieser seit langer Zeit renommierten Schriftenreihe die wissenschaftliche Diskussion und die praktische Lösung von Problemen des Internationalen Managements weiter zu stimulieren.

Andreas Al-Laham †, Johann Engelhard, Michael Kutschker, Klaus Macharzina, Michael-Jörg Oesterle, Stefan Schmid, Martin K. Welge, Joachim Wolf

Preface of the Editors

Today's global market makes it essential for many companies to operate in foreign markets. The successful management of the internationalization process consistently poses new challenges for business ventures. By publishing the journal series "mir-Edition", the editors endeavour to provide a scientific steering of the multiple and complex management requirements of international corporate activities. The journal series purpose is twofold.

Firstly, the "mir-Edition" is to provide empirical ascertainment and theoretical elaboration of the phenomena observed in international management practices. Secondly, the findings obtained are to be made available as systematised knowledge, assertions and thought-provoking impulses as well as recommended courses of action.

Further, the international trade journal "mir – Management International Review", read in more than 40 countries, has been feeling constrained in regard to providing applied scientific understanding over the past 50 years. As of yet, only compendious Anglophone essays are published in this journal. The wider range of the present journal series ought to provide editors and readers with the opportunity to deal with the respectively handled problems of international management in a circumferential and immersed way. The spectrum of publishers of the mir-Edition was extended in 2008 with the addition of renowned experts in the domain of international management. The established editors' policy for the "mir-Edition" was to provide to a critical public articles that are innovative and serve the advancement of cognition.

The editors welcome the latest research, especially those of young academics, involving the relevant works of practitioners with profound know-how in the area of international management. Also invited are scientific anthologies, such as presentations at conferences in the field of international management. The editors expressly invite articles to be submitted in both the German and English languages.

The selection procedure stipulates that the publishers make the decision as to the release of any articles submitted for the series. As editors of this long-standing renowned journal series, we look forward to receiving your manuscripts and hope to stimulate scientific discussion and to provide applied solutions to the problems of international management.

Andreas Al-Laham †, Johann Engelhard, Michael Kutschker, Klaus Macharzina, Michael-Jörg Oesterle, Stefan Schmid, Martin K. Welge, Joachim Wolf

Geleitwort

Fragen der internationalen Standardisierung und Differenzierung zählen – nicht erst seit der zwischen Theodore Levitt und Philip Kotler kontrovers geführten Debatte – zu einer der Kernfragestellungen des Internationalen Managements und des Internationalen Marketings. Es wäre daher zu erwarten, dass in der wissenschaftlichen Literatur bereits ein umfangreiches Wissen darüber vorliegt, wie sich Unternehmen im Spannungsfeld von internationaler Standardisierung und internationaler Differenzierung bewegen bzw. bewegen sollten. Ein Blick in die einschlägige Literatur zeichnet jedoch ein ernüchterndes Bild. So zahlreich die bisherigen Arbeiten sind, so sehr führen sie offenbar zu teilweise widersprüchlichen, teilweise auch wenig fundierten Ergebnissen. Dies wird durch bereits existierende Literaturüberblicke, etwa von Theodosiou/Leonidou, Ryans et al. oder Birnik/Bowman, bestätigt.

Herr Kotulla kann mit seiner Arbeit einige zentrale Schwächen bisheriger Forschungsbemühungen überwinden. Er zeigt, worin wichtige Defizite begründet liegen und wie sich diese Defizite beheben lassen. Insofern widmet sich Herr Kotulla einem Forschungsfeld, welches von manchen auf den ersten Blick als „abgedroschen" bewertet werden könnte, welches meiner Ansicht nach aber weiterhin hochaktuell ist. Die Frage nach der internationalen Standardisierung und Differenzierung stellt gleichsam eine der weiterhin relevanten Hauptfragen des Internationalen Managements dar, die auch Zusammenhänge zu Fragen der Globalisierung und Lokalisierung sowie – in dynamischer Hinsicht – zu Fragen der Konvergenz und Divergenz aufweist.

Das vorliegende Werk vereint zahlreiche Stärken in einer Arbeit. Erstens findet sich in der Arbeit ein äußerst systematischer und ausführlicher Überblick über den State-of-the-Art der existierenden Literatur. Mehr als 300 Beiträge werden auf ihre Inhalte, ihre Methodik und ihren wissenschaftstheoretischen Kern hin untersucht. Gerade in diesem Teil der Arbeit gelingt es Herrn Kotulla, auf Defizite bisheriger Forschung hinzuweisen. Zweitens wird in der Arbeit für den Bereich der internationalen Produktpolitik ein normativ-theoretisches Modell vorgestellt, welches die so genannte „Profit Logic" mit dem „Fit-Ansatz" verknüpft. Dieses Modell ist höchst innovativ und ermöglicht die Herleitung konkreter Hypothesen für ein erfolgreiches internationales Produktmanagement. Drittens kann Herr Kotulla auf Basis einer großzahligen empirischen Untersuchung, an der mehr als 200 Manager teilgenommen haben, überprüfen, ob und wie sich die aus dem Modell hergeleiteten Hypothesen bestätigen lassen. Dabei ist es sehr erfreulich, dass Herr Kotulla die Frage der internationalen Standardisierung und Differenzierung für die einzelnen Elemente der Produktstrategie separat untersucht. Viertens erlaubt die Analyse im Sinne eines „Fit als Matching" Herrn

Kotulla, nicht nur Fehlstandardisierungen, sondern auch Über- und Unterstandardisierungen auszumachen.

Ich bin mir sicher, dass die Arbeit von Thomas Kotulla die Literatur zum Internationalen Management und zum Internationalen Marketing stark bereichert. Sie hält nicht nur wertvolle Ergebnisse und Erkenntnisse bereit, sondern sie gibt auch zukünftigen Forschungsbemühungen wichtige Impulse. Deshalb wünsche ich der Arbeit natürlich zunächst eine weite Verbreitung in der Wissenschaftslandschaft. Doch auch dem reflektierenden Praktiker sei die Arbeit empfohlen. Herrn Kotullas Arbeit befasst sich mit der Frage, was Praktiker tun sollten, um den Produktgewinn ihres Unternehmens (auch im Ausland) zu steigern. Insofern will die Arbeit nicht beschreiben, was von Managern tatsächlich praktiziert wird; die Arbeit kann vielmehr der Praxis dabei helfen, Strategien adäquat zu formulieren.

Sie, lieber Leser, liebe Leserin, können durch die Lektüre der vorliegenden Arbeit zahlreiche wertvolle Anregungen und Erkenntnisse gewinnen. Lassen Sie sich auf die Arbeit ein, und freuen Sie sich darauf, dass sie – wenn auch inhaltlich keine „leichte Kost" – sprachlich so verfasst ist, dass die darin enthaltenen Ausführungen sehr gut nachvollziehbar sind und der „rote Faden" jederzeit erkennbar ist.

Berlin, Juni 2012   Stefan Schmid

Vorwort

Das vorliegende Werk wurde im Jahr 2012 von der ESCP Europe Wirtschaftshochschule Berlin als Dissertation angenommen. Das Werk entstand während meiner dortigen Zeit als Wissenschaftlicher Mitarbeiter am Lehrstuhl für Internationales Management und Strategisches Management. Im Folgenden möchte ich allen Personen danken, die durch ihre Unterstützung direkt oder indirekt zum erfolgreichen Abschluss meines Promotionsverfahrens beigetragen haben.

Mein besonderer Dank gilt meinem akademischen Lehrer und Doktorvater, Herrn Prof. Dr. Stefan Schmid, Inhaber des Lehrstuhls für Internationales Management und Strategisches Management an der ESCP Europe Wirtschaftshochschule Berlin. Herr Professor Schmid unterstützte mich während meiner Zeit am Lehrstuhl in außerordentlichem Maße und trug durch seine stets konstruktiven Hinweise und Ratschläge wesentlich zum Gelingen meines Dissertationsprojektes bei. Profitieren konnte ich in diesem Zusammenhang insbesondere von seinen hohen Ansprüchen in Bezug auf Professionalität, Perfektion und akademische Exzellenz sowie von seiner Offenheit, Wege zu gehen (und auch mich Wege gehen zu lassen), die nicht vollständig dem wirtschaftswissenschaftlichen „Mainstream" entsprechen. Lieber Herr Schmid, herzlichen Dank für Ihre großartige Unterstützung in den vergangenen Jahren!

Ebenso danken möchte ich Herrn Prof. Dr. Joachim Zentes, Direktor des Instituts für Handel & Internationales Marketing an der Universität des Saarlandes. Herr Professor Zentes lieferte durch sein ausführliches Zweitgutachten zu meiner Dissertation wertvolle Hinweise und Kommentare, die mich zu weiterführenden Überlegungen angeregt haben. Zudem ermöglichte er es mir in seiner damaligen Funktion als Vorsitzender der Wissenschaftlichen Kommission Internationales Management im VHB, bei der Jahrestagung der Kommission im Februar 2011 ein gemeinsam mit Herrn Professor Schmid verfasstes Paper aus dem Themenbereich meiner Dissertation zu präsentieren und anschließend im Tagungsband der Kommission zu publizieren. Vielen Dank!

Auf privater Ebene möchte ich zu allererst meinen Eltern und meinem Bruder danken, die mich seit jeher in allen Lebenslagen unterstützen. Ohne diese (vor allem seelische) Unterstützung hätte ich meine Promotion – und viele andere Dinge in meinem Leben – niemals in dieser Form verwirklichen können. Auch wenn sich meine Dankbarkeit eigentlich nicht in Worte fassen lässt: Vielen, herzlichen Dank für alles!

Herzlich danken möchte ich auch allen Verwandten und Freunden, die mich in den vergangenen Jahren auf unterschiedliche Weise unterstützt haben. Hierzu zählen insbesondere meine Tante Petra Andreßen sowie – in alphabetischer Reihenfolge – Albert Haase, Christian und Annika Freitag, Christian Varela, Ghislaine Jaron-Wutz, Giuseppe Gennaro, Jan Lakotta, Johannes Viehmann, Klaus Fejsa, Kyu Youn Choi, Leila Terranti, Philipp Brune, Ramon Külpmann, Sebastian Ohme, Stephan Macke und Tobias Dauth.

Abschließend gilt mein Dank allen Lehrstuhl-Kolleginnen und -Kollegen, die durch ihre Diskussionsbereitschaft, ihre konstruktive Kritik sowie durch ihre Ideen und Anregungen zu einer Weiterentwicklung meiner Dissertation und einer Bereicherung meines Arbeitsalltags beigetragen haben. Vielen Dank an Dr. Monika Dammer-Henselmann, Dr. Matthias Daub, Dr. Tobias Dauth, Dipl.-Kfm. Ruben Dost, MBA, BA, Dipl.-Kfm. Lars Dzedek, Dr. Holger Endrös, Rita Engel, MSc, Dr. Philipp Grosche, Dr. Swantje Hartmann, Dr. Katharina Hefter, Dr. Andrea Luber, Dr. Mario Machulik, Dr. Julia Maurer, Renate Ramlau, Dipl.-Kffr. Esther Rödel, Dr. Stephan Schulze und Dipl.-Wirt.-Inf. Dennis Wurster, MLitt.

Berlin, Juni 2012											Thomas Kotulla

Inhaltsübersicht

Inhaltsverzeichnis .... **XV**

Abbildungsverzeichnis .... **XVII**

1 Einleitung **1**
    1.1 Relevanz der Arbeit 1
    1.2 Zielsetzung der Arbeit 2
    1.3 Aufbau der Arbeit 3

2 Literaturanalyse **5**
    2.1 Einführende Überlegungen 5
    2.2 Inhaltliche Eingrenzung der Literaturanalyse 5
    2.3 Formelle Eingrenzung der Literaturanalyse 26
    2.4 Ergebnisse der Literaturanalyse 31
    2.5 Fazit der Literaturanalyse 50

3 Theoretisches Modell **54**
    3.1 Ausrichtung des theoretischen Modells 54
    3.2 Grundlagen des theoretischen Modells 57
    3.3 Entwicklung des theoretischen Modells und Aufstellung der Hypothesen ... 61

4 Empirische Untersuchung **71**
    4.1 Ziele der empirischen Untersuchung 71
    4.2 Design der empirischen Untersuchung 72
    4.3 Methodik der empirischen Untersuchung 88
    4.4 Ergebnisse der empirischen Untersuchung 104

5 Schlussbetrachtung **171**
    5.1 Implikationen der Arbeit 171
    5.2 Limitationen der Arbeit 177
    5.3 Optionen für zukünftige Forschungsvorhaben 182

Anhang **189**

Literaturverzeichnis **267**

Inhaltsverzeichnis

Abbildungsverzeichnis XVII

1 **Einleitung** 1
   1.1 Relevanz der Arbeit 1
   1.2 Zielsetzung der Arbeit 2
   1.3 Aufbau der Arbeit 3

2 **Literaturanalyse** 5
   2.1 Einführende Überlegungen 5
   2.2 Inhaltliche Eingrenzung der Literaturanalyse 5
       2.2.1 Forschungsgegenstand 5
       2.2.2 Forschungsziele und Forschungsfragen 8
       2.2.3 Der Kontingenzansatz 12
       2.2.4 Der Fit-Ansatz 16
   2.3 Formelle Eingrenzung der Literaturanalyse 26
       2.3.1 Art der Literaturanalyse 26
       2.3.2 Umfang der Literaturanalyse 30
   2.4 Ergebnisse der Literaturanalyse 31
       2.4.1 Überblick über das Forschungsfeld 31
       2.4.2 Ergebnisse der deskriptiven Forschung 37
       2.4.3 Ergebnisse der positiv-theoretischen Forschung 39
       2.4.4 Ergebnisse der präskriptiven Forschung 40
       2.4.5 Ergebnisse der normativ-theoretischen Forschung 47
   2.5 Fazit der Literaturanalyse 50
       2.5.1 Forschungsbedarf im Rahmen der deskriptiven und
            positiv-theoretischen Forschung 50
       2.5.2 Forschungsbedarf im Rahmen der präskriptiven und
            normativ-theoretischen Forschung 51

3 **Theoretisches Modell** 54
   3.1 Ausrichtung des theoretischen Modells 54
   3.2 Grundlagen des theoretischen Modells 57
   3.3 Entwicklung des theoretischen Modells und Aufstellung der Hypothesen ...61

4	**Empirische Untersuchung** **71**	
	4.1 Ziele der empirischen Untersuchung 71	
	4.2 Design der empirischen Untersuchung 72	
	4.2.1 Einführende Überlegungen 72	
	4.2.2 Charakteristika des Untersuchungsdesigns 73	
	4.2.3 Erfassung der relevanten Variablen 78	
	4.2.4 Erfassung der relevanten Wirkungszusammenhänge 86	
	4.3 Methodik der empirischen Untersuchung 88	
	4.3.1 Methodik der Datenerhebung 88	
	4.3.1.1 Identifizierung und Kontaktierung der Erhebungszielgruppe 88	
	4.3.1.2 Auswahl und Entwicklung des Erhebungsinstruments 90	
	4.3.2 Methodik der Datenauswertung 98	
	4.4 Ergebnisse der empirischen Untersuchung 104	
	4.4.1 Beschreibung der Daten 104	
	4.4.1.1 Befragungsrücklauf 104	
	4.4.1.2 Deskriptive Statistik 107	
	4.4.2 Eignungsprüfung der Daten 110	
	4.4.2.1 Einführende Überlegungen 110	
	4.4.2.2 Eignung der Stichprobengröße 111	
	4.4.2.3 Eignung der Stichprobenwerte 112	
	4.4.2.4 Eignung der mit Hilfe der Stichprobe erfassten Messkonstrukte 117	
	4.4.3 Auswertung der Daten 126	
	4.4.3.1 Einführende Überlegungen 126	
	4.4.3.2 Datenauswertung auf Basis des Fits als Matching 128	
	4.4.3.3 Datenauswertung auf Basis des Fits als Moderation in Form einer Subgruppenanalyse 141	
	4.4.3.4 Datenauswertung auf Basis des Fits als Moderation in Form einer Interaktionsanalyse 147	
	4.4.3.5 Konsolidierung der Ergebnisse und Überprüfung der Hypothesen 159	
5	**Schlussbetrachtung** **171**	
	5.1 Implikationen der Arbeit 171	
	5.2 Limitationen der Arbeit 177	
	5.3 Optionen für zukünftige Forschungsvorhaben 182	
Anhang **189**		
Literaturverzeichnis **267**		

Abbildungsverzeichnis

Abb. 1: Zentrale Forschungsziele, Forschungsfragen und Forschungsdesigns im Zusammenhang mit der internationalen Marketingstandardisierung bzw. -differenzierung 11

Abb. 2: Unterstellte Ursache-Wirkungs-Beziehungen im Rahmen des klassischen Kontingenzansatzes 13

Abb. 3: Tabellarischer Überblick über die Konzeptualisierungen des Fit-Ansatzes 18

Abb. 4: Schematischer Überblick über die Konzeptualisierungen des Fit-Ansatzes 24

Abb. 5: Vorschlag zur Kategorisierung von Literaturanalysen 27

Abb. 6: Anzahl an Artikeln zur internationalen Marketingstandardisierung bzw. -differenzierung nach Publikationsjahr 32

Abb. 7: Anzahl an Artikeln zur internationalen Marketingstandardisierung bzw. -differenzierung nach Zeitschrift 33

Abb. 8: Meistzitierte Artikel zur internationalen Marketingstandardisierung bzw. -differenzierung 33

Abb. 9: Klassifizierung der aktuellsten Literaturanalysen zur internationalen Marketingstandardisierung bzw. -differenzierung 34

Abb. 10: Forschungsmethodik, Forschungsbereiche und Forschungsergebnisse der 330 Artikel zur internationalen Marketingstandardisierung bzw. -differenzierung, kategorisiert nach Forschungsfrage 36

Abb. 11: Häufig analysierte Situations- und Managementvariable in der Forschung zur internationalen Marketingstandardisierung bzw. -differenzierung 39

Abb. 12: Positiv-theoretische Artikel zur internationalen Marketingstandardisierung bzw. -differenzierung 40

Abb. 13: Auf dem Fit-Ansatz beruhende, präskriptive Artikel zur internationalen Marketingstandardisierung bzw. -differenzierung 42

Abb. 14: Normativ-theoretische Artikel zur internationalen Marketingstandardisierung bzw. -differenzierung 47

Abb. 15: Adressierte Forschungsfragen und konzeptioneller Bezugsrahmen des theoretischen Modells 57

Abb. 16: Theoretisches Modell 70

Abb. 17: Messung der Modellvariablen innerhalb der empirischen Untersuchung 84

Abb. 18: Gesamtmodell der empirischen Untersuchung 99

Abb. 19: Befragungsrücklauf im Rahmen der empirischen Untersuchung 106

Abb. 20: Arithmetische Mittel und Standardabweichungen der zentralen Modellvariablen 108
Abb. 21: Merkmale der Befragungsteilnehmer und ihrer Unternehmen 110
Abb. 22: Eindimensionalitätsprüfung für die reflektiven Multi-Item-Konstrukte auf Basis explorativer Faktorenanalysen 118
Abb. 23: Reliabilitätsprüfung für die reflektiven Multi-Item-Konstrukte 120
Abb. 24: Validitätsprüfung für die reflektiven Multi-Item-Konstrukte auf Basis einer gemeinsamen explorativen Faktorenanalyse 121
Abb. 25: Kollinearitätsprüfung für die formativen Multi-Item-Konstrukte 123
Abb. 26: Kollinearitätsprüfung für die exogenen Modellvariablen 125
Abb. 27: Analyse des Wirkungszusammenhangs zwischen dem Grad der internationalen Produktstandardisierung und dem ausländischen Produktgewinn 127
Abb. 28: Analyse der Wirkungszusammenhänge für die Fehlstandardisierung beim Fit als Matching 130
Abb. 29: Analyse der Wirkungszusammenhänge für die Unterstandardisierung beim Fit als Matching 132
Abb. 30: Analyse der Wirkungszusammenhänge für die Überstandardisierung beim Fit als Matching 134
Abb. 31: Signifikante Analyseergebnisse beim Fit als Matching 137
Abb. 32: Erweiterung des Hauptmodells um die Kontrollvariablen beim Fit als Matching 140
Abb. 33: Analyse der Wirkungszusammenhänge beim Fit als Moderation in Form einer Subgruppenanalyse 143
Abb. 34: Signifikante Analyseergebnisse beim Fit als Moderation in Form einer Subgruppenanalyse 145
Abb. 35: Analyse der Wirkungszusammenhänge beim Fit als Moderation in Form einer Interaktionsanalyse 149
Abb. 36: Signifikante Analyseergebnisse beim Fit als Moderation in Form einer Interaktionsanalyse 151
Abb. 37: Erweiterung des Hauptmodells um die Kontrollvariablen beim Fit als Moderation in Form einer Interaktionsanalyse 154
Abb. 38: Erweiterung des Hauptmodells um die Einflussvariablen beim Fit als Moderation in Form einer Interaktionsanalyse 157
Abb. 39: Konsolidierung aller signifikanten Analyseergebnisse 160
Abb. 40: Ergebnisse aller Hypothesentests im Überblick 164
Abb. 41: Empirisch bestätigtes Gesamtmodell 167
Abb. 42: Vorschlag für ein gewinntheoretisches Fit-Modell zur internationalen Produkt- und Preisstandardisierung bzw. -differenzierung 188

1 Einleitung

1.1 Relevanz der Arbeit[1]

Seit mehreren Jahrzehnten zeichnet sich auf volks- und betriebswirtschaftlicher Ebene eine zunehmende Internationalisierung ab, die sich insbesondere auf Kapital- und Güterströme bezieht (World Trade Organization, 2004, v.a. S. 17-33; Kutschker & Schmid, 2011, S. 40-51 und S. 104-112; United Nations, 2011, v.a. S. 1-38). Dabei ist jedoch umstritten, inwieweit diese Internationalisierung langfristig zu einer wirtschaftlich regionalisierten oder wirtschaftlich globalisierten Welt führen wird (Schmid, 2000; Ghemawat, 2003, 2005; Rugman & Verbeke, 2004; Rugman, 2005; Dunning et al., 2007; Kutschker & Schmid, 2011, S. 159-215). Zudem gilt es als unsicher, welchen Einfluss die wirtschaftliche Internationalisierung auf die weltweite Konvergenz oder Divergenz verwandter Lebensbereiche ausüben wird. So existieren sowohl Positionen, in deren Rahmen von einer weltweiten Angleichung soziokultureller, rechtlicher, politischer oder wissenschaftlicher Lebensbereiche ausgegangen wird, als auch Positionen, bei denen eine Zunahme von Unterschieden – z.B. auf soziokultureller Ebene – als Gegengewicht zur wirtschaftlichen Regionalisierung bzw. Globalisierung prognostiziert wird (de Mooij, 2003; Baddeley, 2006; Zentes & Morschett, 2007, S. 595-596; Fung, 2009; Zentes et al., 2010, S. 28-29; Kutschker & Schmid, 2011, v.a. S. 195-198 und S. 807-809). Es liegt auf der Hand, dass die entsprechende Entwicklung – vor allem auf soziokultureller Ebene – für all jene Unternehmen von Relevanz ist, die ihre Produkte oder Dienstleistungen über Ländergrenzen hinweg zu vermarkten versuchen. So stellt sich für international agierende Unternehmen insbesondere die Frage, inwieweit sie ihre Produkte bzw. Dienstleistungen länderübergreifend vereinheitlichen können oder länderspezifisch anpassen müssen, um im Ausland erfolgreich zu sein.

Innerhalb der Forschung zum Internationalen Marketing und Internationalen Management wird diese Fragestellung seit etwa 50 Jahren unter dem Stichwort der „Internationalen Marketingstandardisierung bzw. -differenzierung" untersucht (Roostal, 1963; Elinder, 1965; Levitt, 1983; Kotler, 1986; Jain, 1989; Cavusgil & Zou, 1994; Zou & Cavusgil, 2002; Katsikeas et al., 2006; Zentes & Morschett, 2007; Hultman et al., 2009; Morschett & Swoboda, 2009; Zentes & Schramm-Klein, 2009; Zentes et al., 2010, v.a. S. 47-64 und S. 375-433; Kutschker & Schmid, 2011, S. 1009-1014). Wie die Analysen im Rahmen der vorliegenden Arbeit zeigen werden, existieren in den einschlägigen Marketing- und Managementzeitschriften insgesamt mehr als 300 wis-

---

[1] Die folgenden Ausführungen basieren auf Textpassagen, die bereits in den Veröffentlichungen Schmid & Kotulla (2009a), S. 1-2, Schmid & Kotulla (2009b), S. 311-312, Schmid & Kotulla (2011b), S. 491-492, sowie Schmid & Kotulla (2012), S. 53-54, enthalten sind.

senschaftliche Beiträge zu dieser Thematik. Von hoher Relevanz für das Internationale Management ist die Fragestellung auch deshalb, weil die internationale Marketingstandardisierung bzw. -differenzierung in ständiger Wechselwirkung mit anderen Dimensionen der Internationalisierungsstrategie von Unternehmen steht, so z.B. mit der internationalen Konfigurationsstrategie (Quester & Conduit, 1996; Chung, 2008; Kutschker & Schmid, 2011, v.a. S. 837-840 und S. 1014). Zudem kann die Frage nach der internationalen Marketingstandardisierung bzw. -differenzierung bedeutenden Einfluss auf die Beziehung zwischen der Muttergesellschaft und den (ausländischen) Tochtergesellschaften internationaler Unternehmen haben (Shipchandler & Moore, 2000; Solberg, 2000; Subramaniam & Hewett, 2004).

Trotz der beschriebenen Relevanz sowie der hohen Publikationsintensität scheint sich die Forschung zur internationalen Marketingstandardisierung bzw. -differenzierung bis heute – methodisch und inhaltlich – in einem eher geringen Entwicklungsstadium zu befinden. Diesen Eindruck vermitteln zumindest die bisherigen Literaturüberblicke und Metaanalysen innerhalb des Forschungsfeldes. So bescheinigen z.B. Theodosiou & Leonidou (2003) – in weitgehender Übereinstimmung mit Ryans et al. (2003) sowie Birnik & Bowman (2007) – der Forschung zur internationalen Marketingstandardisierung bzw. -differenzierung überwiegend „non-significant, contradictory, and, to some extent, confusing findings attributable to inappropriate conceptualizations, inadequate research designs, and weak analytical techniques" (Theodosiou & Leonidou, 2003, S. 141). Zudem betonen die Autoren, dass es der bisherigen Forschung kaum gelingt, die relevanten Variablen und Wirkungszusammenhänge adäquat zu erfassen sowie die jeweiligen Gestaltungsempfehlungen theoretisch zu fundieren (Ryans et al., 2003, S. 593-599; Theodosiou & Leonidou, 2003, S. 167-168; Birnik & Bowman, 2007, S. 316). Diese vermeintlichen Schwächen der bisherigen Forschung bilden die Grundlage für die Ziele der vorliegenden Arbeit.

1.2 Zielsetzung der Arbeit

Mit der vorliegenden Dissertationsschrift werden drei Hauptziele verfolgt: Erstens möchte ich überprüfen, inwieweit die von den bestehenden Literaturüberblicken und Metaanalysen geäußerte Kritik an der existierenden Forschung zur internationalen Marketingstandardisierung bzw. -differenzierung berechtigt ist. Eine solche Überprüfung halte ich vor allem deshalb für notwendig, weil sich die bisherigen Literaturüberblicke und Metaanalysen im Rahmen ihrer Untersuchungen lediglich auf einen Bruchteil der gut 300 Artikel innerhalb des Forschungsfeldes beziehen (Schmid &

Kotulla, 2009b, S. 318).[2] Im Rahmen der vorliegenden Arbeit soll erstmals eine systematisch-kritische Analyse der gut 300 Artikel zur internationalen Marketingstandardisierung bzw. -differenzierung durchgeführt werden. Basierend auf dieser Analyse sollen die Stärken und Schwächen der bisherigen Forschung sowie der zukünftige Forschungsbedarf innerhalb des Forschungsfeldes herausgearbeitet werden.

Zweitens möchte ich – basierend auf dem im Rahmen der Literaturanalyse identifizierten Forschungsbedarf – ein theoretisches Modell entwickeln, das als Grundlage zur hypothesenbasierten Formulierung situationsspezifischer Gestaltungsempfehlungen dient. Dieses Modell soll „normativ-theoretischer" Natur sein und sich der Logik des „Situation-Management-Fits" bedienen (Venkatraman & Camillus, 1984; Drazin & van de Ven, 1985; van de Ven & Drazin, 1985; Venkatraman, 1989).[3] Dabei wird sich das Modell auf situationsspezifische Strategien der internationalen *Produkt*standardisierung bzw. -differenzierung im Hinblick auf eine Maximierung des ausländischen *Produktgewinns* konzentrieren. Mit Hilfe des theoretischen Modells soll es also möglich sein, Unternehmen situationsspezifische Gestaltungsempfehlungen hinsichtlich einer produktgewinnmaximierenden internationalen Produktstandardisierung bzw. -differenzierung zu liefern, die theoretisch fundiert und empirisch überprüfbar sind.

Drittens sollen die aus dem theoretischen Modell hergeleiteten Hypothesen möglichst großzahlig empirisch getestet werden. Auf diese Weise soll überprüft werden, inwieweit die entwickelten Hypothesen als Grundlage für belastbare, verallgemeinerbare Gestaltungsempfehlungen dienen können. Dabei sollen verschiedene Produktstrategieelemente, Branchen und Länder innerhalb der empirischen Untersuchung Berücksichtigung finden, um Unternehmen nicht nur aggregierte, sondern detaillierte Gestaltungsempfehlungen auf der Ebene einzelner Produktstrategieelemente, Branchen und Länder zu liefern. Zudem möchte ich mit der vorliegenden Arbeit einen Beitrag zur Integration der existierenden Forschung leisten, indem ich empirisch überprüfe, inwieweit sich die in den bisherigen Studien analysierten Variablen in das theoretische Modell der vorliegenden Arbeit einordnen lassen.

1.3 Aufbau der Arbeit

Der Aufbau dieser Arbeit orientiert sich an den drei in Abschnitt 1.2 dargestellten Zielen der Arbeit. In Kapitel 2 werde ich eine systematisch-kritische Analyse der Literatur zur internationalen Marketingstandardisierung bzw. -differenzierung durchführen.

---

[2] Vgl. hierzu auch die Ausführungen in Abschnitt 2.4.1.
[3] Vgl. zu normativen Theorien sowie zum Fit-Ansatz insbesondere die Ausführungen in den Abschnitten 2.2.2 und 2.2.4.

In diesem Zusammenhang werde ich zunächst eine inhaltliche und formelle Eingrenzung der Literaturanalyse vornehmen, bevor ich die Ergebnisse der Literaturanalyse vorstellen werde und den aktuellen Forschungsbedarf innerhalb des Forschungsfeldes aufzeigen werde.

In Kapitel 3 soll es zur Entwicklung des erwähnten theoretischen Modells kommen. Dabei werde ich zunächst die grundsätzliche Ausrichtung des Modells sowie die theoretischen Grundlagen des Modells vorstellen, bevor ich das Modell hypothesenbasiert entwickeln werde. In diesem Zusammenhang möchte ich auch zeigen, in welchem Verhältnis das entwickelte Modell zu bisherigen Arbeiten innerhalb des Forschungsfeldes steht und inwiefern sich die bislang analysierten Variablen in das theoretische Modell der vorliegenden Arbeit integrieren lassen.

Kapitel 4 umfasst eine Darstellung der empirischen Untersuchung der Arbeit. Innerhalb dieses Kapitels werde ich zunächst auf die Ziele, das Design und die Methodik der empirischen Untersuchung eingehen, bevor ich die Ergebnisse der Untersuchung präsentieren und diskutieren werde. Dabei werden unterschiedliche Auswertungsmethoden zur Anwendung kommen und miteinander verglichen werden, um eine möglichst hohe Aussagekraft der Ergebnisse zu erzielen.

Zuletzt werde ich in Kapitel 5 eine Schlussbetrachtung vornehmen, in deren Rahmen ich die wesentlichen Implikationen und Limitation der Arbeit sowie verschiedene Optionen für zukünftige Forschungsvorhaben aufzeigen werde.

2 Literaturanalyse

2.1 Einführende Überlegungen

Um eine systematische Analyse der existierenden Literatur zur internationalen Marketingstandardisierung bzw. -differenzierung durchführen zu können, bedarf es zunächst einer inhaltlichen und formellen Eingrenzung der Literaturanalyse. Die formelle Eingrenzung der Literaturanalyse betrifft Fragen nach der Art und nach dem Umfang der Analyse. Dabei muss unter anderem geklärt werden, welcher Publikationszeitraum, welche Publikationsorgane und welche Suchbegriffe für die Literaturrecherche und -analyse von Bedeutung sind. Im Gegensatz dazu erfordert die inhaltliche Eingrenzung einer Literaturanalyse vor allem die Bestimmung des Forschungsgegenstands, der Forschungsziele sowie der Forschungsfragen, mit denen sich die zu analysierende Literatur zu beschäftigen hat, um als relevant gelten zu können. Eine solche inhaltliche Eingrenzung kann dann wiederum Einfluss auf die zu berücksichtigenden Publikationsorgane und die im Rahmen der Literaturrecherche verwendeten Suchbegriffe haben. Aufgrund dieser Abhängigkeiten werde ich mich in Abschnitt 2.2 zunächst mit der inhaltlichen Eingrenzung meiner Literaturanalyse befassen, bevor ich in Abschnitt 2.3 auf deren formelle Eingrenzung eingehen werde. Die zentralen Ergebnisse der Literaturanalyse werde ich in Abschnitt 2.4 vorstellen; und in Abschnitt 2.5 werde ich die Literaturanalyse mit einem Fazit abschließen.

2.2 Inhaltliche Eingrenzung der Literaturanalyse

2.2.1 Forschungsgegenstand

Wie bereits erwähnt, möchte ich im vorliegenden Kapitel eine systematische Analyse der existierenden Literatur zur internationalen Marketingstandardisierung bzw. -differenzierung durchführen. Aus diesem Grund gilt es zunächst zu klären, wie der Forschungsgegenstand „Internationale Marketingstandardisierung bzw. -differenzierung" im Rahmen dieser Arbeit definiert werden kann. In Anlehnung an die einschlägige Marketing- und Managementliteratur (Müller & Kornmeier, 2002, S. 142-145; Müller & Gelbrich, 2004, S. 458-477; Kotler et al., 2007, S. 1062-1077; Becker, 2009, S. 329-335; Berndt et al., 2010, S. 180-187; Ghauri & Cateora, 2010, S. 243-244; Meffert et al., 2010, S. 128-147; Zentes et al., 2010, S. 375-379; Kutschker & Schmid, 2011, S. 1009-1014) verstehe ich unter „Internationaler Marketingstandardisierung bzw. -differenzierung" im Folgenden die *länderübergreifende Vereinheitlichung bzw. länderspezifische Anpassung der Marketing-Mix-Strategien und Marketingprozesse eines Unternehmens.*[4] Basierend auf dieser Definition bedarf es zusätzlich einer Bestimmung der Begriffe „Marketing-Mix-Strategien" sowie „Marketingprozesse".

Als „Marketing-Mix-Strategien" werden innerhalb des Marketing die *auf ein spezifisches Leistungsangebot bezogene Produktstrategie, Preisstrategie, Distributionsstrategie und Kommunikationsstrategie* bezeichnet (Esch et al., 2011, S. 33-38; Homburg & Krohmer, 2009, S. 13-14).[5] In Anlehnung an die englischsprachige Einteilung in die Bereiche Product, Price, Place und Promotion wird dabei häufig auch von den „4 P" gesprochen. Falls sich die Marketing-Mix-Strategien nicht auf Sachgüter, sondern auf Dienstleistungen beziehen (Zentes & Morschett, 2007), werden die vier P meist noch um drei zusätzliche P erweitert. Bei diesen zusätzlichen P handelt es sich um People (Personal), Process (Prozess) und Physical Evidence (äußeres Erscheinungsbild) (Kotler et al., 2007, S. 556).[6] Innerhalb der vier bzw. sieben P gibt es wiederum unterschiedliche Subelemente, die als „Marketing-Mix-Instrumente" bezeichnet werden. So existieren innerhalb der Produktstrategie z.B. die Instrumente Produktname, Produkteigenschaften und Produktverpackung; und innerhalb der Kommunikationsstrategie wird unter anderem zwischen den Instrumenten der klassischen Werbung, der Verkaufsförderung sowie der Öffentlichkeitsarbeit unterschieden (Homburg & Krohmer, 2009, S. 531-885). Im Gegensatz zu den Marketing-Mix-Strategien bezeichnet der Begriff „Marketingprozesse" alle *internen organisatorischen Abläufe, die im Zusammenhang mit der Vermarktung eines spezifischen Leistungsangebots anfallen* (Meffert et al., 2012, S. 778-818; Berndt et al., 2010, S. 185-187).

Konzeptionell gesehen stellen die internationale Marketingstandardisierung und die internationale Marketingdifferenzierung gegensätzliche Extreme eines Kontinuums dar (Theodosiou & Leonidou, 2003, S. 142; Waheeduzzaman & Dube, 2004, S. 34; Zentes et al., 2010, S. 375-379; Kutschker & Schmid, 2011, S. 1009). So ist z.B. eine Produktverpackung, die länderübergreifend vollständig standardisiert ist, in keinster Weise länderspezifisch differenziert. Eine Werbemaßnahme, die vollständig länderspezifisch differenziert ist, ist in keinster Weise länderübergreifend standardisiert. Und ein Marketingprozess, der lediglich zu einem geringen Grad länderübergreifend

---

[4] Ein solcher *länder*übergreifender bzw. -spezifischer Bezug schließt nicht aus, dass sich Fragen nach der internationalen Marketingstandardisierung bzw. -differenzierung auch auf supranationale *Regionen* beziehen können; vgl. hierzu z.B. Tai (1997), Lynch & Beck (2001) sowie Roper (2005).

[5] Teilweise wird anstatt von Produkt-, Preis-, Distributions- und Kommunikations*strategien* auch von Produkt-, Preis-, Distributions- und Kommunikations*politik* gesprochen. Vgl. hierzu z.B. Meffert et al. (2012), S. 22. Aufgrund der begrifflichen Nähe zum Konzept der Unternehmenspolitik (z.B. Hinterhuber, 1997, S. 56-57; Bamberger & Wrona, 2004, S. 61-66) soll in der vorliegenden Arbeit jedoch dem Strategie-Begriff gefolgt werden.

[6] Vgl. leicht abweichend auch Meffert et al. (2012), S. 22, die nicht von „Physical Evidence", sondern von „Physical Facilities" sprechen, inhaltlich aber dasselbe meinen.

standardisiert ist, ist zu einem hohen Grad länderspezifisch differenziert. Aus diesem Grund wird üblicherweise auch vom *Grad* der internationalen Marketingstandardisierung bzw. -differenzierung gesprochen; und da die Standardisierung und die Differenzierung gegensätzliche Extreme eines Kontinuums darstellen, werde ich in den folgenden Abschnitten häufig abkürzend vom „*Grad* der internationalen Marketing*standardisierung*" sprechen.

Mit dem nun hinreichend spezifizierten Forschungsgegenstand der internationalen Marketingstandardisierung bzw. -differenzierung befasst sich insbesondere die Forschung zum Internationalen Marketing, jedoch auch die Forschung zum Internationalen Management. Während die internationale Marketingstandardisierung bzw. -differenzierung eines der Hauptforschungsgebiete innerhalb des Internationalen Marketing darstellt (Craig & Douglas, 2005, S. 30-31; CIMaR, 2009; Meffert et al., 2010, S. 128; Zentes et al., 2010, S. 47-64 und S. 375-433), wird sie innerhalb des Internationalen Managements deutlich seltener untersucht.[7] In Anlehnung an eine Kategorisierung nach Kutschker & Schmid (2011, S. 837-840 und S. 998-1014) kann die internationale Marketingstandardisierung bzw. -differenzierung innerhalb des Internationalen Managements zu den internationalen Leistungsstrategien gezählt werden, die – genauso wie die internationalen Konfigurationsstrategien – Bestandteil der internationalen Allokationsstrategien eines Unternehmens sind (z.B. Schmid & Grosche, 2008, 2009; Schmid et al., 2011). Die internationalen Allokationsstrategien bilden gemeinsam mit vier weiteren Strategiedimensionen dann die Gesamt-Internationalisierungsstrategie eines Unternehmens (vgl. hierzu auch Schmid 2002, 2007, 2009).[8]

Basierend auf der in diesem Abschnitt erfolgten Bestimmung und Einordnung des Forschungsgegenstands wird deutlich, dass für die durchzuführende Literaturanalyse sowohl Publikationen aus dem Bereich des Internationalen Marketing als auch Veröffentlichungen aus dem Bereich des Internationalen Managements relevant sind, soweit sie sich mit der internationalen Marketingstandardisierung bzw. -differenzierung befassen. Doch für eine vollständige inhaltliche Eingrenzung der zu analysierenden Literatur reicht die Bestimmung und Einordnung des Forschungsgegenstands nicht aus. Denn je nach Ausrichtung der Literaturanalyse kann es sinnvoll sein, nur solche Literatur zu analysieren, die sich spezifischen Forschungszielen oder Forschungsfragen widmet. Im folgenden Abschnitt werde ich auf diesen Aspekt eingehen.

---

[7] Vgl. hierzu auch die Ausführungen in Abschnitt 2.3.2.
[8] Vgl. zu alternativen Einteilungen von Internationalisierungsstrategien z.B. Ringlstetter & Skrobarczyk (1994), Kutschker & Bäurle (1997) sowie Govindarajan & Gupta (2002).

2.2.2 Forschungsziele und Forschungsfragen[9]

Innerhalb der Wissenschaften im Allgemeinen sowie der Betriebswirtschafts- und Managementlehre im Speziellen wird für gewöhnlich zwischen drei Hauptforschungszielen unterschieden, deren Erreichung zu einem wissenschaftlichen Erkenntnisfortschritt beitragen soll.[10] Bei diesen Hauptforschungszielen handelt es sich um die Beschreibung, die Erklärung und die Gestaltung (Zelewski, 2008, S. 24-31; Schanz, 1988, S. 6-8).[11] Beschreibende Forschung, die auch als „deskriptiv" bezeichnet wird, beschäftigt sich mit der Erfassung spezifischer Merkmale eines in der Realität wahrnehmbaren Phänomens (Musgrave, 2007, S. 84-90; Bea & Schweitzer, 2009, S. 68-70). Bezogen auf den Forschungsgegenstand der durchzuführenden Literaturanalyse befasst sich deskriptive Forschung also mit einer Erfassung der tatsächlich von Unternehmen (in der Vergangenheit oder Gegenwart) praktizierten internationalen Marketingstandardisierung bzw. -differenzierung. Auf der anderen Seite existiert eine gestaltungsorientierte Form der Forschung, die auch als „präskriptiv" bezeichnet wird und die sich mit der Entwicklung von Gestaltungs- bzw. Handlungsempfehlungen in Bezug auf reale Phänomene beschäftigt (Schanz, 1988, S. 6-8; Bea & Schweitzer, 2009, S. 87-88). Im Hinblick auf den interessierenden Forschungsgegenstand befasst sich präskriptive Forschung also mit der Entwicklung von (zukunftsbezogenen) Handlungsempfehlungen bezüglich der internationalen Marketingstandardisierung bzw. -differenzierung von Unternehmen.

Ferner existiert eine erklärungsorientierte Forschung, die auch als „kausal" bezeichnet wird. Eine solche Forschung befasst sich mit der Identifikation von Ursache-Wirkungs-Beziehungen zwischen real existierenden Phänomenen (Popper, 2002, S. 31-33; Opp, 2005, S. 32-41).[12] Falls es sich dabei um Einzelphänomene handelt, deren Ursache-Wirkungs-Beziehungen in ihrer Tiefe erforscht werden, so wird anstatt von „Erklären" häufig auch von „Verstehen" gesprochen (Opp, 2005, S. 66-76).[13]

---

[9] Die folgenden Ausführungen basieren teilweise auf Textpassagen, die bereits in den Veröffentlichungen Schmid & Kotulla (2009a), S. 2-4, Schmid & Kotulla (2009b), S. 313-314, Schmid & Kotulla (2011a), S. 154-157, Schmid & Kotulla (2011b), S. 493-494, sowie Schmid & Kotulla (2012), S. 54-56, enthalten sind.

[10] In epistemologischer Terminologie wird daher üblicherweise auch von „Erkenntniszielen" gesprochen. Vgl. hierzu z.B. Schanz (1988), S. 6-8, sowie Eberhard (1999), S. 17-19.

[11] Vgl. hierzu auch Eberhard (1999), S. 15-21, der synonym zwischen phänomenalem, kausalem und aktionalem Forschungs- bzw. Erkenntnisziel unterscheidet. Vgl. zu weiteren Forschungszielen auch Schmid (1996), S. 74-80.

[12] Modale (wie?), temporale (wann? wie schnell?) und lokale (wo?) Erklärungen stellen meines Erachtens Sonderformen der kausalen (warum?) Erklärung dar. So befasst sich z.B. die temporale Erklärung genau genommen nicht mit der Frage, *wann* ein bestimmtes Phänomen auftritt, sondern *warum* ein Phänomen zu einem bestimmten Zeitpunkt auftritt.

[13] Das Verstehen eines Einzelphänomens umfasst allerdings nicht immer und nicht nur die tiefgehende Erforschung von dessen Ursache-Wirkungs-Beziehungen, sondern (auch) das Erkennen von dessen „innerem Wesen". In diesem Sinne beinhaltet der Prozess des Verstehens stets Elemente der Hermeneutik. Vgl. hierzu z.B. Dilthey (1961), S. 318, sowie Dilthey (1976), S. 195-206.

Falls hingegen das Ziel verfolgt wird, über Einzelphänomene hinausgehende Ursache-Wirkungs-Beziehungen in Form von Gesetz- oder Regelmäßigkeiten zu erforschen, so erhält das Erklären einen „theoretischen" Charakter (Popper, 2002, S. 41-42; Opp, 2005, S. 36-41; Ladyman, 2007, 357-360).

Im Rahmen der theoretischen Forschung kann wiederum zwischen einer positiv-theoretischen und einer normativ-theoretischen Forschung unterschieden werden (Pfohl & Braun, 1986; Langer & Rogowski, 2009 i.V.m. Lang, 2009; Laux, 2010). Die positiv-theoretische Forschung versucht, mit Hilfe von Theorien zu erklären, warum sich reale Phänomene unter bestimmten Bedingungen *tatsächlich* regelmäßig in einer bestimmten Art und Weise ereignen. Auf der Grundlage solcher Theorien sind dann ggf. Zukunftsprognosen möglich, die Auskunft darüber geben, unter welchen Bedingungen sich bestimmte Phänomene in einer bestimmten Art und Weise in der Realität ereignen *werden* (Pfohl & Braun, 1986; Donaldson, 2005; Opp, 2005, S. 76-90; Langer & Rogowski, 2009). Im Gegensatz dazu verfolgt die normativ-theoretische Forschung das Ziel, mit Hilfe von Theorien zu erklären, warum reale Phänomene unter bestimmten Bedingungen in einer bestimmten Art und Weise eine *erstrebenswerte* – also im Falle von Unternehmen erfolgreiche – Wirkung hervorrufen (Pfohl & Braun, 1986; Lang, 2009).[14] Auf der Grundlage solcher Theorien können dann ggf. präskriptive Gestaltungs- bzw. Handlungsempfehlungen begründet und fundiert werden.

Bezogen auf den Forschungsgegenstand der durchzuführenden Literaturanalyse befasst sich die positiv-theoretische Forschung also mit theoretischen Erklärungen, warum Unternehmen *tatsächlich* in bestimmten Situationen eine bestimmte internationale Marketingstandardisierung bzw. -differenzierung praktizieren. Demgegenüber beschäftigt sich die normativ-theoretische Forschung mit theoretischen Erklärungen, warum Unternehmen in bestimmten Situationen eine bestimmte internationale Marketingstandardisierung bzw. -differenzierung praktizieren *müssen*, um erfolgreich zu sein.[15] Im Rahmen eines konkreten Forschungsvorhabens können selbstverständlich auch mehrere der genannten Forschungsziele gleichzeitig verfolgt werden.

Um zu einem wissenschaftlichen Erkenntnisfortschritt beitragen zu können, müssen die vorgestellten, eher allgemein gehaltenen Forschungsziele der Beschreibung, Er-

---

Über das genaue Verhältnis von Erklären und Verstehen herrscht bis heute Uneinigkeit; vgl. zur so genannten „Erklären-Verstehen-Debatte" z.B. Apel (1990) sowie von Wright (2008).

[14] Was unter „erstrebenswert" oder „erfolgreich" zu verstehen ist, kann je nach konkreter Situation und Zieldefinition variieren; vgl. hierzu auch Schramm-Klein & Morschett (2006) sowie Hult et al. (2008). Auf diesen Punkt werde ich in Kapitel 3 noch zu sprechen kommen.

[15] Ich spreche an dieser Stelle nicht von „sollten", sondern von „müssen", um zu verdeutlichen, dass derartige theoretische Erklärungen keine moralischen Werturteile darstellen, sondern Ausdruck einer Zweckmäßigkeit sind.

klärung und Gestaltung in konkrete Forschungsfragen überführt werden, deren Beantwortung im Zentrum des jeweiligen Forschungsvorhabens steht. Im Rahmen einer kritischen Literaturanalyse kann dann untersucht werden, inwieweit die verschiedenen Forschungsarbeiten tatsächlich zu einer (teilweisen oder vollständigen) Beantwortung der konkreten Forschungsfragen in der Lage sind. Dabei ist zu beachten, dass unterschiedliche Forschungsfragen auch unterschiedliche, spezifische Forschungsdesigns erfordern können, damit die jeweiligen Forschungsergebnisse als valide gelten dürfen.[16] So erfordert z.B. eine präskriptiv orientierte Studie üblicherweise ein anderes Forschungsdesign als eine rein deskriptiv ausgerichtete Studie. Im Zuge einer kritischen Literaturanalyse kann es deshalb nicht ausreichend sein, lediglich die Ergebnisse der existierenden Forschung zu betrachten, sondern es sollte immer zunächst überprüft werden, inwieweit die jeweiligen Forschungsarbeiten auf Forschungsdesigns beruhen, die sich zur Beantwortung der entsprechenden Forschungsfragen eignen. Eine solche Prüfung soll auch im Rahmen der von mir durchzuführenden Literaturanalyse vorgenommen werden. Erst in einem zweiten Schritt werde ich dann eine selektive Analyse derjenigen Forschungsergebnisse durchführen, deren Arbeiten auf Forschungsdesigns beruhen, die sich zur Beantwortung der jeweiligen Forschungsfragen eignen.

Doch welches sind die zentralen Forschungsfragen im Bereich der internationalen Marketingstandardisierung bzw. -differenzierung? Und welche Arten von Forschungsdesigns erfordern diese Forschungsfragen? Eine überblicksartige Antwort hierauf gibt Abbildung 1.

(1a) Die deskriptive Forschung im Bereich der internationalen Marketingstandardisierung bzw. -differenzierung befasst sich mit der Frage, *wie* bzw. zu welchem Grad Unternehmen in bestimmten Situationen[17] ihr Marketing *tatsächlich* länderübergreifend vereinheitlichen. (2a) Demgegenüber widmet sich die präskriptive Forschung der Frage, *wie* bzw. zu welchem Grad Unternehmen in bestimmten Situationen ihr Marketing länderübergreifend vereinheitlichen *müssen*, um erfolgreich zu sein. (1b) Die positiv-theoretische Forschung beschäftigt sich mit der Entwicklung oder Überprüfung von Theorien zur Beantwortung der Frage, *warum* Unternehmen ihr Marketing *tatsächlich* in bestimmten Situationen zu einem bestimmten Grad länderübergreifend vereinheitlichen. (2b) Im Gegensatz dazu befasst sich die normativ-theoretische Forschung mit der Entwicklung oder Überprüfung von Theorien zur Be-

---

[16] Vgl. zur Validität sowie zu weiteren Gütekriterien in der sozialwissenschaftlichen Forschung z.B. Bortz & Döring (2006), S. 195-202.
[17] Unter dem Begriff „Situation" sollen im Folgenden sowohl unternehmensexterne Faktoren (z.B. Makro- und Mikroumfeld) als auch unternehmensinterne Faktoren (z.B. Ressourcenausstattung) zusammengefasst werden. Vgl. hierzu auch die Ausführungen in Abschnitt 2.2.3.

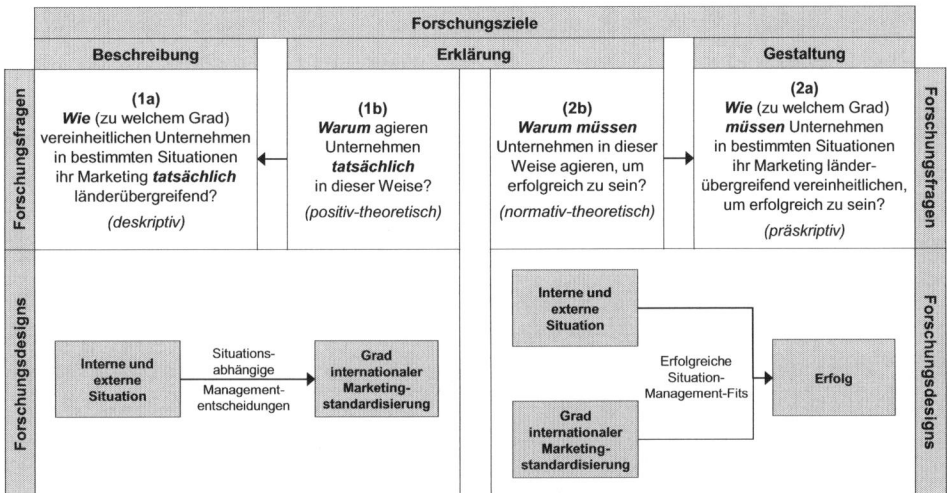

Abbildung 1: Zentrale Forschungsziele, Forschungsfragen und Forschungsdesigns im Zusammenhang mit der internationalen Marketingstandardisierung bzw. -differenzierung (in Anlehnung an Schmid & Kotulla, 2009a, S. 3; Schmid & Kotulla, 2009b, S. 313; Schmid & Kotulla, 2011a, S. 155; Schmid & Kotulla, 2011b, S. 493; Schmid & Kotulla, 2012, S. 55)

antwortung der Frage, *warum* Unternehmen ihr Marketing in bestimmten Situationen zu einem bestimmten Grad länderübergreifend vereinheitlichen *müssen*, um erfolgreich zu sein. Die deskriptive und die positiv-theoretische Forschung einerseits sowie die präskriptive und die normativ-theoretische Forschung andererseits weisen demnach eine enge inhaltliche Nähe auf. Diese inhaltliche Nähe spiegelt sich auch in den jeweils erforderlichen Forschungsdesigns wider:

(1) Forschungsarbeiten, die das Ziel verfolgen, die *tatsächlich* von Unternehmen praktizierte internationale Marketingstandardisierung bzw. -differenzierung (a) zu beschreiben und/oder (b) positiv-theoretisch zu erklären, müssen die von Managern im Rahmen ihrer Entscheidungen berücksichtigten Situationsfaktoren identifizieren und deren tatsächlichen Einfluss auf den Grad der internationalen Marketingstandardisierung untersuchen. Diese aus dem Kontingenzansatz (häufig synonym: situativer Ansatz; Wolf, 2011, S. 205) resultierende Logik basiert auf der Annahme, dass Manager ihre Entscheidungen in Abhängigkeit der jeweiligen Situation treffen (Anderson & Paine, 1975; Kieser & Kubicek, 1992; Zeithaml et al., 1988; Kieser, 2006). Eine Betrachtung der Wirkungszusammenhänge zwischen Situationsfaktoren und Managemententscheidungen ist somit notwendig, um beschreiben bzw. erklären zu können, wie bzw. warum ein bestimmter Grad der internationalen Marketingstandardisierung von Unternehmen bzw. deren Managern gewählt wird. In Abschnitt 2.2.3 werde ich auf den Kontingenzansatz näher eingehen.

(2) Forschungsarbeiten, die darauf abzielen, eine *erfolgreiche* internationale Marketingstandardisierung bzw. -differenzierung (a) zu empfehlen und/oder (b) derartige Empfehlungen normativ-theoretisch zu begründen, müssen versuchen, erfolgreiche „Fits" zwischen der spezifischen Situation und dem Grad der internationalen Marketingstandardisierung zu identifizieren. Denn die Erfolgswahrscheinlichkeit einer Managemententscheidung ist – ceteris paribus – dann am höchsten, wenn die Entscheidung zur jeweiligen Situation, in der sich ein Unternehmen befindet, „passt" (Venkatraman & Camillus, 1984; Drazin & van de Ven, 1985; van de Ven & Drazin, 1985; Venkatraman, 1989; Parnell et al., 1996; Geiger et al., 2006). So existieren in der Unternehmenspraxis je nach Situation sowohl Beispiele für den Erfolg eines hohen Grads der internationalen Marketingstandardisierung als auch Beispiele für den Erfolg eines geringen Grads der internationalen Marketingstandardisierung (Theodosiou & Leonidou, 2003, S. 167-168; Schmid & Kotulla, 2011a, S. 151-152).[18] Die entscheidende Frage lautet deshalb nicht, *ob*, sondern *in welcher Situation* ein bestimmter Grad der internationalen Marketingstandardisierung den (monetären und/oder nicht-monetären) Erfolg eines Unternehmens positiv zu beeinflussen vermag. Auf den Fit-Ansatz werde ich in Abschnitt 2.2.4 detailliert eingehen.

Im Rahmen meiner Literaturanalyse möchte ich in Bezug auf die Forschungsfragen keine inhaltliche Eingrenzung vornehmen. Das heißt, ich werde die Forschungsdesigns und Forschungsergebnisse prinzipiell aller existierenden Arbeiten untersuchen – unabhängig davon, welche Forschungsfragen diese Arbeiten zu beantworten versuchen. Meine Literaturanalyse wird dabei in den Abschnitten 2.4.2. bis 2.4.5 separat für die vier unterschiedlichen Forschungsfragen durchgeführt werden. Um den Umfang meiner Analyse dennoch handhabbar zu halten, werde ich eine formelle Eingrenzung vornehmen, auf die ich in Abschnitt 2.3 zu sprechen kommen werde.

2.2.3 Der Kontingenzansatz

Der Kontingenzansatz ist ein Forschungsansatz, dem ein kontextualistisches Realitätsverständnis zugrunde liegt. Anders als beim Universalismus wird also davon ausgegangen, dass reale Phänomene – wie z.B. Managemententscheidungen – niemals isoliert existieren und universelle Gültigkeit besitzen, sondern dass sie immer in einen bestimmten Kontext, sprich in eine bestimmte Situation, eingebettet sind (Zeithaml et al., 1988; Osigweh, 1989; Brewster, 1999, S. 48-49; Kieser, 2006).[19] So wird

---

[18] Vgl. hierzu auch die Ausführungen in Abschnitt 2.4.4.
[19] Häufig wird der so genannte „Kulturalismus" als ein Spezialfall des Kontextualismus betrachtet, wobei das Verhältnis zwischen Kulturalismus und Kontextualismus je nach Definition von „Kultur" und „Kontext" variieren kann; vgl. zum Kulturalismus z.B. Osterloh (1994), S. 97-98, sowie Schmid

z.B. angenommen, dass Manager ihre Entscheidungen stets in Abhängigkeit (ihrer Wahrnehmung) der jeweiligen Situation treffen (Anderson & Paine, 1975; Glaister & Thwaites, 1993). Der Begriff „Situation" wird dabei meist sehr weit gefasst und kann sowohl unternehmensexterne Faktoren (z.B. Makro- und Mikroumfeld) als auch unternehmensinterne Faktoren (z.B. Ressourcenausstattung) umfassen (Ebers, 2004, Sp. 656-660; Kieser, 2006, S. 220-230).[20] Gemäß dem klassischen Kontingenzansatz führt eine bestimmte Situation immer (= deterministisch) oder mit hoher Wahrscheinlichkeit (= probabilistisch) zu einer bestimmten formalen Organisationsstruktur. Diese Situation und diese Organisationsstruktur resultieren wiederum immer oder mit hoher Wahrscheinlichkeit in einem bestimmten Verhalten der Organisations- bzw. Unternehmensmitglieder. Die Effizienz des entsprechenden Unternehmens wird dann letztlich durch die Situation, die Organisationsstruktur und das Verhalten der Unternehmensmitglieder bestimmt (Kieser & Kubicek, 1992; Pennings, 1992; Kieser, 2006). Abbildung 2 gibt einen schematischen Überblick über die unterstellten Ursache-Wirkungs-Beziehungen im Rahmen des klassischen Kontingenzansatzes.

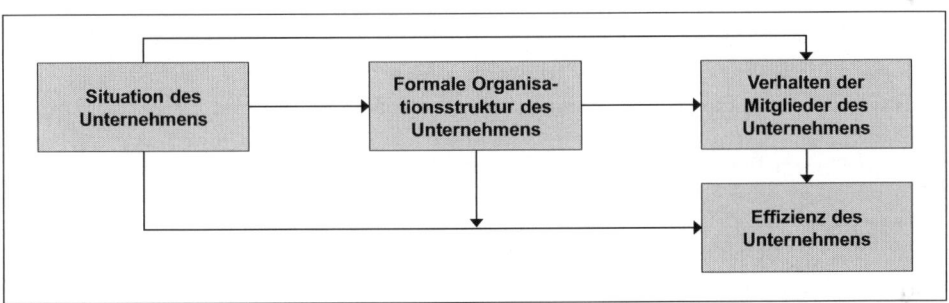

Abbildung 2: Unterstellte Ursache-Wirkungs-Beziehungen im Rahmen des klassischen Kontingenzansatzes (in Anlehnung an Kieser & Kubicek, 1992, S. 57)

Basierend auf diesem klassischen Kontingenzansatz gehen viele Forschungsarbeiten inzwischen von einem erweiterten Verständnis der verschiedenen Variablen aus.[21] So betrachten auf dem Kontingenzansatz beruhende Arbeiten häufig nicht nur die formale Organisationsstruktur und das Verhalten der Unternehmensmitglieder, sondern potenziell alle Arten von Unternehmens- bzw. Managemententscheidungen und -verhalten (z.B. auch Unternehmensstrategien) (Ginsberg & Venkatraman, 1985; Verwaal et al., 2009). Ferner untersuchen auf dem Kontingenzansatz basierende

---

(1996), S. 272-275. Vgl. zur „Universalismus-Kulturalismus-Debatte" im Internationalen Management auch Schmid (1996), S. 272-275, sowie Kutschker & Schmid (2011), S. 807-809.

[20] Diese Kategorisierung bedient sich Erkenntnissen des marktorientierten Ansatzes (z.B. Bain, 1959) sowie Erkenntnissen des ressourcenorientierten Ansatzes (z.B. Barney, 1991) innerhalb der Organisations- und Managementforschung. Vgl. zusammenfassend auch Welge & Al-Laham (2008), S. 76-83 und S. 87-98, sowie Kutschker & Schmid (2011), S. 840-847.

[21] Vgl. hierzu beispielhaft die in Abschnitt 2.4.2 analysierten Arbeiten.

Arbeiten nicht notwendigerweise die Effizienz eines Unternehmens, sondern prinzipiell alle Arten von monetären oder nicht-monetären Erfolgsgrößen (z.B. auch Unternehmensumsatz oder Kundenzufriedenheit) (Jiang & Li, 2008). Im Falle eines solchen erweiterten Verständnisses lassen sich mit Hilfe des Kontingenzansatzes potenziell alle Ursache-Wirkungs-Beziehungen zwischen der Situation, dem Managementverhalten und dem Erfolg eines Unternehmens konzeptualisieren. Doch welche Forschungsziele können mit Hilfe des Kontingenzansatzes erreicht werden?

Primär eignet sich der Kontingenzansatz zur Erreichung des deskriptiven Forschungsziels (Kieser, 2006, S. 232-233). So kann mit Hilfe des Kontingenzansatzes erfasst und beschrieben werden, welchen Einfluss die Situation eines Unternehmens in der Vergangenheit oder Gegenwart *tatsächlich* auf das Managementverhalten eines Unternehmens ausgeübt hat und wie sich diese Situation und dieses Managementverhalten wiederum auf den Erfolg des Unternehmens ausgewirkt haben (Kieser, 2006, S. 218). Im Rahmen großzahliger Studien können Forscher zudem versuchen, Regelmäßigkeiten in diesen Ursache-Wirkungs-Beziehungen über eine Vielzahl von Unternehmen hinweg zu identifizieren. In diesem Zusammenhang werden häufig branchen- oder länderspezifische Analysen durchgeführt (z.B. Schlegelmilch, 1986), um branchen- oder länderspezifische Aussagen treffen zu können.

Falls im Rahmen dieser Beschreibungen tatsächlich statistisch signifikante Regelmäßigkeiten auftreten, so kann in einem zweiten Schritt nach theoretischen Erklärungen für diese Regelmäßigkeiten gesucht werden. Im Gegensatz zu einem solchen induktiven Vorgehen ist auch ein deduktives Vorgehen denkbar, in dessen Rahmen zunächst Theorien zur Erklärung bzw. Hypothetisierung bestimmter Ursache-Wirkungs-Beziehungen entwickelt werden, die dann mit Hilfe von auf dem Kontingenzansatz basierenden Studien empirisch überprüft werden.[22] Falls sich diese Theorien bzw. die daraus hergeleiteten Hypothesen in bestimmten Situationen (vorläufig) bestätigen, so können (mehr oder weniger belastbare) Zukunftsprognosen formuliert werden, die Auskunft darüber geben, in welchen Situationen vergleichbare Ursache-Wirkungs-Beziehungen voraussichtlich auftreten werden (Pfohl & Braun, 1986; Opp, 2005, S. 76-90). Es ist jedoch wichtig zu betonen, dass der Kontingenzansatz selbst kein theoretischer Ansatz zur Herleitung inhaltlich konkreter Hypothesen ist. Stattdessen stellt der Kontingenzansatz einen konzeptionellen Bezugsrahmen dar, der – je nach Forschungsgegenstand und Forschungsfrage – mit theoretischem Inhalt gefüllt werden muss, damit eine theoretische Erklärung möglich ist. Das Forschungs-

---

[22] Vgl. zur Unterscheidung zwischen Induktion und Deduktion z.B. Popper (2002), S. 3-8, Opp (2005), S. 46-59, sowie Zelewski (2008), S. 33-35. Vgl. in diesem Zusammenhang zu einer Gegenüberstellung von Klassischem Rationalismus, Klassischem Empirismus und Kritischem Rationalismus auch Schmid (1994), S. 5-11.

ziel der Erklärung kann allein mit Hilfe des Kontingenzansatzes also nicht erreicht werden (Kieser, 2006, S. 231-239).

Auch das präskriptive Forschungsziel kann mit Hilfe des Kontingenzansatzes nur bedingt erreicht werden. Dies liegt vor allem darin begründet, dass der Kontingenzansatz kein spezifisches Augenmerk auf den erfolgreichen „Fit" zwischen der Situation und dem Managementverhalten eines Unternehmens legt. Stattdessen wird angenommen, dass die in der Realität besonders häufig auftretenden Ursache-Wirkungs-Beziehungen zwangsläufig erfolgreich sein müssen, da sie aufgrund der Effizienz der Märkte andernfalls nicht existieren würden (Drazin & van de Ven, 1985, S. 516-517; Pennings, 1998, S. 41). Diese Annahme ist jedoch problematisch, da von einer vollkommenen Effizienz der Märkte keineswegs die Rede sein kann. So können z.B. Unternehmen mit (teilweise oder vollständig) inadäquaten Strategien durchaus jahrelang auf bestimmten Märkten bestehen (O'Connor, 1994). Der über den Kontingenzansatz hinausgehende Fit-Ansatz, den ich in Abschnitt 2.2.4 vorstellen werde, versucht, dieser Tatsache Rechnung zu tragen. Ein weiterer Grund für die eingeschränkte präskriptive Kraft des Kontingenzansatzes besteht darin, dass der Ansatz – wie bereits erwähnt – keine eigenständige theoretische Erklärungskraft besitzt. Zukunftsbezogene Gestaltungsempfehlungen, die allein auf dem Kontingenzansatz basieren, sind somit nicht durch eine zeitlich stabile, normative Theorie fundiert und begründet, sondern sie beruhen letztlich immer auf datengetriebenen, vergangenheitsorientierten Analysen. Ob die dabei ermittelten atheoretischen und vergangenheitsorientierten Ursache-Wirkungs-Beziehungen auch in Zukunft stets Gültigkeit besitzen werden, muss als unsicher gelten (Kieser & Walgenbach, 2010, S. 42). Hinzu kommt, dass der Kontingenzansatz auf weiteren vereinfachenden Annahmen beruht, zu denen insbesondere die angeblich vollständige Unbeeinflussbarkeit der Situation sowie die Vernachlässigbarkeit unternehmenspolitischer Phänomene zählen (Kieser, 2006, S. 235-239). Alles in allem sind Gestaltungsempfehlungen, die ausschließlich auf dem Kontingenzansatz beruhen, daher mit Vorsicht zu genießen.

Durch die Ausführungen in diesem Abschnitt dürfte deutlich geworden sein, dass die Stärken des Kontingenzansatzes vor allem in zwei Bereichen liegen: Zum einen ermöglicht der Ansatz eine systematische, großzahlige *Beschreibung* der Ursache-Wirkungs-Beziehungen zwischen der Situation, dem Managementverhalten und dem Erfolg von Unternehmen. Hierdurch kann es wiederum zur Identifikation von Regelmäßigkeiten innerhalb dieser Ursache-Wirkungs-Beziehungen kommen. Zum anderen bietet der Kontingenzansatz einen konzeptionellen Bezugsrahmen für die Entwicklung und Überprüfung *positiver Theorien*. In Verbindung mit dem Kontingenzansatz können solche Theorien erklären helfen, warum bestimmte Ursache-Wirkungs-

Beziehungen regelmäßig in der Realität auftreten. Bezogen auf Abbildung 1 eignet sich der Kontingenzansatz also insbesondere als konzeptionelle Grundlage für die Beantwortung der Forschungsfragen 1a und 1b. Im Rahmen meiner Literaturanalyse werde ich deshalb untersuchen, inwieweit Arbeiten mit derartigen Forschungsfragen tatsächlich adäquat auf den Kontingenzansatz zurückgreifen.

2.2.4 Der Fit-Ansatz

Wie bereits erwähnt, stellt der Fit-Ansatz eine Erweiterung des Kontingenzansatzes dar (Venkatraman & Camillus, 1984; Drazin & van de Ven, 1985; van de Ven & Drazin, 1985; Venkatraman, 1989). Dabei legt der Fit-Ansatz ein besonderes Augenmerk auf die Identifikation erfolgreicher „Fits" zwischen unterschiedlichen Variablen – üblicherweise zwischen der Situation und dem Managementverhalten eines Unternehmens. Das Ziel des Fit-Ansatzes besteht meist darin, ein konkretes *Managementverhalten*, z.B. eine bestimmte Strategie oder eine bestimmte Organisationsstruktur, zu identifizieren, das zu einer spezifischen *Situation* „passt" und damit als *erfolgversprechend* gelten kann (Venkatraman & Camillus, 1984, S. 513-514; Drazin & van de Ven, 1985, S. 517-523).[23] Basierend auf der Identifikation solcher Fits ist es möglich, Unternehmen ein situationsspezifisch erfolgversprechendes Managementverhalten zu empfehlen. Demzufolge eignet sich der Fit-Ansatz insbesondere als Grundlage für die Entwicklung von *Gestaltungsempfehlungen* (Forschungsfrage 2a in Abbildung 1) sowie als konzeptioneller Bezugsrahmen für die Entwicklung und Überprüfung *normativer Theorien* (Forschungsfrage 2b in Abbildung 1) (Venkatraman & Camillus, 1984, S. 514).

Der Fit-Ansatz stammt ursprünglich aus der Organisationsforschung (Aldrich, 1979) und wurde durch Venkatraman & Camillus (1984) erstmals systematisch auf das Strategische Management übertragen sowie durch Venkatraman (1989) konzeptualisiert. Eine abweichende, weniger differenzierte Konzeptualisierung des Fit-Ansatzes wurde zudem von Drazin & van de Ven (1985) präsentiert.[24] Weitere, weniger systematische und weniger umfassende Fit-Konzeptualisierungen stammen z.B. von Donaldson (1987) und Ensign (2001). Inzwischen kommt der Fit-Ansatz nicht nur in der Organisations- und Strategieforschung, sondern auch in zahlreichen anderen Managementdisziplinen, wie z.B. im Internationalen Management oder im Internationalen Marketing, zum Einsatz (Lim et al., 2006; Hultman et al., 2009). Bei der Vorstel-

---

[23] Wie bereits erwähnt, kann das Verständnis von „erfolgversprechend" bzw. „erfolgreich" je nach konkreter Situation und Zieldefinition variieren; vgl. hierzu erneut Schramm-Klein & Morschett (2006) sowie Hult et al. (2008).
[24] In ähnlicher Form findet sich diese Konzeptualisierung auch bei van de Ven & Drazin (1985).

lung des Fit-Ansatzes werde ich mich im Folgenden auf die am stärksten differenzierte Konzeptualisierung von Venkatraman (1989) konzentrieren, bevor ich anschließend kurz auf deren Unterschiede zur Konzeptualisierung von Drazin & van de Ven (1985) eingehen werde. Zudem werde ich an entsprechender Stelle auf verschiedene Einzelbeiträge hinweisen, die sich mit Teilaspekten des Fit-Ansatzes, wie z.B. mit dem „Gestaltansatz", befassen (Wolf, 2000).

Während innerhalb des Kontingenzansatzes davon ausgegangen wird, dass die Ursache-Wirkungs-Beziehungen zwischen der Situation, dem Managementverhalten und dem Erfolg eines Unternehmens stets in der gleichen Art und Weise konzeptualisiert werden müssen,[25] weist Venkatraman (1989) darauf hin, dass für den Fit-Ansatz – je nach konkreter Fragestellung und konkretem Forschungsgegenstand – sechs unterschiedliche Arten der Konzeptualisierung möglich sind. Diese Konzeptualisierungen haben wiederum entscheidenden Einfluss auf die zu verwendenden Forschungsdesigns und auf die statistische Auswertung etwaiger empirischer Daten. Erst wenn im Rahmen eines Forschungsvorhabens eine Konzeptualisierung des Fit-Ansatzes gewählt wird, die sich für die konkrete Fragestellung und den konkreten Forschungsgegenstand eignet, und nur, wenn diese Konzeptualisierung angemessen im Rahmen des jeweiligen Forschungsdesigns und der statistischen Auswertung berücksichtigt wird, können die entsprechenden Forschungsergebnisse als valide gelten (Venkatraman, 1989, S. 423-424 und S. 438-441). Dabei nennt Venkatraman (1989) sechs verschiedene Konzeptualisierungen, die sich anhand von zwei Dimensionen voneinander unterscheiden lassen. Bei diesen Dimensionen handelt es sich zum einen um die Notwendigkeit einer (Erfolgs-)Kriteriumsvariablen sowie zum anderen um die Konkretheit der unterstellten Fit-Beziehung. Im weiteren Verlauf dieses Abschnitts werde ich auf die Bedeutung dieser beiden Dimensionen eingehen. Abbildung 3 gibt einen Überblick über die sechs verschiedenen Konzeptualisierungen und deren Einordnung auf Basis der zwei Dimensionen. Im Folgenden sollen die sechs Fit-Konzeptualisierungen anhand ihrer zentralen Charakteristika vorgestellt werden.

(1) Die Konzeptualisierung des Fit-Ansatzes als *Moderation* eignet sich für Fragestellungen und Forschungsgegenstände, bei denen angenommen wird, dass der Einfluss, den eine unabhängige Variable (z.B. Managementverhalten) auf eine abhängige Variable (z.B. Erfolg) ausübt, entscheidend von einer dritten, moderierenden Variable (z.B. Situation) abhängt (Venkatraman, 1989, S. 424-428). Wenn davon ausgegangen werden kann, dass die moderierende Variable den Wirkungszusammenhang zwischen unabhängiger und abhängiger Variable in unterschiedliche *Arten* von Zu-

---

[25] Vgl. zur Konzeptualisierung des klassischen Kontingenzansatzes erneut Abbildung 2.

	Notwendigkeit einer (Erfolgs-)Kriteriumsvariablen	Konkretheit der unterstellten Fit-Beziehung
(1) Fit als Moderation	ja	hoch
(2) Fit als Mediation	ja	mittel
(3) Fit als Profilabweichung	ja	gering
(4) Fit als Matching	nein	hoch
(5) Fit als Kovariation	nein	mittel
(6) Fit als Konfiguration	nein	gering

Abbildung 3: Tabellarischer Überblick über die Konzeptualisierungen des Fit-Ansatzes gemäß Venkatraman (1989)

sammenhänge unterteilt (z.B. positiver Zusammenhang bei eher hohem Wert der moderierenden Variable, negativer Zusammenhang bei eher geringem Wert der moderierenden Variable), dann empfiehlt sich für das Forschungsdesign und die statistische Auswertung eine Subgruppenanalyse, z.B. in Form separater Regressionsanalysen für verschiedene Wertebereiche der moderierenden Variablen (Venkatraman, 1989, S. 426). Wenn hingegen davon ausgegangen werden kann, dass nur *eine* Art des Wirkungszusammenhangs zwischen unabhängiger und abhängiger Variable existiert und dieser Zusammenhang durch das Zusammenspiel zwischen unabhängiger und moderierender Variable hervorgerufen oder hervorgehoben wird (z.B. zunehmend positiver Zusammenhang bei steigendem Wert der moderierenden Variable), dann eignet sich für das Forschungsdesign eine Modellierung anhand von Interaktionseffekten, die auf Basis einer moderierten Regressionsanalyse (auch im Rahmen eines Strukturgleichungsmodells) statistisch analysiert werden können (Sauer & Dick, 1993; Aguinis & Gottfredson, 2010). Wie in Abbildung 3 bereits dargestellt, erfordert der Fit als Moderation stets eine (Erfolgs-)Kriteriumsvariable (z.B. Umsatz) und es wird eine konkrete Fit-Beziehung unterstellt und getestet (z.B. in Form der Hypothese, dass der Wirkungszusammenhang zwischen einer Kostenführerschaftsstrategie und dem Umsatz negativ durch den Grad der Wettbewerbsintensität moderiert wird). Allerdings kann beim Fit als Moderation nicht für mehrere unabhängige oder moderierende Variable simultan ein Gesamt-Fit ermittelt werden, sondern es erfolgt stets eine paarweise Betrachtung des Fits zwischen einer unabhängigen und einer moderierenden Variablen in Bezug auf eine abhängige Variable (Drazin & van de Ven, 1985, S. 517-519).

(2) Die Konzeptualisierung des Fit-Ansatzes als *Mediation* eignet sich für Fragestellungen und Forschungsgegenstände, bei denen untersucht werden soll, inwieweit eine abhängige Variable (z.B. Erfolg) von bestimmten anderen Variablen (z.B. Situation oder Managementverhalten) direkt und/oder indirekt beeinflusst wird (Venkatraman, 1989, S. 428-430). Diejenigen Variablen, die innerhalb eines solchen Bezie-

hungsgeflechts einen Einfluss auf die abhängige Variable (und ggf. auf andere Variable) ausüben, ohne dabei selbst von anderen Variablen beeinflusst zu werden, werden als unabhängige Variable bezeichnet (z.B. Situation). Diejenigen Variablen, die sowohl einen Einfluss auf die abhängige Variable (und ggf. auf andere Variable) ausüben als auch von anderen Variablen beeinflusst werden, werden als mediierende Variable bezeichnet (z.B. Managementverhalten) (James & Brett, 1984). Ein Beispiel hierfür wäre, dass der Umsatz eines Unternehmens sowohl durch die Situation als auch durch die Strategie des Unternehmens beeinflusst wird, die Strategie aber gleichzeitig von der Situation des Unternehmens abhängt. In diesem Falle hätte die Situation (unabhängige Variable) einerseits einen *direkten* Effekt auf den Umsatz des Unternehmens (abhängige Variable), andererseits jedoch auch einen *indirekten* Effekt durch die Beeinflussung der Strategie (mediierende Variable), welche wiederum (ausschließlich) einen *direkten* Einfluss auf den Umsatz des Unternehmens hätte. Während beim Fit als Moderation analysiert wird, inwieweit der Einfluss, den eine unabhängige Variable auf eine abhängige Variable ausübt, von einer dritten, moderierenden Variable abhängt, wird beim Fit als Mediation also untersucht, ob und zu welchen Anteilen bestimmte unabhängige Variable eine abhängige Variable *direkt* oder *indirekt* (über Mediatoren) beeinflussen (Baron & Kenny, 1986). Falls ausschließlich direkte Effekte vorliegen (= keine Mediation), so besteht keine Notwendigkeit eines Fits zwischen den unabhängigen Variablen und etwaigen mediierenden Variablen. Falls hingegen auch (= partielle Mediation) oder ausschließlich (= vollständige Mediation) indirekte Effekte existieren, so besteht die Notwendigkeit eines Fits zwischen den unabhängigen Variablen und den entsprechenden mediierenden Variablen. Dieser Fit ist dann am höchsten, wenn die mediierenden Variablen (z.B. Strategie) Ausprägungen annehmen, die eine optimale oder erwünschte Mediation des Wirkungszusammenhangs zwischen den unabhängigen Variablen (z.B. Situation) und der abhängigen Variablen (z.B. Umsatz) ermöglichen (Venkatraman, 1989, S. 429-430). Die in entsprechenden Forschungsdesigns modellierten Wirkungszusammenhänge werden nicht als Interaktions-, sondern als Interventionseffekte bezeichnet, die mit Hilfe von Pfadanalysen (im Rahmen klassischer Regressionsanalysen oder Strukturgleichungsanalysen) statistisch ausgewertet werden können (Iacobucci et al., 2007). Wie in Abbildung 3 dargestellt, erfordert der Fit als Mediation ebenfalls eine (Erfolgs-)Kriteriumsvariable (z.B. Umsatz), doch die vorab unterstellte Fit-Beziehung ist weniger konkret. Dafür kann beim Fit als Mediation eine höhere Anzahl an unabhängigen oder mediierenden Variablen berücksichtigt werden (Venkatraman, 1989, S. 429).

(3) Die Konzeptualisierung des Fit-Ansatzes als *Profilabweichung* eignet sich für Fragestellungen und Forschungsgegenstände, bei denen untersucht werden soll,

inwieweit der Grad der Übereinstimmung zwischen einem mehrdimensionalen, unternehmensspezifischen Ist-Profil und einem mehrdimensionalen, situationsspezifischen Soll-Profil Einfluss auf eine abhängige Variable hat (Venkatraman, 1989, S. 433-435). Bezogen auf das Managementverhalten von Unternehmen ließe sich etwa ein mehrdimensionales, situationsspezifisches Soll-Profil theoretisch herleiten (z.B. im Hinblick auf eine vermutete branchenoptimale Ausprägung bestimmter Strategievariabler), das mit den empirischen Ist-Profilen verschiedener Unternehmen verglichen wird. Die großzahlige Untersuchung des Wirkungszusammenhangs zwischen dem unternehmensspezifischen Fit von Ist- und Soll-Profil einerseits und dem Unternehmenserfolg andererseits (z.B. in Form einer Regressionsanalyse) könnte dann Auskunft darüber geben, inwieweit eine Orientierung am situationsspezifischen Soll-Profil tatsächlich zu einem höheren Unternehmenserfolg führt. Ähnlich wie beim Fit als Moderation wird letztlich also auch beim Fit als Profilabweichung analysiert, welchen Einfluss ein adäquater Fit zwischen der Situation und dem Managementverhalten eines Unternehmens auf den Erfolg des Unternehmens ausübt. Der Unterschied zwischen beiden Ansätzen besteht jedoch darin, dass beim Fit als Profilabweichung die Situation des Unternehmens nicht explizit in Form einer unabhängigen Variablen, sondern implizit durch die Erstellung eines situationsspezifischen Soll-Profils erfasst wird. Zudem kann beim Fit als Profilabweichung der Mehrdimensionalität von Situation und Managementverhalten Rechnung getragen werden, da eine hohe Anzahl an Variablen innerhalb des Ist- und Soll-Profils berücksichtigt werden kann. Wie in Abbildung 3 dargestellt, erfordert der Fit als Profilabweichung ebenfalls eine (Erfolgs-)Kriteriumsvariable,[26] doch die Konkretheit der vorab unterstellten Fit-Beziehung ist aufgrund der hohen Anzahl an Variablen eher gering (Venkatraman, 1989, S. 433-435).

(4) Die Konzeptualisierung des Fit-Ansatzes als *Matching* eignet sich für Fragestellungen und Forschungsgegenstände, bei denen die gegenseitige Abstimmung zweier Variabler untersucht werden soll, ohne dass für die theoretische Herleitung des untersuchten Fits die Berücksichtigung einer (Erfolgs-)Kriteriumsvariablen notwendig ist (Venkatraman, 1989, S. 430-432).[27] Ein Beispiel hierfür stellt die Betrachtung der gegenseitigen Abstimmung zwischen Strategie und Organisationsstruktur dar. So gehen viele Autoren z.B. davon aus, dass eine Diversifikationsstrategie mit einer multidivisionalen Organisationsstruktur einhergehen sollte (z.B. Hoskisson, 1987;

---

[26] Wie durch die nachfolgenden Ausführungen zum Fit als Matching deutlich werden wird, ist allerdings fraglich, inwieweit die Notwendigkeit einer (Erfolgs-)Kriteriumsvariablen tatsächlich ein charakteristisches Merkmal des Fits als Profilabweichung darstellt.

[27] In den Ausführungen von Venkatraman (1989) bleibt jedoch offen, warum das Merkmal der Nicht-Notwendigkeit einer (Erfolgs-)Kriteriumsvariablen nicht auch auf den Fit als Profilabweichung zutrifft. Aus diesem Grund ist die Einordnung der beiden Fit-Ansätze Profilabweichung und Matching innerhalb von Abbildung 3 durchaus diskussionswürdig.

Riahi-Belkaoui, 1997). Eine ähnliche Notwendigkeit des Fits wird häufig auch für den Zusammenhang zwischen der länderübergreifenden Ähnlichkeit von Kundenbedürfnissen und dem Grad der internationalen Marketingstandardisierung unterstellt (z.B. Katsikeas et al., 2006). Auch wenn für die Herleitung derartiger Zusammenhänge keine (Erfolgs-)Kriteriumsvariable notwendig ist, so kann trotzdem untersucht werden, inwieweit der Grad der Abstimmung bzw. Abweichung zwischen den untersuchten Variablen Einfluss auf ein spezifisches Erfolgskriterium (z.B. Mitarbeiterzufriedenheit oder Umsatz) hat (Venkatraman, 1989, S. 431). Dabei kombiniert der Fit als Matching Elemente des Fits als Profilabweichung mit Elementen des Fits als Moderation: Aus dem Fit als Profilabweichung entlehnt der Fit als Matching die Idee der Übereinstimmung bzw. Abstimmung von Variablen, deren Distanz zueinander berechnet wird. Doch während beim Fit als Profilabweichung die Distanz zwischen einem mehrdimensionalen Ist-Profil und einem mehrdimensionalen Soll-Profil berechnet wird, geht es beim Fit als Matching um die Distanz zwischen lediglich zwei Variablen, wovon sich mindestens eine Variable auf das Managementverhalten eines Unternehmens und maximal eine Variable auf die Situation des Unternehmens beziehen kann (Venkatraman, 1989, S. 431). Durch diese Beschränkung auf zwei Variable (und die entsprechend hohe Konkretheit der unterstellten Fit-Beziehung) ähnelt der Fit als Matching wiederum dem Fit als Moderation – jedoch mit dem Unterschied, dass die Regressions- bzw. Korrelationsanalysen beim Fit als Matching keine Interaktions-, sondern Distanzeffekte berücksichtigen. Je nach unterstelltem Wirkungszusammenhang kann entweder der eine oder der andere Ansatz inhaltlich angemessener sein (Venkatraman, 1989, S. 431-432). Durch die Charakterisierung des Fits als Matching erklärt sich auch die von Venkatraman (1989) vorgenommene Einordnung dieses Ansatzes innerhalb von Abbildung 3.

(5) Die Konzeptualisierung des Fit-Ansatzes als *Kovariation* eignet sich für Fragestellungen und Forschungsgegenstände, bei denen die „Konsistenz" mehrerer Managementvariabler untereinander im Mittelpunkt steht (Venkatraman, 1989, S. 435-438). Anwendung kann dieser Ansatz z.B. im Rahmen der Erforschung von „Megastrategien" finden (Mintzberg, 1978). Dabei wird – basierend auf theoretischen Überlegungen – unterstellt, dass bestimmte Management- oder Strategievariable in Einklang miteinander stehen müssen, damit das Managementverhalten bzw. die Gesamtstrategie eines Unternehmens in sich stimmig und erfolgreich sein kann. Ähnlich wie beim Fit als Profilabweichung wird auch beim Fit als Kovariation die Situation des Unternehmens nur implizit berücksichtigt – beim Fit als Kovariation durch die theoretisch hergeleitete Forderung nach interner Konsistenz, die von Situation zu Situation variieren kann. Der Hauptunterschied zum Fit als Profilabweichung besteht jedoch darin, dass beim Fit als Kovariation nicht die Distanz zwischen einem empirischen

Ist-Profil und einem theoretischen Soll-Profil betrachtet wird; stattdessen wird (idealerweise theoretisch) hergeleitet, welche Managementvariablen für einen Gesamt-Fit erforderlich sind, bevor der Einklang, also das Korrelieren dieser Variablen untereinander, analysiert wird (Venkatraman, 1989, S. 435-436). Dementsprechend bedient sich der Fit als Kovariation üblicherweise einer Faktorenanalyse, in deren Rahmen statistisch geprüft wird, inwieweit etwaige hohe Korrelationen zwischen verschiedenen Variablen durch einen gemeinsamen Faktor erklärt werden können (Backhaus et al., 2011a, S. 329-369 und S. 525-531). Ähnlich wie beim Fit als Matching ist auch beim Fit als Kovariation keine (Erfolgs-)Kriteriumsvariable für die Herleitung des geforderten Fits notwendig. Dennoch kann auch beim Fit als Kovariation untersucht werden, inwieweit der Grad an interner Konsistenz zwischen den Variablen (erfasst durch den gemeinsamen Faktor) Einfluss auf ein spezifisches Erfolgskriterium hat. Im Vergleich zum Fit als Matching ist die Konkretheit der unterstellten Fit-Beziehung beim Fit als Kovariation aufgrund der höheren Anzahl an Variablen jedoch geringer (Venkatraman, 1989, S. 435-438). Durch die Charakterisierung des Fits als Kovariation wird die Einordnung dieses Ansatzes innerhalb von Abbildung 3 nachvollziehbar.

(6) Die Konzeptualisierung des Fit-Ansatzes als *Konfiguration* (synonym: Gestaltansatz) eignet sich für Fragestellungen und Forschungsgegenstände, bei denen die „Kohärenz" bzw. „Kongruenz" mehrerer Variabler im Mittelpunkt steht (Venkatraman, 1989, S. 432-433; Wolf, 2000).[28] Der Fit als Konfiguration ähnelt damit stark dem Fit als Kovariation, denn auch der Fit als Konfiguration befasst sich mit dem simultanen Zusammenwirken mehrerer Variabler, anstatt nur einzelne Ursache-Wirkungs-Beziehungen getrennt voneinander zu betrachten. Im Gegensatz zum Fit als Kovariation untersucht der Fit als Konfiguration allerdings nicht die Korrelationen der Variablen, sondern die Häufigkeit, mit der bestimmte Situations- und/oder Managementvariable bzw. deren Ausprägungen gemeinsam auftreten. So wird davon ausgegangen, dass sich bestimmte Kombinationen von Variablenausprägungen in der Realität als überlegen erweisen und deshalb besonders häufig auftreten, weil ihr Gesamteffekt (z.B. Erfolg) größer ist als die Summe der entsprechenden Einzeleffekte. Bereits kleinste Abweichungen von diesem ausbalancierten Fit an Variablenausprägungen können dazu führen, dass der gewünschte Gesamt-Fit und damit der Gesamteffekt ausbleibt (Macharzina & Wolf, 2010, S. 79-85). Dies bedeutet jedoch nicht, dass beim Fit als Konfiguration immer nur *eine* optimale „Lösung" existiert. Stattdessen folgt der Fit als Konfiguration dem Prinzip der Äquifinalität, das heißt, es wird davon ausgegangen, dass auch mehrere optimale Kombinationen von Variablenausprägungen existieren

---

[28] Vgl. zum Konfigurations- bzw. Gestaltansatz im Internationalen Management beispielhaft auch den GAINS-Ansatz (= Gestalt Approach of International Business Strategies) bei Macharzina & Engelhard (1991).

können (Drazin & van de Ven, 1985, S. 519-523).[29] Der Fit als Konfiguration bedient sich üblicherweise einer Clusteranalyse, in deren Rahmen statistisch untersucht wird, welche Kombinationen von Variablenausprägungen besonders häufig oder mit besonders hoher Wahrscheinlichkeit auftreten (Backhaus et al., 2011a, S. 397-439). Ähnlich wie beim Fit als Kovariation ist auch beim Fit als Konfiguration keine (Erfolgs-) Kriteriumsvariable für die Herleitung des geforderten Fits notwendig. Dennoch kann auch beim Fit als Konfiguration untersucht werden, inwieweit das Vorliegen bestimmter Cluster von Variablenausprägungen Einfluss auf ein spezifisches Erfolgskriterium hat. Im Vergleich zum Fit als Kovariation ist die Konkretheit der unterstellten Fit-Beziehung beim Fit als Konfiguration aufgrund der Existenz mehrerer optimaler „Lösungen" nochmals geringer (Venkatraman, 1989, S. 432-433). Durch die Charakterisierung des Fits als Konfiguration erklärt sich die Einordnung dieses Ansatzes innerhalb von Abbildung 3.

Die Ausführungen in diesem Abschnitt haben gezeigt, dass sich die verschiedenen Fit-Konzeptualisierungen für jeweils unterschiedliche Fragestellungen und Forschungsgegenstände eignen und jeweils spezifische Forschungsdesigns und statistische Auswertungsmethoden erfordern. Die Wahl des Forschungsdesigns und der statistischen Auswertungsmethode können dann wiederum entscheidenden Einfluss auf die Forschungsergebnisse ausüben. Aus diesem Grund ist die Wahl einer geeigneten Fit-Konzeptualisierung von hoher Bedeutung für die Validität der jeweiligen Forschungsergebnisse. Je nach Konkretheit der Fragestellung ist es aber auch möglich, dass mehrere Fit-Konzeptualisierungen und Auswertungsmethoden parallel zur Anwendung kommen (z.B. Moderation und Mediation), um „gegeneinander getestet" zu werden (Venkatraman, 1989, S. 439-441).

Wie bereits erwähnt, eignet sich der Fit-Ansatz für jene Forschungsarbeiten, die sich mit der Entwicklung von Gestaltungsempfehlungen (Forschungsfrage 2a in Abbildung 1) oder mit der Entwicklung bzw. Überprüfung normativer Theorien befassen (Forschungsfrage 2b in Abbildung 1). In diesem Zusammenhang sei darauf hingewiesen, dass – ähnlich wie der Kontingenzansatz – auch der Fit-Ansatz für sich betrachtet atheoretisch ist. Denn auch der Fit-Ansatz stellt „nur" einen konzeptionellen Bezugsrahmen dar, der – je nach Forschungsfrage und Forschungsgegenstand – mit (normativ-)theoretischem Inhalt gefüllt werden muss, damit die Herleitung konkreter Hypothesen möglich ist. Abbildung 4 gibt abschließend einen schematischen Überblick über die sechs verschiedenen Konzeptualisierungen des Fit-Ansatzes nach Venkatraman (1989) am Beispiel der Variablen Situation, Managementverhalten und Erfolg.

---

[29] Vgl. zum Prinzip der Äquifinalität z.B. Doty et al. (1993) sowie Wolf (2000), S. 53-66.

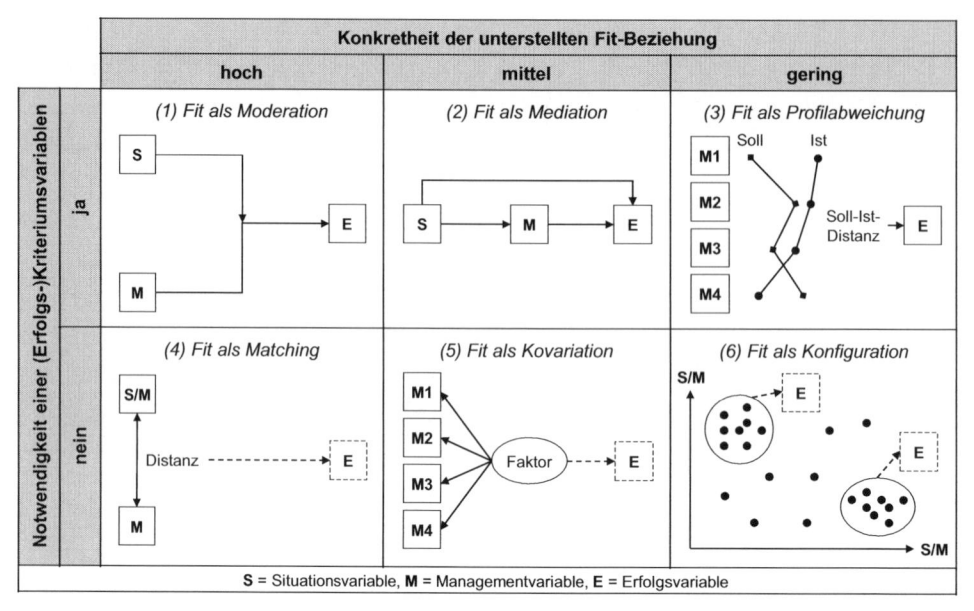

Abbildung 4: Schematischer Überblick über die Konzeptualisierungen des Fit-Ansatzes gemäß Venkatraman (1989)

Wie eingangs erwähnt, wurde der Fit-Ansatz nicht nur durch Venkatraman (1989), sondern vor allem auch durch Drazin & van de Ven (1985) konzeptualisiert. Dabei unterscheiden Drazin & van de Ven (1985) zwischen drei unterschiedlichen Arten der Konzeptualisierung: (1) Fit als Selektion, (2) Fit als Interaktion sowie (3) Fit als System. Im Folgenden werde ich kurz darauf eingehen, inwieweit zwischen den drei Konzeptualisierungen nach Drazin & van de Ven (1985) und den sechs Konzeptualisierungen nach Venkatraman (1989) ein Zusammenhang besteht.[30]

(1) Die Konzeptualisierung des Fit-Ansatzes als *Selektion* beschränkt sich auf die Betrachtung des bivariaten Wirkungszusammenhangs zwischen der Situation und dem Managementverhalten eines Unternehmens, ohne dass dabei der Erfolg des Unternehmens untersucht wird (Drazin & van de Ven, 1985, S. 516-517). Die Nicht-Berücksichtigung des Erfolgs wird beim Fit als Selektion durch die vermeintlich vollkommene Effizienz der Märkte gerechtfertigt – mit der Konsequenz, dass alle in der Realität häufig auftretenden Ursache-Wirkungs-Beziehungen zwischen der Situation und dem Managementverhalten von Unternehmen als erfolgreich deklariert werden, da sie andernfalls angeblich nicht existieren würden (Drazin & van de Ven, 1985,

---

[30] Venkatraman selbst zitiert in seiner Veröffentlichung aus dem Jahr 1989 zwar die Arbeit von Drazin & van de Ven (1985); er verzichtet dabei jedoch auf eine Positionierung oder Abgrenzung seiner sechs Fit-Konzeptualisierungen gegenüber den drei Fit-Konzeptualisierungen nach Drazin & van de Ven (1985).

S. 516-517). Der Fit als Selektion findet bei Venkatraman (1989) keine Berücksichtigung; doch die Grundannahme des Fits als Selektion muss ohnehin als problematisch gelten. Denn wie in Abschnitt 2.2.3 erwähnt, kann von einer vollkommenen Effizienz der Märkte keineswegs ausgegangen werden. So können z.B. Unternehmen mit (teilweise oder vollständig) inadäquaten Strategien durchaus jahrelang auf bestimmten Märkten bestehen (O'Connor, 1994). Der Fit als Selektion kann deshalb nicht zum Fit-Ansatz i.e.S. gezählt werden.

(2) Die Konzeptualisierung des Fit-Ansatzes als *Interaktion* befasst sich mit dem bivariaten Wirkungszusammenhang zwischen der Situation und dem Managementverhalten von Unternehmen sowie mit dem Einfluss dieses Zusammenhangs auf den Unternehmenserfolg. Gemäß den Ausführungen von Drazin & van de Ven (1985, S. 517-519) können unter den Fit als Interaktion nicht nur der Fit als Moderation, sondern auch der Fit als Profilabweichung und der Fit als Matching subsumiert werden. Der Begriff „Interaktion" wird bei Drazin & van de Ven (1985) also nicht in einem statistischen Sinne, sondern als konzeptioneller Oberbegriff verwendet.

(3) Bei der Konzeptualisierung des Fit-Ansatzes als *System* wird nicht der bivariate Wirkungszusammenhang zwischen der Situation und dem Managementverhalten von Unternehmen betrachtet, sondern das multivariate, interdependente Zusammenwirken verschiedener Management- und ggf. auch Situationsvariabler (Drazin & van de Ven, 1985, S. 519-522). Unter den Fit als System lassen sich demnach sowohl der Fit als Kovariation als auch der Fit als Konfiguration subsumieren. Der bei Venkatraman (1989) erwähnte Fit als Mediation findet bei Drazin & van de Ven (1985) hingegen keine Berücksichtigung. Dies spricht für eine Unvollständigkeit der Konzeptualisierung nach Drazin & van de Ven (1985).

Da der Fit als Selektion nicht zum Fit-Ansatz i.e.S. gezählt werden kann und da der Fit als Interaktion sowie der Fit als System in der Konzeptualisierung nach Venkatraman (1989) enthalten sind, werde ich im Rahmen meiner Literaturanalyse ausschließlich auf die stärker differenzierte Konzeptualisierung nach Venkatraman (1989) zurückgreifen. Dabei werde ich untersuchen, inwieweit diejenigen Arbeiten, die sich den Forschungsfragen 2a und/oder 2b widmen (siehe erneut Abbildung 1), adäquat auf eine geeignete Fit-Konzeptualisierung zurückgreifen. Bevor ich die Ergebnisse meiner Literaturanalyse vorstellen werde, möchte ich im folgenden Abschnitt zunächst auf die formelle Eingrenzung der Literaturanalyse eingehen.

2.3 Formelle Eingrenzung der Literaturanalyse

2.3.1 Art der Literaturanalyse[31]

Innerhalb der Betriebswirtschafts- und Managementlehre im Allgemeinen sowie der Forschung zur internationalen Marketingstandardisierung bzw. -differenzierung im Speziellen ist seit Jahren ein starker Anstieg der Publikationsintensität – vor allem in englischsprachigen Fachzeitschriften – zu beobachten.[32] Als Folge davon ist die Anzahl an (Fachzeitschriften-)Veröffentlichungen im Bereich der internationalen Marketingstandardisierung bzw. -differenzierung sowie in zahlreichen anderen Forschungsfeldern kaum noch überschaubar.[33] Literaturanalysen, in denen der Forschungsstand innerhalb eines Forschungsfeldes (mehr oder weniger) systematisch und umfassend zusammengefasst wird, haben daher in den vergangenen Jahren zunehmend an Bedeutung gewonnen.[34] Dabei existieren verschiedene Arten von Literaturanalysen, die sich vor allem in methodischer und inhaltlicher Hinsicht voneinander unterscheiden. Im Folgenden werde ich zunächst aufzeigen, welche grundsätzlichen Arten von Literaturanalysen existieren, bevor ich anschließend darlegen werde, welche Art der Literaturanalyse im Rahmen der vorliegenden Arbeit durchgeführt werden soll.

Eine verbindliche und allgemein anerkannte Klassifikation unterschiedlicher Literaturanalysen existiert bislang nicht. Selbst in denjenigen Zeitschriften, die sich auf die Veröffentlichung von Literaturanalysen spezialisiert haben, wird eine entsprechende Klassifikation bisher nicht vorgeschlagen. Dennoch existieren – teilweise außerhalb der Betriebswirtschafts- und Managementlehre – Versuche von Autoren, eine Klassifikation unterschiedlicher Literaturanalysen vorzunehmen. So unterscheiden z.B. Mays et al. (2005) in *methodischer* Hinsicht zwischen narrativen, qualitativen, quantitativen und metaanalytischen Ansätzen zur Analyse existierender Forschungsergebnisse. Dabei verstehen die Autoren unter einer narrativen Literaturanalyse die verbale „Aneinanderreihung" besonders relevanter Forschungsergebnisse zu einem bestimmten Themengebiet, wie sie Bestandteil fast jeder wissenschaftlichen Abhandlung ist. Als qualitative Literaturanalyse bezeichnen die Autoren ebenfalls eine verba-

---

[31] Die folgenden Ausführungen basieren teilweise auf Textpassagen, die bereits in den Veröffentlichungen Schmid & Kotulla (2009a), S. 5-6, sowie Schmid & Kotulla (2009b), S. 315-316, enthalten sind.

[32] Diese Entwicklung kann insbesondere auf eine Amerikanisierung des weltweiten Wissenschaftssystems zurückgeführt werden, in deren Folge eine möglichst hohe Anzahl an Publikationen in möglichst „hoch gerankten" englischsprachigen Fachzeitschriften zunehmend als das zentrale Qualitäts-, Erfolgs- und Karrierekriterium für einen Wissenschaftler betrachtet wird. Vgl. zur Amerikanisierung der Betriebswirtschafts- und Managementlehre auch Schmid (2003).

[33] Vgl. hierzu die Ausführungen in Abschnitt 2.3.2.

[34] Dies zeigt sich nicht nur an der Existenz von Fachzeitschriften, die sich auf die Veröffentlichung von Literaturanalysen spezialisiert haben (z.B. *International Journal of Management Reviews*, *Journal für Betriebswirtschaft*), sondern auch an der zunehmenden Anzahl an Literaturanalysen in „herkömmlichen" Fachzeitschriften.

le, aber meist tabellarische Gegenüberstellung existierender Forschungsergebnisse. Unter einer quantitativen Literaturanalyse wird eine deskriptiv-statistische Auswertung von Forschungsergebnissen verstanden, z.B. in Form einer Häufigkeitsanalyse. Und als metaanalytisch werden Literaturanalysen bezeichnet, die eine mathematisch-statistische Auswertung von Forschungsergebnissen vornehmen, z.B. in Form einer Meta-Regressionsanalyse. Im Gegensatz zu solchen methodischen Kategorisierungen differenziert z.B. Cooper (1984, S. 10-11) Literaturanalysen nach *inhaltlichen* Gesichtspunkten. Dabei unterscheidet Cooper (1984) zwischen integrativen Literaturanalysen, die die Forschungsergebnisse der existierenden Literatur zu integrieren versuchen, theoretischen Literaturanalysen, die ihren Fokus auf die existierenden Theorien innerhalb eines Forschungsfeldes legen, und methodischen Literaturanalysen, die vor allem die Forschungsmethodik der bisherigen Forschung betrachten.

Abgesehen davon, dass die existierenden Kategorisierungen von Literaturanalysen meist entweder nicht völlig überschneidungsfrei (wie im Falle der narrativen und qualitativen Literaturanalyse nach Mays et al., 2005) oder nicht allumfassend sind (wie im Falle von Cooper, 1984, der die Analyse von Forschungs*bereichen* außer Acht lässt), existiert meines Wissens bislang keine Kategorisierung, bei der sowohl methodische als auch inhaltliche Kriterien Berücksichtigung finden. Aus diesem Grund wird in Abbildung 5 ein eigener Ansatz zur Kategorisierung von Literaturanalysen vorgeschlagen, der methodische und inhaltliche Kriterien vereint.

		Inhalte der Literaturanalyse		
		Forschungsmethodik der analysierten Beiträge	Forschungsbereiche der analysierten Beiträge	Forschungsergebnisse der analysierten Beiträge
Methodik der Literaturanalyse	Qualitativ	(1) Qualitativer **Literaturüberblick** über die Forschungsmethodik	(2) Qualitativer **Literaturüberblick** über die Forschungsbereiche	(3) Qualitativer **Literaturüberblick** über die Forschungsergebnisse
	Deskriptiv-quantitativ	(4) Deskriptiv-quantitative **Literaturanalyse i.e.S.** der Forschungsmethodik	(5) Deskriptiv-quantitative **Literaturanalyse i.e.S.** der Forschungsbereiche	(6) Deskriptiv-quantitative **Literaturanalyse i.e.S.** der Forschungsergebnisse
	Mathematisch-quantitativ			(7) Mathematisch-quantitative **Metaanalyse** der Forschungsergebnisse

Abbildung 5: Vorschlag zur Kategorisierung von Literaturanalysen (in Anlehnung an Schmid & Kotulla, 2009a, S. 5; Schmid & Kotulla, 2009b, S. 316)[35]

---

[35] Im Gegensatz zur Kategorisierung bei Schmid & Kotulla (2009a, 2009b) erhalten die verschiedenen Typen von Literaturanalysen in der vorliegenden Arbeit teilweise abweichende Bezeichnungen. Dies liegt vor allem darin begründet, dass sich in der vorliegenden Arbeit die Erkenntnis durchgesetzt hat, dass Literaturanalysen, die sich mit der Forschungsmethodik von Beiträgen befassen, nicht zwangsläufig „Literaturkritiken" darstellen müssen. Zudem sollen nur solche Litera-

Ähnlich wie bereits von Mays et al. (2005) vorgeschlagen, kann in methodischer Hinsicht zwischen qualitativen, deskriptiv-quantitativen und mathematisch-quantitativen Literaturanalysen unterschieden werden: Literaturanalysen, die rein qualitativer Natur sind, sollen im Folgenden als „Literaturüberblicke" bezeichnet werden. Solche Literaturüberblicke fassen die bisherige Forschung verbal – in narrativer und/oder tabellarischer Form – möglichst systematisch und umfassend zusammen (z.B. Birnik & Bowman, 2007; Swoboda et al., 2009). Literaturanalysen, die auch oder ausschließlich deskriptiv-quantitative Betrachtungen durchführen, können als „Literaturanalysen i.e.S." bezeichnet werden. Im Rahmen von Literaturanalysen i.e.S. wird die existierende Forschung meist Häufigkeits- oder Mittelwertsanalysen unterzogen, deren Ergebnisse tabellarisch und/oder grafisch dargestellt werden (z.B. Furrer et al., 2008). Auf diese Weise können sich die Adressaten solcher Literaturanalysen i.e.S. sehr schnell einen systematischen Gesamteindruck von einem Forschungsfeld verschaffen. Für konkrete inhaltliche Aussagen sind dann aber meist ergänzende, qualitative Analysen erforderlich. Literaturanalysen i.w.S., die mathematisch-quantitative Analysen vornehmen, werden – in Anlehnung an die angelsächsische Begriffsverwendung – als „Metaanalysen" bezeichnet. Metaanalysen stellen üblicherweise Meta-Regressionsanalysen dar, die sich studienübergreifend mit der Berechnung von Effektgrößen befassen (Stanley & Jarrell, 2005). Dadurch können Einzelanalysen und deren Einzelstichproben zu einer übergreifenden Analyse über mehrere Stichproben hinweg erweitert werden (z.B. Cheon et al., 2007). In diesem Zusammenhang sind allerdings strenge methodische Kriterien zu berücksichtigen, die – zumindest in der empirischen Sozialforschung (anders als in der naturwissenschaftlichen Forschung) – in den seltensten Fällen erfüllbar sind (Rosenthal & DiMatteo, 2001, S. 66-68). Zudem können im Rahmen von Metaanalysen nur quantitative Studien berücksichtigt werden, während in Literaturüberblicke und Literaturanalysen i.e.S. auch qualitative und konzeptionelle Beiträge integrierbar sind (Matarazzo & Nijkamp, 1997).

In inhaltlicher Hinsicht kann gemäß Abbildung 5 zwischen Literaturanalysen unterschieden werden, die die Forschungsmethodik, die Forschungsbereiche und/oder die Forschungsergebnisse der analysierten Beiträge betrachten. Unter der „Forschungsmethodik" der betrachteten Beiträge sollen im Folgenden deren theoretische Fundierung, deren Forschungsansatz (konzeptionell, qualitativ-empirisch, quantitativ-empirisch) sowie deren konkretes Forschungsdesign zusammengefasst werden (z.B. Theodosiou & Leonidou, 2003). Eine Analyse der „Forschungsbereiche" befasst sich insbesondere mit der Frage, welche inhaltlichen Bereiche innerhalb eines For-

---

turanalysen als „Metaanalysen" bezeichnet werden, die sich einer mathematisch-quantitativen Methodik bedienen.

schungsfeldes bislang wie stark untersucht wurden und in welchen dieser Bereiche demzufolge ein (besonders großer) Forschungsbedarf besteht (z.B. Waheeduzzaman & Dube, 2004). Eine Untersuchung der bisherigen „Forschungsergebnisse" beschäftigt sich schließlich – je nach methodischer Ausrichtung – mit der Darstellung, Auswertung oder Konsolidierung der Ergebnisse der analysierten Beiträge (z.B. Shoham, 2002).

Durch die Kombination der vorgestellten methodischen und inhaltlichen Kriterien ergibt sich die in Abbildung 5 bereits dargestellte Matrix. Da Metaanalysen nur auf die Forschungsergebnisse existierender Beiträge sinnvoll anwendbar sind, handelt es sich bei der Matrix nicht um eine 9-Felder-Matrix, sondern um eine 7-Felder-Matrix. Basierend auf dieser Matrix stellt sich die Frage, welche Art der Literaturanalyse für die vorliegende Arbeit geeignet ist: Wie in Abschnitt 2.3.2 noch deutlich werden wird, existieren allein in englischsprachigen Fachzeitschriften mehr als 300 Beiträge zur internationalen Marketingstandardisierung bzw. -differenzierung, so dass ein umfassender (qualitativer) Literaturüberblick in der vorliegenden Arbeit nicht handhabbar wäre. Ob eine (mathematisch-quantitative) Metaanalyse durchführbar ist, hängt wiederum von zahlreichen methodischen Kriterien ab, die zuvor überprüft werden müssen. Aus diesem Grund soll in der vorliegenden Arbeit zunächst eine (deskriptiv-quantitative) Literaturanalyse i.e.S. in Bezug auf die Forschungsmethodik, die Forschungsbereiche und die Forschungsergebnisse der bisherigen Beiträge durchgeführt werden. Vor allem bei der Analyse der Forschungsmethodik soll dabei eine kritische Perspektive eingenommen werden. So soll insbesondere überprüft werden, ob die verschiedenen Beiträge auf Forschungsdesigns beruhen, die sich zur Beantwortung der entsprechenden Forschungsfragen eignen.[36] Die Ergebnisse derjenigen Arbeiten, die dieser methodisch-kritischen Überprüfung „standhalten", sollen anschließend einer tiefergehenden, qualitativen Analyse sowie – falls möglich – einer Metaanalyse unterzogen werden. Bezogen auf die Kategorisierung in Abbildung 5 handelt es sich bei der vorliegenden Literaturanalyse also im Kern um eine Analyse des Typs 4, 5 und 6, ergänzt um eine fokussierte Analyse des Typs 3 und – falls möglich – des Typs 7.

---

[36] Vgl. hierzu erneut die Ausführungen in Abschnitt 2.2.

2.3.2 Umfang der Literaturanalyse[37]

Wie in Abschnitt 2.2.2 erwähnt, möchte ich im Rahmen meiner Literaturanalyse keine inhaltliche Eingrenzung hinsichtlich der Forschungsfragen vornehmen. Um meine Analyse dennoch handhabbar zu halten, soll im vorliegenden Abschnitt eine Eingrenzung hinsichtlich des Umfangs der Literaturanalyse vorgenommen werden.

So werde ich im Rahmen der Literaturanalyse ausschließlich jene Beiträge berücksichtigen, die in englischsprachigen Fachzeitschriften veröffentlicht wurden. Wie in Abschnitt 2.3.1 erwähnt, stellen Publikationen in englischsprachigen Fachzeitschriften – vor allem aufgrund der Amerikanisierung des weltweiten Wissenschaftssystems – das zunehmend zentrale Qualitäts-, Erfolgs- und Karrierekriterium für einen Wissenschaftler dar (Schmid, 2003, v.a. S. 10-13). Aus diesem Grund kann der weltweite Forschungsstand zur internationalen Marketingstandardisierung bzw. -differenzierung durch eine Fokussierung auf englischsprachige Fachzeitschriften durchaus adäquat abgebildet werden. Zudem ermöglicht die umfassende elektronische Katalogisierung englischsprachiger Fachzeitschriften eine systematische Erfassung der interessierenden Literatur. Die Anzahl der berücksichtigten Fachzeitschriften soll dabei möglichst hoch sein. So sollen alle in der Harzing (2009) Journal Quality List aufgeführten 66 englischsprachigen Marketing-Zeitschriften und 77 englischsprachigen Management-Zeitschriften in die Literaturrecherche eingehen. Hinsichtlich des Publikationszeitraums wird keine Eingrenzung vorgenommen.[38] Die Literaturrecherche erfolgt mit Hilfe der Literaturdatenbank *EBSCOhost Business Source Complete*. Alle Beiträge, die nicht im Volltext-Format in der Datenbank hinterlegt sind, sollen in Papierform beschafft werden. Auf diese Weise können die in englischsprachigen Fachzeitschriften veröffentlichten Beiträge möglichst umfassend berücksichtigt werden.

Voraussetzung für die Berücksichtigung eines Zeitschriftenbeitrags ist es, dass der Titel und/oder Abstract des Beitrags mindestens zwei der folgenden Suchbegriffe enthält, wobei mindestens ein Begriff aus Gruppe 1 und mindestens ein Begriff aus Gruppe 2 vertreten sein muss:

(1) standardi*, differentiat*, adapt*, customi*, local*, speciali*, modif*

(2) internatio*, multinatio*, natio*, global*, world*, regio*, MNC*, MNE*, export*

---

[37] Die folgenden Ausführungen basieren auf Textpassagen, die bereits in den Veröffentlichungen Schmid & Kotulla (2009a), S. 4-5, Schmid & Kotulla (2009b), S. 314-315, Schmid & Kotulla (2011a), S. 153, Schmid & Kotulla (2011b), S. 492-493, sowie Schmid & Kotulla (2012), S. 56-58, enthalten sind.

[38] Stichtag der Recherche ist der 31. Dezember 2009.

Die Wahl der Suchbegriffe basiert auf einer intensiven Beschäftigung mit dem Forschungsfeld und mit den Schlüsselwörtern, die von den existierenden Literaturanalysen und den meistzitierten Beiträgen innerhalb des Forschungsfeldes verwendet werden.[39] Durch die Suchbegriffe aus Gruppe 1 soll den zahlreichen englischsprachigen Synonymen für „differentiation" Rechnung getragen werden. Mit Hilfe der Suchbegriffe aus Gruppe 2 soll gewährleistet werden, dass nur solche Artikel in die Literaturanalyse eingehen, die sich mit der *internationalen* Marketingstandardisierung bzw. -differenzierung befassen. Zusätzlich werden Platzhalter (*) verwendet, um unterschiedliche Deklinationen und Konjugationen der Suchbegriffe sowie britische und amerikanische Schreibweisen zu berücksichtigen. Alle mit Hilfe dieses Suchalgorithmus ermittelten Zeitschriftenbeiträge sollen anschließend anhand ihres Abstracts daraufhin untersucht werden, ob sie sich tatsächlich – vollständig oder teilweise – mit der *internationalen* Standardisierung bzw. Differenzierung des *Marketing* von Unternehmen befassen.

Die beschriebene Eingrenzung und die dargestellte Vorgehensweise haben zur Identifikation von 330 Beiträgen in 52 Fachzeitschriften geführt, wobei 250 dieser Beiträge (ca. 76%) in Marketing-Zeitschriften und 80 Beiträge (ca. 24%) in Management-Zeitschriften veröffentlicht wurden. Eine Aufstellung aller 330 Beiträge findet sich in Anhang 1. Im folgenden Abschnitt sollen die Ergebnisse der Literaturanalyse präsentiert werden.

2.4 Ergebnisse der Literaturanalyse

2.4.1 *Überblick über das Forschungsfeld*[40]

Zunächst gibt Abbildung 6 einen Überblick, in welchen Zeiträumen die 330 identifizierten Artikel zur internationalen Marketingstandardisierung bzw. -differenzierung veröffentlicht wurden. Aus der Abbildung geht hervor, dass der erste Artikel innerhalb des Forschungsfeldes bereits vor knapp 50 Jahren publiziert wurde (Roostal, 1963).[41] Zudem wird deutlich, dass das Forschungsfeld seit Mitte der 1980er Jahre durch eine relativ starke Publikationstätigkeit gekennzeichnet ist, die sich seit dem Jahr 2002 nochmals verstärkt hat. So wurden allein zwischen 2002 und 2009 – also

---

[39] Vgl. zu den existierenden Literaturanalysen und den meistzitierten Beiträgen innerhalb des Forschungsfeldes die Ausführungen in Abschnitt 2.4.1.
[40] Die folgenden Ausführungen basieren auf Textpassagen, die bereits in den Veröffentlichungen Schmid & Kotulla (2009a), S. 6-9, sowie Schmid & Kotulla (2009b), S. 317-320, enthalten sind.
[41] Der Beitrag von Elinder (1961), der häufig als der älteste Artikel innerhalb des Forschungsfeldes bezeichnet wird, ist nicht Teil der Analyse, da er in der Zeitschrift *Advertising Age* veröffentlicht wurde, die keine Fachzeitschrift, sondern eine Publikumszeitschrift darstellt. Der spätere Beitrag von Elinder (1965) im *Journal of Marketing* wird innerhalb der Literaturanalyse aber berücksichtigt.

innerhalb von nur acht Jahren – knapp 45% aller 330 Artikel zur internationalen Marketingstandardisierung bzw. -differenzierung veröffentlicht. Auch wenn diese starke Publikationstätigkeit zumindest teilweise auf den bereits erwähnten grundsätzlichen Anstieg von Fachzeitschriftenveröffentlichungen in jüngster Vergangenheit zurückzuführen sein mag, so verdeutlicht die Entwicklung dennoch die offenbar weiterhin hohe Relevanz und Aktualität des betrachteten Forschungsfeldes.

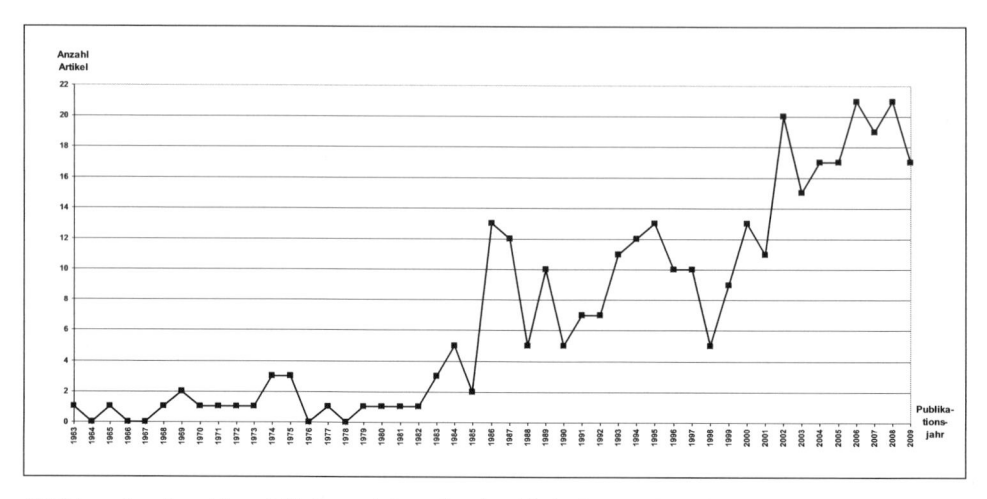

Abbildung 6: Anzahl an Artikeln zur internationalen Marketingstandardisierung bzw. -differenzierung nach Publikationsjahr (in Anlehnung an Schmid & Kotulla, 2009a, S. 37; Schmid & Kotulla, 2009b, S. 349)

Ferner gibt Abbildung 7 einen Überblick über die Anzahl an Artikeln nach Zeitschrift. Dabei wird deutlich, dass sich die 330 Artikel relativ stark auf einige wenige Zeitschriften verteilen. So wurden gut 32% aller Artikel in lediglich drei Zeitschriften veröffentlicht – im *International Marketing Review* (41 Artikel), im *European Journal of Marketing* (34 Artikel) sowie im *Journal of Global Marketing* (32 Artikel). Im Gegensatz zu diesen Marketing-Zeitschriften zählen zu den am häufigsten vertretenen Management-Zeitschriften das *Journal of World Business* (15 Artikel), der *Harvard Business Review* (12 Artikel) sowie das *Journal of International Business Studies* (11 Artikel).

Einen Überblick über die zehn meistzitierten Beiträge innerhalb des Forschungsfeldes liefert Abbildung 8. Sechs dieser zehn Artikel wurden in Zeitschriften veröffentlicht, die üblicherweise als „A-Journals" eingestuft werden (Jain, 1989; Samiee & Roth, 1992; Cavusgil et al., 1993; Cavusgil & Zou, 1994; Dawar & Parker, 1994; Alden et al., 1999).[42] Auch diese Tatsache verdeutlicht die hohe Relevanz und starke Präsenz des betrachteten Forschungsfeldes innerhalb der „Scientific Community".

---

[42] Vgl. zu einer Übersicht über einschlägige Fachzeitschriften-Rankings Harzing (2009).

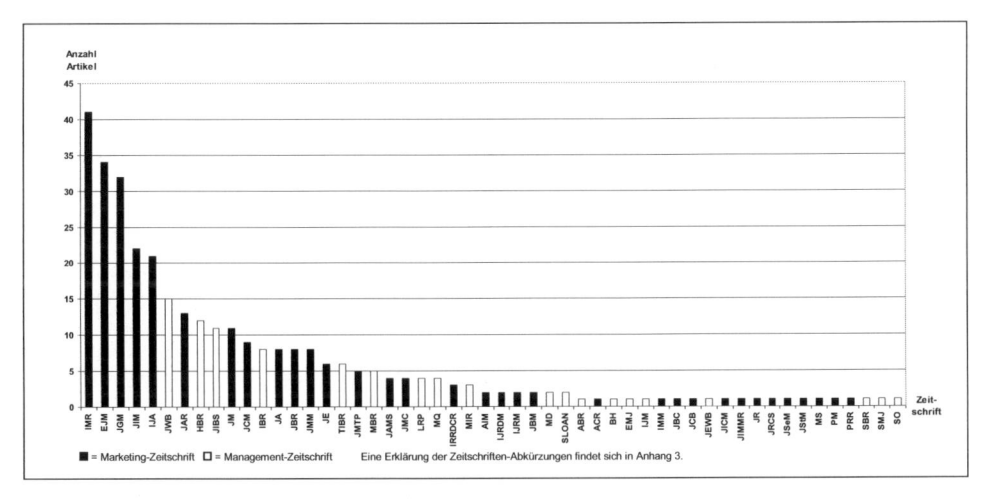

Abbildung 7: Anzahl an Artikeln zur internationalen Marketingstandardisierung bzw. -differenzierung nach Zeitschrift (in Anlehnung an Schmid & Kotulla, 2009a, S. 38; Schmid & Kotulla, 2009b, S. 350)

In diesem Zusammenhang sei allerdings darauf hingewiesen, dass Artikel in „A-Journals" grundsätzlich sehr häufig zitiert werden – ein Umstand, der zumindest teilweise auf die bereits erwähnte Amerikanisierung des weltweiten Wissenschaftssystems zurückzuführen sein dürfte (Schmid, 2003, v.a. S. 10-13).

		Zitate gesamt[1]	Zitate pro Jahr[2]
1	Cavusgil & Zou (1994)	688	43,00
2	Jain (1989)	513	24,43
3	Bartlett & Ghoshal (1986)	436	18,17
4	Douglas & Wind (1987)	386	16,78
5	Dawar & Parker (1994)	338	21,13
6	Samiee & Roth (1992)	295	16,39
7	Sorenson & Wiechmann (1975)	213	6,09
8	Cavusgil et al. (1993)	199	11,71
9	Alden et al. (1999)	190	17,27
10	Boddewyn et al. (1986)	189	7,88

Anzahl an Marketing- und Managementbeiträgen, in denen der jeweilige Artikel zitiert wird; Quelle: Google Scholar i.V.m. der Software „Harzing's Publish or Perish"; vgl. zur Eignung und Umfassendheit von Google Scholar im Zusammenhang mit Zitationsanalysen Harzing & van der Wal (2008, 2009).
(1) Stand 31.12.2009. (2) Durchschnittliche jährliche Anzahl an Zitaten zwischen dem jeweiligen Publikationsjahr und dem Jahr 2009.

Abbildung 8: Meistzitierte Artikel zur internationalen Marketingstandardisierung bzw. -differenzierung (in Anlehnung an Schmid & Kotulla, 2009a, S. 7; Schmid & Kotulla, 2011a, S. 154; Schmid & Kotulla, 2012, S. 57)

Die intensive Forschungstätigkeit im Bereich der internationalen Marketingstandardisierung bzw. -differenzierung spiegelt sich nicht nur in der hohen Anzahl an Einzelstudien wider; zusätzlich existieren auch zwölf übergreifende Literaturanalysen, die den Forschungsstand innerhalb des Forschungsfeldes zusammenzufassen versuchen (Agrawal, 1995; Shoham, 1995, 2002; Leonidou et al., 2002; Taylor & Johnson, 2002; Ryans et al., 2003; Theodosiou & Leonidou, 2003; Melewar & Vemmervik, 2004; Waheeduzzaman & Dube, 2004; Birnik & Bowman, 2007; Cheon et al., 2007; Fastoso & Whitelock, 2007). Zwei dieser Literaturanalysen liegen allerdings schon mehr als 15 Jahre zurück (Agrawal, 1995; Shoham, 1995) und drei der Literaturanalysen beschränken sich auf die internationale Standardisierung bzw. Differenzierung der Marketing-*Kommunikation* (Taylor & Johnson, 2002; Melewar & Vemmervik, 2004; Fastoso & Whitelock, 2007). In Abbildung 9 werden die verbleibenden sieben Literaturanalysen, die im Durchschnitt jedoch nur 76 Beiträge untersuchen, dem Kategorisierungsschema aus Abschnitt 2.3.1 zugeordnet.[43] Dabei wird ersichtlich, dass bislang keine Literaturanalyse i.e.S. existiert, die sich systematisch und umfassend mit der Forschungsmethodik der existierenden Studien auseinandersetzt. Genau dies wird (unter anderem) im Rahmen der vorliegenden Literaturanalyse geschehen. Wie in Abschnitt 2.3.1 erwähnt, soll dabei insbesondere überprüft werden, ob die 330 existierenden Artikel auf Forschungsdesigns beruhen, die sich zur Beantwortung der jeweiligen Forschungsfragen eignen. Nur die Ergebnisse derjenigen Arbeiten, die dieser methodisch-kritischen Überprüfung „standhalten", sollen anschließend einer tiefergehenden, qualitativen Analyse sowie – falls möglich – einer Metaanalyse unterzogen werden.

		Inhalte der Literaturanalyse		
		Forschungsmethodik der analysierten Beiträge	Forschungsbereiche der analysierten Beiträge	Forschungsergebnisse der analysierten Beiträge
Methodik der Literaturanalyse	Qualitativ	Ryans et al. (2003) Theodosiou & Leonidou (2003) Birnik & Bowman (2007)	Birnik & Bowman (2007)	Birnik & Bowman (2007)
	Deskriptiv-quantitativ	–	Theodosiou & Leonidou (2003) Waheeduzzaman & Dube (2004)	Theodosiou & Leonidou (2003)
	Mathematisch-quantitativ			Leonidou et al. (2002) Shoham (2002) Cheon et al. (2007)

Abbildung 9: Klassifizierung der aktuellsten Literaturanalysen zur internationalen Marketingstandardisierung bzw. -differenzierung (basierend auf Schmid & Kotulla, 2009a, S. 8; Schmid & Kotulla, 2009b, S. 318)

---

[43] Eine detaillierte Aufschlüsselung der Literaturanalysen in Bezug auf ihren Analyseansatz, die Anzahl analysierter Zeitschriften und Artikel, den betrachteten Veröffentlichungszeitraum sowie die Anzahl an Zitationen findet sich bei Schmid & Kotulla (2009a), S. 8, sowie Schmid & Kotulla (2009b), S. 318.

In den folgenden vier Abschnitten 2.4.2 bis 2.4.5 werde ich die detaillierten Ergebnisse meiner Literaturanalyse separat für die vier in Abbildung 1 dargestellten Forschungsfragen präsentieren und diskutieren. Die Ausgangsbasis für die dortigen Ausführungen bildet Abbildung 10, die einen deskriptiv-quantitativen Überblick über die Forschungsmethodik, die Forschungsbereiche und die Forschungsergebnisse der 330 analysierten Artikel liefert. Die Analysekategorien in Abbildung 10 lehnen sich an die bisherigen Ausführungen dieser Arbeit an und werden – sofern nicht selbsterklärend – in der Fußzeile der Abbildung kommentiert sowie in den Abschnitten 2.4.2 bis 2.4.5 erläutert.

			Forschungsfragen[1]			
			(1a) Deskriptiv	(1b) Positiv-theoretisch	(2a) Präskriptiv	(2b) Normativ-theoretisch
			234 von 330 (70,91%)	4 von 330 (1,21%)	274 von 330 (83,03%)	17 von 330 (5,15%)
Forschungs-methodik	Forschungs-ansatz	Rein konzeptionell		1 von 4 (25,00%)	60 von 274 (21,90%)	3 von 17 (17,65%)
		Qualitativ-empirisch	56 von 234 (23,93%)	1 von 4 (25,00%)	42 von 274 (15,32%)	3 von 17 (17,65%)
		Quantitativ-empirisch[2]	178 von 234 (76,07%)	2 von 4 (50,00%)	172 von 274 (62,77%)	11 von 17 (64,71%)
	Forschungs-design	Ausschließlich Management	52 von 234 (22,22%)[3]	0 von 4 (0,00%)[3]	32 von 274 (11,68%)	0 von 17 (0,00%)
		Situation → Management	182 von 234 (77,78%)[3]	4 von 4 (100,00%)[3]	162 von 274 (59,12%)	9 von 17 (52,94%)
		Management → Erfolg			14 von 274 (5,11%)	2 von 17 (11,76%)
		Situation → Management → Erfolg (Ohne Situation-Management-Fit)			34 von 274 (12,41%)	3 von 17 (17,65%)
		Situation → Management → Erfolg (Mit Situation-Management-Fit)			32 von 274 (11,68%)	3 von 17 (17,65%)
Forschungs-bereiche		Internationale Produktstrategie[4]	136 von 234 (58,12%)	3 von 4 (75,00%)	177 von 274 (64,60%)	10 von 17 (58,82%)
		Internationale Preisstrategie	87 von 234 (37,18%)	2 von 4 (50,00%)	119 von 274 (43,43%)	6 von 17 (35,29%)
		Internationale Distributionsstrategie	84 von 234 (35,90%)	2 von 4 (50,00%)	115 von 274 (41,97%)	8 von 17 (47,06%)
		Internationale Kommunikationsstrategie[5]	182 von 234 (77,78%)	3 von 4 (75,00%)	210 von 274 (76,64%)	12 von 17 (70,59%)
		Internationale Marketingprozesse	20 von 234 (8,55%)	0 von 4 (0,00%)	23 von 274 (8,39%)	1 von 17 (5,88%)
Forschungs-ergebnisse		Grundsätzliche Dominanz/Überlegenheit internationaler Standardisierung	13 von 234 (5,56%)	1 von 4 (25,00%)	23 von 274 (8,39%)	2 von 17 (11,76%)
		Grundsätzliche Dominanz/Überlegenheit internationaler Differenzierung	42 von 234 (17,95%)	1 von 4 (25,00%)	38 von 274 (13,87%)	3 von 17 (17,65%)
		Situationsabhängigkeit	139 von 234 (59,40%)	2 von 4 (50,00%)	186 von 274 (67,88%)	11 von 17 (64,71%)
		Uneinheitliche Ergebnisse/Keine Aussage	40 von 234 (17,09%)	0 von 4 (0,00%)	27 von 274 (9,85%)	1 von 17 (5,88%)

Da zahlreiche Artikel mehr als eine Forschungsfrage und/oder mehr als einen Forschungsbereich abdecken, können die jeweiligen Summen von 100% abweichen. Vgl. zu einer detaillierten Aufschlüsselung der Analyseergebnisse Anhang 2.
(1) Vgl. Abbildung 1. (2) Inklusive derjenigen quantitativ-empirischen Artikel, die qualitative Vorstudien enthalten. (3) Inklusive derjenigen deskriptiven bzw. positiv-theoretischen Artikel, die den Erfolg mit erfassen. (4) Inklusive der Markenstrategie sowie der Personalstrategie aus dem Dienstleistungs-Marketing-Mix („People"). (5) Inklusive der Strategie des äußeren Erscheinungsbildes aus dem Dienstleistungs-Marketing-Mix („Physical Evidence").

Abbildung 10: Forschungsmethodik, Forschungsbereiche und Forschungsergebnisse der 330 Artikel zur internationalen Marketingstandardisierung bzw. -differenzierung, kategorisiert nach Forschungsfrage (in Anlehnung an Schmid & Kotulla, 2009a, S. 9; Schmid & Kotulla, 2009b, S. 320; Schmid & Kotulla, 2012, S. 58-59)

2.4.2 Ergebnisse der deskriptiven Forschung[44]

Insgesamt ca. 71% aller Artikel (234 von 330) beschäftigen sich mit der Forschungsfrage, *wie* bzw. zu welchem Grad Unternehmen in bestimmten Situationen ihr Marketing *tatsächlich* länderübergreifend vereinheitlichen. Im Hinblick auf den Forschungsansatz sind ca. 24% dieser Artikel qualitativ-empirischer Natur (z.B. Gabrielsson et al., 2008) und ca. 76% quantitativ-empirischer Natur (z.B. Taylor & Okazaki, 2006). Diese Verteilung dürfte vor allem damit zusammenhängen, dass in englischsprachigen Fachzeitschriften üblicherweise großer Wert auf die Verallgemeinerbarkeit von Forschungsergebnissen und damit auf eine (möglichst breite) quantitative Datenbasis gelegt wird.[45] Als Konsequenz daraus wird nur relativ selten detailliert untersucht, wie genau bestimmte Managemententscheidungen zur internationalen Marketingstandardisierung bzw. -differenzierung in Unternehmen ablaufen.[46] In Bezug auf das Forschungsdesign analysieren ca. 78% der 234 Artikel den in Abbildung 1 dargestellten Wirkungszusammenhang zwischen der (internen und/oder externen) Situation eines Unternehmens und den entsprechenden Managemententscheidungen des Unternehmens (z.B. Singh et al., 2005). Dies bedeutet im Umkehrschluss, dass immerhin ca. 22% der Artikel die Situationsabhängigkeit von Managemententscheidungen unberücksichtigt lassen (z.B. López, 2004). Derartige Studien sind nicht dazu in der Lage, Aussagen darüber zu treffen, zu welchem Grad Unternehmen ihr Marketing *in bestimmten Situationen* länderübergreifend vereinheitlichen.[47]

Im Hinblick auf die Forschungsbereiche beschreiben ca. 58% der 234 Artikel die internationalen Produktstrategien von Unternehmen (z.B. Shipchandler & Moore, 2000), ca. 37% die internationalen Preisstrategien (z.B. Theodosiou & Katsikeas, 2001), ca. 36% die internationalen Distributionsstrategien (z.B. Fincke & Goffard, 1993), ca. 78% die internationalen Kommunikationsstrategien (z.B. Chandra et al., 2002a) und ca. 9% die internationalen Marketingprozesse (z.B. Chandra et al., 2002b). Eine Analyse der Forschungsergebnisse zeigt, dass die betrachteten Unternehmen bzw. deren Manager in ca. 6% der 234 Artikel grundsätzlich eine internationale Standardisierung (z.B. Sirisagul, 2000) und in ca. 18% der Artikel generell eine internationale Differenzierung bevorzugen (z.B. Javalgi et al., 1994). In ca. 59% der Artikel variieren

---

[44] Die folgenden Ausführungen basieren auf Textpassagen, die bereits in den Veröffentlichungen Schmid & Kotulla (2009a), S. 10-12, Schmid & Kotulla (2009b), S. 319-322, sowie Schmid & Kotulla (2012), S. 59-61, enthalten sind.

[45] Vgl. in diesem Zusammenhang zum „sachsonischen" Wissenschaftsstil – im Gegensatz zum teutonischen, gallischen und nipponischen Wissenschaftsstil – Galtung (1981; 1982), Schmid (1996), S. 97-101, sowie Schmid & Oesterle (2009), S. 18-21.

[46] Vgl. zur Bedeutung und Notwendigkeit qualitativer Forschung im Internationalen Management z.B. Kutschker et al. (1997), Marschan-Piekkari & Welch (2005) sowie Schmid & Oesterle (2009), S. 18-21.

[47] Vgl. in diesem Zusammenhang zur Bedeutung des Kontingenzansatzes erneut Abschnitt 2.2.3.

die Managemententscheidungen in Abhängigkeit spezifischer Situationsfaktoren (z.B. Sousa & Bradley, 2005). Im Gegensatz dazu kommen ca. 17% der 234 Artikel zu uneinheitlichen Ergebnissen oder treffen gar keine konkreten Aussagen (z.B. Michell et al., 1998).

Was die spezifischen Situationsfaktoren und deren Einfluss auf die internationale Marketingstandardisierung bzw. -differenzierung betrifft, so wurde in den vergangenen Jahrzehnten eine Vielzahl an Variablen untersucht. Wie bereits Birnik & Bowman (2007) zeigen konnten, gelangen die bisherigen Studien im Hinblick auf die Bedeutung, Wirkungsrichtung und Wirkungsstärke dieser Situationsfaktoren aber größtenteils zu widersprüchlichen Ergebnissen. So existieren z.B. zahlreiche Artikel, die feststellen, dass der Grad der internationalen Marketingstandardisierung mit zunehmender Auslandsmarktgröße abnimmt (z.B. Chhabra, 1996), während andere Studien zu einem gegenteiligen Ergebnis gelangen (z.B. Rau & Preble, 1987). Ähnlich widersprüchlich sind die Ergebnisse im Hinblick auf den Einfluss der Produktart: Einerseits existieren Studien, die zu dem Schluss kommen, dass Industriegüter stärker standardisiert werden als Konsumgüter (z.B. Cavusgil et al., 1993); andererseits gibt es mehrere Artikel, die entweder Gegenteiliges nachweisen (z.B. Grosse & Zinn, 1990) oder gar keine signifikanten Unterschiede feststellen können (z.B. Michell et al., 1998). Zu den Gründen für solche Widersprüchlichkeiten zählen vor allem unterschiedliche Grundgesamtheiten, Stichproben oder Erhebungszeiträume, studienübergreifend uneinheitliche Operationalisierungen der analysierten Variablen sowie die Vernachlässigung moderierender Effekte auf den Wirkungszusammenhang zwischen Situations- und Managementvariablen (Theodosiou & Leonidou, 2003, S. 167-168). Außerdem erfolgt die Herleitung der betrachteten Situationsfaktoren nur in den seltensten Fällen auf Basis einer (positiven) Theorie (z.B. Javalgi et al., 2006). In Abschnitt 2.4.3 werde ich auf diesen Aspekt näher eingehen. Einen Überblick über die unterschiedlichen situativen Effekte liefert der Beitrag von Birnik & Bowman (2007). Zudem enthält Abbildung 11 eine Auflistung der am häufigsten analysierten Situations- und Managementvariablen. Während sich die Managementvariablen anhand der 4 P und im Hinblick auf die Marketingprozesse kategorisieren lassen, kann bei den Situationsvariablen zwischen umfeld-, markt-, konsumenten-, wettbewerbs-, produkt-, unternehmens- und managementbezogenen Variablen unterschieden werden. In den Kapiteln 3 und 4 werde ich auf die spezifische Bedeutung verschiedener Situations- bzw. Einflussvariabler näher zu sprechen kommen.

Situationsvariable	Managementvariable
Umfeldbezogene Variable: länderübergreifende Ähnlichkeit des wirtschaftlichen, gesellschaftlichen, kulturellen, politischen, rechtlichen, physischen und technologischen Umfelds (z.B. O'Cass & Julian, 2003b; Katsikeas et al., 2006; Schilke et al., 2009)	**Produktstrategie:** allgemeine Produktstrategie; Produktname; Produktpositionierung; Produktqualität; Produkteigenschaften; Produktverpackung; Produktvarianten; Produktservices; Produktgarantie (z.B. Cavusgil & Zou, 1994; Shoham, 1996; Chung, 2009)
Marktbezogene Variable: Auslandsmarktgröße; länderübergreifende Ähnlichkeit der Marketing- und Distributionsinfrastruktur sowie der Werbemedienverfügbarkeit (z.B. O'Cass & Julian, 2003a; Evans et al., 2008; Sousa & Bradley, 2008)	**Preisstrategie:** allgemeine Preisstrategie; Preisfindungsmethode; Einzelhandelspreis; Großhandelspreis; Gewinnspanne; Preisnachlässe; Zahlungsbedingungen (z.B. Lages & Montgomery, 2005; Katsikeas et al., 2006; Chung, 2008)
Konsumentenbezogene Variable: länderübergreifende Ähnlichkeit von Konsumentencharakteristika, -präferenzen und -verhalten (z.B. Özsomer & Simonin, 2004; Lim et al., 2006; Katsikeas et al., 2006)	**Distributionsstrategie:** allgemeine Distributionsstrategie; Distributionskanäle; Art und Rolle der Zwischen- und Einzelhändler; Struktur, Management und Rolle des Außendienstes (z.B. Shoham, 1996; Katsikeas et al., 2006; Sousa & Lengler, 2009)
Wettbewerbsbezogene Variable: länderübergreifende Ähnlichkeit der Wettbewerber; Struktur, Art und Intensität des ausländischen Wettbewerbs (z.B. O'Cass & Julian, 2003a; Katsikeas et al., 2006; Schilke et al., 2009)	**Kommunikationsstrategie:** allgemeine Kommunikationsstrategie; klassische Werbung; Verkaufsförderung; Öffentlichkeitsarbeit; persönlicher Verkauf; Kommunikationsstil; Kommunikationsbotschaft; Kommunikationsbudget; Mediaallokation (z.B. Evans et al., 2008; Chung, 2009; Sousa & Lengler, 2009)
Produktbezogene Variable: Produktart, Produkttechnologiegrad; Phase des Produktlebenszyklus (z.B. Shoham & Albaum, 1994; Katsikeas et al., 2006; Schilke et al., 2009)	**Marketingprozesse:** Prozessorganisation; Prozesskoordination; Prozesskontrolle (z.B. Shoham et al., 2008; Townsend et al., 2004; Chung, 2008)
Unternehmensbezogene Variable: Herkunftsland; Rechts- und Eigentumsform; Organisationsstruktur; Unternehmensgröße; Auslandsumsatz; Auslandsmarktanteil (z.B. Özsomer et al., 1991; O'Cass & Julian, 2003b; Xu et al., 2006)	
Managementbezogene Variable: EPRG-Orientierung; Marketingerfahrung; Auslandserfahrung; Auslandsmarktverbundenheit; Grad der Formalisierung von Entscheidungen; Grad der Zentralisierung von Entscheidungen; Grad der Zentralisierung von Wertschöpfungsaktivitäten; Wettbewerbsstrategie; Markteintritts-/Marktbearbeitungsform (z.B. Solberg, 2002; Chung, 2008; Sousa & Bradley, 2008)	
Quelle: Basierend auf Theodosiou & Leonidou (2003), S. 149-156, sowie Birnik & Bowman (2007), S. 308-311, ergänzt um eigene Recherchen.	

Abbildung 11: Häufig analysierte Situations- und Managementvariable in der Forschung zur internationalen Marketingstandardisierung bzw. -differenzierung (in Anlehnung an Schmid & Kotulla, 2009a, S. 12; Schmid & Kotulla, 2009b, S. 322; Schmid & Kotulla, 2011a, S. 163; Schmid & Kotulla, 2011b, S. 497; Schmid & Kotulla, 2012, S. 60-61)

2.4.3 Ergebnisse der positiv-theoretischen Forschung[48]

Lediglich vier der 330 Artikel – also gut 1% – versuchen, theoretisch zu erklären, *warum* Unternehmen ihr Marketing *tatsächlich* in bestimmten Situationen zu einem bestimmten Grad länderübergreifend vereinheitlichen. Die Forschung zur internationalen Marketingstandardisierung bzw. -differenzierung kann diesbezüglich als weitgehend atheoretisch gelten – ein Umstand, der bereits von anderen Autoren erkannt und kritisiert wurde (Ryans et al., 2003, S. 593-599; Theodosiou & Leonidou, 2003, S. 167-168; Birnik & Bowman, 2007, S. 316). Abbildung 12 und Anhang 4 geben einen Überblick über die vier auf positiven Theorien basierenden Artikel. Mit Hilfe die-

---

[48] Die folgenden Ausführungen basieren auf Textpassagen, die bereits in den Veröffentlichungen Schmid & Kotulla (2009a), S. 12-13, Schmid & Kotulla (2009b), S. 322, sowie Schmid & Kotulla (2012), S. 61-62, enthalten sind.

ser Theorien versuchen die jeweiligen Autoren, die Entscheidungsrealität in Unternehmen möglichst adäquat abzubilden und dadurch die tatsächlich von Unternehmen bzw. deren Managern getroffenen internationalen Marketingstandardisierungs- bzw. -differenzierungsentscheidungen nachvollziehen und ggf. sogar vorhersagen zu können.

	Theoretische Basis	Theoretische Schlussfolgerung
Shoham (1999)	Theory of bounded rationality	Unternehmen berücksichtigen im Rahmen ihrer internationalen Marketingstandardisierungs- bzw. -differenzierungsentscheidungen nur einen geringen Anteil aller relevanten Umfeldvariablen
Robles (2002)	Integration-responsiveness theory	Unternehmen standardisieren bzw. differenzieren ihre Internetplattformen länderübergreifend in Abhängigkeit der Wahrnehmung ihrer Manager hinsichtlich des Zwangs zu globaler Integration und/oder nationaler Reaktionsfähigkeit
Javalgi et al. (2006)	Strategic reference points theory	Unternehmen standardisieren bzw. differenzieren ihre Marketingstrategien länderübergreifend in Abhängigkeit des Verhältnisses zwischen den strategischen Referenzpunkten der Manager sowie der Wahrnehmung der Manager hinsichtlich der länderübergreifenden Marktähnlichkeit
Okazaki et al. (2007)	Theory of environmental isomorphism	Unternehmen passen ihre Werbung an Auslandsmärkte innerhalb der Europäischen Union an, da sie sich den jeweiligen gesellschaftlichen und kulturellen Normen fügen, um im Ausland „institutionalisiert" und damit legitimiert zu sein

Vgl. zu einer detaillierteren Darstellung der vier positiv-theoretischen Artikel Anhang 4.

Abbildung 12: Positiv-theoretische Artikel zur internationalen Marketingstandardisierung bzw. -differenzierung (in Anlehnung an Schmid & Kotulla, 2009a, S. 13; Schmid & Kotulla, 2012, S. 61)

Wie aus Abbildung 12 und Anhang 4 hervorgeht, enthalten die vier Artikel wertvolle Theorien, die dabei helfen können, die internationalen Marketingstandardisierungs- bzw. -differenzierungsentscheidungen von Unternehmen bzw. deren Managern besser nachzuvollziehen. Andererseits erfassen die vier Theorien – wie die meisten Theorien innerhalb der Sozialwissenschaften (Donaldson, 2005; Kieser & Ebers, 2006, Hrsg.) – aber nur einen relativ kleinen Ausschnitt der gesamten Entscheidungsrealität von Unternehmen. Die geringe Anzahl an positiv-theoretischen Beiträgen verdeutlicht daher die Notwendigkeit einer noch stärkeren theoretischen Fundierung des Forschungsfeldes. In Abschnitt 2.5.1 werde ich auf diesen Punkt erneut zu sprechen kommen.

2.4.4 Ergebnisse der präskriptiven Forschung[49]

Insgesamt ca. 83% aller Artikel (274 von 330) befassen sich mit der Forschungsfrage, *wie* bzw. zu welchem Grad Unternehmen in bestimmten Situationen ihr Marketing

---

[49] Die folgenden Ausführungen basieren auf Textpassagen, die bereits in den Veröffentlichungen Schmid & Kotulla (2009a), S. 14-18, Schmid & Kotulla (2009b), S. 323-326, Schmid & Kotulla (2011a), S. 157-163, Schmid & Kotulla (2011b), S. 494-497, sowie Schmid & Kotulla (2012), S. 62-67, enthalten sind.

länderübergreifend vereinheitlichen *müssen*, um erfolgreich zu sein. Etwa 78% dieser präskriptiven Artikel sind empirischer Natur, das heißt, sie versuchen, Managementmuster in der Realität zu identifizieren, die sich in der Vergangenheit als erfolgreich bewährt haben. Dabei verfolgen ca. 15% der 274 Artikel einen qualitativen (z.B. Tixier, 2005) und ca. 63% einen quantitativen Forschungsansatz (z.B. Chung & Wang, 2006). Die verbleibenden ca. 22% der präskriptiven Artikel sind konzeptioneller Natur; das heißt, ihre Gestaltungsempfehlungen basieren auf logischen Überlegungen (z.B. Onkvisit & Shaw, 1999). Wie durch die weiteren Ausführungen deutlich werden wird, verzichten ca. 94% aller präskriptiven Artikel jedoch auf eine theoretische Fundierung ihrer Gestaltungsempfehlungen. Stattdessen beruhen die meisten Gestaltungsempfehlungen entweder auf intuitiven Überlegungen (im Falle des konzeptionellen Forschungsansatzes; z.B. Viswanathan & Dickson, 2007) oder auf „Data Mining" (im Falle des empirischen Forschungsansatzes; z.B. Lee & Griffith, 2004).[50]

Im Hinblick auf das Forschungsdesign greifen lediglich ca. 12% der 274 Artikel auf den in Abschnitt 2.2.4 erläuterten Fit-Ansatz zurück. Mit anderen Worten: Nur 32 der 274 präskriptiven Artikel berücksichtigen – wie in Abbildung 1 dargestellt – alle Variablen und Wirkungszusammenhänge, die erforderlich sind, um *situationsspezifisch* einen *erfolgversprechenden* Grad der internationalen Marketingstandardisierung empfehlen zu können. 15 dieser 32 Artikel konzeptualisieren den Fit-Ansatz als Moderation, zwölf Artikel als Mediation, zwei Artikel als Matching, ein Artikel als Profilabweichung, ein Artikel als Konfiguration und ein Artikel verwendet vier verschiedene Fit-Konzeptualisierungen parallel zueinander. In Abbildung 13 und Anhang 5 werden die 32 auf dem Fit-Ansatz beruhenden Artikel vorgestellt.

Wie aus Abbildung 13 und Anhang 5 hervorgeht, gelangen die auf dem Fit-Ansatz beruhenden, präskriptiven Beiträge größtenteils zu aussagekräftigen Ergebnissen hinsichtlich einer situationsspezifisch erfolgreichen Marketingstandardisierung bzw. -differenzierung. So betonen z.B. Hultman et al. (2009) die hohe Bedeutung einer adäquaten Anpassung von Produkten an Auslandsmärkte, wenn die länderübergreifenden Unterschiede in Bezug auf das wirtschaftliche und soziokulturelle Makroumfeld groß sind. Zu einem ähnlichen Resultat kommen Katsikeas et al. (2006), die empirisch nachweisen, dass Unternehmen ihre Marketingstrategien länderübergreifend vereinheitlichen müssen, wenn z.B. staatliche Regulierungen, Bräuche und Traditionen sowie Kundencharakteristika über Ländergrenzen hinweg ähnlich sind. Andererseits existieren aber auch Studien, die zu einem gegenteiligen Ergebnis gelangen. So zeigen etwa Evans et al. (2008), dass sich die länderspezifische Anpassung von Marketingstrategien an kulturell entfernte Auslandsmärkte negativ auf den Unter-

---

[50] Vgl. zu den Schwächen von „Data Mining" z.B. Shugan (2002) sowie Backhouse & Morgan (2000).

	Fit-Konzeptualisierung[1]	Forschungsergebnisse[2]
Jain (1989)	Fit als Moderation	(k.A.)
Cavusgil & Zou (1994)	Fit als Mediation	Wenn Unternehmen ihre Produkte und ihre Kommunikation an Auslandsmärkte anpassen möchten, so erfordert dies: - Hohe internationale Kompetenz
Shoham & Albaum (1994)	Fit als Moderation	(n.sig.)
Roth (1995)	Fit als Moderation	Unternehmen müssen die Markenimages ihrer Produkte an Auslandsmärkte anpassen, wenn folgende Merkmale über Ländergrenzen hinweg sehr unterschiedlich sind: - Kulturelle Machtdistanz - Kultureller Individualismus - Sozioökonomische Bedingungen auf Landesebene - Sozioökonomische Bedingungen auf Marktebene
Shoham (1996)	Fit als Moderation	Wenn Unternehmen ihre Anzahl an Produktlinien, ihre Preise und ihre Distributionskanäle an Auslandsmärkte anpassen möchten, so erfordert dies: - Intensive Verwendung von Planungstools
Lemak & Arunthanes (1997)	Fit als Moderation	(k.A.)
Stewart (1997)	Fit als Mediation	(n.sig.)
Lages (2000)	Fit als Mediation	(k.A.)
O'Donnell & Jeong (2000)	Fit als Moderation	Unternehmen müssen ihre Marketingstrategien in folgender Situation länderübergreifend vereinheitlichen: - Industrielle Hightech-Produkte Zudem erfordert die länderübergreifende Vereinheitlichung der Marketingstrategien: - Langjährige Marketingerfahrung
Pae et al. (2002)	Fit als Moderation	Unternehmen müssen ihre Werbung in folgender Situation länderübergreifend vereinheitlichen: - Starke Vertrautheit der ausländischen Konsumenten mit der Marke
Tai & Pae (2002)	Fit als Moderation	Unternehmen müssen ihre Werbung in folgenden Situationen länderübergreifend vereinheitlichen: - Starke Vertrautheit der ausländischen Konsumenten mit der Marke - Gebrauchsgut
Zou & Cavusgil (2002)	Fit als Mediation	Wenn Unternehmen ihre Produkte, ihre Preise und ihre Kommunikation länderübergreifend vereinheitlichen möchten, so erfordert dies: - Langjährige internationale Erfahrung
O'Cass & Julian (2003a)	Fit als Mediation	(n.sig.)
O'Cass & Julian (2003b)	Fit als Mediation	Unternehmen müssen ihre Marketingstrategien in folgenden Situationen an Auslandsmärkte anpassen: - Geringe Unternehmensgröße - Einzigartigkeit des Produkts - Große länderübergreifende Unterschiede in Bezug auf das politische und rechtliche Makroumfeld sowie das Branchenumfeld
Florin & Ogbuehi (2004)	Fit als Moderation	(k.A.)
Subramaniam & Hewett (2004)	Fit als Moderation	Die Muttergesellschaft und die ausländischen Tochtergesellschaften müssen im Rahmen der internationalen Standardisierung/Differenzierung ihres Produktdesigns intensiv miteinander kooperieren
Lages & Montgomery (2005)	Fit als Mediation	Unternehmen müssen ihre Preise in folgender Situation an Auslandsmärkte anpassen: - Staatliche Unterstützung der Exporttätigkeit Zudem erfordert die länderspezifische Anpassung der Preise: - Langjährige internationale Erfahrung
Calantone et al. (2006)	Fit als Mediation	Unternehmen müssen ihre Produkte in folgenden Situationen an Auslandsmärkte anpassen: - Hohe Exportabhängigkeit - Hoher Grad an Produktdifferenzierung innerhalb der Branche - Große länderübergreifende Unterschiede in Bezug auf das wirtschaftliche Umfeld

	Fit-Konzeptualisierung[1]	Forschungsergebnisse[2]
Dow (2006)	Fit als Profilabweichung	Unternehmen müssen ihre Produkte in folgenden Situationen an Auslandsmärkte anpassen: - Hohe relative Kosten und Qualität der Inputfaktoren auf Seiten der ausländischen Wettbewerber - Lange Transportzeit zum Auslandsmarkt Zudem müssen Unternehmen ihre Werbung, ihre Markenführung und ihren Vertrieb in folgenden Situationen an Auslandsmärkte anpassen: - Hohe Intensität des ausländischen Wettbewerbs - Lange Transportzeit zum Auslandsmarkt
Javalgi et al. (2006)	Fit als Moderation	(k.A.)
Katsikeas et al. (2006)	Fit als Matching	Unternehmen müssen ihre Marketingstrategien in folgenden Situationen länderübergreifend vereinheitlichen: - Länderübergreifende Ähnlichkeit in Bezug auf staatliche Regulierung, Bräuche und Traditionen, Kundencharakteristika, Phase des Produktlebenszyklus und Wettbewerbsintensität - Hohe technologische Intensität und Geschwindigkeit
Lim et al. (2006)	Fit als Konfiguration	Unternehmen müssen ihre Marketingstrategien in folgender Situation länderübergreifend vereinheitlichen: - Hohe länderübergreifende Ähnlichkeit des Konsumentengeschmacks und der Konsumentenbedürfnisse - Fehlende staatliche Regulierung im Ausland - Hohes Potenzial für Skaleneffekte im Marketingbereich - Präsenz globaler Wettbewerber - Ausländische Tochtergesellschaft als „Specialized Contributor" (weitreichende geografische, aber geringe funktionale Verantwortung, moderate Autonomie, hohe Abhängigkeit von der Muttergesellschaft, starke Interdependenzen zwischen den einzelnen Tochtergesellschaften)
Xu et al. (2006)	Fit als Moderation, Mediation, Profilabweichung und Kovariation	Wenn Unternehmen ihre Marketingstrategien länderübergreifend vereinheitlichen möchten, so erfordert dies: - Globale Organisationsstruktur - Globale Managementprozesse
Ko et al. (2007)	Fit als Moderation	Unternehmen müssen ihre Werbung in folgender Situation länderübergreifend vereinheitlichen: - Länderübergreifende Konsumentensegmente
Chung (2008)	Fit als Moderation	(n.sig.)
Evans et al. (2008)	Fit als Mediation	Unternehmen müssen ihre Marketingstrategien länderübergreifend vereinheitlichen, ungeachtet der kulturellen und wirtschaftlichen Distanz von Ländern
Grewal et al. (2008)	Fit als Moderation	Unternehmen müssen ihre Marketingstrategien in folgenden Situationen länderübergreifend vereinheitlichen: - Geringe Abhängigkeit vom ausländischen Aufgabenumfeld - Hohe Dynamik des ausländischen Aufgabenumfelds
Sousa & Bradley (2008)	Fit als Mediation	Unternehmen müssen ihre Preise in folgender Situation länderübergreifend vereinheitlichen: - Hohe länderübergreifende Ähnlichkeit des Umfeldes Zudem erfordert die länderübergreifende Vereinheitlichung der Preise: - Langjährige internationale Erfahrung
Chung (2009)	Fit als Mediation	Unternehmen müssen ihre Produkte und ihre Preise in folgenden Situationen länderübergreifend vereinheitlichen: - Hohe länderübergreifende Ähnlichkeit des kulturellen und wirtschaftlichen Marktumfeldes
Hultman et al. (2009)	Fit als Matching	Unternehmen müssen ihre Produkte in folgenden Situationen an Auslandsmärkte anpassen: - Große länderübergreifende Unterschiede in Bezug auf das wirtschaftliche und soziokulturelle Makroumfeld - Große länderübergreifende Unterschiede in Bezug auf die Marketinginfrastruktur und die Phase des Produktlebenszyklus - Spezifische Erfahrung mit dem betreffenden Auslandsmarkt - Langfristig angelegte Exportaktivität

	Fit-Konzeptualisierung[1]	Forschungsergebnisse[2]
Schilke et al. (2009)	Fit als Moderation	Unternehmen müssen ihre Produkte, ihre Distribution und ihre Kommunikation in folgenden Situationen länderübergreifend vereinheitlichen: - Kostenführerschaftsstrategie - Intensive länderübergreifende Koordination der Marketingaktivitäten - Hohe Anzahl an bearbeiteten Auslandsmärkten - Starke Produkthomogenität - Hohe Unternehmensgröße
Sousa & Lengler (2009)	Fit als Mediation	Unternehmen müssen ihre Produkte und ihre Kommunikation in folgender Situation an Auslandsmärkte anpassen: - Große länderübergreifende psychische Distanz Die Preise und die Distribution müssen hingegen länderübergreifend vereinheitlicht werden

Vgl. zu einer detaillierteren Darstellung der 32 auf dem Fit-Ansatz beruhenden, präskriptiven Artikel Anhang 5.
k.A. = keine Angabe, da konzeptionell.
n.sig. = nicht signifikant.
(1) Vgl. Venkatraman (1989). In Anlehnung an Venkatraman (1989) werden nur diejenigen Mediationsmodelle berücksichtigt, die zwischen vollständiger und partieller Mediation unterscheiden. (2) Es werden nur diejenigen Forschungsergebnisse aufgeführt, die im Hinblick auf die verwendete Fit-Konzeptualisierung signifikant sind.

Abbildung 13: Auf dem Fit-Ansatz beruhende, präskriptive Artikel zur internationalen Marketingstandardisierung bzw. -differenzierung (in Anlehnung an Schmid & Kotulla, 2009a, S. 15-16; Schmid & Kotulla, 2011a, S. 158-160; Schmid & Kotulla, 2011b, S. 495-496; Schmid & Kotulla, 2012, S. 63-65)

nehmenserfolg ausübt. Wie aus Abschnitt 2.4.5 hervorgehen wird, liegen solche und ähnliche Widersprüchlichkeiten unter anderem darin begründet, dass die meisten Studien ihre Hypothesen (hinsichtlich erfolgreicher Situation-Management-Fits) nicht systematisch aus einer (normativen) Theorie herleiten. Zudem variieren die verschiedenen Studien vor allem in Bezug auf die betrachteten Managementvariablen und hinsichtlich ihrer Definition von Erfolg. Aufgrund der geringen inhaltlichen Überschneidungen zwischen den 32 auf dem Fit-Ansatz beruhenden Studien fehlt es bislang an einer ausreichend großen Datenbasis für eine (mathematisch-quantitative) Metaanalyse.[51] Zusätzlich zu den theoretischen Schwächen der 32 Artikel beruhen die verbleibenden 242 nicht Fit-bezogenen Arbeiten auf drei diskussionswürdigen Annahmen:

Erstens gehen diejenigen Studien, die Gestaltungsempfehlungen aussprechen, ohne dabei die spezifische Situation eines Unternehmens zu berücksichtigen (ca. 17% der Artikel), von der Annahme aus, dass der Erfolg einer bestimmten Marketingstandardisierung bzw. -differenzierung situationsunabhängig ist (z.B. Lages et al., 2008). Zahlreiche Beiträge betonen jedoch, dass ein und dieselbe Managemententscheidung in bestimmten Situationen erfolgreich und in anderen Situationen erfolglos sein kann (z.B. Theodosiou & Leonidou, 2003, S. 168).

---

[51] Vgl. zu den bislang erfolgten Versuchen, bei denen der Fit-Ansatz jedoch nicht berücksichtigt wurde, Leonidou et al. (2002), Shoham (2002) sowie Cheon et al. (2007).

Zweitens geben viele Beiträge (ca. 72% der Artikel) Gestaltungsempfehlungen, ohne zuvor explizit den (monetären oder nicht-monetären) Erfolg der empfohlenen Managemententscheidung untersucht zu haben (z.B. Powers & Loyka, 2007). Stattdessen gehen derartige Arbeiten implizit davon aus, dass die entsprechenden Märkte vollkommen effizient sind und dass die in der Praxis beobachtbaren Managemententscheidungen nur deshalb anzutreffen sind, weil sie sich in der Vergangenheit als überlegen erwiesen haben. Wie bereits erwähnt, zeigen jedoch einige Studien, dass auch Unternehmen, die (teilweise oder vollständig) inadäquate Managemententscheidungen treffen, jahrelang auf Märkten bestehen können (O'Connor, 1994).

Drittens existiert eine Reihe von Arbeiten (ca. 12% der Artikel), die Gestaltungsempfehlungen aussprechen und dabei zwar die Situation und den Erfolg der empfohlenen Managemententscheidung berücksichtigen, den erfolgsrelevanten Situation-Management-Fit aber außer Acht lassen (z.B. Hoeken et al., 2007). Diese Studien gehen implizit davon aus, dass Manager vollkommen rational handeln, da die Studien diejenigen Situationsvariablen, die Manager tatsächlich im Rahmen ihrer Entscheidungen berücksichtigen (siehe Forschungsfrage 1a in Abbildung 1), mit denjenigen Situationsvariablen gleichsetzen, die in einer bestimmten Weise berücksichtigt werden müssen, um zu Erfolg zu führen (siehe Forschungsfrage 2a in Abbildung 1). Derartige Studien basieren also auf der Annahme, dass Manager alle erfolgsrelevanten Situationsvariablen zu jedem Zeitpunkt adäquat im Rahmen ihrer Managemententscheidungen berücksichtigen. Da Manager – genauso wie andere Individuen – jedoch als rational begrenzt gelten können (Simon, 1978, 1991; Shoham, 1999; March, 2009), sollten Gestaltungsempfehlungen, die auf der beschriebenen Annahme basieren, mit Vorsicht betrachtet werden.

Hinzu kommt, dass alle auf Managerbefragungen basierenden, empirischen Studien zwei relevante Aspekte unberücksichtigt lassen. Der erste Aspekt betrifft die analysierte Situation des Unternehmens und der zweite Aspekt die betrachteten Managemententscheidungen. Erstens verzichten bislang alle empirischen Studien innerhalb des Forschungsfeldes auf eine Untersuchung möglicher Wahrnehmungsfehler der befragten Manager in Bezug auf die Situation des Unternehmens. Als Wahrnehmungsfehler eines Managers sei dabei die Abweichung zwischen der subjektiven Wahrnehmung des Managers und der quasi-objektiven Realität bezeichnet (Glaister & Thwaites, 1993; Starbuck & Mezias, 1996; Maule & Hodgkinson, 2003; Mezias & Starbuck, 2003; Pillai, 2010). So wäre z.B. ein Fall denkbar, in dem ein Manager die länderübergreifenden Konsumentenbedürfnisse als sehr ähnlich wahrnimmt und sich deshalb für einen hohen Grad der internationalen Marketingstandardisierung entscheidet. Wenn die länderübergreifenden Konsumentenbedürfnisse in Wirklichkeit aber stark unterschiedlich sind – wenn sich der betreffende Manager also in seiner Wahrnehmung irrt –, dann wird sich die getroffene Managemententscheidung aller Voraussicht nach als erfolglos herausstellen, obwohl die Entscheidung des Managers in Einklang mit seiner situativen Wahrnehmung steht. Empirische Studien, die solche potenziellen Wahrnehmungsfehler nicht erfassen, laufen Gefahr, zu nicht-validen und/oder insignifikanten Ergebnissen zu führen.

Zweitens lassen die empirischen Studien innerhalb des Forschungsfeldes bislang die Umsetzungsqualität der analysierten Managemententscheidungen unberücksichtigt. So wäre ein Fall denkbar, in dem ein Manager zwar die Situation seines Unternehmens realistisch wahrnimmt und darauf basierend eine adäquate Managemententscheidung trifft, die inadäquate Umsetzung dieser Entscheidung aber letztlich zu Erfolglosigkeit führt. Empirische Studien, die die Umsetzungsqualität von Managemententscheidungen nicht betrachten, können daher ebenfalls zu nicht-validen und/oder insignifikanten Ergebnissen führen (Hahn & Powers, 1999, 2010; Birnik & Bowman, 2007, S. 317). Spätestens an dieser Stelle dürfte deutlich werden, dass eine (mathematisch-quantitative) Metaanalyse zur Ermittlung situationsspezifischer Gestaltungsempfehlungen – auch aufgrund der bisherigen methodischen Schwächen innerhalb des Forschungsfeldes – nicht sinnvoll durchführbar ist.

Abgesehen von den 32 auf dem Fit-Ansatz beruhenden, präskriptiven Artikeln, die in Abbildung 13 und Anhang 5 zusätzlich auch qualitativ analysiert wurden, sollen die Forschungsbereiche und Forschungsergebnisse aller 274 präskriptiven Artikel im Folgenden wieder in deskriptiv-quantitativer Form zusammengefasst werden: Im Hinblick auf die Forschungsbereiche befassen sich ca. 65% der 274 Artikel mit den internationalen Produktstrategien der analysierten Unternehmen (z.B. Yamin & Altunisik, 2003), ca. 43% mit internationalen Preisstrategien (z.B. Suri et al., 2004), ca. 42% mit internationalen Distributionsstrategien (z.B. Rosenbloom & Larsen, 1997), ca. 77% mit internationalen Kommunikationsstrategien (z.B. Birch & McPhail, 1999) und ca. 8% mit internationalen Marketingprozessen (z.B. Shoham et al., 2008). Die Forschungsergebnisse der 274 Artikel sind relativ heterogen: Etwa 8% der Artikel empfehlen grundsätzlich eine länderübergreifende Vereinheitlichung des Marketing (z.B. Levitt, 1983), ca. 14% empfehlen grundsätzlich eine länderspezifische Anpassung des Marketing (z.B. Wong & Merrilees, 2008) und ca. 68% der Artikel kommen zu dem Schluss, dass Unternehmen ihre Entscheidungen auf Basis ihrer spezifischen internen und/oder externen Situation treffen müssen (z.B. Katsikeas et al., 2006). Wie im Zusammenhang mit Abbildung 13 bereits angedeutet, gelangen die letztgenannten Studien aber häufig zu widersprüchlichen Ergebnissen im Hinblick auf die konkreten situativen Effekte. Die verbleibenden ca. 10% der 274 präskriptiven

Artikel sprechen keine spezifischen Gestaltungsempfehlungen hinsichtlich der internationalen Marketingstandardisierung bzw. -differenzierung aus (z.B. Vrontis et al., 2009).

2.4.5 Ergebnisse der normativ-theoretischen Forschung[52]

Lediglich 17 aller 330 Artikel – also gut 5% – versuchen, theoretisch zu erklären, *warum* Unternehmen ihr Marketing in bestimmten Situationen zu einem bestimmten Grad länderübergreifend vereinheitlichen *müssen*, um erfolgreich zu sein. Ähnlich wie im Falle der positiv-theoretischen Forschung scheint somit auch im Bereich der normativ-theoretischen Forschung noch ein hohes theoretisches Entwicklungspotenzial zu existieren (Ryans et al., 2003, S. 593-599; Theodosiou & Leonidou, 2003, S. 167-168; Birnik & Bowman, 2007, S. 316). In Abbildung 14 und Anhang 6 werden die 17 normativ-theoretisch orientierten Artikel vorgestellt. Die Gestaltungsempfehlungen dieser Arbeiten basieren nicht auf intuitiven Überlegungen oder auf „Data-Mining", sondern auf Theorien zur Herleitung konkreter Hypothesen hinsichtlich einer erfolgreichen internationalen Marketingstandardisierung bzw. -differenzierung.

	Theoretische Basis	Theoretische Schlussfolgerung
Klippel & Boewadt (1974)	Cognitive consistency theory	Unternehmen müssen ihre Werbung länderübergreifend vereinheitlichen/anpassen, je nach länderübergreifender Ähnlichkeit/Unterschiedlichkeit kultureller und sozialer Bedingungen sowie je nach länderspezifischer Bedeutung der einzelnen Produkteigenschaften
Friedmann (1986)	Theory of psychological meaning	Unternehmen müssen ihre Marketingstrategien an Auslandsmärkte anpassen, je nach kulturübergreifenden Unterschieden in Bezug auf die psychologische Bedeutung des Produktes
Samiee & Roth (1992)	Theory of profit maximization	Falls keine länderübergreifenden Marktsegmente existieren, so müssen Unternehmen ihre Marketingstrategien an Auslandsmärkte anpassen, um eine Preisdifferenzierung zu ermöglichen und die Kundentreue zu erhöhen
Alden et al. (1993)	Humor theory	Unternehmen müssen ihre humorvolle Werbung in Bezug auf das humoristische Element „Incongruity-Resolution" länderübergreifend vereinheitlichen
Shoham & Albaum (1994), Shoham (1996)	Theory of profit maximization	Unternehmen müssen ihre Marketingstrategien an Auslandsmärkte anpassen, da der umsatzsteigernde Effekt der Preisdifferenzierung und strategischen Flexibilität im Falle der internationalen Differenzierung größer ist als der Kostensenkungseffekt durch Skaleneffekte im Falle der internationalen Standardisierung
	Theory of friction	Unternehmen müssen ihre Marketingstrategien an Auslandsmärkte anpassen, um das Konfliktpotenzial zwischen Muttergesellschaft und ausländischen Tochtergesellschaften zu reduzieren
Alden et al. (1999)	Semiotics theory	Unternehmen müssen ihre Markenpositionierungen länderübergreifend vereinheitlichen/anpassen (global, national, lokal), je nach länderübergreifender Ähnlichkeit/Unterschiedlichkeit in Bezug auf die Konsumentenkultur sowie die entsprechende Bedeutung verbaler, thematischer und visueller Zeichen

---

[52] Die folgenden Ausführungen basieren auf Textpassagen, die bereits in den Veröffentlichungen Schmid & Kotulla (2009a), S. 19-20, Schmid & Kotulla (2009b), S. 326-327, Schmid & Kotulla (2011a), S. 163-166, Schmid & Kotulla (2011b), S. 498-499, Schmid & Kotulla (2012), S. 67-69, enthalten sind.

Littrell & Miller (2001)	Diffusion theory	Unternehmen müssen innovative Produkte an Auslandsmärkte anpassen, um die von den Konsumenten wahrgenommene Produktkomplexität zu reduzieren und die von den Konsumenten wahrgenommene Produktvertrautheit und -kompatibilität zu erhöhen
Bianchi & Arnold (2004), Bianchi & Ostale (2006)	Institutional theory	Unternehmen müssen ihre Einzelhandelsstrategien an Auslandsmärkte anpassen, um im Ausland „institutionalisiert" und damit legitimiert zu sein
Callow & Schiffman (2004)	Contextual communication theory	Unternehmen müssen ihre Werbung an Auslandsmärkte anpassen, je nach Ausprägung der Landeskultur in Bezug auf die Kontextorientierung
Caruana & Abdilla (2005)	Psycholinguistic theory	Falls zweisprachige Konsumenten im Ausland adressiert werden, so müssen Unternehmen ihre Werbebotschaften an die Erstsprache der Konsumenten anpassen
	Sociolinguistic theory	Falls zweisprachige Konsumenten im Ausland adressiert werden, so müssen Unternehmen ihre Werbebotschaften an die Umgangssprache der Konsumenten anpassen
Merrilees et al. (2005)	Stakeholder theory	Unternehmen müssen ihre globalen Marken in Auslandsmärkten neu kreieren oder neu positionieren, um die Bedürfnisse der ausländischen Interessengruppen zu befriedigen
Merz et al. (2008)	Categorization theory	Unternehmen müssen ihre Marketingstrategien in Bezug auf die funktionale Bedeutung von Objekten der übergeordneten und elementaren Kategorie länderübergreifend standardisieren, während sie ihre Marketingstrategien in Bezug auf die symbolische Bedeutung von Objekten der untergeordneten Kategorie an Auslandsmärkte anpassen müssen; die übrigen Bedeutungen von Objekten erfordern kombinierte Strategien
Shoham et al. (2008)	Institutional theory	Unternehmen müssen ihre Marketingprozesse teilweise länderübergreifend vereinheitlichen und teilweise an Auslandsmärkte anpassen, um sowohl im Heimatmarkt als auch in den Auslandsmärkten „institutionalisiert" und damit legitimiert zu sein
Cui & Yang (2009)	Congruency theory	Unternehmen müssen ihre Werbung an Auslandsmärkte anpassen, um die Reaktion der ausländischen Konsumenten auf die Werbung zu verbessern
Hultman et al. (2009)	Institutional theory	Unternehmen müssen ihre Produkte an das ausländische Makroumfeld anpassen, um im Ausland „institutionalisiert" und damit legitimiert zu sein

Vgl. zu einer detaillierteren Darstellung der 17 normativ-theoretischen Artikel Anhang 6.

Abbildung 14: Normativ-theoretische Artikel zur internationalen Marketingstandardisierung bzw. -differenzierung (in Anlehnung an Schmid & Kotulla, 2009a, S. 19-20; Schmid & Kotulla, 2011a, S. 164-165; Schmid & Kotulla, 2011b, S. 498; Schmid & Kotulla, 2012, S. 68-69)

Bei der Betrachtung von Abbildung 14 und Anhang 6 wird deutlich, dass die aufgeführten Artikel auf Theorien basieren, die eine Fundierung und Begründung von Gestaltungsempfehlungen hinsichtlich einer erfolgreichen internationalen Marketingstandardisierung bzw. -differenzierung ermöglichen. So betonen z.B. Samiee & Roth (1992) – basierend auf der „Theory of Profit Maximization" – die Bedeutung länderübergreifender Marktsegmente und zeigen, welchen Einfluss eine marktsegmentbezogene Preisdifferenzierung auf die Kundentreue haben kann. Littrell & Miller (2001) bedienen sich der „Diffusion Theory" und verdeutlichen, dass Unternehmen ihre innovativen Produkte an Auslandsmärkte anpassen müssen, um die von den Konsumenten wahrgenommene Produktkomplexität zu reduzieren und die von den Konsumenten wahrgenommene Produktvertrautheit und -kompatibilität zu erhöhen. Andere Beiträge (Bianchi & Arnold, 2004; Bianchi & Ostale, 2006; Shoham et al., 2008; Hultman et al., 2009) gründen ihre Erklärungen teilweise oder vollständig auf die „Institutional Theory" und argumentieren, dass Unternehmen ihr Marketing an Auslandsmärkte anpassen müssen, um im Ausland „institutionalisiert" und damit legitimiert zu sein.

Allerdings bleibt bei den meisten Artikeln unklar, auf welche konkrete Definition von „Erfolg" sich die aus den Theorien hergeleiteten Hypothesen beziehen. Nur in fünf der 17 normativ-theoretischen Beiträge wird Erfolg als Gewinn (Samiee & Roth, 1992; Shoham & Albaum, 1994; Shoham, 1996), als Akzeptanz bei den Konsumenten (Littrell & Miller, 2001), als positive Einstellung der Konsumenten (Cui & Yang, 2009) und/oder als Kaufabsicht der Konsumenten definiert (Littrell & Miller, 2001; Cui & Yang, 2009). Hinzu kommt, dass die normativ-theoretischen Ansätze nicht auf dem in Abschnitt 2.2.4 dargestellten Fit-Ansatz basieren und daher keine *situationsspezifischen* Gestaltungsempfehlungen ermöglichen. So gehen z.B. Shoham & Albaum (1994) sowie Shoham (1996) – basierend auf der „Theory of Profit Maximization" – davon aus, dass Unternehmen ihre Marketingstrategien *immer* an Auslandsmärkte anpassen müssen, da der umsatzsteigernde Effekt im Falle der internationalen Differenzierung *immer* größer ist als der Kostensenkungseffekt im Falle der internationalen Standardisierung – *unabhängig* von der jeweiligen internen und externen Situation des Unternehmens. Angesichts zahlreicher Gegenbeispiele für einen erfolgreich praktizierten hohen Grad der internationalen Marketingstandardisierung – z.B. im Falle von Coca-Cola (Quelch & Hoff, 1986; Schmid & Kotulla, 2011a, S. 151-152) – darf die von Shoham & Albaum (1994) sowie Shoham (1996) getroffene Aussage als diskussionswürdig gelten. Aufgrund der genannten Schwächen erlauben die 17 normativ-theoretischen Beiträge keine *systematische* und *situationsspezifische* Herleitung von Hypothesen hinsichtlich einer erfolgreichen Marketingstandardisierung bzw. -differenzierung. Obwohl die knapp 50-jährige Forschung zur internationalen Marketingstandardisierung bzw. -differenzierung zu zahlreichen wertvollen Erkenntnissen geführt hat, existiert im Bereich der normativ-theoretischen Forschung also weiterhin ein hohes theoretisches Entwicklungspotenzial (Ryans et al., 2003, S. 593-599; Theodosiou & Leonidou, 2003, S. 167-168; Birnik & Bowman, 2007, S. 316).

2.5 Fazit der Literaturanalyse

2.5.1 Forschungsbedarf im Rahmen der deskriptiven und positiv-theoretischen Forschung[53]

Wie durch die Ausführungen deutlich geworden ist, besteht das wohl größte Verdienst der bisherigen Forschung zur internationalen Marketingstandardisierung bzw. -differenzierung in einer detaillierten *Beschreibung* der tatsächlich von Unternehmen getroffenen Managemententscheidungen. So existieren vor allem zahlreiche Artikel, in denen verschiedene Situationsfaktoren identifiziert werden, die Manager im Rahmen ihrer Marketingstandardisierungs- bzw. -differenzierungsentscheidungen berücksichtigen (siehe erneut Abbildung 11). Im Gegensatz dazu befassen sich nur ca. 1% aller Artikel mit einer theoretischen Erklärung, *warum* Unternehmen bzw. deren Manager in konkreten Situationen eine bestimmte Managemententscheidung treffen (siehe erneut Abbildung 12). Der überwiegende Teil der Artikel zielt also nicht darauf ab, die tatsächlich in Unternehmen stattfindenden Managemententscheidungen kausal zu erklären oder gar zu prognostizieren. Diesbezüglich existiert innerhalb des Forschungsfeldes ein großer Forschungsbedarf, zumal die bisherigen positiv-theoretischen Beiträge nur kleine Teilausschnitte der gesamten Realität abzubilden vermögen. Wie kann die zukünftige Forschung zur internationalen Marketingstandardisierung bzw. -differenzierung zu einem weiteren Erkenntnisfortschritt beitragen?

Zunächst wäre es wünschenswert, dass zukünftige Studien die tatsächlich für Unternehmen entscheidungsrelevanten Situationsfaktoren noch systematischer erfassen. So berücksichtigt eine Vielzahl von Studien nur eine sehr geringe Anzahl an Situationsfaktoren und kann die gesamte situative Komplexität, mit der sich Manager konfrontiert sehen, lediglich ausschnittsweise abbilden (z.B. Lee & Griffith, 2004). Darüber hinaus wäre es erstrebenswert, sich dem Phänomen der internationalen Marketingstandardisierung bzw. -differenzierung zukünftig noch stärker aus einer qualitativen Forschungsperspektive zu widmen – selbst wenn die Veröffentlichungspraxis der meisten englischsprachigen Fachzeitschriften dieser Forderung entgegenstehen mag (z.B. Saunders et al., 1994; Melewar & Saunders, 1999; Schuh, 2000; Dawar & Chattopadhyay, 2002; Griffith et al., 2006).[54] Durch Fokusgruppen mit Managern könnten z.B. zusätzliche entscheidungsrelevante Situationsfaktoren identifiziert werden, die in der bisherigen Forschung nicht berücksichtigt werden.

---

[53] Die folgenden Ausführungen basieren auf Textpassagen, die bereits in den Veröffentlichungen Schmid & Kotulla (2009a), S. 21-22, sowie Schmid & Kotulla (2012), S. 69-71, enthalten sind.

[54] Vgl. zur Bedeutung und Notwendigkeit qualitativer Forschung im Internationalen Management erneut Kutschker et al. (1997), Marschan-Piekkari & Welch (2005) sowie Schmid & Oesterle (2009), S. 18-21.

Vor allem sollten zukünftige Arbeiten aber darauf bedacht sein, die analysierten Situationsvariablen möglichst systematisch und umfassend aus einer (zeitlich stabilen) positiven Theorie herzuleiten. So dürfte eine Übertragung positiver Entscheidungstheorien (z.B. Cohen et al., 1972) auf das Phänomen der internationalen Marketingstandardisierung bzw. -differenzierung dazu beitragen, dass die von Managern getroffenen Entscheidungen noch besser verstanden und nachvollzogen werden können. In diesem Zusammenhang sind insbesondere Theorien zu kollektiven Entscheidungsprozessen von Relevanz (z.B. Moscovici & Doise, 1995); schließlich stellen Managemententscheidungen in der Praxis häufig Gruppenentscheidungen dar (z.B. Webster & Wind, 1972). Dieser Aspekt ist insbesondere auch für internationale Unternehmen mit ausländischen Tochtergesellschaften von Bedeutung. So werden Entscheidungen in internationalen Unternehmen häufig gemeinschaftlich von Managern der Muttergesellschaft und Managern der Tochtergesellschaften getroffen, auch wenn – je nach mentaler Orientierung und strategischer Ausrichtung – entweder die Muttergesellschaft oder die Tochtergesellschaften eine dominante Rolle innerhalb des Entscheidungsprozesses einnehmen können (z.B. Perlmutter, 1969; Bartlett & Ghoshal, 1988; Schmid et al., 1998; Schmid & Machulik, 2006).

Nicht zuletzt sollten zukünftige Arbeiten noch transparenter und konsistenter im Hinblick auf ihre Forschungsdesigns sein, um studienübergreifende Betrachtungen – z.B. in Form von Metaanalysen – zu ermöglichen. Zu diesem Zweck sollten die in den Studien verwendeten Variablenoperationalisierungen stets offengelegt werden und die Analysen – wenn möglich – branchen- und länderspezifisch erfolgen (z.B. Schlegelmilch, 1986). Auf diese Weise kann es gelingen, Inkonsistenzen zwischen den Ergebnissen unterschiedlicher Studien zu erklären oder zu vermeiden sowie branchen- und länderspezifische Einflüsse zu identifizieren und zu kontrollieren. Basierend auf einer solchen studienübergreifenden Transparenz und Konsistenz sind dann – früher oder später – auch Metaanalysen möglich, die strengen methodischen Gütekriterien genügen (Rosenthal & DiMatteo, 2001, S. 66-68).

2.5.2 Forschungsbedarf im Rahmen der präskriptiven und normativ-theoretischen Forschung[55]

Der hohe Anteil an gestaltungsorientierten Beiträgen zur internationalen Marketingstandardisierung bzw. -differenzierung spiegelt die stark präskriptive Orientierung

---

[55] Die folgenden Ausführungen basieren teilweise auf Textpassagen, die bereits in den Veröffentlichungen Schmid & Kotulla (2009a), S. 22-23, Schmid & Kotulla (2009b), S. 329-330, Schmid & Kotulla (2011a), S. 166-168, sowie Schmid & Kotulla (2012), S. 71-73, enthalten sind.

des Forschungsfeldes wider. Allerdings gelangt die bisherige Forschung aufgrund methodischer und theoretischer Schwächen zu weitgehend inkonsistenten Ergebnissen. Besonders auffällig ist in diesem Zusammenhang, dass nur ca. 12% aller präskriptiven Artikel auf dem Fit-Ansatz basieren (siehe erneut Abbildung 13) und dass sogar nur ca. 5% der Beiträge auf einer normativen Theorie beruhen (siehe erneut Abbildung 14). Zudem integriert keiner der Artikel den Fit-Ansatz *und* eine normative Theorie, um – basierend auf einer expliziten Definition von Erfolg – eine situationsspezifisch erfolgreiche Marketingstandardisierung bzw. -differenzierung systematisch herzuleiten. Stattdessen beruht der überwiegende Anteil an Gestaltungsempfehlungen entweder auf intuitiven Überlegungen (im Falle des konzeptionellen Forschungsansatzes) oder auf „Data-Mining" (im Falle des empirischen Forschungsansatzes). Wie können zukünftige Studien zu einem Erkenntnisfortschritt innerhalb des Forschungsfeldes beitragen?

Erstens sollten zukünftige Arbeiten den erfolgsrelevanten „Fit" zwischen der Situation eines Unternehmens und dem Grad der internationalen Marketingstandardisierung berücksichtigen. Schließlich ist ein bestimmter Grad der Standardisierung üblicherweise nicht universell erfolgreich, sondern der Erfolg hängt (auch) von der internen und externen Situation ab, in der sich ein Unternehmen befindet (Drazin & van de Ven, 1985; Venkatraman, 1989; Parnell et al., 1996; Geiger et al., 2006). Durch eine geeignete Anwendung des in Abschnitt 2.2.4 ausführlich dargestellten Fit-Ansatzes (z.B. Katsikeas et al., 2006; Xu et al., 2006; Hultman et al., 2009; Schilke et al., 2009) können zukünftige Studien der Tatsache Rechnung tragen, dass der Erfolg von Managemententscheidungen situationsabhängig ist (Theodosiou & Leonidou, 2003, S. 168), dass Märkte nicht vollkommen effizient sind (O'Connor, 1994) und dass Manager in ihrer Entscheidungsfindung rational begrenzt sind (Simon, 1978, 1991; Shoham, 1999; March, 2009).

Zweitens sollten gestaltungsorientierte Studien versuchen, ihre Hypothesen (hinsichtlich erfolgreicher Situation-Management-Fits) auf Basis einer (zeitlich stabilen) normativen Theorie deduktiv herzuleiten. Wie bereits erwähnt, ermöglicht bislang keine der verwendeten Theorien – basierend auf einer expliziten Definition von Erfolg (z.B. Gewinn, Umsatz, Kundenzufriedenheit, Mitarbeiterzufriedenheit) – die systematische Herleitung der erfolgsrelevanten Situationsfaktoren. So sollten z.B. Studien, die situationsspezifische Gestaltungsempfehlungen hinsichtlich einer *produktgewinn*steigernden Marketingstandardisierung bzw. -differenzierung herleiten, das Zusammenspiel zwischen verschiedenen Situation-Management-Fits und den einzelnen Elementen der Produktgewinnfunktion untersuchen (Stückpreis, Absatzmenge, Gesamt-Stückkosten, Produktionsmenge).[56] Im Gegensatz dazu sollten Studien, die situationsspezifische Gestaltungsempfehlungen im Hinblick auf eine Steigerung der *Kundenzufriedenheit* herleiten, das Zusammenspiel zwischen verschiedenen Situation-Management-Fits und der Kundenzufriedenheit analysieren, wobei insbesondere die auf die Kundenzufriedenheit wirkenden Kundenerwartungen und Kundenwahrnehmungen zu berücksichtigen sind (z.B. Westbrook & Reilly, 1983). Unabhängig davon, wie der Erfolg im Rahmen der theoretischen Herleitung konkret definiert wird, gilt es zu beachten, dass die theoretische Definition des Erfolgs stets mit der empirischen Messung des Erfolgs übereinstimmen muss. Denn Studien, die ihre hypothetischen Gestaltungsempfehlungen z.B. im Hinblick auf den Produktgewinn deduktiv-theoretisch herleiten, die entsprechenden Hypothesen aber durch die Messung des Umsatzes oder Marktanteils empirisch zu testen versuchen, werden zwangsläufig zu nicht-validen Ergebnissen gelangen (z.B. Samiee & Roth, 1992).

Drittens sollten zukünftige Studien, die auf Managerbefragungen basieren, die in Abschnitt 2.4.4 erwähnten Wahrnehmungsfehler der Manager (Glaister & Thwaites, 1993; Starbuck & Mezias, 1996; Maule & Hodgkinson, 2003; Mezias & Starbuck, 2003; Pillai, 2010) sowie die Umsetzungsqualität der Managemententscheidungen erfassen (Hahn & Powers 1999, 2010), um zu validen und signifikanten Ergebnissen zu kommen. Und schließlich sollten gestaltungsorientierte Studien – ähnlich wie in Abschnitt 2.5.1 erwähnt – stärker durch Transparenz und Konsistenz gekennzeichnet sein. Dies betrifft insbesondere die Offenlegung aller Variablenoperationalisierungen in Bezug auf Situation, Management und Erfolg sowie die Durchführung branchen- und länderspezifischer Analysen. Hierdurch kann es gelingen, branchen- und länderspezifische Situation-Management-Fits zu identifizieren sowie branchen- und länderspezifische Gestaltungsempfehlungen zu formulieren (z.B. Schlegelmilch, 1986). Basierend auf methodisch und theoretisch adäquaten Forschungsdesigns können zu einem späteren Zeitpunkt dann auch geeignete Metaanalysen durchgeführt werden (Rosenthal & DiMatteo, 2001, S. 66-68).

---

[56] Vgl. zu einem solchen „gewinntheoretischen" Ansatz die Ausführungen in Kapitel 3.

3 Theoretisches Modell

3.1 Ausrichtung des theoretischen Modells[57]

Wie in Kapitel 2 ausführlich dargestellt, existiert innerhalb der Forschung zur internationalen Marketingstandardisierung bzw. -differenzierung zwar eine hohe Anzahl an englischsprachigen Fachzeitschriftenbeiträgen, doch ein Großteil dieser Beiträge weist teils erhebliche theoretische und methodische Schwächen auf. Dies gilt insbesondere für die positiv-theoretische, die präskriptive und die normativ-theoretische Forschung. So basieren nur ca. 1% aller Artikel auf einer positiven Theorie, nur ca. 12% aller präskriptiven Beiträge auf dem Fit-Ansatz und lediglich ca. 5% aller Artikel auf einer normativen Theorie. Besonders auffällig ist dabei, dass *keiner* der existierenden Artikel den Fit-Ansatz *und* eine normative Theorie kombiniert, um – basierend auf einer expliziten Definition von Erfolg – eine situationsspezifisch erfolgreiche Marketingstandardisierung bzw. -differenzierung systematisch herzuleiten. Diese Forschungslücke möchte ich im Rahmen der vorliegenden Arbeit schließen. Dabei werde ich ein theoretisches Modell entwickeln, das eine normative Ausrichtung besitzt. Als konzeptioneller Bezugsrahmen für das Modell soll der Fit-Ansatz dienen, den ich mit normativ-theoretischem Inhalt füllen möchte, um – basierend auf einer expliziten Definition von Erfolg – konkrete Hypothesen hinsichtlich einer situationsspezifisch erfolgreichen Marketingstandardisierung bzw. -differenzierung systematisch herzuleiten.[58] Aus Gründen der Komplexität werde ich dabei zwei inhaltliche Fokussierungen vornehmen:

Erstens möchte ich im Rahmen des theoretischen Modells nicht die gesamten Marketing-Mix-Strategien und Marketingprozesse von Unternehmen betrachten; sondern ich werde meinen Schwerpunkt auf die internationale *Produkt*strategie von Unternehmen legen. Basierend auf dem aktuellen Stand der Forschung werde ich dabei die Instrumente Produktname, Produktpositionierung, Produktqualität, Produkteigenschaften, Produktverpackung und Produktvarianten berücksichtigen (Theodosiou & Leonidou, 2003, S. 156-162; Katsikeas et al., 2006; Chung, 2009; Hultman et al., 2009; Schmid & Kotulla, 2011b, S. 497). Die internationalen Preis-, Distributions- und Kommunikationsstrategien von Unternehmen werden nicht Bestandteil des Hauptmodells sein; allerdings werden sie in Form von Kontrollvariablen bei der empirischen Untersuchung Berücksichtigung finden, um den Einfluss dieser Strategien auf

---

[57] Die folgenden Ausführungen basieren teilweise auf Textpassagen, die bereits in den Veröffentlichungen Schmid & Kotulla (2009b), S. 330-331, sowie Schmid & Kotulla (2011b), S. 499-500, enthalten sind.

[58] Vgl. zur Bedeutung und Notwendigkeit gestaltungs- und anwendungsorientierter Forschung im Internationalen Management auch Oesterle & Schmid (2009) sowie Schmid & Oesterle (2009), S. 22-23.

die betrachteten Modellvariablen zu erfassen. Meine Fokussierung auf die internationale *Produkt*strategie von Unternehmen hat vor allem inhaltliche Gründe: So stellen die Produkte eines Unternehmens das zentrale Marktangebot eines Unternehmens dar, während die Preise, die Distribution und die Kommunikation lediglich unterstützende Funktionen zur Konditionierung, Bereitstellung und Bewerbung dieses Marktangebots erfüllen (Kotler et al., 2009; S. 487-610). Zudem sind Managemententscheidungen zur internationalen *Produkt*standardisierung bzw. -differenzierung in hohem Maße kostenwirksam und dadurch unmittelbar mit dem monetären Erfolg eines Unternehmens verbunden (Walters & Toyne, 1989, S. 37-39). Durch die Konzentration auf die internationale Produktstrategie sollen die genannten Aspekte möglichst gezielt erfasst werden.

Die zweite Fokussierung betrifft meine Definition von „Erfolg". Wie in Abschnitt 2.2.2 bereits angedeutet, hängt die Frage nach dem „Erfolg" einer Managemententscheidung stets davon ab, welche Ziele ein Unternehmen mit dieser Managemententscheidung verfolgt. Je nach konkreter Managemententscheidung und Zieldefinition kann z.B. eine Steigerung des Gewinns, eine Steigerung des Umsatzes, eine Senkung der Kosten, eine Steigerung der Kundenzufriedenheit oder eine Steigerung der Mitarbeiterzufriedenheit als „erfolgreich" deklariert werden (Schramm-Klein & Morschett, 2006; Hult et al., 2008). Zudem herrscht in Unternehmen aufgrund unterschiedlicher Interessensgruppen üblicherweise eine Pluralität von Zielen (Skrzipek, 2005, S. 53-67; Welge & Al-Laham, 2008, S. 260-272; Kutschker & Schmid, 2011, S. 827-829). Diese Ziele werden in Abhängigkeit ihrer wahrgenommenen Wichtigkeit dann häufig priorisiert bzw. hierarchisiert (Welge & Al-Laham, 2008, S. 271; Zelewski, 2008, S. 52-56). Was Managemententscheidungen zur internationalen Produktstandardisierung bzw. -differenzierung betrifft, so weisen etliche Autoren darauf hin, dass diese Entscheidungen letztlich und primär eine Abwägung zwischen Umsatz- und Kostenzielen darstellen (sollten) (Samiee & Roth, 1992, S. 2; Shoham, 1996, S. 54-55, Becker, 2009, S. 329-335; Zentes et al., 2010, S. 47-48 und S. 376-378). So kann durch die vollständige Anpassung eines Produktes an die ausländische Nachfrage – ceteris paribus – der Produkt*umsatz* in einem Auslandsmarkt maximiert werden, wohingegen durch eine vollständige Vereinheitlichung des Produktes über alle Auslandsmärkte hinweg – ceteris paribus – die Produkt*kosten* minimiert werden können. Ein optimaler Ausgleich zwischen diesen Umsatz- und Kosteneffekten kann dann – ceteris paribus – zu einer Maximierung des Produkt*gewinns* führen (Ryans et al., 2003, S. 593-598; Backhaus & Voeth, 2010, S. 295-300). Auch wenn klar sein dürfte, dass nicht alle Unternehmen *tatsächlich* danach streben, den Gewinn all ihrer Produkte in all ihren Auslandsmärkten zu maximieren, so soll für den Zweck des *normativ*-theoretischen Modells „Erfolg" als die *Maximierung des ausländischen Produktge-*

winns definiert werden. Dabei wird nicht bestritten, dass zahlreiche andere Erfolgsgrößen, wie z.B. die Kundenzufriedenheit, ebenfalls von großer Bedeutung für Unternehmen sind; doch im Rahmen der vorliegenden Arbeit wird die Überzeugung vertreten, dass sich diese Erfolgsgrößen – falls sie gewinnrelevant sind – früher oder später auch im Gewinn des Unternehmens niederschlagen werden (Copeland et al., 2000, S. 55-110; Hillman & Keim, 2001). Zudem soll die Fokussierung auf die Maximierung des Produktgewinns die weltweit zunehmende Shareholder-Orientierung widerspiegeln, in deren Rahmen der – letztlich an den (erwarteten) zukünftigen Gewinnen bzw. Gewinnausschüttungen orientierte – Aktienkurs eines Unternehmens im Mittelpunkt des (Eigentümer-)Interesses steht (Rappaport, 1997; Copeland et al., 2000).[59]

Auf Basis der genannten Fokussierungen gibt Abbildung 15 einen Überblick über die adressierten Forschungsfragen und den konzeptionellen Bezugsrahmen des zu entwickelnden theoretischen Modells. Wie aus der Abbildung hervorgeht, sollen mit Hilfe des Modells produktgewinnmaximierende „Fits" zwischen dem Grad der internationalen Produktstandardisierung und spezifischen (internen und externen) Situationen theoretisch hergeleitet werden. Hierdurch sollen die innerhalb des Forschungsfeldes existierenden Arbeiten zum Fit-Ansatz (z.B. Katsikeas et al., 2006; Xu et al., 2006; Hultman et al., 2009; Schilke et al., 2009) sowie zu gewinntheoretischen Fragestellungen (z.B. Samiee & Roth, 1992; Shoham & Albaum, 1994; Shoham, 1996) erstmals im Rahmen eines gemeinsamen theoretischen Modells berücksichtigt und dadurch weiterentwickelt werden. Basierend auf diesem Modell sollen theoretisch fundierte Gestaltungsempfehlungen herleitbar sein, die Auskunft darüber geben, welche Situationsfaktoren Unternehmen im Rahmen ihrer situationsspezifischen Managemententscheidungen zur internationalen Produktstandardisierung bzw. -differenzierung in welcher Form berücksichtigen oder beeinflussen *müssen*, um – ceteris paribus – ihren Produktgewinn zu maximieren. Im Gegensatz dazu soll das theoretische Modell keine Aussagen darüber treffen, welche Situationsfaktoren Unternehmen bzw. deren Manager *tatsächlich* im Rahmen ihrer Produktstandardisierungs- bzw. -differenzierungsentscheidungen berücksichtigen.

Bevor ich das theoretische Modell und dessen Hypothesen in Abschnitt 3.3 detailliert vorstellen werde, gehe ich im folgenden Abschnitt zunächst auf die Grundlagen des Modells ein.

---

[59] Allerdings ist mit der in dieser Arbeit gewählten Definition von Erfolg ausdrücklich kein Plädoyer für eine (zunehmende) Shareholder-Orientierung und/oder Gewinnmaximierung verbunden. Vgl. zu einer kritischen Auseinandersetzung mit dieser Thematik z.B. Schmid (1998) sowie zusammenfassend Welge & Al-Laham (2008), S. 268-270.

Adressierte Forschungsfragen	Konzeptioneller Bezugsrahmen
Wie (zu welchem Grad) **müssen** Unternehmen in bestimmten Situationen ihre **Produktstrategie** länderübergreifend vereinheitlichen, um ihren **ausländischen Produktgewinn** zu maximieren? (vgl. hierzu auch Forschungsfrage 2a in Abbildung 1) **Warum müssen** Unternehmen ihre **Produktstrategie** in bestimmten Situationen zu einem bestimmten Grad länderübergreifend vereinheitlichen, um ihren **ausländischen Produktgewinn** zu maximieren? (vgl. hierzu auch Forschungsfrage 2b in Abbildung 1)	Interne und externe Situation → Produktgewinn-maximierende Situation-Management-Fits → Ausländischer Produktgewinn; Grad internationaler Produktstandardisierung

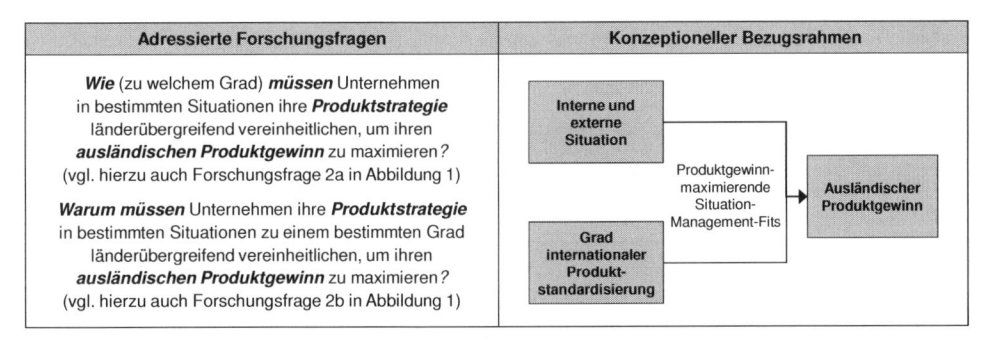

Abbildung 15: Adressierte Forschungsfragen und konzeptioneller Bezugsrahmen des theoretischen Modells (in Anlehnung an Schmid & Kotulla, 2009b, S. 331; Schmid & Kotulla, 2011b, S. 500)

3.2 Grundlagen des theoretischen Modells[60]

Wie in Abschnitt 3.1 erwähnt, möchte ich mit Hilfe des theoretischen Modells produktgewinnmaximierende „Fits" zwischen dem Grad der internationalen Produktstandardisierung und spezifischen (internen und externen) Situationen systematisch herleiten. Um dieses Ziel zu erreichen, werde ich in Abschnitt 3.3 analysieren, wie sich der Grad der internationalen Produktstandardisierung – in Abhängigkeit der (internen und externen) Situation – auf die einzelnen Elemente der Produktgewinnfunktion auswirkt. Mit anderen Worten: Ich werde untersuchen, wie der ausländische Produktgewinn und dessen Bestandteile in Abhängigkeit des „Fits" zwischen der Situation und dem internationalen Produktstandardisierungsgrad variieren. Da eine Theorie als ein *in sich geschlossenes System von Gesetzesaussagen* betrachtet werden kann (Poser, 2001, S. 61-72; Zelewski, 2008, S. 26-29) und die Produktgewinnfunktion ein solches System darstellt (Varian, 2010, S. 345-363), kann der von mir gewählte Ansatz als „gewinntheoretisch" bezeichnet werden (Samiee & Roth, 1992, S. 2).[61] Die Produktgewinnfunktion bildet demnach die normativ-theoretische Grundlage des Modells, welches in Abschnitt 3.3 um weitere theoretische Elemente ergänzt werden wird. Diese normativ-theoretische Grundlage – die Produktgewinnfunktion – werde ich im Folgenden detailliert vorstellen und erläutern (Kumbhakar, 2002; Varian, 2010, S. 345-363):[62]

---

[60] Die folgenden Ausführungen basieren auf Textpassagen, die bereits in den Veröffentlichungen Schmid & Kotulla (2009b), S. 331-333, sowie Schmid & Kotulla (2011b), S. 500-501, enthalten sind.

[61] Vgl. in ähnlicher Form zu „kostentheoretischen" Ansätzen z.B. Gold (1966), Adam (2001), S. 261-374, Troßmann (2008), S. 115-122, sowie Jung (2010), S. 438-459.

[62] Der sprachlichen Einfachheit halber werde ich in den folgenden Gleichungen und Ausführungen nicht vom ausländischen Produktgewinn, sondern vom Produktgewinn sprechen.

(1) $pp = p * qs - c * qp$

[pp = Produktgewinn, p = Stückpreis, qs = Verkaufsmenge, c = Gesamt-Stückkosten, qp = Produktionsmenge]

Wie aus Gleichung (1) hervorgeht, berechnet sich der Produktgewinn als die Differenz aus dem Produktumsatz und den Produktkosten. Dabei ergibt sich der Produktumsatz durch die Multiplikation des Stückpreises mit der Verkaufsmenge; und die Produktkosten berechnen sich durch die Multiplikation der Gesamt-Stückkosten (fixe plus variable Stückkosten) mit der Produktionsmenge. In diesem Zusammenhang gilt es jedoch zu bedenken, dass die einzelnen Elemente der Produktgewinnfunktion nicht unabhängig voneinander sind. Stattdessen existieren zahlreiche Abhängigkeiten, die in den Beziehungen (1.1) bis (1.4) dargestellt werden.

(1.1) $\Delta qs > 0 \Rightarrow \Delta qp > 0$; wobei $qs \approx qp$

(1.2) $\Delta qp > 0 \Rightarrow \Delta c < 0$

(1.3) $\Delta c > 0 \Rightarrow \Delta p > 0$

(1.4) $\Delta p > 0 \Rightarrow \Delta qs < 0$

Diese Abhängigkeiten können aus folgenden Gründen unterstellt werden:

(1.1) Zunächst besteht ein positiver Zusammenhang zwischen qs und qp. Das heißt, ein Anstieg der Verkaufsmenge (qs) führt zu einem Anstieg der Produktionsmenge (qp). Der Grund hierfür besteht darin, dass die geplante Produktionsmenge für t = 1 primär von der erwarteten Verkaufsmenge für t = 1 abhängt. Die erwartete Verkaufsmenge für t = 1 beruht wiederum insbesondere auf der tatsächlichen Verkaufsmenge für t = 0. Bei Vernachlässigung von Lagerhaltungseffekten aufgrund von „Time Lags" zwischen Produktion und Verkauf entspricht die Verkaufsmenge für ein Produkt also stets in etwa dessen Produktionsmenge (Adam, 2001, S. 117-260; Gössinger, 2008, S. 501-509).

(1.2) Zweitens besteht ein negativer Zusammenhang zwischen qp und c. Das heißt, ein Anstieg der Produktionsmenge (qp) führt zu einem Rückgang der Gesamt-Stückkosten (c). Die Stärke dieses Effekts hängt insbesondere davon ab, inwieweit sich durch eine Steigerung der Produktionsmenge Skaleneffekte und damit Kosteneinsparungen in den einzelnen Wertschöpfungsfunktionen realisieren lassen (Meredith & Shafer, 2011, S. 300-302; Zelewski, 2008, S. 90-92).[63]

(1.3) Zudem besteht ein positiver Zusammenhang zwischen c und p. Das heißt, ein Anstieg der Gesamt-Stückkosten (c) führt – früher oder später – üblicherweise zu

---

[63] Vgl. in diesem Zusammenhang zur Bedeutung des Erfahrungskurveneffekts z.B. auch Welge & Al-Laham (2008), S. 252-260, sowie Macharzina & Wolf (2010), S. 354-356.

einem Anstieg des Stückpreises (p). Schließlich sollte ein Unternehmen seine Produkte zumindest langfristig kostendeckend anbieten, um dauerhaft existieren zu können. Aus diesem Grund dürfen Unternehmen im Rahmen ihrer Preisfindung nicht nur nachfrage- und wettbewerbsbezogene Aspekte berücksichtigen, sondern sie müssen auch eine Gewinnspanne einkalkulieren, die sich dadurch realisieren lässt, dass der Stückpreis langfristig über den Gesamt-Stückkosten liegt (Waller, 2003, S. 753-771; Becker, 2009, S. 513-527; Homburg & Krohmer, 2009, S. 692-726).

(1.4) Viertens besteht ein negativer Zusammenhang zwischen p und qs. Das heißt, ein Anstieg des Stückpreises (p) führt normalerweise zu einem Rückgang der Verkaufsmenge (qs).[64] Die Stärke dieses Zusammenhangs basiert auf der so genannten Preiselastizität der Nachfrage (Johnson & Helmberger, 1967; Kotler et al., 2007, S. 601-602; Homburg & Krohmer, 2009, S. 658-663). Je preiselastischer die Nachfrage ist, also je empfindlicher die Nachfrager auf Preisveränderungen reagieren, umso stärker führt ein Anstieg des Stückpreises zu einem Rückgang der Verkaufsmenge.

Berücksichtigt man Gleichung (1) inklusive ihrer Abhängigkeiten (1.1) bis (1.4), so lässt sich festhalten, dass eine bestimmte Managemententscheidung – in diesem Falle ein bestimmter Grad der internationalen Produktstandardisierung – dann als produktgewinnmaximierend gelten kann, wenn durch sie bzw. ihn die folgenden beiden Bedingungen besser erfüllt werden als durch alle alternativen Optionen (Kumbhakar, 2002; Varian, 2010, S. 345-363):

(2.1) $\Delta(c*qp) < \Delta(p*qs)$; mit $\Delta c < 0 \vee \Delta p > 0 \vee \Delta qs > 0$

(2.2) $1 + \dfrac{\Delta qs}{qs} > \dfrac{1}{1 + \dfrac{\Delta(p-c)}{p-c}}$

(2.1) Ein bestimmter Grad der internationalen Produktstandardisierung führt dann zu einer Maximierung des ausländischen Produktgewinns, wenn der durch ihn im Ausland erzielte Umsatzanstieg im Vergleich zu einem etwaigen Kostenanstieg möglichst hoch ist – oder im umgekehrten Falle, wenn der durch ihn im Ausland erzielte Kostenrückgang im Vergleich zu einem etwaigen Umsatzrückgang möglichst hoch ist. Ideal wäre es natürlich, wenn ein bestimmter Grad der internationalen Produktstandardisierung sowohl zu einem möglichst hohen Umsatzanstieg als auch zu einem möglichst hohen Kostenrückgang führen würde. Wie durch die Ausführungen in Abschnitt 3.3 deutlich werden wird, existieren tatsächlich Situationen, in denen dies möglich ist.

---

[64] Aufgrund des so genannten „Veblen-Effekts" ist bei vielen Luxusgütern ein teilweise umgekehrter Zusammenhang zu beobachten; vgl. hierzu z.B. Leibenstein (1950) sowie Bagwell & Bernheim (1996).

(2.2) Zudem führt ein bestimmter Grad der internationalen Produktstandardisierung dann zu einer Maximierung des ausländischen Produktgewinns, wenn der durch ihn im Ausland erzielte relative Anstieg der Verkaufsmenge im Vergleich zu einer etwaigen relativen Verringerung der Gewinnspanne möglichst hoch ist – oder umgekehrt, wenn die durch ihn im Ausland erzielte relative Vergrößerung der Gewinnspanne im Vergleich zu einem etwaigen relativen Rückgang der Verkaufsmenge möglichst stark ist.[65] Auch an dieser Stelle wäre es natürlich ideal, wenn ein bestimmter Grad der internationalen Produktstandardisierung sowohl zu einem möglichst hohen relativen Anstieg der Verkaufsmenge als auch zu einer möglichst starken relativen Vergrößerung der Gewinnspanne führen würde. Da die Preiselastizität der Nachfrage – wie in Beziehung (1.4) dargestellt – üblicherweise negativ ist, existieren aber nur wenige Situationen, in denen dies möglich ist.[66]

Das Entscheidende ist nun, dass die Erfüllung der Bedingungen (2.1) und (2.2) nicht situationsunabhängig, sondern situationsspezifisch ist. Das heißt, es existiert nicht nur *ein* optimaler Grad der internationalen Produktstandardisierung, der für *alle* denkbaren Produkte und *alle* existierenden Auslandsmärkte produktgewinnmaximierend wirkt. Stattdessen kann – je nach (interner und externer) *Situation* eines Unternehmens – ein jeweils *unterschiedlicher* Grad der internationalen Produktstandardisierung zu einer Maximierung des ausländischen Produktgewinns führen. Aus diesem Grund werde ich den in Abschnitt 2.2.4 vorgestellten Ansatz des Situation-Management-Fits als konzeptionellen Bezugsrahmen für das in Abschnitt 3.3 zu entwickelnde theoretische Modell verwenden. Dabei werde ich mit Hilfe des Fit-Ansatzes untersuchen, inwieweit die Erfüllung der produktgewinnmaximierenden Bedingungen (2.1) und (2.2) in Abhängigkeit unterschiedlicher „Fits" zwischen der Situation und dem internationalen Produktstandardisierungsgrad variiert. Die entscheidende Frage lautet also: In welchen Situationen führt ein hoher Grad der internationalen Produktstandardisierung zu einer bestmöglichen Erfüllung der Bedingungen (2.1) und (2.2) – und in welchen Situationen führt ein mittlerer oder geringer Grad der internationalen Produktstandardisierung zu einer bestmöglichen Erfüllung der Bedingungen (2.1) und (2.2)? Im folgenden Abschnitt werde ich diese Frage exemplarisch für den Fall eines hohen Grads der internationalen Produktstandardisierung zu beantworten versuchen. Basierend auf dem dadurch ermittelten theoretischen Modell

---

[65] Im Gegensatz zu den Ausführungen bei Schmid & Kotulla (2009b) wurde die Ungleichung (2.2) so korrigiert, dass sie nun nicht den Verkaufspreis, sondern die Gewinnspanne enthält. Zudem wurden mathematische Korrekturen vorgenommen, die der Tatsache Rechnung tragen, dass sich der Produktgewinn – unter Berücksichtigung der Annahme (1.1) – nicht durch Addition, sondern durch Multiplikation von qs und $(p-c)$ ergibt.

[66] Solche Situationen können z.B. dann vorliegen, wenn Unternehmen Luxusgüter anbieten, die aufgrund des erwähnten „Veblen-Effekts" in bestimmten Preisintervallen eine positive Preiselastizität der Nachfrage aufweisen; vgl. hierzu erneut Leibenstein (1950) sowie Bagwell & Bernheim (1996).

und dessen Hypothesen soll die Frage dann auch für beliebige andere Grade der internationalen Produktstandardisierung beantwortbar sein.

3.3 Entwicklung des theoretischen Modells und Aufstellung der Hypothesen[67]

Im vorliegenden Abschnitt werde ich das theoretische Modell dieser Arbeit Schritt für Schritt entwickeln und vorstellen. Dieses Modell soll als Grundlage für die in Kapitel 4 zu behandelnde empirische Untersuchung dienen. Wie im letzten Abschnitt erwähnt, erfolgt die Entwicklung des theoretischen Modells durch die Beantwortung der folgenden Frage: In welchen Situationen führt ein hoher Grad der internationalen Produktstandardisierung zu einer bestmöglichen Erfüllung der produktgewinnmaximierenden Bedingungen (2.1) und (2.2)?

(2.1) $\Delta(c*qp) < \Delta(p*qs)$; mit $\Delta c < 0 \vee \Delta p > 0 \vee \Delta qs > 0$

(2.2) $1 + \dfrac{\Delta qs}{qs} > \dfrac{1}{1 + \dfrac{\Delta(p-c)}{p-c}}$

Zunächst zu Bedingung (2.1): Bezogen auf den Gegenstand der vorliegenden Arbeit beruht die Erfüllung dieser Bedingung auf der Frage, welchen Einfluss ein hoher Grad der internationalen Produktstandardisierung – in Abhängigkeit der Situation – auf die Gesamt-Stückkosten (c), den Stückpreis (p) und die Verkaufsmenge (qs) in einem Auslandsmarkt ausübt.[68] Im Hinblick auf p und qs müssen also solche Situationen identifiziert werden, in denen ein hoher Grad der internationalen Produktstandardisierung zu einem Anstieg des in einem Auslandsmarkt erzielbaren Stückpreises und/oder der Verkaufsmenge führt. Da der im Ausland erzielbare Stückpreis (p) unmittelbar an die Zahlungsbereitschaft (wtp) der ausländischen Nachfrager gekoppelt ist (Esch et al., 2011, S. 317-325) und da die ausländische Verkaufsmenge (qs) direkt mit der ausländischen Nachfragemenge (qd) zusammenhängt (Günther & Tempelmeier, 2009, S. 148-158 und S. 263-264), müssen letztlich solche Situationen identifiziert werden, in denen ein hoher Grad der internationalen Produktstandardisierung zu einem Anstieg der Zahlungsbereitschaft und/oder der Nachfragemenge im Ausland führt. Dies ist genau dann der Fall, wenn zwischen einem Auslandsmarkt

---

[67] Die folgenden Ausführungen basieren auf Textpassagen, die bereits in den Veröffentlichungen Schmid & Kotulla (2009b), S. 333-337, sowie Schmid & Kotulla (2011b), S. 501-504, enthalten sind.

[68] Aus Gründen der Komplexität werde ich supranationale Effekte zwischen mehreren Auslandsmärkten hier und im Folgenden unberücksichtigt lassen. Im Rahmen der empirischen Untersuchung werden solche Effekte aber in Form einer entsprechenden Einflussvariablen Berücksichtigung finden.

und dem Heimatmarkt eine hohe länderübergreifende Nachfragehomogenität existiert – wenn also die Konsumenten im Auslandsmarkt ähnliche oder gleiche Produkte nachfragen wie die Konsumenten im Heimatmarkt –, so dass die ausländische Zahlungs- und Kaufbereitschaft durch einen hohen Grad der internationalen Produktstandardisierung maximiert werden kann (Zentes et al., 2010, S. 53-54). Zu den Gründen für eine solche länderübergreifend hohe Nachfragehomogenität zählen z.B. eine geringe kulturelle Distanz zwischen Ländern (Roth, 1995; Zentes & Morschett, 2007, S. 598-599 und S. 603-606),[69] länderübergreifend ähnliche Umfeldbedingungen (Calantone et al., 2006) oder länderübergreifende Image-Ausstrahlungseffekte (Becker, 2009, S. 788 und S. 799). Im Gegensatz dazu erfordert eine mittlere oder geringe länderübergreifende Nachfragehomogenität – ceteris paribus – einen mittleren bzw. geringen Grad der internationalen Produktstandardisierung.

Hypothese 1: Der Fit zwischen einer hohen [mittleren; geringen] länderübergreifenden Nachfragehomogenität für ein Produkt und einem hohen [mittleren; geringen] Grad der internationalen Produktstandardisierung führt – ceteris paribus – zu einer Maximierung des ausländischen Produktgewinns.

Im Hinblick auf die Gesamt-Stückkosten (c) kann unterschieden werden zwischen (A) einer Kostenveränderung aufgrund einer Veränderung der Produktionsmenge sowie (B) einer Kostenveränderung bei konstanter Produktionsmenge.

(A) Wie in Beziehung (1.2) angegeben, führt ein Anstieg der Produktionsmenge (qp) zu einem Rückgang der Gesamt-Stückkosten (c). Die Stärke dieses Effekts hängt insbesondere davon ab, inwieweit sich durch eine Steigerung der Produktionsmenge Skaleneffekte und damit Kosteneinsparungen in den einzelnen Wertschöpfungsfunktionen realisieren lassen (Meredith & Shafer, 2011, S. 300-302; Zelewski, 2008, S. 90-92). Im internationalen Kontext sind derartige Skaleneffekte vor allem dann hoch, wenn ein hoher Grad der internationalen Produktstandardisierung vorliegt (Lim et al., 2006; Zentes et al., 2010, S. 47-48).[70] Doch selbst im Falle eines hohen Grads der internationalen Produktstandardisierung kann das Potenzial für länderübergreifende Skaleneffekte stark variieren, z.B. in Abhängigkeit der Produktart (Tai & Pae,

---

[69] Vgl. zur Bedeutung der Landeskultur im Internationalen Management z.B. Schmid (1996), S. 229-292, House et al. (2004, Hrsg.), Schmid & Dost (2009), Schmid & Kotulla (2010), Hofstede & Hofstede (2011) sowie Kutschker & Schmid (2011), S. 702-792. Vgl. ferner zur kulturellen Distanz z.B. Johanson & Vahlne (1977), Luostarinen (1989), O'Grady & Lane (1996) sowie Dow & Karunaratna (2006).

[70] Es sei allerdings darauf hingewiesen, dass mit Hilfe von „Mass Customization" (= individualisierte Massenfertigung) hohe Skaleneffekte bei gleichzeitig hoher Produktdifferenzierung realisierbar sind; vgl. zu „Mass Customization" z.B. Pine (1999), Guo (2010) sowie Zentes et al. (2010), S. 397. Aus diesem Grund ist die nachfolgende Hypothese 2 innerhalb des Produktionsbereichs nur für solche Situationen zutreffend, in denen „Mass Customization" nicht möglich oder nicht erwünscht ist.

2002), des Grads der internationalen Zentralisierung von Wertschöpfungsaktivitäten (Jain, 1989), der Anzahl ähnlicher Auslandsmärkte (Schilke et al., 2009) oder der Auslandsmarktgröße (Rau & Preble, 1987). Grundsätzlich lässt sich festhalten, dass ein hoher Grad der internationalen Produktstandardisierung vor allem in Situationen mit einem hohen Potenzial für länderübergreifende Skaleneffekte vorteilhaft ist.

Hypothese 2: Der Fit zwischen einem hohen [mittleren; geringen] Potenzial für länderübergreifende Skaleneffekte für ein Produkt und einem hohen [mittleren; geringen] Grad der internationalen Produktstandardisierung führt – ceteris paribus – zu einer Maximierung des ausländischen Produktgewinns.

(B) Bei konstanter Produktionsmenge (qp) führt ein steigender Grad der internationalen Produktstandardisierung zu einem Rückgang der Gesamt-Stückkosten (c). Die Stärke dieses Effekts hängt davon ab, wie kostenintensiv im umgekehrten Falle ein hoher Grad der internationalen Produktdifferenzierung ist. Diese Kostenintensität variiert in Abhängigkeit der Produktmodifikationskosten, welche wiederum vor allem von der Produktkomplexität und von der Produktionstechnologie eines Unternehmens abhängig sind (Squires, 1988; Prasad, 1998; Kotler et al., 2007, S. 389-390).[71] Aus diesem Grund eignet sich ein hoher Grad der internationalen Produktstandardisierung vor allem in Situationen mit hohen Produktmodifikationskosten.

Hypothese 3: Der Fit zwischen hohen [mittleren; geringen] Modifikationskosten für ein Produkt und einem hohen [mittleren; geringen] Grad der internationalen Produktstandardisierung führt – ceteris paribus – zu einer Maximierung des ausländischen Produktgewinns.

Abschließend zu Bedingung (2.2): Die Erfüllung dieser Bedingung beruht auf der in Beziehung (1.4) beschriebenen Preiselastizität der Nachfrage. Falls ein Unternehmen ein Produkt im Ausland anbietet, für das eine hohe ausländische Preiselastizität der Nachfrage existiert (z.B. aufgrund einer hohen ausländischen Wettbewerbsintensität; Zentes & Morschett, 2007, S. 599 und S. 603-606), so führt ein leichter Anstieg des Stückpreises (p) zu einem vergleichsweise starken Rückgang der Verkaufsmenge (qs),[72] welcher wiederum zu einem Anstieg der Gesamt-Stückkosten (c) führt. Umgekehrt führt ein leichter Rückgang des Stückpreises (p) zu einem vergleichsweise starken Anstieg der Verkaufsmenge (qs), welcher wiederum einen Rückgang der

---

[71] Zudem ist es denkbar, dass die Produktmodifikationskosten negativ durch die in Hypothese 1 angesprochene länderübergreifende Nachfragehomogenität beeinflusst werden. Im Rahmen der empirischen Untersuchung werde ich die Existenz eines solchen Effekts überprüfen.

[72] Wie in Abschnitt 3.2 erwähnt, tritt dieser Effekt aufgrund des „Veblen-Effekts" bei vielen Luxusgütern nicht auf; vgl. hierzu erneut Leibenstein (1950) sowie Bagwell & Bernheim (1996). Die nachfolgende Hypothese 4 ist daher nur für solche Situationen zutreffend, in denen die ausländische Preiselastizität der Nachfrage für ein Produkt negativ ist.

Gesamt-Stückkosten (c) nach sich zieht.[73] Aus diesem Grund sollten Produkte, für die eine hohe ausländische Preiselastizität der Nachfrage existiert, zu vergleichsweise geringen ausländischen Stückpreisen angeboten werden, damit eine Maximierung des ausländischen Produktgewinns möglich ist. Wie in Beziehung (1.3) dargestellt, bedingen geringe Stückpreise wiederum geringe Gesamt-Stückkosten, die sich – im gegebenen Kontext – durch einen hohen Grad der internationalen Produktstandardisierung realisieren lassen. Situationen mit einer hohen ausländischen Preiselastizität der Nachfrage für ein Produkt erfordern deshalb einen hohen Grad der internationalen Produktstandardisierung.

Hypothese 4: Der Fit zwischen einer hohen [mittleren; geringen] ausländischen Preiselastizität der Nachfrage für ein Produkt und einem hohen [mittleren; geringen] Grad der internationalen Produktstandardisierung führt – ceteris paribus – zu einer Maximierung des ausländischen Produktgewinns.

Interessanterweise berücksichtigt keiner der existierenden 330 Beiträge zur internationalen Marketingstandardisierung bzw. -differenzierung alle vier soeben hergeleiteten situativen Fit-Variablen (länderübergreifende Nachfragehomogenität, Potenzial für länderübergreifende Skaleneffekte, Produktmodifikationskosten, ausländische Preiselastizität der Nachfrage). Stattdessen lässt sich zeigen, dass die in der bisherigen Forschung analysierten Situationsvariablen[74] den Wirkungszusammenhang zwischen dem Grad der internationalen Produktstandardisierung und dem ausländischem Produktgewinn nicht *direkt* beeinflussen, sondern entweder indirekt (durch Beeinflussung der vier situativen Fit-Variablen) oder gar nicht. Diesen Umstand werde ich im Folgenden exemplarisch anhand (1) der länderübergreifenden Marktähnlichkeit, (2) der Auslandsmarktgröße, (3) der Produktart sowie (4) anhand bestimmter unternehmens- und managementbezogener Situationsvariabler erläutern.

(1) Die häufig analysierte länderübergreifende Marktähnlichkeit – z.B. in Bezug auf die Gesetzgebung, die soziokulturellen Bedingungen oder die Konsumentenbedürfnisse (Lim et al., 2006; Evans et al., 2008; Hultman et al., 2009) – hat nur dann eine Gewinnrelevanz für die Frage nach dem Grad der internationalen Produktstandardisierung, wenn sich diese Marktähnlichkeit auch tatsächlich in einer Ähnlichkeit der Nachfrage niederschlägt (vgl. Hypothese 1). Genau dies ist jedoch keineswegs immer der Fall. So können z.B. rechtliche oder politische Besonderheiten in einem Auslandsmarkt für die Frage nach dem Grad der internationalen Produktstandardisierung

---

[73] Vgl. zur Bedeutung der Preiselastizität der Nachfrage im internationalen Kontext z.B. Kreinin (1967), Tryfos (1975) sowie Agiakloglou & Yannelis (2006).
[74] Vgl. hierzu erneut die Ausführungen in Kapitel 2 und dabei insbesondere Abbildung 11 in Abschnitt 2.4.2 sowie Anhang 5.

irrelevant sein, wenn diese Bedingungen keinen Einfluss auf die Nachfrage der betreffenden Konsumenten haben. Umgekehrt müssen sich länderübergreifend ähnliche Konsumentenbedürfnisse nicht zwangsläufig in einer ähnlichen Nachfrage niederschlagen, z.B. wenn diese Konsumentenbedürfnisse aufgrund länderspezifischer Gesetze nicht als Nachfrage auf dem Markt „wirksam" werden können. Falls die länderübergreifende Marktähnlichkeit tatsächlich einen (indirekten) Einfluss auf den Wirkungszusammenhang zwischen dem Grad der internationalen Produktstandardisierung und dem ausländischen Produktgewinn ausübt, dann wird dieser Einfluss bereits in Form der länderübergreifenden Nachfragehomogenität erfasst.

(2) Wie in Abschnitt 2.4.2 dargestellt, gelangt die bisherige Forschung zur internationalen Marketingstandardisierung bzw. -differenzierung zu weitgehend widersprüchlichen Ergebnissen im Hinblick auf die Bedeutung der Auslandsmarktgröße (Rau & Preble, 1987; Chhabra, 1996). Bei genauerer Betrachtung ist diese Tatsache jedoch kaum verwunderlich; schließlich ist die Bedeutung der Auslandsmarktgröße in der Realität vielschichtig: Einerseits kann in großen Auslandsmärkten ein hoher Grad der internationalen Produktstandardisierung vorteilhaft sein – nämlich dann, wenn das Potenzial für länderübergreifende Skaleneffekte und/oder die länderübergreifende Nachfragehomogenität hoch sind. Andererseits kann in großen Auslandsmärkten auch ein geringer Grad der internationalen Produktstandardisierung vorteilhaft sein – nämlich dann, wenn die Produktmodifikationskosten (im Vergleich zu einer etwaigen Umsatzsteigerung im Falle der Produktmodifikation) und/oder die länderübergreifende Nachfragehomogenität gering sind. Dabei kann ein großer Auslandsmarkt sowohl zu einer Erhöhung des Potenzials für länderübergreifende Skaleneffekte als auch zu einer Verringerung der Bedeutung der Produktmodifikationskosten führen. Zudem wirkt sich ein großer Auslandsmarkt potenziell positiv auf den ausländischen Umsatz und damit auf den Gewinn aus. Dieser direkte Effekt muss allerdings von den beschriebenen indirekten Effekten getrennt werden. Im Rahmen gewinnorientierter Entscheidungen zur internationalen Produktstandardisierung bzw. -differenzierung lautet die primäre Frage also nicht, wie groß ein bestimmter Auslandsmarkt ist, sondern welche der erläuterten Haupteinflussfaktoren (länderübergreifende Nachfragehomogenität, Potenzial für länderübergreifende Skaleneffekte, Produktmodifikationskosten) in einer gegebenen Situation überwiegen.

(3) Der Einfluss der Produktart (Konsum- vs. Industriegut, Gebrauchs- vs. Verbrauchsgut, Basis- vs. Luxusgut, Produkt vs. Dienstleistung) (Shoham & Albaum, 1994; Tai & Pae, 2002; Schilke et al., 2009) auf den Wirkungszusammenhang zwischen dem Grad der internationalen Produktstandardisierung und dem ausländischen Produktgewinn ist ebenfalls nur indirekter Natur. Dies wird deutlich, wenn man

bedenkt, dass z.B. unterschiedliche Konsumgüter völlig unterschiedlich im Hinblick auf die – im Zusammenhang mit der internationalen Produktstandardisierung bzw. -differenzierung gewinnrelevanten – Haupteinflussfaktoren (länderübergreifende Nachfragehomogenität, Potenzial für länderübergreifende Skaleneffekte, Produktmodifikationskosten, ausländische Preiselastizität der Nachfrage) „abschneiden" können. Die eigentlich relevante Fragestellung lautet also nicht, *ob*, sondern *welche* Konsumgüter – aufgrund ihrer situationsspezifischen Nachfragehomogenitäten, Skaleneffekte, Modifikationskosten und Preiselastizitäten – zu einem bestimmten Grad länderübergreifend vereinheitlicht werden müssen. Ähnliches gilt für andere Kategorisierungen von Produkten.

(4) Darüber hinaus existieren zahlreiche unternehmens- und managementbezogene Situationsvariable, die nicht nur keinen direkten, sondern gar keinen Einfluss auf den Wirkungszusammenhang zwischen dem Grad der internationalen Produktstandardisierung und dem ausländischen Produktgewinn ausüben. Dies gilt z.B. für das Herkunftsland eines Unternehmens (Ko et al., 2007), für die EPRG-Orientierung von Managern (Lemak & Arunthanes, 1997)[75] oder für den Grad der Zentralisierung von Entscheidungen (Chung, 2009). So ist es zwar durchaus denkbar und nachvollziehbar, dass z.B. Unternehmen, die aus den USA stammen, Unternehmen, deren Manager eine ethnozentrische Orientierung aufweisen, oder Unternehmen, deren Entscheidungen stark zentralisiert werden, in der Praxis tatsächlich zu einem höheren Grad der internationalen Produktstandardisierung neigen; die Frage, ob sie diese Strategie auch in jedem Falle verfolgen müssen, um ihren Produktgewinn zu maximieren, kann – in Anlehnung an die gewinntheoretisch hergeleiteten Hypothesen 1 bis 4 – jedoch verneint werden.

Wie diese Ausführungen exemplarisch zeigen, beeinflussen die bislang analysierten Situationsvariablen den Wirkungszusammenhang zwischen dem Grad der internationalen Produktstandardisierung und dem ausländischen Produktgewinn nicht direkt, sondern entweder indirekt (durch Beeinflussung der vier situativen Fit-Variablen) oder gar nicht (stattdessen beeinflussen diese Variablen häufig direkt die Entscheidungen von Managern oder den ausländischen Produktgewinn). Diejenigen Situationsvariablen, die keinen (direkten) Einfluss auf den Wirkungszusammenhang zwischen dem Grad der internationalen Produktstandardisierung und dem ausländischen Produktgewinn ausüben, werden nicht Teil des theoretischen Modells sein. Schließlich haben diese Variablen keinen (direkten) Einfluss auf die *Situationsspezifität* der relevanten Gestaltungsempfehlungen. Dennoch werde ich versuchen, diese

---

[75] Vgl. zum EPRG-Konzept z.B. Perlmutter (1969), Schmid & Machulik (2006) sowie Kutschker & Schmid (2011), S. 287-297. Vgl. in einem ähnlichen Zusammenhang zu unterschiedlichen Grundorientierungen des Internationalen Marketing auch Zentes et al. (2010), S. 47-65 und S. 379-415.

Situationsvariablen im Rahmen der empirischen Untersuchung möglichst umfassend in Form von Kontrollvariablen und indirekten Einflussvariablen zu berücksichtigen. In Kapitel 4 werde ich auf diesen Punkt detailliert eingehen.

Zusätzlich zu den vier gewinntheoretisch hergeleiteten situativen Fit-Variablen sollen zwei weitere Elemente in das theoretische Modell integriert werden. Diese Elemente resultieren aus der in Abschnitt 2.5.2 erwähnten dritten Empfehlung für zukünftige Forschungsarbeiten und sind dann relevant, wenn – wie in Kapitel 4 dieser Arbeit – empirische Untersuchungen auf Basis von Managerbefragungen durchgeführt werden. Das erste zu berücksichtigende Element bezieht sich auf die situativen Fit-Variablen und das zweite Element auf den internationalen Produktstandardisierungsgrad.

Erstens sollte bei einer empirischen Erfassung der situativen Fit-Variablen berücksichtigt werden, inwieweit die befragten Manager dazu in der Lage sind, die Situation ihres Unternehmens realistisch einzuschätzen. Schließlich haben die Ausführungen in Abschnitt 2.4.4 gezeigt, dass Wahrnehmungsfehler der befragten Manager zu nicht-validen oder insignifikanten Ergebnissen führen können (Glaister & Thwaites, 1993; Maule & Hodgkinson, 2003; Mezias & Starbuck, 2003; Pillai, 2010). So wäre z.B. ein Fall denkbar, in dem ein Manager im Rahmen einer empirischen Untersuchung angibt, dass er die länderübergreifende Nachfragehomogenität als sehr hoch wahrgenommen hat und sich deshalb für einen hohen Grad der internationalen Produktstandardisierung entschieden hat. Wenn die länderübergreifende Nachfragehomogenität in Wirklichkeit aber sehr gering war – wenn sich der befragte Manager also in seiner Wahrnehmung geirrt hat und seine Angabe nicht mit der Realität korrespondiert –, dann entsprechen die im Rahmen der statistischen Analyse betrachteten Wirkungszusammenhänge nicht den tatsächlichen Wirkungszusammenhängen in der Realität. Aus diesem Grund sollten die Wahrnehmungsfehler der befragten Manager in Bezug auf die relevante Situation als korrigierende, moderierende Variable innerhalb des theoretischen Modells berücksichtigt werden. Auf die Frage, wie sich derartige Wahrnehmungsfehler operationalisieren und empirisch messen lassen, werde ich in Kapitel 4 eingehen.

Hypothese 5: Der produktgewinnmaximierende Effekt der in den Hypothesen 1 bis 4 beschriebenen Fits wird durch die Wahrnehmungsfehler der Manager in Bezug auf die relevante Situation negativ moderiert.

Zweitens sollte bei der empirischen Erfassung des internationalen Produktstandardisierungsgrads berücksichtigt werden, inwieweit die von den befragten Managern bzw. Unternehmen verfolgten Strategien adäquat umgesetzt wurden (Hahn & Powers,

1999, 2010; Birnik & Bowman, 2007, S. 317). So wäre z.B. ein Fall denkbar, in dem ein Manager zwar in Bezug auf die Situation seines Unternehmens realistische Angaben macht und er bzw. sein Unternehmen sich für einen angemessenen Grad der internationalen Produktstandardisierung entschieden hat, die inadäquate Umsetzung dieser Entscheidung aber letztlich zu einem geringen oder negativen Produktgewinn geführt hat. So ist z.B. allein die Entscheidung, ein Produkt an einen kulturell weit entfernten Auslandsmarkt anzupassen, noch kein Garant für einen hohen Produktgewinn, sondern die Anpassung eines Produkts muss auch stets in einer Art und Weise erfolgen, die den spezifischen Bedingungen des Auslandsmarktes gerecht wird. Aus diesem Grund sollte die Umsetzungsqualität in Bezug auf die verfolgte Strategie als korrigierende, moderierende Variable innerhalb des theoretischen Modells berücksichtigt werden. Auf die Frage, wie sich die Umsetzungsqualität operationalisieren und empirisch messen lässt, werde ich ebenfalls in Kapitel 4 zu sprechen kommen.

Hypothese 6: Der produktgewinnmaximierende Effekt der in den Hypothesen 1 bis 4 beschriebenen Fits wird durch die Umsetzungsqualität in Bezug auf die verfolgte Strategie positiv moderiert.

Basierend auf den sechs in diesem Abschnitt hergeleiteten Hypothesen ergibt sich schließlich das in Abbildung 16 dargestellte theoretische Modell. Wie bereits erwähnt, wird der Grad der internationalen Produktstandardisierung dabei mit Hilfe der Variablen Produktname, Produktpositionierung, Produktqualität, Produkteigenschaften, Produktverpackung und Produktvarianten erfasst (Theodosiou & Leonidou, 2003, S. 156-162; Katsikeas et al., 2006; Chung, 2009; Hultman et al., 2009; Schmid & Kotulla, 2011b, S. 497). Was die in den Hypothesen 1 bis 4 unterstellten Situation-Management-Fits betrifft, so wird davon ausgegangen, dass ähnliche Ausprägungen der jeweiligen situativen Fit-Variable und der Managementvariable (z.B. hoch-hoch, mittel-mittel, gering-gering) zu einer Erhöhung des ausländischen Produktgewinns führt. Es wird also *nicht* unterstellt, dass nur *eine* Art des Wirkungszusammenhangs zwischen dem Grad der internationalen Produktstandardisierung und dem ausländischen Produktgewinn existiert (z.B. stets positiv), welcher durch die *Interaktion* mit einer bestimmten Situation hervorgerufen oder hervorgehoben wird; sondern es wird angenommen, dass bestimmte *Kombinationen* zwischen dem Grad der internationalen Produktstandardisierung und der spezifischen Situation zu *völlig unterschiedlichen* Ausprägungen des ausländischen Produktgewinns führen können. Der positive oder negative Effekt dieser Kombinationen kann dabei sowohl mit Hilfe einer Subgruppenanalyse für die unterschiedlichen Ausprägungen der situativen Fit-Variablen als auch mit Hilfe der Distanz zwischen der Managementvariable und der jeweiligen situativen Fit-Variable abgebildet werden (Venkatraman, 1989, S. 424-428 und S. 430-432). In Anlehnung an die Ausführungen in Abschnitt 2.2.4 eignen sich für die Konzeptualisierung der betreffenden Zusammenhänge also sowohl der Fit als Matching (unter Einbeziehung der Erfolgs-Kriteriumsvariablen „ausländischer Produktgewinn") als auch der Fit als Moderation (in Form einer Subgruppenanalyse). Sollte sich im Rahmen einer empirischen Untersuchung herausstellen, dass der Wirkungszusammenhang zwischen dem Grad der internationalen Produktstandardisierung und dem ausländischen Produktgewinn innerhalb der Stichprobe *grundsätzlich* signifikant positiv oder *grundsätzlich* signifikant negativ ist, so würde sich für die Konzeptualisierung der betreffenden Zusammenhänge zusätzlich auch der Fit als Moderation in Form einer Interaktionsanalyse eignen (Venkatraman, 1989, S. 424-428; Sauer & Dick, 1993; Aguinis & Gottfredson, 2010). Auf diese Weise könnte untersucht werden, inwieweit der grundsätzlich positive oder grundsätzlich negative Effekt durch bestimmte situative Fit-Variable verstärkt oder abgeschwächt wird. In Kapitel 4 werde ich auf diesen Punkt an entsprechender Stelle zurückkommen.

Mit Hilfe des vorgestellten theoretischen Modells soll es möglich sein, Gestaltungsempfehlungen zu formulieren, die Auskunft darüber geben, zu welchem Grad Unternehmen in bestimmten Situationen die einzelnen Elemente ihrer Produktstrategie länderübergreifend vereinheitlichen müssen, um – ceteris paribus – ihren Produktgewinn zu maximieren. Damit diese Gestaltungsempfehlungen nicht nur theoretisch, sondern auch empirisch fundiert sind und damit etwaige branchen- und länderspezifische Besonderheiten in den betrachteten Wirkungszusammenhängen berücksichtigt werden können, soll das theoretische Modell im folgenden Kapitel einer empirischen Überprüfung unterzogen werden.

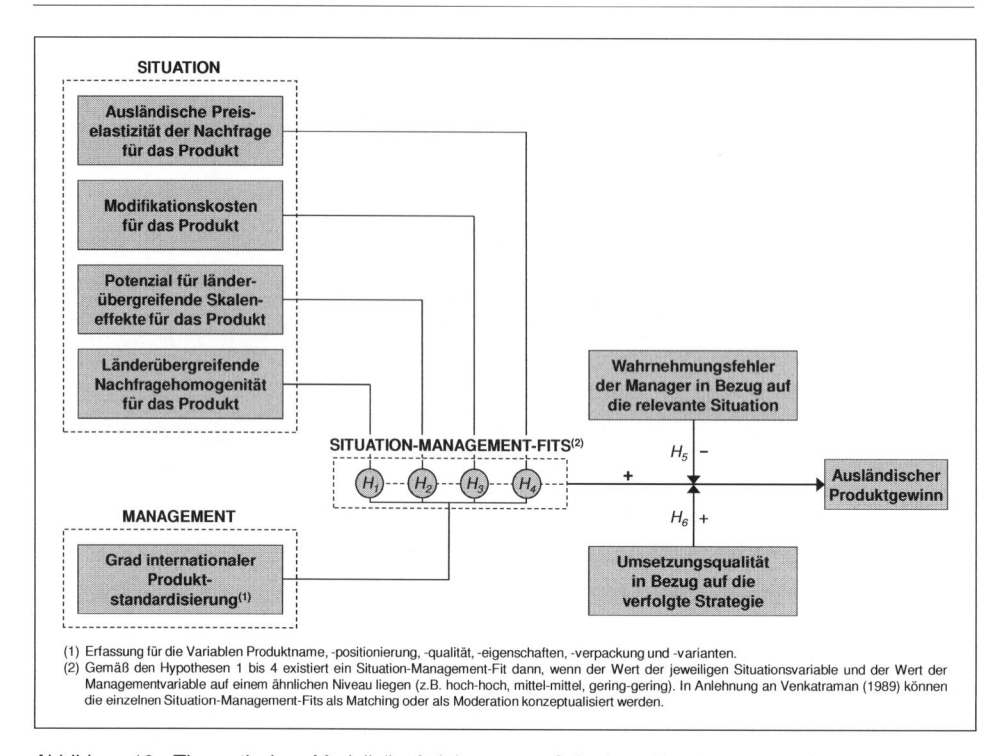

Abbildung 16: Theoretisches Modell (in Anlehnung an Schmid & Kotulla, 2009b, S. 337; Schmid & Kotulla, 2011b, S. 503)[76]

---

[76] Im Gegensatz zu den Ausführungen bei Schmid & Kotulla (2009b) beschränkt sich die Konzeptualisierung des theoretischen Modells in der vorliegenden Arbeit nicht auf den Fit als Moderation in Form einer Interaktionsanalyse, sondern sie umfasst auch den Fit als Moderation in Form einer Subgruppenanalyse sowie den Fit als Matching. Hierdurch unterscheidet sich die Konzeptualisierung des theoretischen Modells gleichzeitig von der früheren Konzeptualisierung bei Schmid & Kotulla (2011b), bei der unzutreffenderweise nicht der Fit als Matching, sondern der Fit als Profilabweichung empfohlen wird. Vgl. zu den Unterschieden zwischen diesen Fit-Konzeptualisierungen erneut die Ausführungen in Abschnitt 2.2.4.

4 Empirische Untersuchung

4.1 Ziele der empirischen Untersuchung

Wie durch die bisherigen Ausführungen deutlich geworden ist, scheint innerhalb der Forschung zur internationalen Marketingstandardisierung bzw. -differenzierung bislang kein Beitrag zu existieren, der den Fit-Ansatz *und* eine normative Theorie kombiniert, um – basierend auf einer expliziten Definition von Erfolg – eine situationsspezifisch erfolgreiche Marketingstandardisierung bzw. -differenzierung systematisch herzuleiten. Unter Fokussierung auf die internationale *Produkt*strategie und den ausländischen *Produktgewinn* von Unternehmen sollte diese Forschungslücke in Kapitel 3 geschlossen werden. Hierzu wurde ein theoretisches Modell entwickelt, das situationsspezifische Gestaltungsempfehlungen hinsichtlich einer produktgewinnmaximierenden internationalen Produktstandardisierung bzw. -differenzierung ermöglicht. Damit diese Gestaltungsempfehlungen nicht nur theoretisch, sondern auch empirisch fundiert sind, werde ich das entwickelte Modell im vorliegenden Kapitel einer empirischen Überprüfung unterziehen. Konkret verfolge ich mit der empirischen Untersuchung drei Hauptziele:

Erstens möchte ich die innerhalb des theoretischen Modells hypothetisierten Wirkungszusammenhänge möglichst großzahlig hinsichtlich ihres Auftretens in der Realität testen. Auf diese Weise soll überprüft werden, welche der Wirkungszusammenhänge nicht nur in der Theorie existieren, sondern auch in der Unternehmenspraxis regelmäßig vorzufinden sind. Diejenigen Hypothesen, die sich im Rahmen der großzahligen empirischen Untersuchung signifikant bestätigen, können dann – aufgrund ihrer normativ-theoretischen Fundierung – als Grundlage für belastbare, verallgemeinerbare Gestaltungsempfehlungen dienen. Zudem wird durch die großzahlige empirische Untersuchung deutlich werden, welchen Beitrag das theoretische Modell zur Erklärung der Varianz innerhalb des ausländischen Produktgewinns leistet. Basierend auf dieser Erkenntnis können die Hypothesen des theoretischen Modells dann hinsichtlich ihrer tatsächlichen Gewinnrelevanz für Unternehmen eingestuft werden.

Zweitens möchte ich untersuchen, inwieweit die innerhalb des theoretischen Modells hypothetisierten Wirkungszusammenhänge in Abhängigkeit bestimmter Einflussgrößen variieren. So werde ich die Hypothesen nicht nur für verschiedene Elemente der internationalen Produktstrategie testen (Produktname, Produktpositionierung, Produktqualität, Produkteigenschaften, Produktverpackung und Produktvarianten), sondern ich möchte auch analysieren, inwiefern die hypothetisierten Wirkungszusammenhänge branchen- und länderspezifischen Einflüssen unterliegen. Auf diese Weise könnte es möglich sein, Unternehmen nicht nur aggregierte, sondern detaillierte Gestaltungsempfehlungen auf der Ebene einzelner Produktstrategieelemente, Branchen oder Länder zu liefern. Ob in diesem Zusammenhang auch branchen- und länderspezifische Subgruppenanalysen durchführbar sind, wird sich in Abhängigkeit der empirischen „Datenlage" zeigen.

Drittens möchte ich versuchen, einen integrativen Forschungsbeitrag zu leisten, indem ich empirisch untersuche, inwieweit sich bestimmte in der Vergangenheit analysierte Situationsvariable[77] in das theoretische Modell der vorliegenden Arbeit einordnen lassen. Denn wie in Kapitel 3.3 erläutert, liegt ein entscheidender Grund für die teilweise widersprüchlichen Ergebnisse innerhalb der Forschungsfeldes offensichtlich darin, dass die in der Vergangenheit analysierten Situationsvariablen den Wirkungszusammenhang zwischen dem Grad der internationalen Produktstandardisierung und dem ausländischen Produktgewinn nicht direkt beeinflussen, sondern entweder indirekt (durch Beeinflussung der vier situativen Fit-Variablen des in der vorliegenden Arbeit entwickelten theoretischen Modells) oder gar nicht (stattdessen beeinflussen die Variablen häufig direkt die Entscheidungen von Managern oder den ausländischen Produktgewinn). Ob sich die in der Vergangenheit analysierten Situationsvariablen tatsächlich in einer solchen Form in das theoretische Modell einordnen lassen, möchte ich in der vorliegenden Arbeit empirisch prüfen. Den damit verbundenen Integrationsbeitrag halte ich auch deshalb für notwendig, weil Kapitel 2 gezeigt hat, dass eine integrative, mathematisch-quantitative Metaanalyse bislang nicht sinnvoll durchführbar ist.

Im Laufe dieses Kapitels werde ich versuchen, die drei genannten Ziele mit Hilfe einer empirischen Untersuchung zu erreichen. Bevor ich die Ergebnisse der empirischen Untersuchung in Abschnitt 4.4 detailliert vorstellen und diskutieren werde, möchte ich in den Abschnitten 4.2 und 4.3 zunächst das Design und die Methodik der Untersuchung präsentieren.

4.2 Design der empirischen Untersuchung

4.2.1 Einführende Überlegungen

Wie in Abschnitt 2.2.2 erläutert, ist es für die Validität von Forschungsergebnissen existenziell, dass die entsprechenden Forschungsarbeiten auf Forschungsdesigns beruhen, die sich zur Beantwortung der jeweiligen Forschungsfragen eignen. Aus diesem Grund sollte der Konzipierung eines empirischen Untersuchungsdesigns

---

[77] Vgl. hierzu erneut die Ausführungen in Kapitel 2 und dabei insbesondere Abbildung 11 in Abschnitt 2.4.2 sowie Anhang 5.

stets eine Konkretisierung der adressierten Forschungsfragen vorausgehen. Diese Konkretisierung ist in Abschnitt 3.1 erfolgt. Wie die dortigen Ausführungen zeigen, sind die in der vorliegenden Arbeit adressierten Forschungsfragen präskriptiver und normativ-theoretischer Natur. Während sich die normativ-theoretische Orientierung insbesondere in der in Abschnitt 3.2 dargestellten „gewinntheoretischen" Fundierung der Arbeit widerspiegelt, wird der präskriptiven Ausrichtung durch Anwendung des Fit-Ansatzes Rechnung getragen. Wie in den Abschnitten 2.2.2 und 2.2.4 dargestellt, ist eine Anwendung des Fit-Ansatzes immer dann notwendig, wenn – so wie in der vorliegenden Arbeit – situationsspezifisch erfolgreiche Gestaltungsempfehlungen im Fokus des Erkenntnisinteresses stehen (Drazin & van de Ven, 1985; Venkatraman, 1989). Die gewinntheoretische Fundierung sowie die Fit-Orientierung dieser Arbeit zeigen sich zusammenfassend innerhalb des bereits in Abbildung 16 dargestellten theoretischen Modells. Das theoretische Modell gibt dabei wiederum Auskunft über die im Rahmen des Untersuchungsdesigns zu berücksichtigenden Variablen und Wirkungszusammenhänge. Basierend auf Abbildung 16 stellen sich hinsichtlich des Untersuchungsdesigns die folgenden Fragen:

- Welche Charakteristika sollte das Untersuchungsdesign aufweisen, damit möglichst adäquate empirische Informationen über die relevanten Variablen und Wirkungszusammenhänge gewonnen werden können (Abschnitt 4.2.2)?

- Wie können innerhalb dieses Untersuchungsdesigns die relevanten Variablen möglichst adäquat erfasst werden (Abschnitt 4.2.3)?

- Wie können innerhalb dieses Untersuchungsdesigns die relevanten Wirkungszusammenhänge möglichst adäquat erfasst werden (Abschnitt 4.2.4)?

In den folgenden Abschnitten werde ich diesen drei Fragen nachgehen und auf diese Weise das empirische Untersuchungsdesign meiner Arbeit vorstellen.

4.2.2 Charakteristika des Untersuchungsdesigns

Wie in Kapitel 3 erläutert, betrifft das in Abbildung 16 dargestellte und empirisch zu überprüfende theoretische Modell nicht die Gesamtunternehmensebene in Bezug auf alle Produkte in allen Auslandsmärkten, sondern die Ebene *eines* Produkts in *einem* Auslandsmarkt. Fokus der empirischen Untersuchung ist daher nicht der Gesamtstandardisierungsgrad eines Unternehmens über alle Ländermärkte hinweg, sondern der Grad, zu dem ein konkretes Produkt eines Unternehmens in einem konkreten Auslandsmarkt dem entsprechenden Produkt des Unternehmens im Heimatmarkt ähnelt. In ähnlicher Form beziehen sich auch die situativen Fit-Variablen sowie die

Kriteriumsvariable des Modells nicht auf das Gesamtunternehmen weltweit, sondern auf eine spezifische Produkt-Land-Kombination des jeweiligen Unternehmens. Zudem haben die Ausführungen in Abschnitt 2.4 gezeigt, dass die situativen Fit-Variablen aufgrund der Neuartigkeit des theoretischen Modells bislang nicht im Rahmen anderer Studien erfasst wurden. Aus der Produkt-Land-Spezifität sowie aus der Neuartigkeit des Modells ergeben sich drei entscheidende Implikationen für das zu wählende Untersuchungsdesign.

Erstens kann aufgrund der Spezifität der erforderlichen empirischen Informationen sowie aufgrund der Neuartigkeit des theoretischen Modells nicht auf bereits existierende Erhebungen zurückgegriffen werden. Ein Test der in Abschnitt 3.3 entwickelten Hypothesen kann somit nicht auf Basis von Sekundärdaten erfolgen. Stattdessen ist zur Gewinnung der relevanten Größen eine *Primärerhebung* erforderlich (Weis & Steinmetz, 2008, S. 21 und S. 453-456; Riesenhuber, 2009, S. 12-13). Auf die genaue Methodik der Datenerhebung werde ich in Abschnitt 4.3.1 eingehen.

Zweitens wird bei der Betrachtung des theoretischen Modells deutlich, dass die erforderlichen empirischen Informationen aufgrund ihrer Spezifität – und teilweise auch aufgrund ihrer Vertraulichkeit oder Nicht-Verfügbarkeit – nicht durch objektive Maße direkt erfassbar sind. So existieren z.B. keine ausreichenden objektiven Daten bezüglich der länderübergreifenden Nachfragehomogenität oder der Preiselastizität der Nachfrage für ein spezifisches Produkt in einem spezifischen Auslandsmarkt. Und für den Grad der internationalen Produktstandardisierung sind – im Vergleich zu „harten" Gewinn- oder Umsatzgrößen – ebenfalls keine objektiven Maße vorhanden. Die für das theoretische Modell relevanten Kostengrößen (Modifikationskosten, Potenzial für länderübergreifende Skaleneffekte) sowie der Gewinn für eine spezifische Produkt-Land-Kombination gelten hingegen als vertraulich und sind für mich nicht zugänglich. Da die erforderlichen empirischen Informationen also nicht in objektiver Form direkt verfügbar bzw. erfassbar sind, ist für die Überprüfung des theoretischen Modells ein Untersuchungsdesign notwendig, das auf *subjektiven Einschätzungen* der relevanten Größen beruht (Weis & Steinmetz, 2008, S. 20-21).

Drittens können die im Rahmen der Primärerhebung durchzuführenden subjektiven Einschätzungen aufgrund ihrer produkt-land-bezogenen Spezifität nicht durch mich erfolgen, sondern sie müssen von produkt-land-bezogenen Experten vorgenommen werden. Im Hinblick auf die erforderlichen unternehmensinternen Daten (Modifikationskosten, Potenzial für länderübergreifende Skaleneffekte, ausländischer Produktgewinn) muss es sich dabei um unternehmensinterne Experten handeln, die mit der jeweiligen Produkt-Land-Kombination vertraut sind. Aufgrund der Vertraulichkeit der relevanten Daten sollten diese unternehmensinternen Experten anonym befragt werden (Tyagi, 1989). Zudem dürfte die Auskunftsbereitschaft der Experten dann höher sein, wenn die relevanten Kosten- und Gewinngrößen nicht als absolute Maße (z.B. 20.000 Euro), sondern als relative Maße (z.B. auf einer Skala von 1 bis 7) abgefragt werden (Weiber & Mühlhaus, 2010, S. 95-102). Alle nicht-vertraulichen Informationen (länderübergreifende Nachfragehomogenität, ausländische Preiselastizität der Nachfrage, Umsetzungsqualität, Grad der internationalen Produktstandardisierung) könnten zwar prinzipiell auch durch die Befragung unternehmensexterner Experten gewonnen werden; doch aufgrund der Anonymität der unternehmensinternen Informationen wäre eine anschließende Zuordnung der Informationen zur entsprechenden Produkt-Land-Kombination nicht möglich. Aus diesem Grund sollen im Rahmen der vorliegenden Arbeit alle primär erhobenen subjektiven Einschätzungen durch die *Befragung unternehmensinterner Experten* gewonnen werden (Berekoven et al., 2009, S. 87-119 und S. 250-251). Auf die damit verbundene Problematik eines möglichen „Common Method Bias" (Avolio et al., 1991; Podsakoff et al., 2003; Chang et al., 2010) werde ich in Abschnitt 4.4.2.3 eingehen. Zudem werde ich im Rahmen des vorliegenden Abschnitts auf die im Zusammenhang mit Hypothese 5 relevanten etwaigen Wahrnehmungsfehler der unternehmensinternen Experten zu sprechen kommen.

Zusätzlich zu den drei erläuterten Charakteristika meines Untersuchungsdesigns (Primärerhebung, subjektive Einschätzung, Befragung unternehmensinterner Experten) möchte ich auf zwei weitere Aspekte des Untersuchungsdesigns eingehen, die mit den in Abschnitt 4.1 genannten Zielen der empirischen Untersuchung zusammenhängen. Da das erstgenannte Ziel der empirischen Untersuchung darin besteht, die innerhalb des theoretischen Modells hypothetisierten Wirkungszusammenhänge möglichst großzahlig zu testen, wird das Untersuchungsdesign nicht auf qualitativen Einzelfalluntersuchungen basieren, sondern auf einer großzahligen, quantitativen Erhebung (Kuß & Eisend, 2010, S. 55-126). Das empirische Vorgehen wird demzufolge nicht explorativer, hypothesengenerierender, sondern konfirmativer, hypothesenprüfender Natur sein (Backhaus et al., 2011a, S. 13-14). Auf die konkrete Methodik der quantitativen Datenauswertung werde ich in Abschnitt 4.3.2 zu sprechen kommen. Wissenschaftstheoretisch betrachtet folgt mein quantitativ-empirisches Untersuchungsdesign zur Überprüfung der deduktiv-theoretisch hergeleiteten Hypothesen der Tradition des Kritischen Rationalismus (Kern, 1979, S. 11-27; Schmid, 1994, S. 7-11; Gadenne, 2007, S. 125-144). So vereint die vorliegende Arbeit – genauso wie der Kritische Rationalismus – konzeptionelle Elemente des Klassischen Rationalismus (logische Deduktion im Zuge der Hypothesenentwicklung) mit methodischen Elementen des Klassischen Empirismus (Hypothesenprüfung anhand der subjektiv erfahrbaren Realität) (Schmid, 1994, S. 5-11; Kern, 1979, S. 12-16). Auf die Stärken und Schwächen meines quantitativ-empirischen, kritisch-rationalistischen Vorgehens werde ich in Kapitel 5 eingehen.

Wie in Abschnitt 4.1 erwähnt, besteht ein weiteres Ziel der empirischen Untersuchung darin, Unternehmen nicht nur aggregierte, sondern detaillierte Gestaltungsempfehlungen auf der Ebene einzelner Produktstrategieelemente, Branchen oder Länder zu liefern. Aus diesem Grund werde ich im Rahmen der empirischen Untersuchung nicht nur die bereits genannten Produktstrategieelemente, sondern auch unterschiedliche Branchen und Auslandsmärkte berücksichtigen. Dabei sollten die Charakteristika der Branchen und Auslandsmärkte hinsichtlich der Variablen des theoretischen Modells variieren, damit ein möglichst breites Spektrum der Realität abgebildet und ein hoher Varianzerklärungsanteil erzielt werden kann. Gleichzeitig darf die Anzahl der analysierten Branchen und Länder aber nicht zu hoch sein, damit eine ausreichend hohe Anzahl an Fällen pro Branche und/oder Land die Durchführung branchen- und/oder länderspezifischer Subgruppenanalysen ermöglicht.[78] Zudem erscheint es sinnvoll, das Heimatland der analysierten Unternehmen konstant zu halten, um schwer kontrollierbare Heimatlandeffekte auszublenden.[79]

Unter Berücksichtigung der für die Datenerhebung zur Verfügung stehenden Zeit von etwa sechs Monaten und einer als realistisch erachteten Stichprobengröße von etwa 200 Fällen[80] werde ich die empirische Untersuchung auf zwei Branchen beschränken und dabei schwerpunktmäßig die Aktivitäten in fünf verschiedenen Auslandsmärkten betrachten. Als Heimatland wähle ich aus drei Gründen Deutschland: Erstens gilt Deutschland als ein Land mit starker außenwirtschaftlicher Aktivität (Statistisches Bundesamt, 2010, S. 465-505; World Trade Organization, 2010, v.a. S. 5-15; United Nations, 2011, v.a. S. 4-9); zweitens unterliegt Deutschland aufgrund seiner mittleren Größe keiner ausgeprägten Kleinländerproblematik (wie z.B. Österreich) oder Großländerproblematik (wie z.B. die USA) (Kutschker & Schmid, 2011, S. 281); und drittens schätze ich die Auskunftsbereitschaft der befragten unternehmensinternen Experten gegenüber Einheimischen deutlich höher ein als gegenüber Nicht-Einheimischen.

Was die beiden Branchen betrifft, so fokussiere ich mich auf bestimmte Konsumgütersegmente der Pflege- und Reinigungsmittelindustrie (Körperpflege-, Wasch-, Spül- und Putzmittel) sowie der Nahrungs- und Genussmittelindustrie (Fertiggerichte und Nahrungsmittel mit längerem Haltbarkeitsdatum, Molkereiprodukte, Süß- und

---

[78] Vgl. hierzu die Ausführungen in den Abschnitten 4.4.2.2 und 4.4.3.1.
[79] Vgl. in diesem Zusammenhang insbesondere zur Klein- bzw. Großländerproblematik – wenn auch in einem anderen Kontext – Kutschker & Schmid (2011), S. 281. Vgl. ferner zum Country-of-Origin-Effekt z.B. Verlegh & Steenkamp (1999), Zentes et al. (2004), S. 14-15, Zentes et al. (2010), S. 50 und S. 380-381, sowie Mai (2011).
[80] Vgl. zum Erhebungszeitraum sowie zur Stichprobengröße Abschnitt 4.3.

Backwaren, alkoholfreie Getränke und Bierprodukte). Auf die unterschiedlichen Produktkategorien innerhalb dieser Konsumgütersegmente werde ich in Abschnitt 4.3.1 eingehen. Der Grund für die Auswahl der genannten Konsumgütersegmente liegt darin, dass in diesen Segmenten eine hohe Anzahl an deutschen Industrieunternehmen und Produkten existiert (Statistisches Bundesamt, 2010, S. 386-388; Bundesvereinigung der Deutschen Ernährungsindustrie, 2011; Industrieverband Körperpflege- und Waschmittel, 2011b), dass der Auslandsanteil des Umsatzes der entsprechenden Industrien mit ca. 20% (Pflege- und Reinigungsmittelindustrie) bzw. ca. 26% (Nahrungs- und Genussmittelindustrie) relativ hoch ist (Colipa, 2010, S. 25; Bundesvereinigung der Deutschen Ernährungsindustrie, 2011; Industrieverband Körperpflege- und Waschmittel, 2011a, S. 8-13) und dass sich die beiden Industrien hinsichtlich ihres internationalen Produktstandardisierungsgrads deutlich voneinander unterscheiden. So gilt die Pflege- und Reinigungsmittelindustrie als Industrie mit einem hohen Produktstandardisierungsgrad, wohingegen die Nahrungs- und Genussmittelindustrie für ihren wesentlich geringeren Produktstandardisierungsgrad bekannt ist (Schuh, 2007, S. 283-288). Durch die Auswahl dieser beiden Industrien und der genannten Segmente soll die erforderliche Varianz innerhalb der relevanten Variablen sowie die als realistisch erachtete Stichprobengröße von etwa 200 Fällen erreicht werden.

Im Hinblick auf die Auslandsmärkte sollte ebenfalls darauf geachtet werden, dass sich die betrachteten Länder ausreichend voneinander unterscheiden. Als besonders relevante Unterscheidungskriterien können dabei die Auslandsmarktgröße sowie die kulturelle Distanz zu Deutschland gelten. Schließlich haben die Ausführungen in Abschnitt 3.3 gezeigt, dass diese beiden Größen einen starken Einfluss auf den erforderlichen und/oder tatsächlichen Grad der internationalen Produktstandardisierung sowie auf die Ausprägung der betrachteten situativen Fit-Variablen ausüben dürften. Um ein möglichst breites Spektrum kleiner, mittlerer und großer Länder sowie kulturell naher und kulturell weit entfernter Länder abzudecken (z.B. Schmid, 1996, S. 229-292; House et al., 2004, Hrsg.; Hofstede & Hofstede, 2011; Schmid & Dost, 2009; Schmid & Kotulla, 2010; Kutschker & Schmid, 2011, S. 702-792), werde ich mich in der empirischen Untersuchung auf die Auslandsmärkte Österreich, Frankreich, USA, Russland und China fokussieren – auch deshalb, weil dies Ländermärkte sind, in denen deutsche Unternehmen aus der Pflege- und Reinigungsmittelindustrie sowie aus der Nahrungs- und Genussmittelindustrie relativ stark vertreten sind (Statistisches Bundesamt, 2010, S. 477; Wer und Was, 2010a; Bundesvereinigung der Deutschen Ernährungsindustrie, 2011).

Insgesamt zeichnet sich die im Rahmen der vorliegenden Arbeit durchzuführende empirische Untersuchung also dadurch aus, dass die erforderlichen empirischen Informationen durch eine Primärerhebung gewonnen werden, dass diese Primärerhebung durch die Befragung unternehmensinterner Experten hinsichtlich ihrer subjektiven Einschätzung der relevanten Variablen erfolgt und dass das empirische Vorgehen quantitativer, hypothesenprüfender Natur ist. Dabei werde ich mich auf deutsche Unternehmen aus der Pflege- und Reinigungsmittelindustrie sowie aus der Nahrungs- und Genussmittelindustrie konzentrieren und schwerpunktmäßig die Auslandsmärkte Österreich, Frankreich, USA, Russland und China betrachten. Im folgenden Abschnitt möchte ich aufzeigen, wie im Rahmen des beschriebenen Untersuchungsdesigns die konkrete Erfassung der relevanten Variablen erfolgt.

4.2.3 Erfassung der relevanten Variablen

Wie in Abschnitt 4.2.2 erwähnt, werden die für die durchzuführende empirische Untersuchung relevanten Variablen nicht in objektiver Form direkt erfasst (wie es z.B. beim Gewicht in kg oder beim Gewinn in Euro der Fall wäre), sondern sie müssen auf indirektem Wege durch die subjektive Einschätzung unternehmensinterner Experten gemessen werden. Im Rahmen der empirischen Untersuchung stellen die in Abbildung 16 aufgeführten Modellvariablen also keine manifesten Variablen, sondern latente Variable dar.[81] Bei der Verwendung latenter Variabler sind für jede der Variablen zwei Grundsatzentscheidungen zu treffen (Weiber & Mühlhaus, 2010, S. 89-95 und S. 201-205): (1) Sollen die latenten Variablen jeweils als reflektive oder als formative Konstrukte erfasst werden? (2) Für den Fall, dass einzelne oder alle der latenten Variablen reflektiv erfasst werden: Sollen die reflektiven Konstrukte jeweils als Single-Item- oder als Multi-Item-Konstrukte konzipiert werden? Im Folgenden werde ich mich diesen zwei Grundsatzentscheidungen widmen.

(1) Die Entscheidung zwischen reflektiven und formativen Konstrukten muss stets aufgrund sachlogischer Überlegungen getroffen werden. Als alleiniges Entscheidungskriterium dient dabei die unterstellte Wirkungsrichtung zwischen der latenten Modellvariablen und den zur Messung der Modellvariablen verwendeten Messvariablen (Weiber & Mühlhaus, 2010, S. 34-38 und S. 202-203; Backhaus et al., 2011b, S. 107-108). Falls die Messvariablen durch die latente Modellvariable beeinflusst werden – falls sich also die Ausprägung der latenten Modellvariablen (z.B. Grad der Kundenzufriedenheit) in den Ausprägungen der verwendeten Messvariablen (z.B. Anzahl an Wiederholungskäufen) niederschlägt bzw. *widerspiegelt* –, so wird von *reflektiven* Konstrukten gesprochen (Weiber & Mühlhaus, 2010, S. 89-91; Backhaus

---

[81] Vgl. zu einer Unterscheidung zwischen latenten Variablen (synonym: hypothetischen Konstrukten) und manifesten Variablen z.B. Backhaus et al. (2011a), S. 517-521.

et al., 2011a, S. 521). Die latente Modellvariable kann in diesem Falle als „Faktor" im faktorenanalytischen Sinne aufgefasst werden, welcher hohe Korrelationen zwischen den verwendeten Messvariablen bewirkt (Scholderer & Balderjahn, 2006, S. 59-61; Weiber & Mühlhaus, 2010, S. 35-36).[82] Falls hingegen die latente Modellvariable durch die Messvariablen beeinflusst wird – falls also die verwendeten Messvariablen (z.B. Zufriedenheit mit dem Produkt, Zufriedenheit mit den Zusatzleistungen) in ihrer Gesamtheit die latente Modellvariable (z.B. Gesamtzufriedenheit mit dem Angebot) ergeben bzw. *bilden* –, so wird von *formativen* Konstrukten gesprochen (Weiber & Mühlhaus, 2010, S. 201-216; Backhaus et al., 2011b, S. 107-108). Die üblicherweise nicht hoch miteinander korrelierenden Messvariablen können in diesem Falle als eine „Linearkombination" im regressionsanalytischen Sinne verstanden werden (Scholderer & Balderjahn, 2006, S. 58-61; Weiber & Mühlhaus, 2010, S. 35-38 und S. 201-203).[83] Dabei ist zu beachten, dass sich reflektive und formative Konstrukte nicht gegenseitig ausschließen, sondern dass sie gleichzeitig innerhalb ein und desselben Untersuchungsdesigns – und sogar für ein und dieselbe latente Modellvariable[84] – verwendet werden können, soweit dies inhaltlich sinnvoll bzw. erforderlich ist (Weiber & Mühlhaus, 2010, S. 204-205).

Bezogen auf das theoretische Modell in Abbildung 16 liegt es auf der Hand, dass die latenten Modellvariablen „Grad internationaler Produktstandardisierung" sowie „Modifikationskosten für das Produkt" als formative Konstrukte erfasst werden müssen. Schließlich setzen sich die Gesamtstandardisierung für ein Produkt sowie die Gesamtmodifikationskosten für ein Produkt aus der Standardisierung und aus den Modifikationskosten für die einzelnen, nicht notwendigerweise hoch miteinander korrelierenden Produktstrategieelemente zusammen. Wie in Abschnitt 3.1 erwähnt, werde ich – basierend auf dem aktuellen Stand der Forschung – in diesem Zusammenhang die Elemente Produktname, Produktpositionierung, Produktqualität, Produkteigenschaften, Produktverpackung und Produktvarianten berücksichtigen (Theodosiou & Leonidou, 2003, S. 156-162; Katsikeas et al., 2006; Chung, 2009; Hultman et al., 2009; Schmid & Kotulla, 2011b, S. 497). Während ich die Elemente Produktname, Produktpositionierung, Produktqualität und Produktvarianten mit jeweils einer Messvariablen erfassen werde, wird das Element Produktverpackung über die zwei Variablen Verpackungsdesign und Verpackungsgröße gemessen werden. Zudem werde ich die Produkteigenschaften industriespezifisch durch vier unterschiedliche Variable messen. So werde ich für die Pflege- und Reinigungsmittelindustrie die Messvariab-

---

[82] Vgl. zur Faktorenanalyse z.B. Hüttner & Schwarting (2008), S. 241-270, Backhaus et al. (2011a), S. 329-393, sowie Backhaus et al. (2011b), S. 117-168.
[83] Vgl. zur Regressionsanalyse z.B. Backhaus et al. (2011a), S. 55-118.
[84] Vgl. in diesem Zusammenhang zu so genannten „MIMIC-Modellen" z.B. Jöreskog & Goldberger (1975) sowie Bohrnstedt (1977).

len Inhaltsstoffe, Wirkeigenschaften, Duft und Farbe verwenden; und für die Nahrungs- und Genussmittelindustrie werde ich auf die Messvariablen Zutaten, Geschmack, Geruch und Farbe zurückgreifen. Alle übrigen latenten Variablen innerhalb des theoretischen Modells (länderübergreifende Nachfragehomogenität für das Produkt, Potenzial für länderübergreifende Skaleneffekte für das Produkt, ausländische Preiselastizität der Nachfrage für das Produkt, Wahrnehmungsfehler der Manager in Bezug auf die Situation, Umsetzungsqualität in Bezug auf die Strategie, ausländischer Produktgewinn) werde ich als reflektive Konstrukte erfassen, da sich diese Modellvariablen nicht in einzelne, additive Bestandteile zerlegen lassen. Stattdessen gehe ich davon aus, dass sich diese latenten Modellvariablen in den subjektiven Einschätzungen der unternehmensinternen Experten direkt oder indirekt widerspiegeln.

(2) Während formative Konstrukte üblicherweise mehr als eine Messvariable erfordern und damit „Multi-Item-Konstrukte" darstellen (Fuchs & Diamantopoulos, 2009, S. 199-200), können reflektive Konstrukte – basierend auf sachlogischen und forschungspragmatischen Überlegungen – entweder als Single-Item- oder als Multi-Item-Konstrukte konzipiert werden (Bergkvist & Rossiter, 2007; Fuchs & Diamantopoulos, 2009; Sarstedt & Wilczynski, 2009; Weiber & Mühlhaus, 2010, S. 91-95). Multi-Item-Konstrukte sollten dann Anwendung finden, wenn ein reflektives Konstrukt sehr vage oder komplex ist und sich dieses Konstrukt nicht adäquat über nur eine Messvariable erfassen lässt (Bergkvist & Rossiter, 2007, S. 176-179; Fuchs & Diamantopoulos, 2009, S. 203-207; Weiber & Mühlhaus, 2010, S. 92-95). Beispiele hierfür sind die Intelligenz eines Menschen oder die Zufriedenheit eines Kunden mit einem bestimmten Produkt. Derartige Konstrukte sind so vage oder komplex, dass eine hohe Anzahl an Messvariablen erforderlich ist, um mit Hilfe der einzelnen Messwerte dem tatsächlichen Konstruktwert möglichst nahe zu kommen. Je nach konkreter Anzahl an Konstrukten und Messvariablen innerhalb einer empirischen Untersuchung kann dies jedoch zu einer enormen zeitlichen Beanspruchung der Probanden und damit zu höheren Abbruchquoten führen. Aus diesem Grund sollten bei der Konzipierung von Multi-Item-Konstrukten immer auch forschungspragmatische Aspekte berücksichtigt werden (Bergkvist & Rossiter, 2007, S. 176-178; Fuchs & Diamantopoulos, 2009, S. 206).

Falls ein reflektives Konstrukt hingegen problemlos über nur eine Messvariable erfassbar ist und falls die Hinzunahme weiterer Messvariabler zu keinem sachlogisch begründbaren Informationsgewinn führen würde, so sollte – auch aus forschungspragmatischen Gründen – auf ein Single-Item-Konstrukt zurückgegriffen werden. Solche Single-Item-Konstrukte finden häufig bei der subjektiven Einschätzung konkreter Sachverhalte durch Experten Anwendung (Bergkvist & Rossiter, 2007, S. 176-

177; Fuchs & Diamantopoulos, 2009, S. 203-206; Weiber & Mühlhaus, 2010, S. 91-92). Beispiele hierfür sind die subjektive Einschätzung der Wettbewerbsintensität durch einen Branchenexperten oder die subjektive Einschätzung der unternehmensinternen Produktionszentralisierung durch einen unternehmensinternen Experten (z.B. Katsikeas et al., 2006; Chung, 2008). Falls der zu beurteilende Sachverhalt zwar als konkret gelten kann, falls gleichzeitig aber zu befürchten ist, dass die befragte Person unehrlich antwortet, so sollte trotz der Konkretheit des Sachverhalts ein Multi-Item-Konstrukt verwendet werden, um die latente Modellvariable „auf Umwegen" zu erfassen oder um die Single-Item-Messung zu validieren (Fuchs & Diamantopoulos, 2009, S. 200; de Jong et al., 2010). So kann z.B. die relative Bewertung des konkreten Unternehmensgewinns durch einen Geschäftsführer dadurch verzerrt werden, dass der Geschäftsführer den Gewinn prinzipiell positiver bewertet, als er tatsächlich ist, um selbst „besser dazustehen" (Podsakoff et al., 2003, S. 881-883).[85] Falls die Einschätzung des Geschäftsführers jedoch über ein Multi-Item-Konstrukt erfasst wird, bei dem der Gewinn z.B. auch im Verhältnis zum Gewinn des stärksten Wettbewerbers oder zum idealerweise möglichen Gewinn abgefragt wird, so kann dies zu einer Reduzierung der Verzerrung führen. Auch an dieser Stelle sei angemerkt, dass sich Single-Item- und Multi-Item-Konstrukte nicht gegenseitig ausschließen, sondern dass sie gleichzeitig innerhalb ein und desselben Untersuchungsdesigns Anwendung finden können (z.B. Backhaus et al., 2011b, S. 93-106).

Für den Zweck der empirischen Untersuchung werde ich – basierend auf den soeben beschriebenen Kriterien – manche der reflektiven Konstrukte als Single-Item-Konstrukte und manche als Multi-Item-Konstrukte konzipieren: Die drei reflektiv gemessenen situativen Fit-Variablen (länderübergreifende Nachfragehomogenität für das Produkt, Potenzial für länderübergreifende Skaleneffekte für das Produkt, ausländische Preiselastizität der Nachfrage für das Produkt) werde ich als Single-Item-Konstrukte konzipieren, da sie sich auf Sachverhalte beziehen, die über die subjektive Einschätzung unternehmensinterner Experten erfasst werden sollen. Aufgrund der Konkretheit dieser Einschätzungen würde die Verwendung von mehr als einer Messvariablen zu keinem sachlogisch begründbaren Informationsgewinn führen. Zudem ist in Bezug auf die drei reflektiv gemessenen situativen Fit-Variablen mit keinen systematisch unehrlichen (oder anderweitig nicht-validen) Antworten der befragten Experten zu rechnen. Multi-Item-Konstrukte wären hingegen nur dann erforderlich, wenn z.B. die Nachfragehomogenität oder die Preiselastizität für die verschiedenen Produkt-Land-Kombinationen direkt über entsprechende Konsumentenbefragungen erfasst würden; schließlich müssten die Konsumenten in diesem Falle zu komplexe-

---

[85] Vgl. zur grundsätzlichen Problematik von Datenverzerrungen auch die Ausführungen in Abschnitt 4.4.2.3.

ren Selbstreflektionen verleitet werden (Weiber & Mühlhaus, 2010, S. 89-91). Aufgrund der Vielzahl unterschiedlicher Produkt-Land-Kombinationen ist ein solcher Ansatz für die vorliegende Arbeit jedoch nicht praktikabel.

Was die Erfassung der beiden in Zusammenhang mit Hypothese 5 und 6 betrachteten Modellvariablen betrifft (Wahrnehmungsfehler der Manager in Bezug auf die Situation, Umsetzungsqualität in Bezug auf die Strategie), so werde ich auf Multi-Item-Konstrukte zurückgreifen. Im Falle der situativen Wahrnehmungsfehler liegt dies vor allem darin begründet, dass das Konstrukt sehr vage und komplex ist und somit nicht adäquat über nur eine Messvariable erfasst werden kann. In Bezug auf die strategische Umsetzungsqualität bestünde – bei Verwendung eines Single-Item-Konstrukts – zudem die Gefahr systematischer Verzerrungen aufgrund unehrlicher Antworten der befragten Personen. Basierend auf dem aktuellen Stand der Forschung (Glaister & Thwaites, 1993; Starbuck & Mezias, 1996; Maule & Hodgkinson, 2003; Mezias & Starbuck, 2003; Pillai, 2010) sowie auf eigenen Überlegungen werde ich die situativen Wahrnehmungsfehler der befragten Experten über die folgenden drei Messvariablen erfassen: damalige Sicherheit im Hinblick auf die zum Zeitpunkt der Strategieentwicklung getroffenen Annahmen und Erwartungen bezüglich der für das Produkt relevanten zukünftigen internen und externen Situation, damalige Fundierung der getroffenen Annahmen und Erwartungen durch verlässliche Marktforschungsdaten, Erfüllung der damals getroffenen Annahmen und Erwartungen aus heutiger Sicht. Die strategische Umsetzungsqualität soll – basierend auf dem aktuellen Stand der Forschung (Hahn & Powers, 1999, 2010; Noble, 1999) sowie auf eigenen Überlegungen – über die folgenden vier Messvariablen erfasst werden: strategische Umsetzungsqualität im Vergleich zur ursprünglich geplanten Strategieumsetzung, strategische Umsetzungsqualität im Vergleich zur idealerweise möglichen Strategieumsetzung, strategische Umsetzungsqualität im Vergleich zur Strategieumsetzung des stärksten Wettbewerbers im entsprechenden Auslandsmarkt, strategische Umsetzungsqualität im Vergleich zur entsprechenden Strategieumsetzung in Deutschland.

Den ausländischen Produktgewinn werde ich ebenfalls über ein Multi-Item-Konstrukt erfassen. Denn der ausländische Produktgewinn kann zwar als ein konkreter Sachverhalt gelten; doch – ähnlich wie bei der subjektiven Einschätzung der strategischen Umsetzungsqualität – bestünde auch bei der subjektiven Einschätzung des ausländischen Produktgewinns im Falle einer Single-Item-Messung die Gefahr systematischer Verzerrungen aufgrund unehrlicher Antworten. Derartige Verzerrungen sollten durch eine Multi-Item-Messung sowie durch die Anonymität der Befragung zumindest teilweise reduzierbar sein. Basierend auf dem aktuellen Stand der Forschung (Alashban et al., 2002; Pleshko & Souiden, 2003; Dow, 2006; Hult et al., 2008; Hultman et al., 2009) sowie auf eigenen Überlegungen werde ich den ausländischen Produktgewinn über die folgenden vier Messvariablen erfassen: ausländischer Produktgewinn im Vergleich zu den ursprünglichen Produktgewinnerwartungen des Unternehmens, ausländischer Produktgewinn im Vergleich zum idealerweise möglichen Produktgewinn, ausländischer Produktgewinn im Vergleich zum geschätzten Produktgewinn des stärksten Wettbewerbers im entsprechenden Auslandsmarkt, ausländischer Produktgewinn im Vergleich zum geschätzten Gewinn des entsprechenden Produkts in Deutschland.

Wie bereits erwähnt, möchte ich im Rahmen der empirischen Untersuchung zusätzlich zahlreiche Kontroll- und Einflussvariable berücksichtigen – auch um zu überprüfen, inwieweit sich die in der Vergangenheit analysierten Situationsvariablen in das theoretische Modell der vorliegenden Arbeit integrieren lassen. Diese reflektiv gemessenen Kontroll- und Einflussvariablen beziehen sich durchweg auf relativ konkrete Sachverhalte, die über subjektive Einschätzungen der befragten unternehmensinternen Experten gewonnen werden sollen. Zudem ist in Bezug auf diese Variablen mit keinen systematischen Verzerrungen aufgrund unehrlicher Antworten zu rechnen. Aus diesem Grund – sowie aus forschungspragmatischen Gründen – werde ich die Kontroll- und Einflussvariablen über Single-Item-Konstrukte erfassen. Einen Überblick über die entsprechenden Messkonstrukte sowie über alle weiteren im Rahmen der empirischen Untersuchung verwendeten Messvariablen liefert Abbildung 17. Auf die Überführung dieser Messvariablen in konkrete Frage-Items werde ich in Abschnitt 4.3.1 eingehen. Eine Güteprüfung der Messkonstrukte wird in Abschnitt 4.4.2.4 erfolgen.

Modellvariable	Messkonstrukte	Messvariable	Literaturbasis
Grad internationaler Produktstandardisierung (PS) (Hypothesen 1-6)	Formatives Multi-Item-Konstrukt	Grad internationaler Standardisierung in Bezug auf: - Produktname (PS1) - Produktpositionierung (PS2) - Produktqualität (PS3) - Produktinhaltsstoffe/-zutaten (PS4) - Produktwirkeigenschaften/-geschmack (PS5) - Produktduft/-geruch (PS6) - Produktfarbe (PS7) - Produktverpackungsdesign (PS8) - Produktverpackungsgröße (PS9) - Produktvarianten (PS10)	Cavusgil & Zou (1994), Shoham (1996), Theodosiou & Leonidou (2003), Katsikeas et al. (2006), Chung (2009), Hultman et al. (2009)
Länderübergreifende Nachfragehomogenität (NH) für das Produkt (Hypothese 1)	Reflektives Single-Item-Konstrukt	Länderübergreifende Nachfragehomogenität für das Produkt (NH1)	-
Potenzial für länderübergreifende Skaleneffekte (SE) für das Produkt (Hypothese 2)	Reflektives Single-Item-Konstrukt	Potenzial für länderübergreifende Skaleneffekte für das Produkt (SE1)	-
Modifikationskosten (MK) für das Produkt (Hypothese 3)	Formatives Multi-Item-Konstrukt	Modifikationskosten in Bezug auf: - Produktname (MK1) - Produktpositionierung (MK2) - Produktqualität (MK3) - Produktinhaltsstoffe/-zutaten (MK4) - Produktwirkeigenschaften/-geschmack (MK5) - Produktduft/-geruch (MK6) - Produktfarbe (MK7) - Produktverpackungsdesign (MK8) - Produktverpackungsgröße (MK9) - Produktvarianten (MK10)	Cavusgil & Zou (1994), Shoham (1996), Theodosiou & Leonidou (2003), Katsikeas et al. (2006), Chung (2009), Hultman et al. (2009)
Ausländische Preiselastizität der Nachfrage (PE) für das Produkt (Hypothese 4)	Reflektives Single-Item-Konstrukt	Ausländische Preiselastizität der Nachfrage für das Produkt (PE1)	-
Wahrnehmungsfehler (WF) der Manager in Bezug auf die Situation (Hypothese 5)	Reflektives Multi-Item-Konstrukt	Bewertung der zum Zeitpunkt der Strategieentwicklung getroffenen Annahmen und Erwartungen im Hinblick auf die für das Produkt relevante zukünftige interne und externe Situation (skaleninvertierte Messung): - Damalige Sicherheit hinsichtlich der Annahmen und Erwartungen (WF1) - Damalige Fundierung der Annahmen und Erwartungen durch verlässliche Marktforschungsdaten (WF2) - Erfüllung der Annahmen und Erwartungen aus heutiger Sicht (WF3)	Starbuck & Mezias (1996), Maule & Hodgkinson (2003), Mezias & Starbuck (2003), Pillai (2010)
Umsetzungsqualität (UQ) in Bezug auf die Strategie (Hypothese 6)	Reflektives Multi-Item-Konstrukt	Bewertung der Umsetzungsqualität in Bezug auf die verfolgte Strategie: - Im Vergleich zur ursprünglich geplanten Strategieumsetzung (UQ1) - Im Vergleich zur idealerweise möglichen Strategieumsetzung (UQ2) - Im Vergleich zur Strategieumsetzung des stärksten Wettbewerbers im entsprechenden Auslandsmarkt (UQ3) - Im Vergleich zur entsprechenden Strategieumsetzung in Deutschland (UQ4)	Hahn & Powers (1999, 2010), Noble (1999)
Ausländischer Produktgewinn (PG) (Hypothesen 1-6)	Reflektives Multi-Item-Konstrukt	Ausländischer Produktgewinn: - Im Vergleich zu den ursprünglichen Produktgewinnerwartungen des Unternehmens (PG1) - Im Vergleich zum idealerweise möglichen Produktgewinn (PG2) - Im Vergleich zum geschätzten Produktgewinn des stärksten Wettbewerbers im entsprechenden Auslandsmarkt (PG3) - Im Vergleich zum geschätzten Gewinn des entsprechenden Produkts in Deutschland (PG4)	Alashban et al. (2002), Pleshko & Souiden (2003), Dow (2006), Hultman et al. (2009)

Modellvariable	Messkonstrukte	Messvariable	Literaturbasis
Sonstige Kontroll- und Einflussvariable (KE)	Reflektive Single-Item-Konstrukte	Länderübergreifende Ähnlichkeit in Bezug auf: - Rechtliches Umfeld (KE1) - Gesellschaftliches Umfeld (KE2) - Wirtschaftliches Umfeld (KE3) - Technologisches Umfeld (KE4) - Wettbewerbsbedingungen (KE5) - Präferenzen der Konsumenten (KE6) - Einkaufsverhalten der Konsumenten (KE7) - Nutzungs-/Verzehrgewohnheiten der Konsumenten (KE8) - Zahlungsbereitschaft der Konsumenten (KE9)	Solberg (2002), O'Cass & Julian (2003a, 2003b), Theodosiou & Leonidou (2003), Özsomer & Simonin (2004), Katsikeas et al. (2006), Lim et al. (2006), Chung (2008), Sousa & Bradley (2008), Hultman et al. (2009)
		Einstufung des Produkts in Bezug auf: - Weltweite Bedeutung des Produkts für den weltweiten Gesamtumsatz des Unternehmens (KE10) - Auslandsmarktbezogene Bedeutung des Produkts für den weltweiten Umsatz des Unternehmens mit dem Produkt (KE11) - Marktanteil nach Umsatz des Produkts im entsprechenden Auslandsmarkt (KE12) - Zufriedenheit der Kunden mit dem Produkt im entsprechenden Auslandsmarkt (KE13) - Qualitätsbezogene Positionierung des Produkts im entsprechenden Auslandsmarkt (KE14) - Preisbezogene Positionierung des Produkts im entsprechenden Auslandsmarkt (KE15) - Marktbearbeitungsstrategie für das Produkt im entsprechenden Auslandsmarkt (KE16) - Grad der Einbindung des Produkts in eine supranationale Marktbearbeitung (KE17) - Produktionstechnische Komplexität des Produkts (KE18) - Länderübergreifende Transportkosten für das Produkt (KE19)	
		Einstufung des Auslandsmarktes in Bezug auf: - Umsatzpotenzial für das Produkt (KE20) - Preisniveau für das Produkt (KE21) - Wettbewerbsintensität für das Produkt (KE22) - Staatliche Regulierung für das Produkt (KE23)	
		Grad internationaler Zentralisierung der Produktaktivitäten in Bezug auf: - Entscheidungen zu Produkteigenschaften (KE24) - Entscheidungen zu Produktpreisen (KE25) - Entscheidungen zu Vertriebskanälen (KE26) - Entscheidungen zu Werbemaßnahmen (KE27) - Produktion (KE28) - Forschung und Entwicklung (KE29) - Einkauf und Beschaffung (KE30) - Lagerhaltung (KE31)	
		Grad internationaler Standardisierung in Bezug auf: - Großhandelspreise für das Produkt (KE32) - Einzelhandelspreise für das Produkt (KE33) - Art der Vertriebskanäle für das Produkt (KE34) - Werbemaßnahmen für das Produkt (KE35)	
		Weitere Kontroll- und Einflussvariable: - Erfahrung des Unternehmens mit dem entsprechenden Auslandsmarkt (KE36) - Erfahrung des Befragten mit dem entsprechenden Auslandsmarkt (KE37) - Erwartung des Befragten in Bezug auf die zukünftige Globalisierung, Regionalisierung oder Nationalisierung (KE38)	

Abbildung 17: Messung der Modellvariablen innerhalb der empirischen Untersuchung

4.2.4 Erfassung der relevanten Wirkungszusammenhänge

Wie in Kapitel 3 erläutert, spielt für alle sechs zu testenden Hypothesen der in Abschnitt 2.2.4 dargestellte Fit-Ansatz eine zentrale Rolle. So gilt es mit Hilfe der empirischen Untersuchung insbesondere zu klären, inwieweit ein bestimmter „Fit", also ein bestimmtes „Zusammentreffen" situativer Bedingungen und internationaler Produktstandardisierungsgrade zu einer signifikanten Erhöhung des ausländischen Produktgewinns führt. Dabei existieren zwei grundsätzliche Möglichkeiten, die relevanten Fit-Beziehungen im Rahmen der empirischen Untersuchung zu erfassen.

Die erste Möglichkeit besteht darin, die Fit-Beziehungen direkt zu erheben. So können die unternehmensinternen Experten z.B. dahingehend befragt werden, wie sehr sich ihr jeweiliges Unternehmen bei der Festlegung des internationalen Produktstandardisierungsgrads an der länderübergreifenden Nachfragehomogenität orientiert hat (Hypothese 1). In einem zweiten Schritt kann dann statistisch analysiert werden, inwieweit das Ausmaß der angegebenen Fit-Orientierung einen signifikanten Einfluss auf die Höhe des ausländischen Produktgewinns ausübt. Der Vorteil dieser direkten Erfassung der Fit-Beziehungen besteht darin, dass im Rahmen der empirischen Untersuchung relativ wenige Variable erhoben werden müssen, was zu einer kürzeren Befragungsdauer und zu einer geringeren Abbruchquote führen kann (Biner & Kidd, 1994). Der deutlich schwerer wiegende Nachteil dieses Vorgehens ist jedoch darin zu sehen, dass die befragten Personen durch die Art der Fragestellung sehr leicht erkennen können, welche Antworten als „wünschenswert" gelten – mit der Folge, dass die Befragten systematisch in Richtung dieser Antworten tendieren (Fisher, 2000).[86] Zudem stellt das beschriebene Vorgehen hohe Anforderungen an die Befragten, da sich die Fragen auf einem hohen Aggregations- und Abstraktionsniveau bewegen. Dies kann zu einer zusätzlichen Verringerung der Validität der Antworten führen (McGrath, 2005).[87] Hinzu kommt, dass bestimmte Einflussgrößen auf den internationalen Produktstandardisierungsgrad oder auf die situativen Fit-Variablen statistisch nicht analysierbar sind, da der internationale Produktstandardisierungsgrad und die situativen Fit-Variablen nicht als eigenständige Größen erhoben werden. Außerdem ist das beschriebene Vorgehen für reflektive Multi-Item-Konstrukte ungeeignet, da die Abfrage der Fit-Beziehungen üblicherweise auf Gesamt-Konstruktebene erfolgt.

Die zweite Möglichkeit zur Erfassung der Fit-Beziehungen besteht darin, die Beziehungen nicht direkt zu erfassen, sondern indirekt durch statistische Analysen der di-

---

[86] Vgl. in diesem Zusammenhang auch die Ausführungen in Abschnitt 4.4.2.3.
[87] Vgl. zur Validität sowie zu weiteren Gütekriterien in der sozialwissenschaftlichen Forschung erneut Bortz & Döring (2006), S. 195-202.

rekt erhobenen Messvariablen (Venkatraman & Camillus, 1984; Drazin & van de Ven, 1985; van de Ven & Drazin, 1985; Venkatraman, 1989). Ein solches Vorgehen führt zwar zu einer höheren Anzahl an Variablen innerhalb der empirischen Untersuchung; doch dafür können die ermittelten Fit-Beziehungen als deutlich valider gelten. Zudem können zusätzliche Einflussgrößen auf die betrachteten Variablen berücksichtigt und reflektive Multi-Item-Konstrukte verwendet werden. Diese Vorteile dürften der Grund dafür sein, dass sich die indirekte, statistische Erfassung von Fit-Beziehungen auf „breiter Front" durchgesetzt hat (z.B. Shoham & Albaum, 1994; Dow, 2006; Katsikeas et al., 2006; Lim et al., 2006; Xu et al., 2006; Chung, 2008; Evans et al., 2008; Sousa & Bradley, 2008; Hultman et al, 2009; Schilke et al., 2009).

Auch im Rahmen der vorliegenden Arbeit sollen die relevanten Fit-Beziehungen auf indirektem, statistischem Wege erfasst werden. Wie in Kapitel 3.3 erläutert, werde ich dabei den Fit als Matching (unter Einbeziehung der Erfolgs-Kriteriumsvariablen „ausländischer Produktgewinn") sowie den Fit als Moderation (in Form einer Subgruppenanalyse) verwenden, um den positiven oder negativen Effekt unterschiedlicher Fits bzw. Nicht-Fits zu analysieren (Venkatraman, 1989, S. 424-428 und S. 430-432). Sollte sich im Rahmen der empirischen Untersuchung herausstellen, dass der Wirkungszusammenhang zwischen dem Grad der internationalen Produktstandardisierung und dem ausländischen Produktgewinn *grundsätzlich* signifikant positiv oder *grundsätzlich* signifikant negativ ist, so würde sich zusätzlich der Fit als Moderation in Form einer Interaktionsanalyse eignen (Venkatraman, 1989, S. 424-428). Auf diese Weise ließe sich analysieren, inwieweit der grundsätzlich positive oder grundsätzlich negative Effekt durch die verschiedenen situativen Fit-Variablen verstärkt oder abgeschwächt wird. Sollten sich bestimmte Untersuchungsergebnisse über mehr als eine Fit-Konzeptualisierung hinweg als stabil erweisen, so könnten die entsprechenden Ergebnisse als besonders robust gelten (Venkatraman, 1989, S. 439-441; Xu et al., 2006).

Bevor ich die Ergebnisse der empirischen Untersuchung in Abschnitt 4.4 detailliert vorstellen werde, möchte ich in Abschnitt 4.3 zunächst die Methodik der Datenerhebung und Datenauswertung thematisieren. In diesem Zusammenhang werde ich auch genauer auf die statistische Erfassung der relevanten Fit-Beziehungen eingehen.

4.3 Methodik der empirischen Untersuchung

4.3.1 Methodik der Datenerhebung

4.3.1.1 Identifizierung und Kontaktierung der Erhebungszielgruppe

Wie bereits erwähnt, sollen die für die Untersuchung erforderlichen empirischen Informationen durch die Befragung unternehmensinterner Experten hinsichtlich ihrer subjektiven Einschätzung der in Abbildung 17 aufgeführten Messvariablen gewonnen werden. Als relevante Unternehmen werden dabei Konsumgüterunternehmen aus der Pflege- und Reinigungsmittelindustrie sowie aus der Nahrungs- und Genussmittelindustrie betrachtet, die ihren Hauptsitz in Deutschland haben und deren etwaige Muttergesellschaft ebenfalls in Deutschland beheimatet ist. Wie bereits erwähnt, sollen auf diese Weise schwer kontrollierbare Heimatlandeffekte – z.B. in Form von Klein- oder Großländereffekten (Kutschker & Schmid, 2011, S. 281) – so weit wie möglich ausgeblendet werden. Eine Einschränkung hinsichtlich der Unternehmensgröße soll hingegen nicht vorgenommen werden, um das Spektrum verschiedener Unternehmen innerhalb der betrachteten Industrien realistisch abzubilden. Wie in Abschnitt 4.2.2 dargestellt, sollen innerhalb der Pflege- und Reinigungsmittelindustrie potenziell alle deutschen Unternehmen berücksichtigt werden, die in den Konsumgütersegmenten Körperpflege-, Wasch-, Spül- und/oder Putzmittel aktiv sind. Innerhalb der Nahrungs- und Genussmittelindustrie werden potenziell alle deutschen Unternehmen betrachtet, die in den Konsumgütersegmenten Fertiggerichte und Nahrungsmittel mit längerem Haltbarkeitsdatum, Molkereiprodukte, Süß- und Backwaren, alkoholfreie Getränke und/oder Bierprodukte tätig sind. Eine Liste der relevanten Industriesegmente und Unternehmen liefern die Branchenverzeichnisse Wer und Was (2010a, 2010b) sowie Wer zu Wem (2011). Eine detaillierte Aufstellung der in den betrachteten Segmenten existierenden Produktkategorien findet sich in Anhang 7.

Als unternehmensinterne Experten werden innerhalb der empirischen Untersuchung alle deutschsprachigen Personen angesehen, die mit dem internationalen Produktmanagement in einem für die Befragung relevanten Unternehmen be- oder vertraut sind. Hierunter fallen Produktmanager, Brandmanager, Exportmanager sowie in kleineren Unternehmen ggf. auch Marketingmanager und Geschäftsführer. Da der überwiegende Anteil der relevanten Unternehmen Mehrproduktunternehmen darstellen und da in vielen dieser Unternehmen mehr als nur eine Person mit dem Produktmanagement betraut ist, existieren in den meisten Unternehmen mehrere relevante Kontaktpersonen. Um eine möglichst hohe Rücklaufquote zu erzielen, sollten die verschiedenen Personen nicht zentral und indirekt über die jeweilige Marketingleitung oder Geschäftsführung, sondern dezentral und direkt kontaktiert werden.

Während professionelle Firmen- und Personendatenbanken in Deutschland (z.B. von Anbietern wie Hoppenstedt) lediglich Kontaktdaten aus der ersten und zweiten Führungsebene von Unternehmen bereitstellen, bietet die deutsche Internetplattform XING den Kontakt zu Personen aller Hierarchieebenen von Unternehmen. XING ist mit knapp 11 Mio. registrierten Benutzern das größte deutsche Personennetzwerk zur internetbasierten Verwaltung von Geschäftskontakten (XING, 2011, S. 7-9). Aufgrund seiner hohen Akzeptanz und Verbreitung innerhalb der deutschen Wirtschaft ermöglicht XING im Rahmen von Befragungen eine hohe Repräsentativität sowie relativ hohe Rücklaufquoten (XING, 2011, S. 10-15). Für den Zweck der empirischen Untersuchung wurde eine „Recruiter-Mitgliedschaft" bei XING abgeschlossen, bei der bis zu 50 Nachrichten pro Tag an nicht zum eigenen XING-Adressbuch gehörende Personen versendet werden können. Um die relevanten Kontaktpersonen zu identifizieren, wurden innerhalb der XING-Suchmaske die folgenden Suchkriterien eingegeben:

- unter „Firma (jetzt)": jeweiliger Firmenname

- unter „Sprachkenntnisse": deutsch

- unter „Position (jetzt)": produkt*, product*, brand*, export*; falls auf diese Weise keine Personen identifizierbar, dann: marketing*, geschäfts*

Mit Hilfe dieser Suchkriterien konnten insgesamt 1.240 Personen identifiziert werden, deren XING-Profil darauf schließen lässt, dass sie mit dem Produktmanagement innerhalb ihres Unternehmens be- oder vertraut sind. Von diesen 1.240 Personen stammen 630 Personen (50,81%) aus der Pflege- und Reinigungsmittelindustrie sowie 610 Personen (49,19%) aus der Nahrungs- und Genussmittelindustrie. Innerhalb der Pflege- und Reinigungsmittelindustrie sind wiederum 582 der identifizierten Personen für Körperpflegemittel und 48 Personen für Wasch-, Spül- und Putzmittel zuständig. Innerhalb der Nahrungs- und Genussmittelindustrie arbeiten 81 der identifizierten Personen im Segment für Fertiggerichte und Nahrungsmittel mit längerem Haltbarkeitsdatum, 98 Personen im Segment für Molkereiprodukte, 296 Personen im Segment für Süß- und Backwaren, 83 Personen im Segment für alkoholfreie Getränke und 52 Personen im Segment für Bierprodukte. Die vergleichsweise hohe Anzahl an Personen aus den Segmenten Körperpflegemittel sowie Süß- und Backwaren ist darauf zurückzuführen, dass viele der größten Unternehmen in diesen Segmenten aus Deutschland stammen (z.B. Beiersdorf, Schwarzkopf & Henkel, Haribo, Storck), wohingegen die übrigen Industriegütersegmente – auch innerhalb Deutschlands – durch nicht-deutsche Unternehmen dominiert werden (z.B. Procter & Gamble, Nestlé, Kraft Foods, Unilever, Danone, Coca-Cola, Anheuser-Busch InBev).

Da die postalischen Adressen von nicht zum eigenen Adressbuch gehörenden Personen bei XING nicht einsehbar sind, wurden die identifizierten Personen über die interne XING-Nachrichten-Funktion kontaktiert. Die erstmalige Kontaktierung erfolgte im Zeitraum von Oktober 2010 bis Januar 2011. Zudem wurde um einen Monat zeitversetzt – also im Zeitraum von November 2010 bis Februar 2011 – jeweils eine Erinnerungsnachricht an die Personen versendet. Die letzten Befragungsteilnahmen erfolgten im Laufe des März 2011, so dass der Gesamterhebungszeitraum auf sechs Monate beziffert werden kann. Für die Erst- und Zweitkontaktierung der Personen über die XING-Nachrichten-Funktion wurden persönliche Anschreiben entwickelt, die durch die jeweilige Anpassung des Namens, der Position, der Firma und des Industriesegments individualisiert wurden. Anhang 8 zeigt diese Anschreiben am Beispiel eines Produktmanagers aus der Molkereiindustrie. Wie aus Anhang 8 hervorgeht, erfolgte in dem Anschreiben zur Erstkontaktierung zunächst eine kurze Vorstellung meiner Person und meines Forschungsvorhabens, bevor ich über den Inhalt und die voraussichtliche Dauer der Befragung informierte. Dabei betonte ich die Anonymität der Befragung und bot allen teilnehmenden Personen die kostenlose Bereitstellung eines Ergebnisberichts an. Zudem enthielt das Anschreiben einen Internetlink, über den die Befragung unmittelbar gestartet und durchgeführt werden konnte. Das Anschreiben zur Zweitkontaktierung fiel deutlich kürzer aus, fasste die wesentlichen Inhalte des Erstanschreibens zusammen, betonte die Bedeutung der Befragungsteilnahme für das Gelingen des Forschungsvorhabens und griff mögliche Bedenken hinsichtlich der Anonymität und Vertraulichkeit der Befragung auf. Wie aus beiden Anschreiben hervorgeht, erfolgte die Erhebung der empirischen Daten mit Hilfe eines Online-Fragebogens.

Nachdem die Identifizierung und Kontaktierung der Erhebungszielgruppe im vorliegenden Abschnitt detailliert beschrieben wurde, werde ich im folgenden Abschnitt ausführlich auf das Erhebungsinstrument des Online-Fragebogens eingehen.

4.3.1.2 Auswahl und Entwicklung des Erhebungsinstruments

Im Rahmen der Datenerhebung wurde aus verschiedenen Gründen auf das Instrument des Online-Fragebogens zurückgegriffen. Grundsätzlich stellt eine Befragung die einzig geeignete Möglichkeit dar, um subjektive Einschätzungen unternehmensinterner Experten zu erheben. Beobachtungen oder Experimente sind zur Erfassung derartiger Einschätzungen hingegen ungeeignet (Kuß & Eisend, 2010, S. 127-163; Berekoven et al., 2009, S. 141-184). Im Hinblick auf die verschiedenen Arten der Befragung kamen persönliche, telefonische, postalische, Telefax-basierte und E-Mailbasierte Befragungen ebenfalls nicht in Frage. Dies hängt zum einen damit zusammen, dass die persönliche, telefonische oder Telefax-basierte Kontaktaufnahme zu ca. 1.240 Personen im Rahmen der vorliegenden Arbeit zeitlich und finanziell nicht umsetzbar gewesen wäre. Zum anderen waren die Telefon- und Telefaxnummern sowie die Post- und E-Mail-Adressen der relevanten Personen für mich schlichtweg nicht zugänglich. Stattdessen stellte die XING-basierte Versendung eines Internetlinks zu einem Online-Fragebogen die einzige mir zur Verfügung stehende Möglichkeit dar, um die erforderliche großzahlige Datenerhebung durchzuführen.

Doch das Erhebungsinstrument des Online-Fragebogens ist für den Zweck der vorliegenden Arbeit nicht nur alternativlos, sondern es bietet auch zahlreiche Vorzüge (Ilieva et al., 2002; Theobald et al., 2003, Hrsg.; Kuß & Eisend, 2010, S. 121-123). So verursacht die Verwendung eines Online-Fragebogens keine hohen Kosten wie im Falle persönlicher Befragungen (z.B. Reisekosten), telefonischer Befragungen (z.B. Telefonkosten), Telefax-basierter Befragungen (z.B. Druck- und Telefaxkosten) oder postalischer Befragungen (z.B. Druck-, Verpackungs- und Portokosten). Durch die Vermeidung entsprechender Reisen (wie im Falle persönlicher Befragungen) und Druckerzeugnisse (wie im Falle Telefax-basierter oder postalischer Befragungen) ist eine Online-Befragung zudem umweltschonender. Im Gegensatz zu persönlichen und telefonischen Befragungen ist die Kontaktaufnahme bei Online-Befragungen – vor allem im Falle der XING-basierten Kontaktierung – außerdem deutlich zeitsparender. Eine derartige Kosten- und Zeitersparnis zeigt sich auch auf Seiten der Befragungsteilnehmer. So kann eine Online-Befragung mit nur einem Klick gestartet werden und ein aufwändiges Rücksenden oder Rückfaxen der ausgefüllten Fragebögen entfällt. Hinzu kommt, dass die Daten der ausgefüllten Fragebögen für den Datenauswerter direkt elektronisch verfügbar sind und nicht aufwändig und fehleranfällig in ein Datenverarbeitungsprogramm überführt werden müssen (wie z.B. im Falle postalischer Befragungen). Und schließlich bietet eine Online-Befragung deutlich bessere Möglichkeiten der Befragungsindividualisierung und -kontrolle, als dies bei postalischen und Telefax-basierten Befragungen der Fall ist. So können z.B. Filterfragen automatisiert werden, die Formulierung bestimmter Fragen kann in Abhängigkeit der bisherigen Antworten automatisch angepasst werden und das Zurückblättern bzw. -klicken zu vorherigen Fragen kann verhindert werden. Solche und ähnliche Individualisierungen und Kontrollen können zu geringeren Abbruchquoten sowie zu einer höheren Validität der Antworten führen (Ilieva et al., 2002, S. 362-374).

Zur technischen Umsetzung der Online-Befragung wurde das kostenfreie Angebot „SoSciSurvey" verwendet (SoSciSurvey, 2011). Im Gegensatz zu anderen Online-Befragungs-Tools zeichnet sich SoSciSurvey durch eine ausgesprochen hohe Individualisierbarkeit aus. Dies betrifft nicht nur die durch das System vorgegebenen Frage- und Antwortformen; sondern es äußert sich vor allem in einer weitgehend freien Programmierbarkeit mit Hilfe der Programmiersprachen PHP und JavaScript (SoSciSurvey, 2011). Im Rahmen der vorliegenden Arbeit wurde diese freie Programmierbarkeit z.B. dazu genutzt, um den Wortlaut der Fragen je nach Angaben der Befragten (z.B. je nach zutreffender Produktkategorie in Anhang 7) zu individualisieren. Die auf diese Weise maßgeschneiderten Fragen sollten die Identifikation der Befragten mit der Befragung steigern und validere Antworten ermöglichen.

Im Folgenden werde ich den entwickelten Online-Fragebogen detailliert vorstellen und die einzelnen Entscheidungen im Rahmen der Fragebogen-Entwicklung begründen. Hierdurch wird unter anderem deutlich werden, wie die in Abbildung 17 dargestellten Messvariablen in konkrete Frage-Items überführt wurden. Meine Ausführungen werden sich an dem in Anhang 9 dargestellten Fragebogen orientieren, welcher sich exemplarisch auf ein deutsches Unternehmen aus der Molkereiindustrie bezieht, das ein Joghurt-Produkt in Russland anbietet. Aufgrund der hohen Anzahl unterschiedlicher Produktkategorien innerhalb der Online-Befragung ist eine Fragebogen-Darstellung für alle übrigen Produkt-Land-Kombinationen im Rahmen der vorliegenden Arbeit nicht möglich. Dennoch werde ich an entsprechender Stelle auf die relevanten Unterschiede zu den anderen Fragebogen-Varianten hinweisen.

Wie aus Anhang 9 hervorgeht, besteht der Online-Fragebogen aus 25 Hauptseiten mit insgesamt 43 Fragen und 100 Frage-Items. Die tatsächliche Anzahl an Fragen und Frage-Items pro Befragtem kann aufgrund von Filterfragen aber auch etwas höher oder geringer ausfallen. Mehrere Selbsttests im Vorfeld der Befragung sowie ein Pre-Test mit 18 Teilnehmern haben ergeben, dass eine ordnungsgemäße Beantwortung der 43 Fragen mindestens zwölf Minuten in Anspruch nimmt. Die meisten Pre-Test-Teilnehmer benötigten für die Ausfüllung des Fragebogens sogar etwas mehr als 15 Minuten.[88] Ein Zeitaufwand von ca. 15 Minuten kann im gegebenen Kontext als hoch, aber zumutbar gelten – auch wenn die damit verbundenen Rücklaufquoten natürlich geringer ausfallen dürften als bei einer Befragung, die z.B. nur fünf Minuten Zeit beansprucht.[89] Zudem scheint ein Zeitaufwand von ca. 15 Minuten unvermeidbar, um die in Abschnitt 4.1 genannten Forschungsziele zu erreichen und alle in Abbildung 17 dargestellten Messvariablen zu erfassen.

---

[88] An dem Pre-Test beteiligten sich acht Personen aus der Wissenschaft und zehn Personen aus der Unternehmenspraxis. Unter den Praxisvertretern befanden sich zwei Unternehmensberater, drei Manager aus der Pflege- und Reinigungsmittelindustrie, drei Manager aus der Nahrungs- und Genussmittelindustrie sowie zwei Manager aus anderen Industrien. Auf die Erkenntnisse aus dem Pre-Test werde ich im Laufe dieses Abschnitts an entsprechender Stelle eingehen.

[89] Vgl. zum Zusammenhang zwischen Befragungsdauer und Rücklaufquote z.B. Dillman et al. (1993), Biner & Kidd (1994) sowie Smith et al. (2003).

Im Folgenden werde ich auf die einzelnen Seiten des Online-Fragebogens eingehen: Auf Seite 1 des Fragebogens kommt es – ähnlich wie im XING-Anschreiben – zunächst zu einer kurzen Vorstellung des Forschungsvorhabens. Dabei wird erneut auf die voraussichtliche Dauer sowie auf die Anonymität der Befragung hingewiesen. Zusätzlich werden die Befragungsteilnehmer darum gebeten, nicht nur einzelne, sondern möglichst alle Fragen zu beantworten. Zudem wird allen teilnehmenden Personen nochmals die kostenlose Bereitstellung eines Ergebnisberichts in Aussicht gestellt. Auf der linken Seite des Bildschirms werden für die Gesamtdauer der Befragung meine persönlichen Kontaktdaten sowie ein Fortschrittsbalken angezeigt. Letzterer soll zu einer Verringerung der Abbruchquote beitragen, indem er den Teilnehmern jederzeit vor Augen führt, welchen Anteil der Befragung sie bereits absolviert haben. Aus Gründen der Übersichtlichkeit wird der linke Teil des Bildschirms auf allen weiteren Screenshots in Anhang 9 nicht mehr angezeigt.

Auf Seite 2 des Fragebogens werden die Teilnehmer darum gebeten anzugeben, welchem Produktbereich bzw. Konsumgütersegment sich das von Ihnen gemanagte Produkt am ehesten zuordnen lässt. Für den Fall, dass mehrere Antworten zutreffend sind, soll das Segment mit dem höchsten Umsatz ausgewählt werden. Auf diese Weise soll verhindert werden, dass ein Produktbereich angegeben wird, der innerhalb des Unternehmens lediglich ein strategisches und/oder finanzielles „Schattendasein" führt. Der Screenshot in Anhang 9 bezieht sich exemplarisch auf die Nahrungs- und Genussmittelindustrie. Den Kontaktpersonen aus der Pflege- und Reinigungsmittelindustrie wurde ein leicht abweichender Internetlink zugesendet, damit an entsprechender Stelle des Fragebogens die Konsumgütersegmente „Körperpflegemittel" sowie „Wasch-, Spül- und Putzmittel" angezeigt werden.

Auf Seite 3 des Fragebogens werden die Teilnehmer dazu aufgefordert, ihre Angaben hinsichtlich des von ihnen gemanagten Produkts zu konkretisieren, indem sie – entsprechend Anhang 7 dieser Arbeit – die zutreffende Produktkategorie auswählen. Auch an dieser Stelle werden die Teilnehmer darum gebeten, im Falle mehrerer zutreffender Antworten die Produktkategorie mit der höchsten Umsatzbedeutung auszuwählen. Aufgrund der hohen Anzahl unterschiedlicher Produktkategorien können im Rahmen der vorliegenden Arbeit zwar keine produktkategorienspezifischen Analysen durchgeführt werden; doch die Angabe der konkreten Produktkategorie ermöglicht eine hohe Individualität und Spezifität der nachfolgenden Fragen und soll auf diese Weise die Gefahr hoher Abbruchquoten und nicht-valider Antworten verringern (Ilieva et al., 2002, S. 362-374).

Seite 4 des Online-Fragebogens bittet die Befragungsteilnehmer um die Angabe eines Auslandsmarktes, für den sie am Produktmanagement des zuvor ausgewählten

Produkts (in diesem Falle des Joghurts) beteiligt oder zumindest detailliert darüber informiert sind. Dabei werden die fünf Schwerpunktmärkte der empirischen Untersuchung zur Auswahl angeboten: Österreich, Frankreich, USA, Russland und China. Falls nur eines dieser Länder ausgewählt wird, so bezieht sich der verbleibende Teil der Befragung auf dieses Land. Werden hingegen mehrere Länder angegeben, so wird per Zufallsgenerator eines dieser Länder ausgewählt. Der Zufallsgenerator basiert dabei auf dem Urnen-Prinzip *ohne* Zurücklegen (Bortz & Schuster, 2010, S. 49-56), damit eine möglichst gleichmäßige Verteilung der Fragebögen über die unterschiedlichen Ländermärkte hinweg gewährleistet werden kann. Im Gegensatz zu den vorherigen beiden Fragen werden die Befragungsteilnehmer an dieser Stelle also *nicht* dazu aufgefordert, denjenigen Auslandsmarkt mit dem höchsten Umsatz zu wählen, da in diesem Falle vermutlich kaum Fragebögen für Österreich und Frankreich ausgefüllt würden und eine Betrachtung der Auslandsmarktgröße als Einflussfaktor unmöglich wäre. Sollten die Befragten für keinen der angegebenen Auslandsmärkte zuständig oder detailliert darüber informiert sein, so können sie „Für keines dieser Länder" auswählen und werden dadurch auf eine Unterseite weitergeleitet, auf der sie entweder eine andere Produktkategorie anklicken oder ein anderes Land eintippen können. Auf diese Weise kann der – aus den oben genannten Gründen angestrebte – Befragungsfokus auf Österreich, Frankreich, USA, Russland und China beibehalten werden, ohne dass diejenigen Befragungsteilnehmer, die mit anderen Auslandsmärkten vertraut sind, aus der Befragung ausgeschlossen werden müssen. Sollten die Befragungsteilnehmer jedoch für keinen Auslandsmarkt der Welt am Management eines Produkts beteiligt oder detailliert darüber informiert sein, so erfolgt die Weiterleitung der Befragten auf Seite 23 des Online-Fragebogens.

Wie bereits erwähnt, beziehen sich die weiteren Screenshots in Anhang 9 exemplarisch auf ein deutsches Unternehmen aus der Molkereiindustrie, welches ein Joghurt-Produkt in Russland anbietet. Dabei betreffen die Fragen auf den Seiten 5 bis 7 den russischen Joghurt-Markt im Allgemeinen, bevor ab Seite 8 auf das oben ausgewählte konkrete Joghurt-Produkt eingegangen wird. Auf Seite 5 werden die Befragten zunächst darum gebeten, den russischen Joghurt-Markt hinsichtlich seiner Ähnlichkeit bzw. Unterschiedlichkeit zum deutschen Joghurt-Markt einzuschätzen (siehe „Sonstige Kontroll- und Einflussvariable" in Abbildung 17). Dabei sind die relevanten Unterschiede zwischen den acht Frage-Items durch Unterstreichungen grafisch hervorgehoben, damit die Befragten diese Unterschiede möglichst schnell und deutlich erkennen.

In Anlehnung an den aktuellen Stand der empirischen Forschung wird den Befragungsteilnehmern eine 7-stufige Antwortskala angeboten, da diese einen guten

Kompromiss zwischen hoher Differenziertheit und ausreichender Unterscheidbarkeit darstellt (Miller, 1956; Weathers et al., 2005; Weiber & Mühlhaus, 2010, S. 96; Weijters et al., 2010, S. 244-246). Zudem sollen die Befragten nicht in eine bestimmte Antwortrichtung gedrängt werden, weshalb eine ungerade Anzahl an Stufen angeboten wird, die das Anklicken des Mittelpunkts ermöglicht (Weijters et al., 2010, S. 244-245). Die beiden Extreme der 7-stufigen Antwortskala sind verbal beschriftet, damit die Skala eine unmittelbare inhaltliche Bedeutung erhält. Dabei ist das „positive" Extrem (z.B. „äußerst hoch", „stimme voll und ganz zu" oder – wie in diesem Falle – „völlig identisch") auf der Seite des Frage-Items angebracht, damit eine Abweichung in Richtung des „negativen" Extrems auch intuitiv mit einer Distanz zum jeweiligen Frage-Item assoziiert werden kann (Weijters et al., 2010, S. 245). Im Sinne einer „Perfiat-Messung" wird angenommen, dass die 7-stufige Antwortskala von den Befragten als äquidistant wahrgenommen wird, so dass von einem Intervallskalenniveau der erhobenen Daten ausgegangen werden kann (Weiber & Mühlhaus, 2010, S. 98-100).

Eine Ausweichantwortmöglichkeit, wie z.B. „keine Angabe", wird den Befragten nicht angeboten (Weiber & Mühlhaus, 2010, S. 97), da aufgrund der Vielzahl der zu berücksichtigenden Kontroll- und Einflussvariablen eine hohe Anzahl an Antworten erforderlich ist, um die entsprechenden statistischen Analysen durchführen zu können. Hinsichtlich der Validität der Daten dürfte das Erzwingen dieser Antworten aber aus drei Gründen relativ unproblematisch sein (vgl. auch Albaum et al., 2010): Erstens ist davon auszugehen, dass die meisten Befragten aufgrund ihrer jeweiligen Position tatsächlich über die entsprechenden Sachverhalte informiert sind. Zweitens ist aufgrund der Anonymität der Befragung sowie aufgrund der Relativität der Messung mit einer relativ hohen Antwortbereitschaft der Befragten zu rechnen. Drittens werden die Befragten am Ende der Seite dazu aufgefordert anzugeben, wie sicher sie sich im Rahmen ihrer Einschätzungen sind. Besonders unsichere Einschätzungen können dann ggf. immer noch von der empirischen Datenanalyse ausgeschlossen werden. Alternativ kann die erhobene Sicherheit bei der Einschätzung möglicherweise auch als weitere Variable zur Messung der jeweiligen Wahrnehmungsfehler verwendet werden. Auf die genannten Aspekte werde ich in Abschnitt 4.4.3.5 erneut zu sprechen kommen.

Das beschriebene Prinzip der Antwortskalenabstufung und -beschriftung gilt nicht nur für Seite 5 des Online-Fragebogens, sondern für alle Seiten mit entsprechendem Fragetyp. Und auch das Prinzip des Erzwingens von Antworten gilt – bis auf wenige Ausnahmen, auf die ich an entsprechender Stelle eingehen werde – für alle verbleibenden Seiten des Online-Fragebogens. Aus diesem Grund werde ich mich bei der Vorstellung aller weiteren Fragebogen-Seiten auf die jeweiligen Unterschiede zu Seite 5 beschränken: Seite 6 des Fragebogens enthält drei inhaltliche Frage-Items, wovon das erste Item die für Hypothese 1 relevante länderübergreifende Nachfragehomogenität für das Produkt betrifft. Das zweite Item bezieht sich auf eine Kontroll- bzw. Einflussvariable, nämlich auf die länderübergreifende Ähnlichkeit in Bezug auf die Zahlungsbereitschaft der Konsumenten. Das dritte Item thematisiert die für Hypothese 4 relevante ausländische Preiselastizität der Nachfrage für das Produkt. Seite 7 des Fragebogens betrifft wieder ausschließlich bestimmte Kontroll- und Einflussvariable aus Abbildung 17.

Auf Seite 8 des Online-Fragebogens werden die Befragungsteilnehmer darauf hingewiesen, dass sich die nachfolgenden Fragen nicht mehr auf den (in diesem Falle) russischen Joghurt-Markt im Allgemeinen beziehen, sondern auf ein konkretes Joghurt-Produkt, an dessen Produktmanagement für den russischen Markt die Befragten beteiligt oder zumindest detailliert darüber informiert sind. Damit die befragten Manager diesen Produkt-Fokus verinnerlichen, sollen sie auf Seite 8 des Fragebogens dazu verleitet werden, über ein konkretes Produkt und dessen Namen nachzudenken. Die Angabe des Produktnamens erfolgt aufgrund der Anonymität der Befragung aber auf freiwilliger Basis. Die Seiten 9 und 10 des Fragebogens befassen sich darauf aufbauend mit verschiedenen Kontroll- und Einflussvariablen in Bezug auf dieses Produkt. Und auf Seite 11 wird mit Hilfe der vier in Abbildung 17 dargestellten Messvariablen bzw. Frage-Items der ausländische Produktgewinn als Erfolgs-Kriteriumsvariable erhoben.

Seite 12 des Fragebogens betrifft vor allem die zentrale unabhängige Variable des Modells, den Grad der internationalen Produktstandardisierung. Dabei wird erstmals deutlich, warum innerhalb des Fragebogens zwar ein „Weiter"-Button, aber keine Schaltfläche namens „Zurück" angeboten wird (und auch der „Zurück"-Button des Internetbrowsers gesperrt ist): Auf diese Weise soll sichergestellt werden, dass die zuvor getätigten Angaben (z.B. im Hinblick auf die länderübergreifende Nachfragehomogenität) nicht nachträglich an die Antworten auf Seite 12 angepasst werden. In ähnlicher Form funktioniert diese Absicherung auch für alle anderen Fragen und soll zu einer höheren Ehrlichkeit bzw. Validität der Antworten führen. Die Sperrung des „Zurück"-Buttons stellt damit gleichzeitig eine Maßnahme zur Verringerung der Gefahr eines „Common Method Bias" dar (Avolio et al., 1991; Podsakoff et al., 2003; Chang et al., 2010). In Abschnitt 4.4.2.3 werde ich auf diese Thematik näher eingehen.

Auf Seite 13 des Online-Fragebogens bezieht sich das erste Frage-Item auf das für Hypothese 2 relevante Potenzial für länderübergreifende Skaleneffekte für das Produkt. Dabei wird durch den Zusatz „und ggf. weitere Länder" der Tatsache Rechnung getragen, dass der betreffende Auslandsmarkt, in diesem Falle Russland, Teil einer supranationalen Marktbearbeitung sein kann. Auf Seite 16 soll diesem Umstand durch eine zusätzliche Frage Rechnung getragen werden. Das zweite Frage-Item auf Seite 13 betrifft erneut eine Kontroll- bzw. Einflussvariable, in diesem Falle die länderübergreifenden Transportkosten für das Produkt.

Seite 14 befasst sich mit den für Hypothese 3 relevanten Modifikationskosten für das Produkt. Basierend auf Hinweisen aus dem Pre-Test handelt es sich dabei um eine vereinfachte Variante der ursprünglichen Frage-Item-Formulierung. Die Seiten 15 und 16 beziehen sich wieder auf verschiedene Kontroll- und Einflussvariable, darunter auch auf die bereits angesprochene supranationale Marktbearbeitung (viertes Frage-Item auf Seite 16). Die Fragebogen-Seiten 17 und 18 betreffen die für die Hypothesen 5 und 6 relevanten Wahrnehmungsfehler der Manager in Bezug auf die Situation sowie die Umsetzungsqualität in Bezug auf die Strategie. Auf Seite 17 werden aufgrund von Hinweisen aus dem Pre-Test jedoch keine Antworten erzwungen. Seite 19 des Fragebogens umfasst schließlich die letzte noch ausstehende Kontroll- bzw. Einflussvariable – nämlich die Erwartung der Befragten in Bezug auf die zukünftige Globalisierung, Regionalisierung oder Nationalisierung der Nachfrage innerhalb der betreffenden Produktkategorie.

Auf den Seiten 20 bis 22 werden abschließend sieben allgemeine, statistische Fragen gestellt. Diese betreffen den Tätigkeitsbereich der Befragten, die Dauer ihrer Unternehmenszugehörigkeit, die weltweite Mitarbeiterzahl des Unternehmens, den weltweiten Gesamtumsatz des Unternehmens, den Auslandsanteil des Gesamtumsatzes, die Dauer der Auslandstätigkeit des Unternehmens sowie die Gesamtanzahl der durch das Unternehmen bearbeiteten Auslandsmärkte. Die zur Verfügung stehenden Antwortmöglichkeiten sind aufgrund von Hinweisen aus dem Pre-Test stärker ausdifferenziert als ursprünglich vorgesehen. Zudem werden aufgrund von Hinweisen aus dem Pre-Test auf den Seiten 20 bis 22 keine Antworten erzwungen. Auf Seite 23 des Fragebogens haben die Befragten die Möglichkeit, den auf Seite 1 versprochenen Ergebnisbericht per E-Mail anzufordern. Die Seiten 24 und 25 enthalten schließlich die Bitte um eine unternehmensinterne Weiterleitung des Fragebogen-Links sowie einen Dank für die Teilnahme an der Befragung.

Nach dieser ausführlichen Darstellung der Methodik der Datenerhebung werde ich im folgenden Abschnitt detailliert auf die Methodik der Datenauswertung eingehen.

4.3.2 Methodik der Datenauswertung

Die Entscheidung hinsichtlich der Methodik der Datenauswertung sollte stets aufgrund sachlogischer Überlegungen erfolgen. Die entscheidende Frage lautet dabei: Welches Datenauswertungsverfahren ist im Hinblick auf das spezifische Untersuchungsdesign am geeignetsten, um die jeweiligen Untersuchungsziele zu erreichen (Backhaus et al., 2011a, S. 12-22)? Dieser Frage möchte ich im vorliegenden Abschnitt nachgehen und anschließend das gewählte Datenauswertungsverfahren vorstellen.

Ein erneuter Blick auf Abbildung 16 zeigt, dass im Rahmen der Untersuchung die Wirkungszusammenhänge zwischen mehreren unabhängigen (Fit-)Variablen, einer abhängigen Variablen und zwei moderierenden Variablen analysiert werden sollen. Wie in Abschnitt 4.1 erwähnt, wird die entsprechende Analyse auf quantitativem Wege erfolgen. Da für die erhobenen quantitativen Daten Intervallskalenniveau angenommen werden kann, lassen sich die relevanten Wirkungszusammenhänge bestmöglich über Regressionsgleichungen abbilden (Skiera & Albers, 2008, S. 469-472; Backhaus et al., 2011a, S. 59). Dabei muss beachtet werden, dass die Regressionsgleichungen für die betrachteten Fit-Beziehungen – je nach Fit-Konzeptualisierung – auf unterschiedlichen Variablen- bzw. Konstruktwerten basieren. Entsprechend den Ausführungen in den Abschnitten 2.2.4 und 4.2.4 gehen die Variablen- bzw. Konstruktwerte beim Fit als Moderation in Form einer Subgruppenanalyse direkt in die Regressionsgleichungen ein (Venkatraman, 1989, S. 424-428; Schilke et al., 2009). Beim möglicherweise zur Anwendung kommenden Fit als Moderation in Form einer Interaktionsanalyse erfolgt eine Multiplikation der entsprechenden Variablen- bzw. Konstruktwerte. Und beim Fit als Matching, welcher auf Distanzmaßen beruht, kommt es zu einer Subtraktion der relevanten Variablen- bzw. Konstruktwerte (Venkatraman, 1989, S. 424-432; Hultman et al., 2009).

In Abhängigkeit der verwendeten Fit-Konzeptualisierung werden – basierend auf den Ausführungen in Abschnitt 4.1 – zahlreiche weitere Kontroll- und Einflussvariable in die Berechnungen eingehen, welche die unabhängigen Variablen und/oder die abhängige Variable beeinflussen. Hinzu kommt, dass die betrachteten Modellvariablen keine manifesten, sondern latente Variable darstellen. Fünf dieser Variablen werden als Multi-Item-Konstrukte erfasst, wobei zwei der Konstrukte formativ und drei reflektiv sind. Das Gesamtmodell stellt damit ein Multi-Regressionsgleichungssystem dar, welches auf der Ebene der Messvariablen zusätzliche regressions- und faktorenanalytische Berechnungen erfordert (Weiber & Mühlhaus, 2010, S. 17-30; Backhaus et al., 2011a, S. 517-521). Abbildung 18 zeigt das Gesamtmodell für die durchzuführende empirische Untersuchung. Aus Gründen der Übersichtlichkeit wird dabei auf eine Darstellung möglicher Fehlervariabler verzichtet.[90]

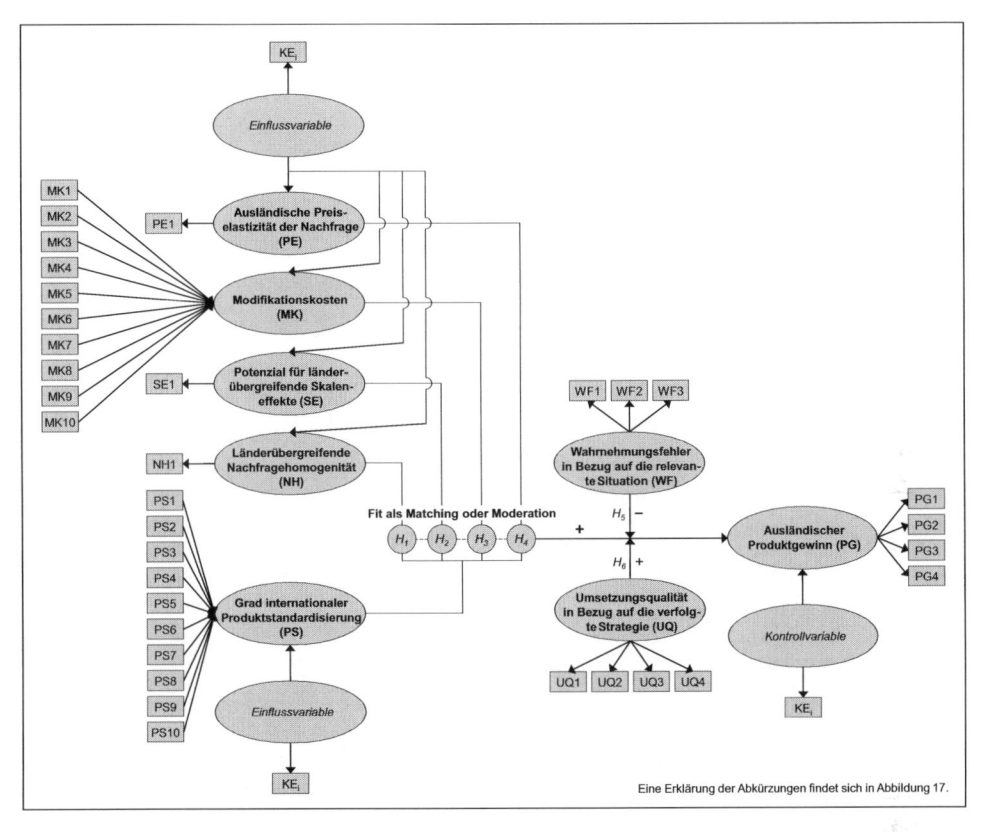

Abbildung 18: Gesamtmodell der empirischen Untersuchung

Das einzige Datenauswertungsverfahren, das sich für derartige Multi-Regressionsgleichungssysteme mit latenten Variablen eignet, ist die Strukturgleichungsmodellierung. Als Strukturgleichungsmodellierung werden statistische Rechenverfahren zur Abbildung eines Multi-Regressionsgleichungssystems bezeichnet, welche – anders als die klassische Regressionsanalyse – mehrere abhängige Variable, Interdependenzen zwischen unabhängigen Variablen und/oder latente Variable berücksichtigen können (Reinecke, 2005; Weiber & Mühlhaus, 2010, S. 17-30; Backhaus et al., 2011a, S. 517-523; Backhaus et al., 2011b, S. 63-116). Falls das betrachtete Modell mindestens eine latente Variable enthält, so wird von einer „Kausalanalyse" gesprochen. Falls hingegen alle Variablen des Modells manifest sind, so wird von einer

---

[90] Fehlervariable stellen Platzhalter für nicht durch ein Modell erfasste Einflussgrößen dar. Diese Einflussgrößen können entweder auf der Ebene der Messvariablen (in Form von Messfehlern) oder auf der Ebene der Modellvariablen (in Form unberücksichtigter Einflüsse auf die abhängige Variable) angesiedelt sein. Vgl. hierzu z.B. Weiber & Mühlhaus (2010), S. 8 und S. 44-45.

„Pfadanalyse" gesprochen (Weiber & Mühlhaus, 2010, S. 17-69). Die Gesamtheit aller Beziehungen zwischen den latenten und/oder manifesten Modellvariablen wird als „Strukturmodell" bezeichnet; und die Wirkungszusammenhänge zwischen den latenten Modellvariablen und ihren jeweiligen Messvariablen (den so genannten „Indikatorvariablen") bilden die „Messmodelle" (Backhaus et al., 2011a, S. 519). Bei der Strukturgleichungsmodellierung werden die abhängigen Variablen als „endogene Variable" bezeichnet, da ihre Varianz durch die Größen *innerhalb* des Modells erklärt werden soll. Im Gegensatz dazu stellen die unabhängigen Variablen „exogene Variable" dar, da ihre Varianz durch die Größen innerhalb des Modells *nicht* erklärt werden kann (Backhaus et al., 2011b, S. 65-68). Im weiteren Verlauf dieser Arbeit werde ich den entsprechenden Bezeichnungen folgen.

Innerhalb der Strukturgleichungsmodellierung existieren zwei grundlegend verschiedene Ansätze, die sich für jeweils unterschiedliche Anwendungsfälle eignen. Bei diesen Ansätzen handelt es sich um den „varianzanalytischen Ansatz" und den „kovarianzanalytischen Ansatz" (Scholderer & Balderjahn, 2006; Reinartz et al., 2009; Weiber & Mühlhaus, 2010, S. 47-69). Im Folgenden werde ich die beiden Ansätze vorstellen und anschließend prüfen, welcher der Ansätze für die vorliegende Arbeit geeigneter ist.

Der varianzanalytische Ansatz der Strukturgleichungsmodellierung ist ein zweistufiges Rechenverfahren, bei dem in einem ersten Schritt „Konstruktwerte" für die latenten Modellvariablen berechnet werden, bevor in einem zweiten Schritt auf Basis dieser Konstruktwerte die Wirkungsbeziehungen zwischen den Modellvariablen geschätzt werden (Scholderer & Balderjahn, 2006, S. 58-59; Huber et al., 2007, S. 3-9; Weiber & Mühlhaus, 2010, S. 58-63). Die Berechnung der Konstruktwerte erfolgt – je nach Art des Konstrukts – mit Hilfe von Regressionsanalysen (im Falle formativer Konstrukte) oder mit Hilfe von Faktorenanalysen (im Falle reflektiver Konstrukte).[91] Dabei werden die Konstruktwerte iterativ unter partieller Einbeziehung der Messmodelle und des Strukturmodells geschätzt. Die Schätzung der Wirkungsbeziehungen zwischen den Modellvariablen erfolgt anschließend auf Basis einer Pfadanalyse (Weiber & Mühlhaus, 2010, S. 21-30 und S. 59). Als Schätzalgorithmus verwendet der varianzanalytische Ansatz die „Methode der kleinsten Quadrate". Durch diese Methode soll basierend auf der Ausgangsdatenmatrix eine Maximierung des Varianz-

---

[91] Vgl. hierzu erneut die Ausführungen in Abschnitt 4.2.3. Als faktorenanalytische Extraktionsmethode wird im Rahmen des varianzanalytischen Ansatzes das Hauptkomponentenverfahren verwendet. Die entsprechenden Berechnungen stellen damit keine Faktorenanalysen i.e.S., sondern auf Linearkombinationen beruhende Hauptkomponentenanalysen dar. Vgl. hierzu Scholderer & Balderjahn (2006), S. 59-60. Vgl. zu einer Unterscheidung zwischen Faktorenanalysen i.e.S. (die auf dem Hauptachsenverfahren basieren) und Hauptkomponentenanalysen auch Backhaus et al. (2011a), S. 355-357.

erklärungsanteils in Bezug auf die endogenen Modellvariablen bei gleichzeitiger Minimierung der Fehlervariablenvarianz erreicht werden (Scholderer & Balderjahn, 2006, S. 57-59; Weiber & Mühlhaus, 2010, S. 58-63). Der diesem Umstand seinen Namen schuldende *varianz*analytische Ansatz (synonym: Partial-Least-Square-Ansatz) ermittelt die Fehlervariablenvarianz allerdings nicht getrennt für die Messmodelle (in Form von Messfehlern) und für das Strukturmodell (in Form unberücksichtigter Einflüsse auf die endogenen Variablen). Stattdessen werden die beiden Formen der Fehlervariablenvarianz „konfundiert", das heißt gemeinsam betrachtet. Dies hat zur Folge, dass eventuelle Messfehler nicht aus den für das Strukturmodell geschätzten Wirkungsbeziehungen „herausgerechnet" werden können (Scholderer & Balderjahn, 2006, S. 61; Weiber & Mühlhaus, 2010, S. 58-59). Aufgrund seiner varianzoptimierenden Ausrichtung eignet sich der varianzanalytische Ansatz vor allem in Situationen, in denen Vorhersagen oder Gestaltungsempfehlungen im Hinblick auf die Optimierung der endogenen Modellvariablen angestrebt werden (Huber et al., 2007, S. 13-15; Weiber & Mühlhaus, 2010, S. 65-66).

Ferner zeichnet sich der varianzanalytische Ansatz dadurch aus, dass er relativ geringe Anwendungsvoraussetzungen mit sich bringt. So erfordert der Ansatz z.B. keine Normalverteilung der Stichprobenwerte (Weiber & Mühlhaus, 2010, S. 63-66). Dies ist vor allem deshalb von Bedeutung, weil viele wirtschaftswissenschaftliche Phänomene in der Realität schlichtweg nicht normalverteilt sind (Scholderer & Balderjahn, 2006, S. 62). Im Gegenzug bietet der varianzanalytische Ansatz aber nur wenige Gütekriterien zur Überprüfung der Ergebnisqualität (Scholderer & Balderjahn, 2006, S. 62; Weiber & Mühlhaus, 2010, S. 64). Die geringen Anwendungsvoraussetzungen des varianzanalytischen Ansatzes betreffen nicht nur die Verteilung der Stichprobenwerte, sondern auch die Stichprobengröße. So führt der varianzanalytische Ansatz bereits bei relativ kleinen Stichproben zu robusten Ergebnissen (Reinartz et al., 2009, S. 335-336). Als Richtwert für die Stichprobengröße gilt dabei häufig das Zehnfache des Maximums aus (a) der Anzahl an Indikatorvariablen innerhalb des umfassendsten formativen Konstrukts und (b) der maximalen Anzahl an Regressionspfaden auf eine der endogenen Modellvariablen (Chin, 1998, S. 311; Weiber & Mühlhaus, 2010, S. 63). Unter Berücksichtigung derjenigen Kontrollvariablen, die einen direkten Einfluss auf den ausländischen Produktgewinn ausüben, läge die erforderliche Stichprobengröße – bezogen auf das Modell in Abbildung 18 – damit bei etwa 200. In Abschnitt 4.4.2.2 werde ich auf diesen Punkt genauer eingehen. Ein weiterer Vorteil des varianzanalytischen Ansatzes besteht darin, dass völlig problemlos auch formative Konstrukte innerhalb des Modells berücksichtigt werden können (Scholderer & Balderjahn, 2006, S. 58-59; Weiber & Mühlhaus, 2010, S. 66-67). Auch auf diesen Aspekt werde ich weiter unten noch zu sprechen kommen. Bekannte Softwarepakete zur computergestützten Anwendung des varianzanalytischen Ansatzes stellen z.B. SmartPLS, VisualPLS und PLS-Graph dar (Weiber & Mühlhaus, 2010, S. 58).

Der kovarianzanalytische Ansatz der Strukturgleichungsmodellierung ist im Gegensatz zum varianzanalytischen Ansatz ein einstufiges Rechenverfahren, bei dem alle Wirkungsbeziehungen nicht indirekt und sukzessive auf der Basis von Konstruktwerten, sondern direkt und simultan auf der Ebene der Indikatorvariablen geschätzt werden (Scholderer & Balderjahn, 2006, S. 59-61; Weiber & Mühlhaus, 2010, S. 47-52 und S. 68). Als Grundlage für die Schätzungen wird die empirische Kovarianzmatrix verwendet, die die Kovarianzen (also die unstandardisierten Korrelationen) aller Indikatorvariablen untereinander enthält. Die Kovarianzen zwischen den Indikatorvariablen der *exogenen* Modellvariablen dienen zur Bestimmung der Kovarianzen bzw. Korrelationen zwischen den als „Faktoren" interpretierten exogenen Modellvariablen und den ihnen jeweils zugeordneten Indikatorvariablen. Analog dienen die Kovarianzen zwischen den Indikatorvariablen der *endogenen* Modellvariablen zur Bestimmung der Kovarianzen bzw. Korrelationen zwischen den endogenen Modellvariablen und den ihnen jeweils zugeordneten Indikatorvariablen (Weiber & Mühlhaus, 2010, S. 47-49).

Die entsprechenden Berechnungen basieren auf der konfirmatorischen Faktorenanalyse; schließlich stellen die Kovarianzen bzw. Korrelationen zwischen den als „Faktoren" interpretierten Modellvariablen und den ihnen jeweils zugeordneten Indikatorvariablen „Faktorladungen" dar (Scholderer & Balderjahn, 2006, S. 59-61; Backhaus et al., 2011a, S. 361-364). Diese Faktorladungen werden im Rahmen des kovarianzanalytischen Ansatzes so geschätzt, dass die empirische Kovarianzmatrix möglichst genau reproduziert werden kann (Weiber & Mühlhaus, 2010, S. 47). Die Kovarianzen zwischen den Indikatorvariablen der *exogenen und endogenen* Modellvariablen dienen schließlich als Basis zur Schätzung der Wirkungszusammenhänge zwischen den Modellvariablen (Weiber & Mühlhaus, 2010, S. 48-49). Die Schätzungen beruhen dabei auf dem „Fundamentaltheorem der Faktorenanalyse", laut dem eine Kovarianz- bzw. Korrelationsmatrix durch die Faktorladungen und die (standardisierten) Kovarianzen zwischen den Faktoren reproduziert werden kann (Hüttner & Schwarting, 2008, S. 251-254; Backhaus et al., 2011a, S. 344-345). Da die Faktorenanalyse eine Zerlegung der Gesamtvarianz in die Faktorvarianz und die Fehlervarianz vornimmt, ist der kovarianzanalytische Ansatz dazu in der Lage, bei der Schätzung der Wirkungszusammenhänge innerhalb des Strukturmodells ausschließlich auf die Faktorvarianzen zurückzugreifen, so dass die Schätzungen nicht durch Messfehler verfälscht werden (Scholderer & Balderjahn, 2006, S. 61). Als Schätzalgorithmus wird dabei üblicherweise die „Maximum-Likelihood-Methode" verwendet, mit deren Hilfe die Kovarianzmatrix mit möglichst hoher Wahrscheinlichkeit reproduziert werden soll (Weiber & Mühlhaus, 2010, S. 54-56; Backhaus et al., 2011a, S. 258-261).

Aufgrund des „Herausrechnens" der Messfehler sowie aufgrund der „echten" faktorenanalytischen Interpretation der latenten Modellvariablen können die Schätzergebnisse des kovarianzanalytischen Ansatzes als genauer und robuster gelten als die Schätzergebnisse des varianzanalytischen Ansatzes (Scholderer & Balderjahn, 2006, S. 61). Allerdings bringt der kovarianzanalytische Ansatz auch deutlich höhere Anwendungsvoraussetzungen mit sich. So erfordert der kovarianzanalytische Ansatz – zumindest im Zusammenhang mit der Maximum-Likelihood-Methode – eine Normalverteilung der Stichprobenwerte (Weiber & Mühlhaus, 2010, S. 56). Wie bereits erwähnt, ist diese Voraussetzung im Rahmen wirtschaftswissenschaftlicher Phänomene häufig nicht erfüllbar. Im Gegenzug existieren beim kovarianzanalytischen Ansatz zahlreiche Gütekriterien zur Überprüfung der Ergebnisqualität (Weiber & Mühlhaus, 2010, S. 157-178). Für Situationen mit nicht-normalverteilten Stichprobenwerten bietet der kovarianzanalytische Ansatz zudem alternative Schätzalgorithmen, wie z.B. „Unweighted Least Square" oder „Scale Free Least Square". Diese Schätzalgorithmen erfordern allerdings – genauso wie die Maximum-Likelihood-Methode – Stichprobengrößen in Höhe des mindestens Fünffachen der zu schätzenden Parameter (Bagozzi & Yi, 1988, S. 80; Weiber & Mühlhaus, 2010, S. 54-56). Selbst bei Vernachlässigung der relevanten Kontroll- und Einflussvariablen läge die erforderliche Stichprobengröße – bezogen auf das Modell in Abbildung 18 – damit bei weit über 300. In Abschnitt 4.4.2.2 werde ich auf die Frage nach der Stichprobengröße detailliert eingehen. Hinzu kommt, dass formative Konstrukte im Rahmen des kovarianzanalytischen Ansatzes nur auf Umwegen berücksichtigt werden können – nämlich entweder durch die gleichzeitige formative *und* reflektive Erfassung ein und derselben Modellvariable (so genanntes „MIMIC-Modell") oder durch ein „Gemischtes Mehr-Konstrukt-Modell", bei dem die formativ konstruierte Modellvariable zwei reflektiv konstruierte Modellvariable beeinflussen muss (Weiber & Mühlhaus, 2010, S. 204-205). Beide Umwege zur Berücksichtigung formativer Konstrukte führen aufgrund der zusätzlich zu schätzenden Parameter aber zu einem weiteren Anstieg der erforderlichen Stichprobengröße sowie zu einer längeren Befragungsdauer. Bekannte Softwarepakete zur computergestützten Anwendung des kovarianzanalytischen Ansatzes sind z.B. LISREL, EQS und AMOS (Weiber & Mühlhaus, 2010, S. 47).

Wie durch die Vorstellung der beiden Ansätze zur Strukturgleichungsmodellierung deutlich geworden ist, kann der varianzanalytische Ansatz vor allem dann als das „Mittel der Wahl" gelten, wenn mindestens eine der folgenden drei Bedingungen erfüllt ist (Scholderer & Balderjahn, 2006, S. 66-67; Huber et al., 2007, S. 13-15; Weiber & Mühlhaus, 2010, S. 65-69): (1) Im Fokus der Untersuchung stehen Vorhersagen oder Gestaltungsempfehlungen im Hinblick auf eine Optimierung der endogenen Modellvariable. (2) Es ist realistischerweise nur eine relativ geringe Stichprobengröße erzielbar, die weniger als das Fünffache der zu schätzenden Parameter beträgt. (3) Das analysierte Strukturmodell enthält formative Konstrukte, die sich weder mit Hilfe eines MIMIC-Modells noch auf Basis eines gemischten Mehr-Konstrukt-Modells sinnvoll erfassen lassen. Wie die bisherigen Ausführungen gezeigt haben und die nachfolgenden Ausführungen noch zeigen werden, sind im Rahmen der vorliegenden Untersuchung alle drei Bedingungen erfüllt. Die Anwendung des varianzanalytischen Ansatzes kann damit als alternativlos gelten und seine Nachteile der etwas geringeren Genauigkeit und Robustheit sowie der geringeren Anzahl an Gütekriterien zur Überprüfung der Ergebnisqualität müssen mangels Alternativen in Kauf genommen werden. Zudem ist der varianzanalytische Ansatz in vergleichbaren Anwendungsfällen durchweg als „Mittel der Wahl" anerkannt und etabliert (Chin & Newsted, 1999, S. 337; Weiber & Mühlhaus, 2010, S. 253; Hair et al., 2011). Als Software zur computergestützten Anwendung des varianzanalytischen Ansatzes werde ich in der vorliegenden Arbeit SmartPLS verwenden, da diese Software detaillierte statistische Konfigurationsmöglichkeiten bietet und zudem sehr benutzerfreundlich ist (Ringle et al., 2005). Im folgenden Abschnitt werde ich die mit Hilfe von SmartPLS ermittelten Ergebnisse der empirischen Untersuchung ausführlich vorstellen.

4.4 Ergebnisse der empirischen Untersuchung

4.4.1 Beschreibung der Daten

4.4.1.1 Befragungsrücklauf

Wie in Abschnitt 4.3.1.1 erwähnt, wurden im Rahmen der empirischen Untersuchung 1.240 Person kontaktiert, die mit dem Produktmanagement innerhalb ihres in Deutschland beheimateten Unternehmens be- oder vertraut sind. Davon stammen 630 Personen (50,81%) aus der Pflege- und Reinigungsmittelindustrie sowie 610 Personen (49,19%) aus der Nahrungs- und Genussmittelindustrie. Von den 1.240 kontaktierten Personen haben 405 Personen an der Befragung teilgenommen, was einer Teilnahmequote von 32,66% entspricht. Allerdings haben 107 dieser 405 Teilnehmer die Befragung frühzeitig abgebrochen, so dass die entsprechenden Fragebögen nicht im Zuge der Datenauswertung berücksichtigt werden können. Von den verbleibenden 298 Teilnehmern haben 80 Teilnehmer zu Beginn der Befragung angegeben, dass sie keinerlei Kenntnisse über das Auslandsgeschäft ihres Unternehmens besitzen bzw. dass ihr Unternehmen grundsätzlich nicht international tätig ist. Diese 80 Teilnehmer haben zwar alle für sie relevanten Fragen beantwortet; doch keine dieser Fragen bezog sich auf Sachverhalte, die für die Überprüfung des in Abbildung 18 dargestellten Gesamtmodells relevant sind.

Die Anzahl an vollständig ausgefüllten Fragebögen beläuft sich damit auf 218, was in Bezug auf die 1.240 kontaktierten Personen einer Rücklaufquote von 17,58% entspricht. Von diesen 218 vollständig ausgefüllten Fragebögen können 15 Fragebögen allerdings nicht in die Datenauswertung eingehen. Dies liegt darin begründet, dass drei Teilnehmer den Fragebogen irrtümlicherweise für mehr als ein Produkt gleichzeitig und drei weitere Teilnehmer den Fragebogen für mehr als ein Land gleichzeitig ausgefüllt haben. Zudem haben neun Teilnehmer den Fragebogen in deutlich weniger als zwölf Minuten bearbeitet. Basierend auf den Ausführungen in Abschnitt 4.3.1.2 kann nicht davon ausgegangen werden, dass die entsprechenden Antworten valide sind. Die Anzahl an verwertbaren Fragebögen beläuft sich damit auf 203, was einer bereinigten Rücklaufquote von 16,37% entspricht. Wie die Ausführungen in Abschnitt 4.3.2 verdeutlicht haben, reicht diese Stichprobe aus, um eine varianzanalytische Strukturgleichungsmodellierung durchzuführen.

Industriespezifisch zeigen sich nur relativ geringe Unterschiede im Hinblick auf die bereinigte Rücklaufquote. So liegt die Quote in der Pflege- und Reinigungsmittelindustrie bei 15,08% und in der Nahrungs- und Genussmittelindustrie bei 17,70%. Interessant ist allerdings, dass sowohl die Teilnahmequote als auch die Quote der nicht über das Auslandsgeschäft informierten Befragungsteilnehmer innerhalb der Nahrungs- und Genussmittelindustrie (38,85% bzw. 32,54%) deutlich höher ausfällt als innerhalb der Pflege- und Reinigungsmittelindustrie (26,67% bzw. 19,38%). Die geringere Teilnahmebereitschaft innerhalb der Pflege- und Reinigungsmittelindustrie könnte darauf zurückzuführen sein, dass die Mitarbeiter in dieser oft als nahezu idealtypisch betrachteten „Fast Moving Consumer Goods"-Industrie (Mattmüller & Tunder, 2004, S. 36-37; Schuh, 2007, S. 283-288) häufiger im Rahmen von Befragungen kontaktiert werden und deshalb weniger auskunftsbereit sind. Zudem beschäftigen die größten deutschen Unternehmen in dieser Industrie (Beiersdorf, Henkel) meinen XING-Recherchen zufolge deutlich mehr Produktmanager als die größten deutschen Unternehmen in der Nahrungs- und Genussmittelindustrie (Haribo, Storck, Dr. Oetker, Kühne). Die subjektiv empfundene Verpflichtung des einzelnen Produktmanagers zur Teilnahme an derartigen Befragungen sowie der persönlich erwartete Nutzen aus dem versprochenen Ergebnisbericht könnten innerhalb der Pflege- und Reinigungsmittelindustrie daher deutlich geringer sein. Die innerhalb der

Nahrungs- und Genussmittelindustrie höhere Quote der nicht über das Auslandsgeschäft informierten Befragungsteilnehmer könnte wiederum darauf zurückzuführen sein, dass in dieser Industrie eine höhere Anzahl an kleinen Unternehmen existiert, für die Internationalität lediglich eine Randaktivität darstellt oder die gar nicht international tätig sind (Wer und Was, 2010b). So beschäftigen ca. 75% der Unternehmen aus der Nahrungs- und Genussmittelindustrie weniger als 100 Mitarbeiter (Bundesvereinigung der Deutschen Ernährungsindustrie, 2011).

In Bezug auf die einzelnen Industriesegmente sind die Unterschiede im Befragungsrücklauf marginal. Lediglich im Segment für Wasch-, Spül- und Putzmittel ist der Rücklauf mit einer Quote von 8,00% deutlich geringer als der Rücklauf in den übrigen Segmenten. Die Gründe hierfür könnten ähnlich gelagert sein wie die Gründe für die generell geringere Teilnahmequote innerhalb der Pflege- und Reinigungsmittelindustrie. Schließlich stellen Wasch-, Spül- und Putzmittel besonders idealtypische und im Rahmen von empirischen Untersuchungen häufig analysierte „Fast Moving Consumer Goods" dar (Lomax et al., 1996; Cavero & Cebollada, 1997; Mattmüller & Tunder, 2004, S. 36-37). Selbst eine Rücklaufquote von 8% kann für Befragungen mit einer Dauer von ca. 15 Minuten aber als durchaus üblich und akzeptabel gelten.[92] Eine Übersicht über den Befragungsrücklauf liefert Abbildung 19.

	Gesamtstichprobe	Pflege- und Reinigungsmittelindustrie	Nahrungs- und Genussmittelindustrie
Kontaktierte Personen	1.240 (100,00%)	630 von 1.240 (50,81%)	610 von 1.240 (49,19%)
Teilnehmende Personen	405 von 1.240 (32,66%)	168 von 630 (26,67%)	237 von 610 (38,85%)
Nicht-abgebrochene Fragebögen	298 von 1.240 (24,03%)	129 von 630 (20,48%)	169 von 610 (27,70%)
Vollständig ausgefüllte Fragebögen	218 von 1.240 (17,58%)	104 von 630 (16,51%)	114 von 610 (18,69%)
Verwertbare Fragebögen	203 von 1.240 (16,37%)	95 von 630 (15,08%)	108 von 610 (17,70%)

Abbildung 19: Befragungsrücklauf im Rahmen der empirischen Untersuchung

Was die in den 203 verwertbaren Fragebögen adressierten Auslandsmärkte betrifft, so ist eine gewisse Dominanz für Frankreich bei ansonsten weitgehend ausgeglichener Verteilung festzustellen: 58 der 203 verwertbaren Fragebögen beziehen sich auf Frankreich (28,57%), 34 auf Österreich (16,75%), 27 auf die USA (13,30%), 23 auf Russland (11,33%) und 22 auf China (10,84%). Die verbleibenden 39 Fragebögen (19,21%) entfallen auf Italien, Polen und die Schweiz (je 5), auf Dänemark und das Vereinigte Königreich (je 3), auf Australien, Japan, die Niederlande, Schweden, Spa-

---

[92] Vgl. zum Zusammenhang zwischen Befragungsdauer und Rücklaufquote erneut Dillman et al. (1993), Biner & Kidd (1994) sowie Smith et al. (2003).

nien und die Tschechische Republik (je 2) sowie auf Ägypten, Belgien, Indonesien, Luxemburg, Saudi-Arabien und Slowenien (je 1).

Durch diese Mischung aus kleinen und großen sowie kulturell nahen und kulturell weit entfernten Auslandsmärkten dürfte die für die statistische Analyse erforderliche Varianz innerhalb der erhobenen Daten gewährleistet werden können. In Abschnitt 4.4.1.2 werde ich auf diesen Punkt zu sprechen kommen. Anders als auf der Ebene der beiden Industrien werden auf der Ebene der fünf Schwerpunkt-Auslandsmärkte allerdings keine spezifischen Subgruppenanalysen durchführbar sein. Schließlich existieren selbst für Frankreich lediglich 58 verwertbare Fragebögen – eine Stichprobe, die für das in dieser Arbeit analysierte Strukturgleichungsmodell nicht ausreichend ist. Nichtsdestotrotz sollen situations- und damit auch auslandsmarktbezogene Gestaltungsempfehlungen indirekt auf Basis der situativen Fit-Variablen möglich sein. Dies gilt insbesondere in Bezug auf die länderübergreifende Nachfragehomogenität (Hypothese 1) und die länderspezifische Preiselastizität der Nachfrage (Hypothese 4).

Bevor ich in Abschnitt 4.4.3 die mathematisch-statistische Auswertung der erhobenen Daten durchführen werde, möchte ich in den folgenden Abschnitten zunächst auf zentrale deskriptiv-statistische Merkmale der Daten eingehen sowie die Eignung der Daten für die Strukturgleichungsmodellierung prüfen.

4.4.1.2 Deskriptive Statistik

Um einen grundsätzlichen Eindruck von der Beschaffenheit der erhobenen Daten zu erlangen, bietet es sich an, die Daten zunächst deskriptiv-statistisch zu analysieren. Hierzu werde ich in einem ersten Schritt die Stichprobenwerte für die 203 verwertbaren Fragebögen hinsichtlich zentraler Lage- und Streuungsparameter betrachten und anschließend auf die Merkmalsverteilung der 203 Befragungsteilnehmer und ihrer Unternehmen eingehen. Da für die erhobenen Daten Intervallskalenniveau angenommen werden kann (Weiber & Mühlhaus, 2010, S. 98-100), verwende ich als Lage- bzw. Streuungsparameter das arithmetische Mittel sowie die Standardabweichung (Cleff, 2011, S. 39-54 und S. 58-62). In Abbildung 20 werden die arithmetischen Mittel und die Standardabweichungen der zentralen Modellvariablen dargestellt. Eine detaillierte Aufschlüsselung der Werte für die einzelnen Industriesegmente und Auslandsmärkte liefert Anhang 10.

	Gesamtstichprobe (203)	Pflege- und Reinigungsmittelindustrie (95)	Nahrungs- und Genussmittelindustrie (108)
Grad internationaler Produktstandardisierung (PS)	5,78 (1,78)	6,14 (1,53)	5,46 (1,93)
Länderübergreifende Nachfragehomogenität (NH)	3,77 (1,61)	4,24 (1,50)	3,36 (1,59)
Potenzial für länderübergreifende Skaleneffekte (SE)	5,70 (1,62)	5,63 (1,78)	5,77 (1,47)
Modifikationskosten (MK)	3,86 (2,04)	4,05 (2,10)	3,70 (1,97)
Ausländische Preiselastizität der Nachfrage (PE)	4,33 (1,26)	4,65 (1,03)	4,04 (1,37)
Wahrnehmungsfehler in Bezug auf die Situation (WF)	3,47 (1,56)	3,35 (1,52)	3,58 (1,58)
Umsetzungsqualität in Bezug auf die Strategie (UQ)	4,62 (1,41)	4,73 (1,39)	4,52 (1,43)
Ausländischer Produktgewinn (PG)	4,17 (1,29)	4,18 (1,35)	4,16 (1,24)

Die Ausgangswerte liegen auf einer Skala von 1 (Minimum) bis 7 (Maximum). Die arithmetischen Mittel (jeweils erster Wert) und die Standardabweichungen (jeweils zweiter Wert in Klammern) für die Multi-Item-Konstrukte PS, MK, WF, UQ und PG beziehen sich auf alle Items des jeweiligen Konstrukts. Die Unterschiede in den arithmetischen Mitteln zwischen den beiden Industrien sind signifikant mit p < 0,001 für die Modellvariablen NH und PE sowie mit p < 0,01 für die Modellvariable PS. Vgl. zu einer Aufschlüsselung der arithmetischen Mittel und Standardabweichungen für die einzelnen Industriesegmente und Auslandsmärkte Anhang 10.

Abbildung 20: Arithmetische Mittel und Standardabweichungen der zentralen Modellvariablen

Wie aus Abbildung 20 hervorgeht, liegen mit Ausnahme von zwei Modellvariablen alle arithmetischen Mittel zwischen 3,3 und 4,7 und damit relativ nah an der Mitte der 7-stufigen Skala. Bei den zwei Ausnahmen handelt es sich um die Modellvariablen „Grad internationaler Produktstandardisierung" sowie „Potenzial für länderübergreifende Skaleneffekte", deren arithmetische Mittel innerhalb der Stichprobe vergleichsweise hoch ausfallen. Dennoch liegt die Standardabweichung bei diesen beiden Modellvariablen – genauso wie bei allen anderen Modellvariablen – (deutlich) über 1,0. Insgesamt kann von einer ausreichenden Datenstreuung für die Durchführung der varianzanalytischen Strukturgleichungsmodellierung ausgegangen werden (Weiber & Mühlhaus, 2010, S. 63-69; Backhaus et al., 2011a, S. 72-76).

Erwähnenswerte Unterschiede zwischen den beiden Industrien finden sich bei den arithmetischen Mitteln für die Modellvariablen „Grad internationaler Produktstandardisierung", „Länderübergreifende Nachfragehomogenität" sowie „Ausländische Preiselastizität der Nachfrage". So sind die arithmetischen Mittel für alle drei Modellvariablen innerhalb der Pflege- und Reinigungsmittelindustrie signifikant höher als die entsprechenden arithmetischen Mittel innerhalb der Nahrungs- und Genussmittelindustrie. Die Tatsache, dass die höheren arithmetischen Mittel für die situativen Fit-Variablen „Länderübergreifende Nachfragehomogenität" und „Ausländische Preiselastizität der Nachfrage" mit höheren arithmetischen Mitteln für die Modellvariable „Grad internationaler Produktstandardisierung" einhergehen, könnte ein erster Hinweis auf die Bestätigung der Hypothesen 1 und/oder 4 sein. Verlässliche Aussagen werden diesbezüglich aber erst auf Basis der mathematisch-statistischen Analysen in Abschnitt 4.4.3 möglich sein. Da aufgrund der erforderlichen Stichprobengröße keine Subgruppenanalysen auf Industriesegment- oder Auslandsmarktebene durchführbar sind, dienen die in Anhang 10 dargestellten arithmetischen Mittel und Standardabweichungen für die verschiedenen Industriesegmente und Auslandsmärkte lediglich der Dokumentation.

Zusätzliche Informationen über die Beschaffenheit der erhobenen Daten liefert eine deskriptiv-statistische Häufigkeitsanalyse der am Ende der Befragung erhobenen Merkmale der Befragungsteilnehmer und ihrer Unternehmen. Die Ergebnisse dieser Häufigkeitsanalyse werden in Abbildung 21 präsentiert.

Wie die Abbildung zeigt, kann von einer für die empirische Untersuchung sehr vorteilhaften Merkmalsverteilung der Befragungsteilnehmer und ihrer Unternehmen ausgegangen werden. So waren etwa 90% der Befragten zum Zeitpunkt der Befragung im Marketing, Produkt-, Brand- oder Exportmanagement sowie knapp 8% in der Geschäftsführung ihres jeweiligen Unternehmens tätig. Die Befragten waren somit prinzipiell zu einer validen Beantwortung der Fragen in der Lage. Dies gilt umso mehr, als ca. 91% der Befragten zum Zeitpunkt der Befragung seit mindestens einem Jahr in ihrem Unternehmen beschäftigt waren. Im Hinblick auf die Unternehmensgröße kann ebenfalls von einer angemessenen Stichprobenverteilung ausgegangen werden: Vor allem die Aufschlüsselung des weltweiten Gesamtumsatzes zeigt, dass alle relevanten Größenklassen ausreichend in der Stichprobe vertreten sind. Ergebnisverzerrungen aufgrund einer Stichproben-Dominanz sehr kleiner oder sehr großer Unternehmen sind demnach nicht zu erwarten. Auch die Auslandsaktivitäten der Unternehmen weisen auf eine Vorteilhaftigkeit der Daten für die empirische Untersuchung hin. So erwirtschafteten etwa 86% der Unternehmen mindestens ein Zehntel ihres Umsatzes im Ausland, knapp 95% der Unternehmen waren seit mindestens fünf Jahren international aktiv und über 97% der Unternehmen waren in mindestens fünf verschiedenen Auslandsmärkten vertreten.

Nach dieser grundsätzlichen Beschreibung der Daten werde ich im folgenden Abschnitt prüfen, inwieweit die erhobenen Daten zur Durchführung der varianzanalytischen Strukturgleichungsmodellierung geeignet sind.

Tätigkeitsbereich des Befragten (202)	Geschäftsführung	Marketing/ Produkt-/Brand-management	Exportmanagement	Sonstige[1]
	7,92%	68,82%	20,79%	2,48%

Dauer der Unternehmens-zugehörigkeit des Befragten (202)	< 1 Jahr	1-2 Jahre	3-5 Jahre	6-9 Jahre	> 9 Jahre
	8,91%	21,29%	32,18%	19,80%	17,82%

Weltweite Mitarbeiterzahl des Unternehmens (201)	< 50	50-499	500-4.999	5.000-14.999	15.000-49.999	50.000-99.999	> 99.999
	4,48%	35,32%	34,33%	6,97%	10,45%	8,46%	0,00%

Weltweiter Gesamtumsatz des Unternehmens (192)	< 1 Mio.	1-9,9 Mio.	10-24,9 Mio.	25-49,9 Mio.	50-99,9 Mio.	100-249,9 Mio.	250-499,9 Mio.	500-999,9 Mio.	1-4,9 Mrd.	> 4,9 Mrd.
	3,65%	9,90%	8,33%	9,38%	9,38%	9,38%	13,02%	11,46%	13,02%	12,50%

Auslandsanteil des Gesamtumsatzes des Unternehmens (197)	< 5%	5%-9,9%	10%-19,9%	20%-29,9%	30%-39,9%	40%-49,9%	50%-64,9%	65%-79,9%	> 79,9%
	7,11%	7,11%	18,78%	13,20%	14,72%	13,71%	12,18%	10,66%	2,54%

Dauer der Auslandstätigkeit des Unternehmens (201)	< 1 Jahr	1-4 Jahre	5-9 Jahre	10-24 Jahre	25-39 Jahre	> 39 Jahre
	0,00%	5,47%	10,95%	30,85%	19,40%	33,33%

Anzahl der Auslandsmärkte des Unternehmens (200)	1	2	3-4	5-9	10-24	25-39	40-69	70-99	> 99
	0,50%	0,00%	2,00%	11,50%	27,50%	17,00%	18,00%	14,00%	9,50%

Die auf der linken Seite aufgeführten Zahlen in Klammern geben die Anzahl an Befragungsteilnehmern an, die die entsprechenden Informationen im Rahmen der Befragung zur Verfügung gestellt haben.
(1) Zu den sonstigen Tätigkeitsbereichen zählen das Sales Management (2 Nennungen), das Country Management (1 Nennung), das Category Management (1 Nennung) sowie das Supply Chain Management (1 Nennung).

Abbildung 21: Merkmale der Befragungsteilnehmer und ihrer Unternehmen

4.4.2 Eignungsprüfung der Daten

4.4.2.1 Einführende Überlegungen

Wie in Abschnitt 4.3.2 erläutert, stellt der varianzanalytische Ansatz der Strukturgleichungsmodellierung relativ geringe Anforderungen an die zu analysierenden Daten.

Nichtsdestotrotz sind – ähnlich wie bei anderen Rechenverfahren mit regressions- oder faktorenanalytischen Elementen – bestimmte Mindestvoraussetzungen im Hinblick auf die Stichprobengröße (Abschnitt 4.4.2.2), die Stichprobenwerte (Abschnitt 4.4.2.3) und die mit Hilfe der Stichprobe erfassten Messkonstrukte (Abschnitt 4.4.2.4) zu erfüllen (Podsakoff et al., 2003; Weiber & Mühlhaus, 2010, S. 63-69 und S. 103-150). Im Folgenden werde ich prüfen, ob diese Voraussetzungen im Rahmen der vorliegenden Arbeit erfüllt sind und ob sich die erhobenen Daten somit für die durchzuführenden statistischen Analysen eignen.

4.4.2.2 Eignung der Stichprobengröße

Wie bereits erwähnt, wird als Stichprobengröße für die varianzanalytische Strukturgleichungsmodellierung üblicherweise das Zehnfache des Maximums aus (a) der Anzahl an Indikatorvariablen innerhalb des umfassendsten formativen Konstrukts und (b) der maximalen Anzahl an Regressionspfaden auf eine der endogenen Modellvariablen gefordert (Chin, 1998, S. 311; Weiber & Mühlhaus, 2010, S. 63). Während die Anzahl an Indikatorvariablen innerhalb des umfassendsten formativen Konstrukts („Grad internationaler Produktstandardisierung" und „Modifikationskosten") in der vorliegenden Arbeit bei zehn liegt, variiert die Anzahl an Regressionspfaden auf die endogene Modellvariable „Ausländischer Produktgewinn" in Abhängigkeit der verwendeten Fit-Konzeptualisierung sowie der berücksichtigten Kontrollvariablen:

Durch die Ausführungen in Abschnitt 4.4.3 wird deutlich werden, dass die Anzahl an Regressionspfaden auf die endogene Modellvariable – ohne Berücksichtigung der relevanten Kontrollvariablen – beim Fit als Matching bei 14 (ohne die Interaktionsvariablen WF und UQ bei sechs), beim Fit als Moderation in Form einer Subgruppenanalyse bei fünf (ohne die Variablen WF und UQ bei eins) und beim ggf. zur Anwendung kommenden Fit als Moderation in Form einer Interaktionsanalyse bei 19 (ohne die Variablen WF und UQ bei neun) liegt. Angesichts der formativen Zehn-Item-Konstrukte „Grad internationaler Produktstandardisierung" und „Modifikationskosten" beläuft sich die erforderliche Stichprobengröße beim Fit als Matching also auf 140 (ohne die Variablen WF und UQ auf 100), beim Fit als Moderation in Form einer Subgruppenanalyse auf 100 (auch ohne die Variablen WF und UQ) und beim Fit als Moderation in Form einer Interaktionsanalyse auf 190 (ohne die Variablen WF und UQ auf 100).

Wie durch die Ausführungen in Abschnitt 4.4.3 ebenfalls deutlich werden wird, liegt die Anzahl an Kontrollvariablen, die einen direkten Einfluss auf die endogene Modellvariable ausüben, bei elf. Dies hat zur Folge, dass die relevanten Kontrollvariablen – angesichts einer Stichprobe von 203 Fällen – nur im Rahmen des Fits als Matching und des Fits als Moderation in Form einer Interaktionsanalyse (jeweils ohne die Interaktionsvariablen WF und UQ) berücksichtigt werden können. Schließlich liegt die Gesamtanzahl an Regressionspfaden auf die endogene Modellvariable in diesen Fällen bei 17 bzw. 20 und die erforderliche Stichprobengröße damit bei 170 bzw. 200. Beim Fit als Moderation in Form einer Subgruppenanalyse läge die notwendige Stichprobengröße – bei Berücksichtigung der relevanten Kontrollvariablen – bei 160 (ohne die Variablen WF und UQ bei 120), die tatsächliche Stichprobengröße pro Subgruppe jedoch nur bei ca. 100.

Es lässt sich damit festhalten, dass die vorliegende Stichprobe von 203 Fällen – unabhängig von der verwendeten Fit-Konzeptualisierung – für eine varianzanalytische Strukturgleichungsmodellierung des *Haupt*modells ausreicht. Eine Erweiterung des Hauptmodells um diejenigen Kontrollvariablen, die einen direkten Einfluss auf die *endogene* Modellvariable ausüben, lässt sich jedoch nur im Rahmen des Fits als Matching und des Fits als Moderation in Form einer Interaktionsanalyse (jeweils ohne die Interaktionsvariablen WF und UQ) realisieren. Im Gegenzug bietet der Fit als Matching allerdings keine Möglichkeit zur Berücksichtigung derjenigen Variablen, die einen Einfluss auf die *exogenen* Modellvariablen ausüben. Schließlich liegen die exogenen Modellvariablen beim Fit als Matching nicht in ihrer Ursprungsform vor, sondern sie werden als Distanzmaße miteinander verrechnet (Venkatraman, 1989, S. 430-432; Hultman et al., 2009). Die Berücksichtigung der auf die exogenen Modellvariablen wirkenden Einflussfaktoren ist beim Fit als Moderation hingegen problemlos möglich. Diese Tatsache stellt einen weiteren Grund dafür dar, dass in Abschnitt 4.4.3 sowohl der Fit als Matching als auch der Fit als Moderation zur Anwendung kommen wird.[93]

4.4.2.3 Eignung der Stichprobenwerte

Im Hinblick auf die Stichprobenwerte sind Fragen nach der Verteilung der Werte, nach dem „Ausreißen" von Werten, nach dem Fehlen von Werten sowie nach der Verzerrung von Werten zu klären (Podsakoff et al., 2003; Tellis & Chandrasekaran, 2010; Weiber & Mühlhaus, 2010, S. 141-150). Was die Verteilung der Werte betrifft, so erfordert der varianzanalytische Ansatz der Strukturgleichungsmodellierung – wie bereits erwähnt – keinerlei Normalverteilung oder sonstige Form der Verteilung

---

[93] Vgl. zu einer ähnlichen Kombination mehrerer Fit-Konzeptualisierungen innerhalb ein und derselben empirischen Untersuchung Xu et al. (2006).

(Scholderer & Balderjahn, 2006, S. 62; Weiber & Mühlhaus, 2010, S. 63-66). Aus diesem Grund wird in dieser Arbeit auf eine Analyse von Schiefe- und Wölbungsmaßen verzichtet (Cleff, 2011, S. 62-66; Weiber & Mühlhaus, 2010, S. 146-149). Bezüglich des „Ausreißens" von Werten zeigt eine mit SPSS durchgeführte Ausreißer-Analyse auf Basis der „Box-Plot"-Funktion keine ungewöhnlichen Werte, die sachlogisch nicht begründbar wären (Cleff, 2011, S. 55-58; Weiber & Mühlhaus, 2010, S. 145-146). Auch die am Ende jeder Fragebogen-Seite erhobene „Antwortsicherheit" (vgl. Abschnitt 4.3.1.2) ist in Bezug auf die zentralen Modellvariablen in keinem der 203 Fälle auffällig gering. Demzufolge müssen keine weiteren Fälle aus der Stichprobe ausgeschlossen werden. Die Frage nach dem Fehlen von Werten („Missing Values") betrifft lediglich die Modellvariable „Wahrnehmungsfehler in Bezug auf die Situation", für die im Rahmen der Online-Befragung keine Antworten erzwungen wurden. Allerdings liegen in 198 von 203 Fällen Werte für die Variable vor, so dass lediglich fünf „Missing Values" (2,46%) zu verzeichnen sind. In diesen fünf Fällen wird eine Ersetzung der fehlenden Werte durch Mittelwertsbildung erfolgen, da komplexere zur Verfügung stehende Verfahren, wie z.B. der „EM-Algorithmus", aufgrund der gesonderten Stellung der Wahrnehmungsfehler innerhalb der Befragung aus sachlogischer Sicht keine verlässlicheren Werte liefern würden (von Hippel, 2004; Cleff, 2011, S. 25-27; Weiber & Mühlhaus, 2010, S. 142-144).

Was die Verzerrung von Werten aufgrund von „Biases" betrifft, so sind im Rahmen von Managerbefragungen vor allem (A) der „Key Informant Bias", (B) der „Non-Response Bias" sowie (C) der „Common Method Bias" von Relevanz.

(A) Die Gefahr eines Key Informant Bias besteht immer dann, wenn die Antworten innerhalb einer Befragung lediglich von einer bestimmten Art von Schlüsselpersonen vorliegen – in diesem Falle von Personen, die mit dem Produktmanagement innerhalb ihres Unternehmens be- oder vertraut sind (Phillips, 1981; Lenartowicz & Roth, 2004). Schließlich ist davon auszugehen, dass solche Personen mehr oder weniger spezifische Persönlichkeitsmerkmale aufweisen und/oder eine ganz spezifische Perspektive auf die relevanten Sachverhalte besitzen, die zu einer systematischen Beeinflussung der erhobenen Werte führen können (John & Reve, 1982; Brown et al., 2005). Auch wenn ein Key Informant Bias im Rahmen der vorliegenden Arbeit nicht vollständig ausgeschlossen werden kann, so dürften die folgenden Argumente verdeutlichen, dass die Gefahr eines solchen Biases im gegebenen Fall eher gering und vor allem alternativlos ist:

Erstens ist es unrealistisch, davon auszugehen, dass alle mit dem Produktmanagement be- oder vertrauten Personen identische oder ähnliche Persönlichkeitsmerkmale und Wahrnehmungsperspektiven besitzen. Dies gilt umso mehr, als im Rahmen der vorliegenden Arbeit unterschiedliche Industrien und Unternehmensgrößen mit vermutlich unterschiedlichen Industrie- und Unternehmenskulturen berücksichtigt wurden.[94] Zweitens sind – wie bereits erwähnt – keine objektiven oder unternehmensexternen Daten zur Erfassung der relevanten Modellvariablen verfügbar. Die Befragung unternehmensinterner Experten bzw. „Key Informants" stellt damit die einzige Möglichkeit zur Gewinnung der erforderlichen Informationen dar. Drittens kann es im gegebenen Fall sogar als vorteilhaft gelten, ausschließlich Personen zu befragen, die mit dem Produktmanagement innerhalb ihres Unternehmens be- oder vertraut sind. Schließlich verfügen nur diese Personen über das spezifische Wissen, um valide Informationen zu den relevanten Sachverhalten zu liefern. Alles in allem dürften die Vorteile einer Befragung von Schlüsselpersonen im gegebenen Fall also etwaige Nachteile deutlich überkompensieren, zumal die Gefahr systematischer Verzerrungen aufgrund der verschiedenen Industrien und Unternehmensgrößen als eher gering einzustufen ist.

(B) Im Gegensatz zum Key Informant Bias bezeichnet der Non-Response Bias systematische Verzerrungen von Werten, die dadurch entstehen, dass sich diejenigen Kontaktpersonen, die an einer Befragung teilnehmen („Respondenten"), signifikant von denjenigen Kontaktpersonen unterscheiden, die nicht an der entsprechenden Befragung teilnehmen („Nicht-Respondenten") (Chen, 1996; Hudson et al., 2004; van Goor & van Goor, 2007). So ist es z.B. denkbar, dass Respondenten deshalb an einer Befragung teilnehmen, weil sie grundsätzlich kontaktfreudiger, offener, freundlicher oder neugieriger sind. Diese Kontaktfreudigkeit, Offenheit, Freundlichkeit und Neugierde könnte dann wiederum das Antwortverhalten der Respondenten beeinflussen – mit der Folge, dass die Werte innerhalb der Stichprobe nicht repräsentativ für die Werte innerhalb der Grundgesamtheit wären. Die Gefahr eines solchen Non-Response Bias ist insbesondere bei Befragungen mit geringer Rücklaufquote gegeben (Smith et al., 2003, S. 33).

Um das Vorliegen eines Non-Response Bias zu überprüfen, liegt es nahe, bestimmte Merkmale der Respondenten mit den entsprechenden Merkmalen der Nicht-Respondenten zu vergleichen. Im vorliegenden Fall besteht jedoch das Problem, dass aufgrund der Anonymität der Befragung schlichtweg unbekannt ist, welche Personen Respondenten und welche Personen Nicht-Respondenten sind. Für solche Fälle wird in der Literatur vorgeschlagen, ersatzweise bestimmte Merkmale der Früh-Respondenten mit den entsprechenden Merkmalen der Spät-Respondenten zu vergleichen (Newman, 1962; Armstrong & Overton, 1977, S. 397). Grundlage dieses Ansatzes ist

---

[94] Vgl. zur Industrie-/Branchen- und Unternehmenskultur internationaler Unternehmen z.B. Schmid (1996), S. 115-227, sowie Kutschker & Schmid (2011), S. 679, S. 686-701 und S. 809-810.

die Annahme, dass die Spät-Respondenten – also diejenigen Personen, die erst spät an der Befragung teilgenommen haben bzw. fast gar nicht teilgenommen hätten – den Nicht-Respondenten stark ähneln. Erneut besteht im vorliegenden Fall jedoch das Problem, dass aufgrund der Anonymität der Befragung sowie aufgrund der sukzessiven Kontaktierung über einen Zeitraum von sechs Monaten unbekannt ist, welche Personen Früh-Respondenten und welche Personen Spät-Respondenten sind. Das Vorliegen eines Non-Response Bias kann in der vorliegenden Arbeit daher nicht explizit überprüft werden. Die relativ hohe Rücklaufquote von 16,37% sowie die aus Abbildung 21 hervorgehende ausgeglichene Merkmalsverteilung der Befragten und ihrer Unternehmen innerhalb der Stichprobe verdeutlichen jedoch, dass die Wahrscheinlichkeit eines Non-Response Bias als eher gering einzuschätzen ist.

(C) Der Common Method Bias bezeichnet systematische Verzerrungen von Werten, die durch die Erhebungsmethode an sich verursacht werden (Avolio et al., 1991; Podsakoff et al., 2003; Chang et al., 2010). Die Gefahr eines solches Bias ist vor allem dann hoch, wenn sich bestimmte Variable auf besonders abstrakte Sachverhalte beziehen, bei denen den Befragten ein großer subjektiver „Antwort-Spielraum" zur Verfügung steht (Podsakoff et al., 2003, S. 883-884). Die in der Literatur genannten Ursachen für einen Common Method Bias sind zahlreich (vgl. zu einem Überblick Podsakoff et al., 2003, S. 881-884). Bezogen auf die vorliegende Untersuchung lassen sich diese Ursachen in vier Kategorien unterteilen: Erstens kann es immer dann zu einer Verzerrung von Werten kommen, wenn für die Messung der exogenen und der endogenen Modellvariablen dieselbe Datenquelle pro Untersuchungsfall verwendet wird (so genannter „Single Source Bias" oder „Common Rater Effect") (Avolio et al., 1991; Kolk et al., 2002; Podsakoff et al., 2003, S. 881-883). Dabei besteht die Gefahr, dass die Befragten – z.B. aus Gründen sozialer Erwünschtheit oder Selbstrechtfertigung – stimmige und für sie vorteilhafte Antworten zu geben versuchen, die nicht notwendigerweise der Realität entsprechen müssen. Zweitens können Verzerrungen von Werten immer dann auftreten, wenn die Befragten durch die Art der Fragen-Formulierung in ihrem Antwortverhalten beeinflusst werden – z.B. als Folge mehrdeutiger, unverständlicher oder suggestiver Fragestellungen (Podsakoff et al., 2003, S. 883-884). Drittens können Verzerrungen von Werten durch die spezifische Reihenfolge der Fragen verursacht werden. So besteht z.B. die Gefahr, dass einzelne Fragen bestimmte Assoziationen oder Gefühle bei den Befragten auslösen, die die Antworten auf alle nachfolgenden Fragen beeinflussen bzw. „überstrahlen" (so genannter „Halo-Effekt") (Beckwith et al., 1978; Podsakoff et al., 2003, S. 884-885). Viertens kann der spezifische Befragungs-Kontext eine Verzerrung von Werten hervorrufen, z.B. wenn die Befragung – wie im vorliegenden Fall – ausschließlich über XING erfolgt und sich XING-Mitglieder hinsichtlich befragungsrelevanter Merkmale signifikant von Nicht-XING-Mitgliedern unterscheiden. Das letztgenannte Phänomen wird in der Literatur häufig auch als „Selection Bias" bezeichnet (Melino, 1982; Podsakoff et al., 2003, S. 884-885).

Um die Gefahr des Auftretens eines Common Method Bias zu reduzieren, werden in der Literatur zahlreiche Maßnahmen vorgestellt (vgl. zusammenfassend Podsakoff et al., 2003, S. 887-900), die im Rahmen der vorliegenden Arbeit so weit wie möglich umgesetzt wurden. So wurde in den meisten Fällen mehr als ein Produktmanager pro Unternehmen kontaktiert, um unterschiedliche persönliche Sichtweisen pro Unternehmen abzubilden. Die Verwendung mehrerer Datenquellen pro Untersuchungsfall konnte allerdings nicht realisiert werden, da aufgrund der Anonymität der Befragung keine anschließende Zuordnung der verschiedenen Quellen zum entsprechenden Untersuchungsfall möglich gewesen wäre. In Bezug auf die Fragen-Formulierung wurde darauf geachtet, dass alle Fragen eindeutig, verständlich und in keinster Weise suggestiv formuliert sind. Der bereits erwähnte Pre-Test konnte in diesem Zusammenhang wertvolle Hinweise liefern. Zudem wurde in der Einleitung der Befragung darauf hingewiesen, dass es keine „richtigen" oder „falschen" Antworten auf die gestellten Fragen gibt, damit die Befragten möglichst ehrlich antworten. Die zugesagte Anonymität der Befragung dürfte diesen Effekt weiter verstärkt haben. Ferner wurden die Skalen-Pole zu den weitgehend literaturbasierten Frage-Items immer wieder abweichend beschriftet, um das Aktivitätsniveau der Befragten aufrecht zu erhalten und dadurch die Validität der Antworten zu erhöhen.

Was die Fragen-Reihenfolge betrifft, so wurde darauf geachtet, dass diejenigen Modellvariablen mit einem eher großen Halo-Effekt-Potenzial – also vor allem die zentrale Modellvariable „Grad internationaler Produktstandardisierung" – möglichst spät innerhalb der Befragung erhoben werden. Zudem wurde in der Einleitung bewusst nicht erwähnt, dass die internationale Produktstandardisierung bzw. -differenzierung im Fokus der Befragung steht. Auf diese Weise konnten die Befragten vor allem die anfänglichen auslandsmarktbezogenen Fragestellungen weitgehend unvoreingenommen beantworten. Wie bereits erläutert, war es den Befragten außerdem nicht gestattet, zu vorherigen Fragen zurückzuklicken, um ihre Antworten anzupassen. Im Hinblick auf den Befragungs-Kontext war die XING-basierte Online-Befragung – wie in Abschnitt 4.3.1 ausführlich begründet – vorteilhaft und alternativlos. Darüber hinaus zeigen die erwähnte hohe Mitgliederzahl von XING sowie die deskriptive Statistik in Abbildung 21, dass die große Bandbreite unterschiedlicher Produktmanager und Unternehmen angemessen in der Stichprobe vertreten zu sein scheint. Die Gefahr eines Selection Bias kann damit als gering eingestuft werden. Die Tatsache, dass die Befragung über einen Zeitraum von sechs Monaten stattfand und wahlweise vom Arbeitsplatz oder von zu Hause aus bearbeitet werden konnte, dürfte die Gefahr von

Verzerrungen aufgrund des Befragungs-Kontextes zusätzlich minimieren (Podsakoff et al., 2003, S. 885-900).

Aufgrund der getroffenen Vorkehrungen kann das Vorliegen von Verzerrungen in Form eines Common Method Bias als unwahrscheinlich gelten, zumal sich einige der erhobenen Modellvariablen ohnehin auf relativ konkrete Sachverhalte beziehen. Dies gilt vor allem für die Variablen „Grad internationaler Produktstandardisierung", „Modifikationskosten" sowie „Ausländischer Produktgewinn". Nichtsdestotrotz kann die Existenz eines Common Method Bias – selbst bei sorgfältiger Konzeption des Untersuchungsdesigns – niemals vollständig ausgeschlossen werden. Aus diesem Grund wird in der Literatur unter anderem die Durchführung des so genannten „Harman's Single Factor Tests" empfohlen, mit dessen Hilfe sich *nach* Abschluss einer empirischen Erhebung analysieren lässt, inwieweit die erhobenen Daten durch einen Common Method Bias verzerrt sind (Podsakoff et al., 2003, S. 889; Malhotra et al., 2006, S. 1867-1868). Im Rahmen des Harman's Single Factor Tests wird eine explorative Faktorenanalyse für alle erhobenen Modellvariablen durchgeführt, um zu überprüfen, ob ein Großteil der Korrelationen zwischen den Variablen durch nur einen Faktor erklärt werden kann. Sollte dies der Fall sein, so kann die Wahrscheinlichkeit eines Common Method Bias als äußerst hoch gelten. Bezogen auf die vorliegende Arbeit zeigt eine entsprechende Faktorenanalyse für die Variablen des Hauptmodells, dass nicht nur ein Faktor, sondern insgesamt acht Faktoren mit einem Eigenwert[95] größer 1 extrahiert werden können (so genanntes „Kaiser-Kriterium"; Backhaus et al., 2011a, S. 359). Diese acht Faktoren erklären gemeinsam 67,80% der Gesamtvarianz aller Variablen. Dabei bildet der Faktor mit dem höchsten Eigenwert (6,55) lediglich 19,26% der Gesamtvarianz ab. Die Gefahr eines Common Method Bias kann damit tatsächlich als gering gelten.

4.4.2.4 Eignung der mit Hilfe der Stichprobe erfassten Messkonstrukte

In einem letzten Schritt gilt es zu klären, inwieweit sich die mit Hilfe der Stichprobenwerte erfassten Messkonstrukte zur Abbildung der relevanten Modellvariablen und ihrer Wirkungsbeziehungen eignen. Die entsprechende Eignungs- bzw. Güteprüfung ist separat für (A) jedes reflektive Multi-Item-Konstrukt, (B) jedes formative Multi-Item-Konstrukt sowie (C) alle exogenen Modellvariablen untereinander durchzuführen (Weiber & Mühlhaus, 2010, S. 103-140 und S. 205-210, Backhaus et al., 2011a, S. 93-96).

---

[95] Der Eigenwert eines Faktors gibt an, welche Bedeutung dieser Faktor für die Erklärung der Varianz aller betrachteten Variablen einnimmt. Vgl. hierzu z.B. Hüttner & Schwarting (2008), S. 253-254, sowie Backhaus et al. (2011a), S. 339, S. 359 und S. 390-391.

(A) Die Güteprüfung für die reflektiven Multi-Item-Konstrukte umfasst eine Eindimensionalitäts-, eine Reliabilitäts- und eine Validitätsprüfung (Weiber & Mühlhaus, 2010, S. 103-140). Im Rahmen der Eindimensionalitätsprüfung wird untersucht, ob ein Konstrukt – wie gewünscht – eine eindimensionale Faktorstruktur besitzt, also ob ein Großteil der Korrelationen zwischen den Indikatorvariablen tatsächlich durch nur einen Faktor erklärt werden kann (Weiber & Mühlhaus, 2010, S. 106-109). Zur Prüfung der Eindimensionalität wurde für die drei in Abbildung 18 dargestellten reflektiven Multi-Item-Konstrukte jeweils eine explorative Faktorenanalyse auf Basis des Hauptachsenverfahrens durchgeführt (Hüttner & Schwarting, 2008, S. 241-270; Backhaus et al., 2011a, S. 329-393). Die zentralen Ergebnisse der mit Hilfe von SPSS durchgeführten Faktorenanalysen für die drei reflektiven Multi-Item-Konstrukte werden in Abbildung 22 dargestellt.

Eindimensionalitätsprüfung für das Konstrukt „Wahrnehmungsfehler in Bezug auf die Situation" (WF):

Indikatorvariable[1]	MSA-Werte	Faktorladungen Faktor 1	Faktorladungen Faktor 2
WF1	0,76	0,84	-0,13
WF2	0,77	0,84	0,14
WF3	0,70	0,89	0,00
Faktor-Eigenwerte:		2,47	0,31
Erklärte Gesamtvarianz:		82,16%	10,32%

Eindimensionalitätsprüfung für das Konstrukt „Umsetzungsqualität in Bezug auf die Strategie" (UQ):

Indikatorvariable[1]	MSA-Werte	Faktorladungen Faktor 1	Faktorladungen Faktor 2
UQ1	0,79	0,88	-0,29
UQ2	0,75	0,92	-0,05
UQ3	0,84	0,84	0,31
UQ4	0,89	0,79	0,06
Faktor-Eigenwerte:		3,16	0,37
Erklärte Gesamtvarianz:		78,89%	9,16%

Eindimensionalitätsprüfung für das Konstrukt „Ausländischer Produktgewinn" (PG):

Indikatorvariable[1]	MSA-Werte	Faktorladungen Faktor 1	Faktorladungen Faktor 2
PG1	0,68	0,67	0,13
PG2	0,65	0,86	-0,42
PG3	0,67	0,66	-0,07
PG4	0,70	0,68	0,48
Faktor-Eigenwerte:		2,44	0,71
Erklärte Gesamtvarianz:		60,98%	17,73%

(1) Eine Erklärung der Abkürzungen findet sich in Abbildung 17.

Abbildung 22: Eindimensionalitätsprüfung für die reflektiven Multi-Item-Konstrukte auf Basis explorativer Faktorenanalysen

Wie aus der Abbildung ersichtlich wird, ist für alle drei Konstrukte eine eindimensionale Faktorstruktur identifizierbar. Schließlich kann in allen drei Fällen nur jeweils ein Faktor mit einem Eigenwert größer 1 extrahiert werden. Außerdem liegen alle MSA-Werte[96] deutlich über dem in der Literatur genannten kritischen Mindestwert von 0,50 (Kaiser & Rice, 1974; Weiber & Mühlhaus, 2010, S. 107). Die Ergebnisse der Eindimensionalitätsprüfung für die drei reflektiven Multi-Item-Konstrukte können damit als sehr zufriedenstellend gelten.

Während im Rahmen der weiter oben bereits durchgeführten Bias-Prüfung das Vorliegen *systematischer* Verzerrungen bzw. Messfehler untersucht wurde, wird bei der Reliabilitätsprüfung analysiert, inwieweit *unsystematische*, also zufällige Messfehler innerhalb der Stichprobe existieren. Eine solche Reliabilitätsprüfung gibt Auskunft darüber, wie zuverlässig und genau die relevanten Modellvariablen durch die jeweiligen Indikatorvariablen und deren Konstrukte gemessen werden (Bortz & Döring, 2006, S. 196-200). Zur Untersuchung der Reliabilität werden in der Literatur insbesondere vier zentrale Kriterien vorgeschlagen, deren Erfüllung im Rahmen der vorliegenden Arbeit mit Hilfe von SPSS überprüft wurde (Weiber & Mühlhaus, 2010, S. 110-116). Abbildung 23 fasst die Ergebnisse der Reliabilitätsprüfung zusammen.

Wie die Abbildung zeigt, können die Ergebnisse der Reliabilitätsprüfung ebenfalls als sehr zufriedenstellend gelten. So liegen alle Inter-Item-Korrelationen[97] deutlich über dem kritischen Mindestwert von 0,30 (Robinson et al., 1991, S. 13). Auch die korrigierten Item-to-Total-Korrelationen[98] übersteigen den geforderten Mindestwert von 0,50 (Zaichkowsky, 1985, S. 343). Besonders erfreulich ist, dass Cronbachs Alpha[99], welches als das aussagekräftigste Gütekriterium für reflektive Multi-Item-Konstrukte gilt (Churchill, 1979, S. 68; Nunnally & Bernstein, 1994, S. 212), in allen Fällen den kritischen Mindestwert von 0,70 übersteigt und in den meisten Fällen sogar in dem als ideal geltenden Intervall zwischen 0,80 und 0,90 liegt (Robinson et al., 1991, S. 13; Rossiter, 2002, S. 310). Diese sehr guten Werte lassen die Durchführung des varianzanalytischen Ansatzes der Strukturgleichungsmodellierung noch unbedenk-

---

[96] Der MSA-Wert (= Measure of Sampling Adequacy) gibt an, zu welchem Grad eine Indikatorvariable mit den übrigen Indikatorvariablen desselben Konstrukts „zusammenhängt". Vgl. hierzu z.B. Backhaus et al. (2011a), S. 342-343.

[97] Die Inter-Item-Korrelation bezeichnet im gegebenen Kontext die durchschnittliche Korrelation zwischen allen Indikatorvariablen eines Konstrukts. Vgl. hierzu z.B. Weiber & Mühlhaus (2010), S. 111-112.

[98] Die Item-to-Total-Korrelation bezeichnet die Korrelation einer Indikatorvariablen mit der Summe der Indikatorvariablen des jeweiligen Konstrukts. Bei der korrigierten Item-to-Total-Korrelation wird dieser Wert um die Selbstkorrelation der entsprechenden Indikatorvariablen bereinigt. Vgl. hierzu z.B. Weiber & Mühlhaus (2010), S. 112.

[99] Cronbachs Alpha (synonym: Coefficient Alpha) misst – basierend auf zufälligen Stichprobenteilungen und Inter-Korrelationsanalysen – die interne Konsistenz eines Konstrukts. Vgl. hierzu z.B. Cronbach (1951) sowie Weiber & Mühlhaus (2010), S. 110-111.

Reliabilitätsprüfung für das Konstrukt „Wahrnehmungsfehler in Bezug auf die Situation" (WF):				
Indikatorvariable[1]	Inter-Item-Korrelation	Korrigierte Item-to-Total-Korrelationen	Cronbachs Alpha gesamt	Cronbachs Alpha ohne den Indikator
WF1	0,73	0,77	0,89	0,85
WF2		0,77		0,85
WF3		0,82		0,82

Reliabilitätsprüfung für das Konstrukt „Umsetzungsqualität in Bezug auf die Strategie" (UQ):				
Indikatorvariable[1]	Inter-Item-Korrelation	Korrigierte Item-to-Total-Korrelationen	Cronbachs Alpha gesamt	Cronbachs Alpha ohne den Indikator
UQ1	0,72	0,80	0,91	0,88
UQ2		0,86		0,86
UQ3		0,77		0,89
UQ4		0,76		0,90

Reliabilitätsprüfung für das Konstrukt „Ausländischer Produktgewinn" (PG):				
Indikatorvariable[1]	Inter-Item-Korrelation	Korrigierte Item-to-Total-Korrelationen	Cronbachs Alpha gesamt	Cronbachs Alpha ohne den Indikator
PG1	0,48	0,60	0,79	0,72
PG2		0,63		0,71
PG3		0,59		0,72
PG4		0,54		0,76

(1) Eine Erklärung der Abkürzungen findet sich in Abbildung 17.

Abbildung 23: Reliabilitätsprüfung für die reflektiven Multi-Item-Konstrukte

licher erscheinen. Schließlich zeigen die Werte, dass nicht nur systematische, sondern auch unsystematische Messfehler für die entsprechenden Stichprobenwerte von eher geringer Bedeutung zu sein scheinen.

Im Rahmen der abschließenden Validitätsprüfung sollte zunächst eine gemeinsame explorative Faktorenanalyse für alle Konstrukte durchgeführt werden (Weiber & Mühlhaus, 2010, S. 104 und S. 117-118). Auf diese Weise kann überprüft werden, ob die (in diesem Falle elf) Indikatorvariablen tatsächlich wie gewünscht auf (in diesem Falle drei) unterschiedliche Faktoren mit einem Eigenwert größer 1 „laden". Zudem kann die inhaltliche Validität grundsätzlich durch eine fundierte Konzeption der Konstrukte gewährleistet werden (Weiber & Mühlhaus, 2010, S. 104 und S. 128). Dass eine solche Konzeption im Rahmen der vorliegenden Arbeit erfolgt ist und durch die am Pre-Test beteiligten Experten bestätigt wurde, ist in den Abschnitten 4.2.3 und 4.3.1 erläutert worden. Aus diesem Grund werde ich mich im vorliegenden Abschnitt auf eine Darstellung der Ergebnisse der gemeinsamen Faktorenanalyse konzentrieren. In Anlehnung an die Empfehlungen in der Literatur wurde als Faktorextraktions-

Empirische Untersuchung 121

methode das Hauptachsenverfahren[100] und als Faktorrotationsmethode die Promax-Rotation[101] verwendet (Weiber & Mühlhaus, 2010, S. 107-108 und S. 117-118). Die Ergebnisse der Faktorenanalyse finden sich in Abbildung 24.

Validitätsprüfung für die drei Konstrukte „Wahrnehmungsfehler in Bezug auf die Situation" (WF), „Umsetzungsqualität in Bezug auf die Strategie" (UQ) sowie „Ausländischer Produktgewinn" (PG):				
Indikatorvariable[(1)]	MSA-Werte	Faktorladungen Faktor 1	Faktorladungen Faktor 2	Faktorladungen Faktor 3
WF1	0,75	-0,25	0,84	-0,01
WF2	0,81	-0,31	0,83	-0,07
WF3	0,76	-0,37	0,91	-0,15
UQ1	0,81	0,85	-0,34	0,16
UQ2	0,78	0,93	-0,33	0,17
UQ3	0,85	0,81	-0,29	0,27
UQ4	0,87	0,80	-0,27	0,13
PG1	0,68	0,21	-0,05	0,69
PG2	0,66	0,10	-0,04	0,77
PG3	0,65	0,08	-0,08	0,71
PG4	0,73	0,22	-0,07	0,61
Faktor-Eigenwerte:		3,99	2,32	1,80
Erklärte Gesamtvarianz:		36,26%	21,09%	16,39%

(1) Eine Erklärung der Abkürzungen findet sich in Abbildung 17.

Abbildung 24: Validitätsprüfung für die reflektiven Multi-Item-Konstrukte auf Basis einer gemeinsamen explorativen Faktorenanalyse

Wie aus der Abbildung hervorgeht, liefert auch die durchgeführte Validitätsprüfung sehr zufriedenstellende Ergebnisse. So liegen alle MSA-Werte deutlich über dem kritischen Mindestwert von 0,50 und es können tatsächlich genau drei Faktoren mit einem Eigenwert größer 1 extrahiert werden (Kaiser & Rice, 1974; Weiber & Mühlhaus, 2010, S. 107). Diese drei Faktoren erklären gemeinsam 73,74% der Varianz innerhalb der Indikatorvariablen. Besonders erfreulich ist, dass auf jeden der drei Faktoren jeweils nur diejenigen drei bzw. vier Indikatorvariablen hoch „laden", für die dies aus sachlogischen und konzeptionellen Gründen zu erwarten ist. Da in der Literatur als kritisches Minimum für die Faktorladungen häufig ein Wert von 0,30 oder 0,50 genannt wird (Überla, 1984, S. 175-187; Hüttner & Schwarting, 2008, S. 254) und im gegebenen Fall alle Faktorladungen über 0,60 liegen, bestätigen die Ergeb-

---

[100] Vgl. zum Hauptachsenverfahren – auch in Abgrenzung zum Hauptkomponentenverfahren – erneut Backhaus et al. (2011a), S. 355-357.
[101] Die schiefwinklige Promax-Rotation zeichnet sich – z.B. im Gegensatz zur rechtwinkligen Varimax-Rotation – dadurch aus, dass die extrahierten Faktoren nicht unkorreliert sein müssen. Vgl. hierzu z.B. Weiber & Mühlhaus (2010), S. 107-108, sowie Backhaus et al. (2011a), S. 362-364.

nisse der Validitätsprüfung die Güte der Konstrukte.[102] Aus diesem Grund können alle reflektiven Multi-Item-Konstrukte wie vorgesehen in die varianzanalytische Strukturgleichungsmodellierung eingehen.

(B) Die Güteprüfung für die formativen Multi-Item-Konstrukte umfasst eine Kollinearitäts- und eine Validitätsprüfung (Weiber & Mühlhaus, 2010, S. 207-210). Im Rahmen der Kollinearitätsprüfung wird analysiert, inwieweit die Werte der formativen Indikatorvariablen kollinear – also linear abhängig – sind. Sollte dies hochgradig der Fall sein, so wird von einer „Multikollinearität" zwischen den entsprechenden Indikatorvariablen gesprochen (Weiber & Mühlhaus, 2010, S. 207-208; Backhaus et al., 2011a, S. 93-95). Eine derartige Multikollinearität ist möglichst zu vermeiden, da sie dazu führt, dass entweder die zur Berechnung der formativen Konstruktwerte erforderlichen Regressionsanalysen nicht sinnvoll durchführbar sind oder dass die späteren Modellschätzungen nicht robust sind (Weiber & Mühlhaus, 2010, S. 207-208; Backhaus et al., 2011a, S. 93). Aus diesem Grund sollten diejenigen Indikatorvariablen, die eine hohe Multikollinearität innerhalb eines formativen Konstrukts verursachen, aus dem jeweiligen Konstrukt ausgeschlossen werden, soweit dies sachlogisch vertretbar ist (Diamantopoulos & Riefler, 2008, S. 1193; Weiber & Mühlhaus, 2010, S. 208). Die Ergebnisse der Kollinearitätsprüfung für die beiden formativen Multi-Item-Konstrukte „Grad internationaler Produktstandardisierung" und „Modifikationskosten" finden sich in Abbildung 25.

Wie aus der Abbildung hervorgeht, wurden zur Prüfung der (Multi-)Kollinearität so genannte VIF-Werte[103] berechnet. Dabei wurde für jede der zehn Indikatorvariablen pro Konstrukt eine Regressionsanalyse durchgeführt, bei der die entsprechende Indikatorvariable die abhängige Variable und die übrigen neun Indikatorvariablen des Konstrukts die unabhängigen, auf Multikollinearität untersuchten Variablen darstellten. Die in Abbildung 25 angegebenen Werte je Indikatorvariable beziehen sich also auf die Multikollinearität *ohne* den jeweiligen Indikator, wobei pro Indikator lediglich das Maximum der übrigen neun VIF-Werte aufgeführt wird. Dieses Maximum sollte laut den Empfehlungen in der Literatur zwingend unter 10,0 und idealerweise bei oder unter 5,0 liegen (Kim & Timm, 2006, S. 63; Diamantopoulos & Riefler, 2008, S. 1193). Für das Konstrukt „Grad internationaler Produktstandardisierung" ist diese Bedingung vollständig erfüllt, so dass keine Indikatorvariablen aus dem Konstrukt

---

[102] Zudem zeigt die Anwendung des Fornell/Larcker-Kriteriums, dass im vorliegenden Fall von einer ausreichenden Konvergenz- und Diskriminanzvalidität ausgegangen werden kann. Vgl. zum Fornell/Larcker-Kriterium Fornell & Larcker (1981), S. 45-46, sowie zur Konvergenz- und Diskriminanzvalidität Weiber & Mühlhaus (2010), S. 132-137.

[103] Der VIF-Wert (= Variance Inflation Factor) misst im gegebenen Kontext den Grad der Multikollinearität zwischen den Indikatorvariablen eines Konstrukts. Vgl. hierzu z.B. Backhaus et al. (2011a), S. 93-96, sowie Weiber & Mühlhaus (2010), S. 207-208.

Empirische Untersuchung 123

Kollinearitätsprüfung für das Konstrukt „Grad internationaler Produktstandardisierung" (PS):		Kollinearitätsprüfung für das Konstrukt „Modifikationskoten" (MK):	
Indikatorvariable[1]	Maximale VIF-Werte ohne den Indikator	Indikatorvariable[1]	Maximale VIF-Werte ohne den Indikator
PS1	3,38	MK1	7,56
PS2	3,30	MK2	7,56
PS3	2,91	MK3	7,37
PS4	2,66	MK4	7,56
PS5	2,98	MK5	7,55
PS6	3,37	MK6	5,05
PS7	3,34	MK7	5,05
PS8	3,35	MK8	7,51
PS9	3,38	MK9	7,49
PS10	3,36	MK10	7,53

(1) Eine Erklärung der Abkürzungen findet sich in Abbildung 17.

Abbildung 25: Kollinearitätsprüfung für die formativen Multi-Item-Konstrukte

ausgeschlossen werden müssen. Beim Konstrukt „Modifikationskosten" liegen allerdings zahlreiche VIF-Werte bei 7,5, was zu Problemen im Rahmen der varianzanalytischen Strukturgleichungsmodellierung führen könnte. Wie Abbildung 25 zeigt, sind die Indikatorvariablen MK6 („Modifikationskosten Produktduft bzw. -geruch") und MK7 („Modifikationskosten Produktfarbe") die Hauptursache dieser leicht erhöhten Multikollinearität; das heißt, die Modifikationskosten für den Produktduft bzw. -geruch scheinen mit den Modifikationskosten für die Produktfarbe zu einem gewissen Grad „gleichzulaufen". Bei Verwendung von MK6 bzw. MK7 als abhängige Variable liegen die VIF-Werte für die übrigen neun Indikatoren hingegen bei maximal 5,05, was als „grenzwertig ideal" gelten kann (Diamantopoulos & Riefler, 2008, S. 1193). Aus diesem Grund sollte einer der beiden Indikatoren (MK6 oder MK7) aus dem formativen Konstrukt entfernt werden. Da die durchschnittlichen VIF-Werte beim Ausschluss von MK7 (2,92) leicht höher liegen als die durchschnittlichen VIF-Werte beim Ausschluss von MK6 (2,90), wird der Indikator MK6 aus dem Konstrukt „Modifikationskosten" entfernt. Nach dieser sachlogisch vertretbaren Entfernung (da die Modifikationskosten für den Produktduft bzw. -geruch indirekt durch die Modifikationskosten für die Produktinhaltsstoffe bzw. -zutaten erfasst werden) sinkt der maximale VIF-Wert für das Konstrukt von 7,56 auf 5,04. Dadurch kann das in der Literatur geforderte Gütekriterium nicht nur für das Konstrukt „Grad internationaler Produktstandardisierung", sondern auch für das Konstrukt „Modifikationskosten" erfüllt werden.

Bei der Validitätsprüfung formativer Konstrukte sollte eine Untersuchung der Prognosevalidität und der nomologischen Validität erfolgen (Weiber & Mühlhaus, 2010,

S. 208-210). Die Prognosevalidität bezeichnet im vorliegenden Kontext die Eigenschaft einer Indikatorvariablen, einen statistisch signifikanten Erklärungsgehalt innerhalb eines Konstrukts vorweisen zu können. Indikatorvariable mit einem statistisch insignifikanten Erklärungsgehalt besitzen demzufolge eine geringe Prognosevalidität und sollten aus dem jeweiligen Konstrukt ausgeschlossen werden, soweit dies sachlogisch vertretbar ist (Diamantopoulos & Riefler, 2008, S. 1189; Weiber & Mühlhaus, 2010, S. 209). Im Gegensatz dazu bezeichnet die nomologische Validität die Fähigkeit eines Konstrukts, die theoretisch postulierten Wirkungsbeziehungen innerhalb eines Modells statistisch signifikant abzubilden (Weiber & Mühlhaus, 2010, S. 209). Die Prognosevalidität und die nomologische Validität können jedoch nicht vorab überprüft werden, sondern sie zeigen sich erst im Rahmen der eigentlichen Strukturgleichungsmodellierung. Durch die Analysen in Abschnitt 4.4.3 wird also deutlich werden, inwieweit die beiden formativen Multi-Item-Konstrukte valide sind.

(C) Zur Güteprüfung der exogenen Modellvariablen sollte eine erneute Kollinearitätsprüfung durchgeführt werden (Backhaus et al., 2011a, S. 93-96). Wie bereits erwähnt, wird im Zuge einer Kollinearitätsprüfung untersucht, inwieweit die Werte bestimmter Variabler linear abhängig sind. Eine derartige (Multi-)Kollinearität wird für die exogenen Modellvariablen eines Strukturgleichungsmodells zwar nicht per se ausgeschlossen. Dennoch kann das Vorliegen von (Multi-)Kollinearität Einfluss auf die theoretisch postulierten Wirkungsbeziehungen haben und sollte deshalb vorab überprüft werden (Backhaus et al., 2011a, S. 93-96). Die Ergebnisse der Kollinearitätsprüfung für die sieben exogenen Variablen des Hauptmodells finden sich in Abbildung 26. Dabei sind die Indikatorvariablen der formativen Multi-Item-Konstrukte – aufgrund ihrer linearkombinatorischen Ausrichtung – direkt in die Analysen eingegangen, während für die beiden reflektiven Multi-Item-Konstrukte je ein Faktor gemäß Abbildung 22 gebildet wurde.

Wie die Abbildung zeigt, belaufen sich zahlreiche VIF-Werte auf etwa 5,6, was geringfügig über dem in der Literatur als ideal bezeichneten Maximalwert von 5,0 liegt (Diamantopoulos & Riefler, 2008, S. 1193; Weiber & Mühlhaus, 2010, S. 207-208). Hauptursache dieser leicht erhöhten Multikollinearität ist das teilweise „Gleichlaufen" der Indikatorvariablen MK4 („Modifikationskosten Produktinhaltsstoffe bzw. -zutaten") und MK5 („Modifikationskosten Produktwirkeigenschaften bzw. -geschmack"), durch deren Ausschluss aus den Berechnungen der maximale VIF-Wert auf 3,98 bzw. 3,97 sinkt. Um instabile oder ungenaue Modellschätzungen zu vermeiden, sollte deshalb der Indikator MK5 aus dem entsprechenden Konstrukt entfernt werden. Diese Entfernung ist sachlogisch durchaus vertretbar. Schließlich werden mit Hilfe des Indikators MK4 („Modifikationskosten Produktinhaltsstoffe bzw. -zutaten") indirekt auch der

Kollinearitätsprüfung für die exogenen Modellvariablen:	
Modell- bzw. Indikatorvariable[1]	Maximale VIF-Werte ohne die Variable
PS1	5,53
PS2	5,60
PS3	5,60
PS4	5,58
PS5	5,56
PS6	5,55
PS7	5,56
PS8	5,59
PS9	5,60
PS10	5,60
NH1	5,58
SE1	5,58
MK1	5,59
MK2	5,61
MK3	5,43
MK4	3,98
MK5	3,97
MK7	5,59
MK8	5,60
MK9	5,60
MK10	5,42
PE1	5,51
WF (Faktor)	5,51
UQ (Faktor)	5,58

(1) Eine Erklärung der Abkürzungen findet sich in Abbildung 17.

Abbildung 26: Kollinearitätsprüfung für die exogenen Modellvariablen

Indikator MK5 („Modifikationskosten Produktwirkeigenschaften bzw. -geschmack") sowie der bereits entfernte Indikator MK6 („Modifikationskosten Produktduft bzw. -geruch") mit erfasst. Als Folge der Konstruktbereinigung sinkt der maximale VIF-Wert für die exogenen Modellvariablen von 5,61 auf 3,97, so dass insgesamt von einer hohen Eignung des Hauptmodells für die durchzuführenden Analysen ausgegangen werden kann.

Wie die Ausführungen in den Abschnitten 4.4.2.2 bis 4.4.2.4 gezeigt haben, erfüllen die mit Hilfe der Online-Befragung erhobenen Daten bislang alle für die varianzanalytische Strukturgleichungsmodellierung erforderlichen Voraussetzungen in Bezug auf die Stichprobengröße, die Stichprobenwerte sowie die mit Hilfe der Stichprobe erfassten Messkonstrukte. Im folgenden Abschnitt kann es daher nun zur eigentlichen strukturanalytischen Auswertung der Daten sowie zur Überprüfung der in Abschnitt 3.3 entwickelten Hypothesen kommen.

4.4.3 Auswertung der Daten

4.4.3.1 Einführende Überlegungen

Wie in Abschnitt 4.2.4 erläutert, sollen die relevanten Wirkungszusammenhänge im Rahmen der Datenauswertung auf mehr als nur eine Weise erfasst werden, um unterschiedliche Auswertungsmethoden „gegeneinander zu testen" und die Untersuchungsergebnisse auf Robustheit zu überprüfen.[104] So werden der Fit als Matching (unter Einbeziehung der Erfolgs-Kriteriumsvariablen „ausländischer Produktgewinn") sowie der Fit als Moderation (in Form einer Subgruppenanalyse) zur Anwendung kommen (Venkatraman, 1989, S. 424-432). Dabei soll analysiert werden, inwieweit die unterschiedlichen Fits bzw. Nicht-Fits tatsächlich die hypothetisierten positiven oder negativen Effekte auf den ausländischen Produktgewinn ausüben. Sollte der zentrale Wirkungszusammenhang zwischen dem Grad der internationalen Produktstandardisierung und dem ausländischen Produktgewinn *grundsätzlich* signifikant positiv oder *grundsätzlich* signifikant negativ sein, so würde sich zusätzlich auch der Fit als Moderation in Form einer Interaktionsanalyse eignen (Venkatraman, 1989, S. 424-428; Sauer & Dick, 1993; Aguinis & Gottfredson, 2010). Auf diese Weise ließe sich analysieren, inwieweit der grundsätzlich positive oder grundsätzlich negative Effekt durch die verschiedenen situativen Fit-Variablen verstärkt oder abgeschwächt wird. Abbildung 27 zeigt daher zunächst die Analyseergebnisse für den grundsätzlichen Wirkungszusammenhang zwischen dem Grad der internationalen Produktstandardisierung und dem ausländischen Produktgewinn – sowohl für die Gesamtstichprobe als auch für die beiden Industrien.

Wie Abbildung 27 verdeutlicht, existiert zwischen dem Grad der internationalen Produktstandardisierung und dem ausländischen Produktgewinn ein hochsignifikanter Wirkungszusammenhang auf Konstruktebene, der sich auf Indikatorebene aber nur in Bezug auf den Produktnamen, die Produktqualität und das Verpackungsdesign sowie nur innerhalb der Nahrungs- und Genussmittelindustrie als signifikant herausstellt. Zudem fallen die Effektstärken[105] und Bestimmtheitsmaße[106] relativ gering aus.

---

[104] Vgl. zu einem ähnlichen Vorgehen erneut Xu et al. (2006).
[105] Die Effektstärke gibt an, wie stark der Effekt ist, den eine bestimmte Variable auf eine andere Variable ausübt. Konkret wird dabei gemessen, wie stark sich das Bestimmtheitsmaß für eine endogene Variable reduziert, wenn die betreffende exogene Variable aus dem Modell entfernt wird. Vgl. hierzu z.B. Chin (1998), S. 316, sowie Weiber & Mühlhaus (2010), S. 257.

Empirische Untersuchung

	Gesamtstichprobe	Pflege- und Reinigungsmittelindustrie	Nahrungs- und Genussmittelindustrie
Grad internationaler Produktstandardisierung (PS)	0,23*** (0,05; 0,06)	0,34*** (0,08; 0,13)	0,41*** (0,06; 0,20)
- Name (PS1)^c	0,15†	0,06	0,32*
- Positionierung (PS2)^c	0,04	-0,10	0,18
- Qualität (PS3)^d	0,22†	0,09	0,42*
- Inhaltsstoffe/Zutaten (PS4)	0,08	0,26	-0,02
- Wirkeigenschaften/Geschmack (PS5)^d	-0,11	-0,34	-0,02
- Duft/Geruch (PS6)	-0,15	-0,19	-0,04
- Farbe (PS7)^c	0,06	0,22	-0,23
- Verpackungsdesign (PS8)^c	-0,17†	-0,06	-0,35**
- Verpackungsgröße (PS9)^c	0,00	0,15	-0,08
- Varianten (PS10)	0,08	0,08	0,08
Stichprobengröße (N)	203	95	108
Korrigiertes Bestimmtheitsmaß (R^2_{korr})	0,05	0,12	0,17
Prognosegüte (Q^2)	0,01	0,01	0,05

Alle standardisierten Pfadkoeffizienten beziehen sich auf die endogene Modellvariable „Ausländischer Produktgewinn" (PG). Die Zahlen in Klammern geben erstens den Standardfehler und zweitens die Effektstärke an.
Die Berechnung der Signifikanzen der Industrie-Unterschiede zwischen den Pfadkoeffizienten basiert auf der verteilungsannahmenfreien PLS-MGA-Methode (Henseler et al., 2009, S. 309): ^{a} p < 0,001; ^{b} p < 0,01; ^{c} p < 0,05; ^{d} p < 0,1 (einseitige Signifikanz). Die Berechnung der übrigen Signifikanzen basiert auf der PLS-Bootstrapping-Prozedur mit 1.000 Ziehungen (Weiber & Mühlhaus, 2010, S. 255-256): *** p < 0,001; ** p < 0,01; * p < 0,05; † p < 0,1 (einseitige Signifikanz).

Abbildung 27: Analyse des Wirkungszusammenhangs zwischen dem Grad der internationalen Produktstandardisierung und dem ausländischen Produktgewinn

Die Standardfehler[107] bewegen sich hingegen in einem akzeptablen Bereich. Aufgrund des hochsignifikanten Wirkungszusammenhangs auf Konstruktebene werde ich im Rahmen der folgenden Analysen nicht nur den Fit als Matching (Abschnitt 4.4.3.2) und den Fit als Moderation in Form einer Subgruppenanalyse (Abschnitt 4.4.3.3), sondern auch den Fit als Moderation in Form einer Interaktionsanalyse (Abschnitt 4.4.3.4) anwenden. Dabei werde ich in einem ersten Schritt jeweils das Hauptmodell analysieren, bevor ich in einem zweiten Schritt die Kontroll- und Einflussvariablen in das Modell integriere.

Falls die Stichprobengröße es zulässt, werde ich zudem einen Gruppenvergleich für die beiden Industrien durchführen. Wie die Ausführungen in Abschnitt 4.4.2.2 gezeigt

---

[106] Das Bestimmtheitsmaß misst die Güte der Anpassung einer Regressionsfunktion an die empirischen Daten und gibt im vorliegenden Kontext den Anteil der erklärten Varianz an der Gesamtvarianz einer endogenen Variablen an. Beim korrigierten Bestimmtheitsmaß wird dieser Anteil um die Stichprobengröße und die Anzahl an Einflussvariablen bereinigt, so dass die Werte für unterschiedliche Stichproben und Modelle sinnvoll miteinander vergleichbar sind. Vgl. hierzu z.B. Chin (1998), S. 323, Weiber & Mühlhaus (2010), S. 256-257, sowie Backhaus et al. (2011a), S. 72-76.

[107] Der Standardfehler misst die durchschnittliche Abweichung eines geschätzten Pfadkoeffizienten vom wahren Wert des Pfadkoeffizienten. Auf diese Weise gibt der Standardfehler Auskunft über die Genauigkeit der Schätzung. Vgl. hierzu z.B. Backhaus et al. (2011a), S. 80.

haben und die folgenden Ausführungen noch zeigen werden, erfordert ein solcher Industrievergleich – ohne die Berücksichtigung der Kontroll- und Einflussvariablen – beim Fit als Matching etwa 140 Fälle pro Industrie (ohne die Variablen WF und UQ etwa 100), beim Fit als Moderation in Form einer Subgruppenanalyse – aufgrund der zweifachen Gruppenteilung (Skalenmitte und Industrie) – etwa 200 Fälle pro Industrie (auch ohne die Variablen WF und UQ) und beim Fit als Moderation in Form einer Interaktionsanalyse etwa 190 Fälle pro Industrie (ohne die Variablen WF und UQ etwa 100). Ein Industrievergleich wird daher nur beim Fit als Matching und beim Fit als Moderation in Form einer Interaktionsanalyse sowie nur in Bezug auf das Hauptmodell ohne die Variablen WF und UQ realisierbar sein. Nach Durchführung aller Analysen werde ich in Abschnitt 4.4.3.5 die Untersuchungsergebnisse konsolidieren, um die in Abschnitt 3.3 entwickelten Hypothesen zu überprüfen. Da jede der verwendeten Fit-Konzeptualisierungen andere Analyseschwerpunkte setzt, soll auf diese Weise ein möglichst umfassendes und genaues Bild der relevanten Wirkungszusammenhänge entstehen (Xu et al., 2006).

4.4.3.2 Datenauswertung auf Basis des Fits als Matching

Die Ausführungen in den Abschnitten 2.2.4 und 4.3.2 haben verdeutlicht, dass die statistischen Analysen beim Fit als Matching nicht auf den erhobenen Ursprungswerten für die exogenen Modellvariablen, sondern auf nachträglich berechneten Distanzwerten basieren (Venkatraman, 1989, S. 430-432). Hierdurch kann beim Fit als Matching untersucht werden, inwieweit z.B. eine Veränderung der Distanz zwischen der länderübergreifenden Nachfragehomogenität für ein Produkt (in diesem Falle gemessen auf einer Skala von 1 bis 7) und dem Grad der internationalen Produktstandardisierung (ebenfalls gemessen auf einer Skala von 1 bis 7) einen Einfluss auf die Höhe des ausländischen Produktgewinns ausübt. Zur Berechnung dieser Distanz wird in der vorliegenden Arbeit für alle 203 Fälle, alle zehn Produktstrategieelemente und alle vier situativen Fit-Variablen der jeweils erhobene Wert für das Produktstrategieelement vom jeweils erhobenen Wert für die situative Fit-Variable subtrahiert (Venkatraman, 1989, S. 430-432). Ein Distanzwert von 0 (z.B. als Folge einer länderübergreifenden Standardisierung der Produktinhaltsstoffe von 2 und einer länderübergreifenden Nachfragehomogenität von 2) entspricht demnach dem hypothetisierten „Optimum". Positive Distanzwerte entsprechen einer „Unterstandardisierung" und negative Distanzwerte einer „Überstandardisierung". Der Betragswert der Distanz kann als grundsätzliche „Fehlstandardisierung" interpretiert werden (Venkatraman, 1989, S. 430-432; Hultman et al., 2009).

Um möglichst detaillierte Aussagen treffen zu können, werde ich alle Analysen im Rahmen des Fits als Matching für alle drei Gruppen von Distanzwerten durchführen (Fehlstandardisierung, Unterstandardisierung, Überstandardisierung). Dabei werden im Falle der Unter- und Überstandardisierung alle negativen bzw. positiven Distanzwerte gleich 0 gesetzt, um die beiden Gruppen voneinander zu trennen. Zudem werden im Falle der Überstandardisierung alle negativen Distanzwerte mit -1 multipliziert, so dass ein hoher Distanzwert einer hohen Überstandardisierung entspricht (vgl. ähnlich bereits Katsikeas et al., 2006; Hultman et al., 2009). Auf diese Weise ergeben sich insgesamt zwölf formativ-exogene Modellvariable – nämlich je eine Variable für jede der drei Distanzgruppen und jede der vier situativen Fit-Variablen. Bei diesen zwölf Variablen handelt es sich um die „Fehl- bzw. Unter- bzw. Überstandardisierung in Bezug auf die länderübergreifende Nachfragehomogenität" (FN bzw. UN bzw. ÜN mit je zehn Indikatorvariablen für die zehn Produktstrategieelemente), die „Fehl- bzw. Unter- bzw. Überstandardisierung in Bezug auf das Potenzial für länderübergreifende Skaleneffekte" (FS bzw. US bzw. ÜS mit ebenfalls je zehn Indikatorvariablen), die „Fehl- bzw. Unter- bzw. Überstandardisierung in Bezug auf die Modifikationskosten" (FM bzw. UM bzw. ÜM mit je acht Indikatorvariablen, da die Variablen MK5 und MK6 gemäß Abschnitt 4.4.2.4 eliminiert wurden) sowie die „Fehl- bzw. Unter- bzw. Überstandardisierung in Bezug auf die ausländische Preiselastizität der Nachfrage" (FP bzw. UP bzw. ÜP mit wiederum je zehn Indikatorvariablen für die zehn Produktstrategieelemente). Außerdem wird zur besseren Interpretierbarkeit der Ergebnisse die Modellvariable „Umsetzungsqualität in Bezug auf die Strategie" (UQ) invertiert und als Modellvariable „Umsetzungsfehler in Bezug auf die Strategie" (UF) verwendet. Die auf das Hauptmodell bezogenen Analyseergebnisse für die Fehl-, Unter- und Überstandardisierung finden sich in den Abbildungen 28, 29 und 30. Dabei werden die Ergebnisse auch für die beiden Industrien aufgeschlüsselt. Die entsprechenden Korrelationsmatrizen sind Anhang 11 zu entnehmen.

Die Abbildungen zeigen, dass das Hauptmodell beim Fit als Matching – je nach betrachteter Stichprobe und Auswertungsmethode – zwischen 16% und 33% der Varianz innerhalb des ausländischen Produktgewinns erklären kann (R^2_{korr}). Diese Werte dürfen als durchaus zufriedenstellend gelten, vor allem wenn man bedenkt, wie viele andere Faktoren ebenfalls einen Einfluss auf den ausländischen Produktgewinn von Unternehmen ausüben können.[108] Ähnlich zufriedenstellend ist die Tatsache, dass die Prognosegüte[109] des Modells (Q^2) in Bezug auf den ausländischen Produkt-

---

[108] Auf einige dieser „Kontrollvariablen" werde ich weiter unten noch zu sprechen kommen.
[109] Die Prognosegüte (auch „Stone-Geisser-Kriterium") eines Modells in Bezug auf eine endogene Modellvariable gibt an, ob das Modell die Ausgangsdaten der endogenen Modellvariablen besser, genauso gut oder schlechter prognostizieren kann als eine Schätzung über Mittelwerte. Vgl. hierzu z.B. Stone (1974), Geisser (1975) sowie Weiber & Mühlhaus (2010), S. 257-258.

	Gesamtstichprobe	Pflege- und Reinigungs-mittelindustrie	Nahrungs- und Genuss-mittelindustrie
Fehlstandardisierung in Bezug auf die länderübergreifende Nachfragehomogenität (FN)[d]	-0,12[†] (0,15; 0,06)	-0,14 (0,20; 0,02)	-0,30*** (0,29; 0,13)
- Name (FN1)[a]	0,10[†]	-0,01	0,26**
- Positionierung (FN2)[a]	0,03	-0,04	0,19*
- Qualität (FN3)	0,06	0,02	0,04
- Inhaltsstoffe/Zutaten (FN4)	0,09	0,12	0,09
- Wirkeigenschaften/Geschmack (FN5)	-0,12[†]	-0,20	-0,07
- Duft/Geruch (FN6)	-0,13[†]	-0,13	0,04
- Farbe (FN7)[a]	0,07	0,20	-0,26[†]
- Verpackungsdesign (FN8)[a]	-0,04	0,01	-0,22**
- Verpackungsgröße (FN9)[a]	-0,06	0,06	-0,12
- Varianten (FN10)[a]	0,02	-0,04	0,14[†]
Fehlstandardisierung in Bezug auf das Potenzial für länderübergreifende Skaleneffekte (FS)	-0,16** (0,17; 0,10)	-0,27** (0,26; 0,08)	-0,18* (0,22; 0,04)
- Name (FS1)	-0,01	-0,04	-0,05
- Positionierung (FS2)[a]	0,02	0,14[†]	-0,07
- Qualität (FS3)	-0,07	-0,09	-0,17
- Inhaltsstoffe/Zutaten (FS4)	-0,03	-0,09	0,00
- Wirkeigenschaften/Geschmack (FS5)	-0,15[†]	-0,10	-0,17
- Duft/Geruch (FS6)[d]	0,30*	0,47*	0,10
- Farbe (FS7)[a]	-0,13	-0,31*	0,17
- Verpackungsdesign (FS8)	0,06	0,07	0,10
- Verpackungsgröße (FS9)	0,02	0,02	0,02
- Varianten (FS10)[c]	-0,03	-0,12	0,02
Fehlstandardisierung in Bezug auf die Modifikationskosten (FM)	0,18** (0,07; 0,08)	0,26** (0,11; 0,09)	0,28*** (0,18; 0,11)
- Name (FM1)	-0,03	-0,05	-0,04
- Positionierung (FM2)[d]	0,10[†]	0,04	0,22**
- Qualität (FM3)[c]	-0,13[†]	-0,05	-0,30**
- Inhaltsstoffe/Zutaten (FM4)[d]	-0,09	-0,23*	-0,06
- Farbe (FM7)	0,18*	0,18[†]	0,32**
- Verpackungsdesign (FM8)[b]	0,04	0,14[†]	-0,04
- Verpackungsgröße (FM9)	0,12*	0,17[†]	0,12[†]
- Varianten (FM10)[c]	-0,04	0,02	-0,11*

Empirische Untersuchung

	Gesamtstichprobe	Pflege- und Reinigungsmittelindustrie	Nahrungs- und Genussmittelindustrie
Fehlstandardisierung in Bezug auf die ausländische Preiselastizität der Nachfrage (FP)	0,07 (0,11; 0,03)	0,23* (0,22; 0,07)	0,26*** (0,27; 0,09)
- Name (FP1)[a]	0,06	0,00	0,19*
- Positionierung (FP2)	0,04	0,12[†]	0,03
- Qualität (FP3)[c]	0,02	0,22	-0,04
- Inhaltsstoffe/Zutaten (FP4)	0,05	0,15	0,02
- Wirkeigenschaften/Geschmack (FP5)	-0,09	-0,21	-0,19
- Duft/Geruch (FP6)	0,01	-0,18	0,01
- Farbe (FP7)[a]	-0,02	-0,16	0,12
- Verpackungsdesign (FP8)[a]	-0,05	0,12	-0,23*
- Verpackungsgröße (FP9)	0,02	0,11	0,06
- Varianten (FP10)[a]	0,00	-0,12[†]	0,11[†]
Wahrnehmungsfehler in Bezug auf die Situation (WF)	-0,14* (0,07; 0,12)		
- Interaktion WF x FN	-0,12[†] (0,11; 0,02)		
- Interaktion WF x FS	-0,11 (0,12; 0,01)		
- Interaktion WF x FM	-0,05 (0,09; 0,00)		
- Interaktion WF x FP	0,12[†] (0,12; 0,02)	Industriebezogene Analysen für diese Variablen sind aufgrund der Stichprobengröße nicht durchführbar (vgl. Abschnitt 4.4.3.1).	
Umsetzungsfehler in Bezug auf die Strategie (UF)	-0,10 (0,07; 0,15)		
- Interaktion UF x FN	0,13* (0,09; 0,02)		
- Interaktion UF x FS	0,20** (0,13; 0,05)		
- Interaktion UF x FM	0,15* (0,10; 0,02)		
- Interaktion UF x FP	-0,12[†] (0,12; 0,02)		
Stichprobengröße (N)	203	95	108
Korrigiertes Bestimmtheitsmaß (R^2_{korr})	0,33	0,28	0,31
Prognosegüte (Q^2)	0,23	0,20	0,21

Alle standardisierten Pfadkoeffizienten beziehen sich auf die endogene Modellvariable „Ausländischer Produktgewinn" (PG).
Alle Interaktionswerte wurden vor ihrer Multiplikation standardisiert.
Die Zahlen in Klammern geben für alle Hauptpfade erstens den Standardfehler und zweitens die Effektstärke an.
Die entsprechenden Korrelationsmatrizen befinden sich in Anhang 11.
Die Berechnung der Signifikanzen der Industrie-Unterschiede zwischen den Pfadkoeffizienten basiert auf der verteilungsannahmenfreien PLS-MGA-Methode (Henseler et al., 2009, S. 309): [a] $p < 0,001$; [b] $p < 0,01$; [c] $p < 0,05$; [d] $p < 0,1$ (einseitige Signifikanz). Die Berechnung der übrigen Signifikanzen basiert auf der PLS-Bootstrapping-Prozedur mit 1.000 Ziehungen (Weiber & Mühlhaus, 2010, S. 255-256): *** $p < 0,001$; ** $p < 0,01$; * $p < 0,05$; [†] $p < 0,1$ (zweiseitige Signifikanz).

Abbildung 28: Analyse der Wirkungszusammenhänge für die Fehlstandardisierung beim Fit als Matching

	Gesamtstichprobe	Pflege- und Reinigungsmittelindustrie	Nahrungs- und Genussmittelindustrie
Unterstandardisierung in Bezug auf die länderübergreifende Nachfragehomogenität (UN)[d]	-0,05 (0,10; 0,09)	0,00 (0,19; 0,00)	-0,22[†] (0,25; 0,02)
- Name (UN1)[d]	-0,02	0,00	-0,14
- Positionierung (UN2)	0,00	0,00	-0,06
- Qualität (UN3)	-0,01	0,00	-0,21
- Inhaltsstoffe/Zutaten (UN4)	-0,01	0,00	0,07
- Wirkeigenschaften/Geschmack (UN5)	0,00	0,00	-0,06
- Duft/Geruch (UN6)	0,00	0,00	-0,02
- Farbe (UN7)	-0,02	0,00	0,10
- Verpackungsdesign (UN8)	0,04	0,00	0,13
- Verpackungsgröße (UN9)	-0,03	0,00	-0,09
- Varianten (UN10)	0,00	0,00	0,05
Unterstandardisierung in Bezug auf das Potenzial für länderübergreifende Skaleneffekte (US)[a]	-0,16[†] (0,14; 0,03)	0,22[†] (0,23; 0,03)	-0,29* (0,17; 0,03)
- Name (US1)[a]	-0,07	0,02	-0,16
- Positionierung (US2)[b]	-0,03	0,03	-0,15
- Qualität (US3)[d]	-0,12[†]	-0,04	-0,24[†]
- Inhaltsstoffe/Zutaten (US4)	-0,10	-0,18	-0,08
- Wirkeigenschaften/Geschmack (US5)[a]	0,04	0,26	-0,02
- Duft/Geruch (US6)	0,18	0,18	0,09
- Farbe (US7)[a]	-0,11	-0,20	0,05
- Verpackungsdesign (US8)[d]	0,12[†]	0,06	0,23[†]
- Verpackungsgröße (US9)[c]	0,00	-0,09	0,03
- Varianten (US10)	-0,02	-0,02	-0,01
Unterstandardisierung in Bezug auf die Modifikationskosten (UM)[a]	-0,07 (0,11; 0,02)	0,27* (0,28; 0,06)	-0,12 (0,15; 0,01)
- Name (UM1)	-0,03	-0,03	-0,07
- Positionierung (UM2)[a]	0,02	0,17[†]	-0,06
- Qualität (UM3)	-0,06	-0,17[†]	-0,11
- Inhaltsstoffe/Zutaten (UM4)	0,03	0,10	0,01
- Farbe (UM7)	0,04	0,08	0,11
- Verpackungsdesign (UM8)	0,02	-0,02	0,08
- Verpackungsgröße (UM9)[a]	0,01	0,12	-0,02
- Varianten (UM10)[c]	-0,06	-0,28*	-0,03

Empirische Untersuchung 133

	Gesamtstichprobe	Pflege- und Reinigungs-mittelindustrie	Nahrungs- und Genuss-mittelindustrie
Unterstandardisierung in Bezug auf die ausländische Preiselastizität der Nachfrage (UP)	0,05 (0,11; 0,08)	-0,07 (0,19; 0,00)	0,07 (0,15; 0,00)
- Name (UP1)	0,02	-0,02	0,04
- Positionierung (UP2)	0,00	0,04	0,04
- Qualität (UP3)	0,04	-0,03	0,09
- Inhaltsstoffe/Zutaten (UP4)	0,02	-0,01	0,02
- Wirkeigenschaften/Geschmack (UP5)	-0,02	0,02	-0,02
- Duft/Geruch (UP6)	-0,02	0,01	-0,02
- Farbe (UP7)	0,02	-0,05	-0,02
- Verpackungsdesign (UP8)	-0,02	0,02	-0,03
- Verpackungsgröße (UP9)	-0,01	-0,01	-0,02
- Varianten (UP10)	0,01	-0,03	-0,01
Wahrnehmungsfehler in Bezug auf die Situation (WF)	-0,09 (0,08; 0,08)		
- Interaktion WF x UN	-0,19** (0,12; 0,04)		
- Interaktion WF x US	-0,02 (0,11; 0,00)		
- Interaktion WF x UM	0,12 (0,12; 0,01)		
- Interaktion WF x UP	0,22** (0,17; 0,04)	Industriebezogene Analysen für diese Variablen sind aufgrund der Stichprobengröße nicht durchführbar (vgl. Abschnitt 4.4.3.1).	
Umsetzungsfehler in Bezug auf die Strategie (UF)	-0,16* (0,08; 0,16)		
- Interaktion UF x UN	0,18* (0,18; 0,03)		
- Interaktion UF x US	-0,12 (0,14; 0,01)		
- Interaktion UF x UM	-0,09 (0,15; 0,01)		
- Interaktion UF x UP	0,14† (0,09; 0,02)		
Stichprobengröße (N)	203	95	108
Korrigiertes Bestimmtheitsmaß (R^2_{korr})	0,29	0,16	0,18
Prognosegüte (Q^2)	0,19	0,12	0,13

Alle standardisierten Pfadkoeffizienten beziehen sich auf die endogene Modellvariable „Ausländischer Produktgewinn" (PG).
Alle Interaktionswerte wurden vor ihrer Multiplikation standardisiert.
Die Zahlen in Klammern geben für alle Hauptpfade erstens den Standardfehler und zweitens die Effektstärke an.
Die entsprechenden Korrelationsmatrizen befinden sich in Anhang 11.
Die Berechnung der Signifikanzen der Industrie-Unterschiede zwischen den Pfadkoeffizienten basiert auf der verteilungsannahmenfreien PLS-MGA-Methode (Henseler et al., 2009, S. 309): [a] $p < 0,001$; [b] $p < 0,01$; [c] $p < 0,05$; [d] $p < 0,1$ (einseitige Signifikanz). Die Berechnung der übrigen Signifikanzen basiert auf der PLS-Bootstrapping-Prozedur mit 500 Ziehungen (Weiber & Mühlhaus, 2010, S. 255-256): *** $p < 0,001$; ** $p < 0,01$; * $p < 0,05$; † $p < 0,1$ (zweiseitige Signifikanz).

Abbildung 29: Analyse der Wirkungszusammenhänge für die Unterstandardisierung beim Fit als Matching

	Gesamtstichprobe	Pflege- und Reinigungsmittelindustrie	Nahrungs- und Genussmittelindustrie
Überstandardisierung in Bezug auf die länderübergreifende Nachfragehomogenität (ÜN)[c]	0,09 (0,12; 0,09)	0,43* (0,34; 0,08)	0,03 (0,15; 0,00)
- Name (ÜN1)	0,07	0,07	0,02
- Positionierung (ÜN2)[a]	0,03	-0,19	0,01
- Qualität (ÜN3)	0,08	0,17	0,03
- Inhaltsstoffe/Zutaten (ÜN4)[a]	0,06	0,63*	0,00
- Wirkeigenschaften/Geschmack (ÜN5)[a]	-0,07	-0,66*	0,00
- Duft/Geruch (ÜN6)[b]	-0,13	-0,55*	0,00
- Farbe (ÜN7)[a]	0,05	0,40[†]	-0,02
- Verpackungsdesign (ÜN8)	-0,07	-0,12	-0,02
- Verpackungsgröße (ÜN9)[a]	-0,01	0,24[†]	-0,01
- Varianten (ÜN10)[d]	0,04	0,13	0,01
Überstandardisierung in Bezug auf das Potenzial für länderübergreifende Skaleneffekte (ÜS)[a]	0,15* (0,15; 0,02)	-0,18 (0,21; 0,03)	0,32** (0,20; 0,08)
- Name (ÜS1)[c]	0,25*	0,06	0,41**
- Positionierung (ÜS2)[c]	0,07	-0,04	0,24[†]
- Qualität (ÜS3)	0,01	0,00	0,11
- Inhaltsstoffe/Zutaten (ÜS4)[c]	0,13	0,27	-0,07
- Wirkeigenschaften/Geschmack (ÜS5)[c]	-0,19	-0,42	-0,03
- Duft/Geruch (ÜS6)	-0,04	-0,08	-0,06
- Farbe (ÜS7)	-0,09	0,02	-0,17
- Verpackungsdesign (ÜS8)[a]	-0,08	0,09	-0,25[†]
- Verpackungsgröße (ÜS9)[c]	0,01	0,15	-0,07
- Varianten (ÜS10)	0,01	-0,03	0,10
Überstandardisierung in Bezug auf die Modifikationskosten (ÜM)[c]	0,13* (0,07; 0,04)	0,26** (0,13; 0,06)	0,04 (0,13; 0,00)
- Name (ÜM1)	0,02	0,03	0,02
- Positionierung (ÜM2)[d]	0,02	-0,10	0,03
- Qualität (ÜM3)	-0,02	0,04	-0,01
- Inhaltsstoffe/Zutaten (ÜM4)[d]	-0,06	-0,19	0,01
- Farbe (ÜM7)	0,09	0,15	0,01
- Verpackungsdesign (ÜM8)	-0,03	0,04	-0,04
- Verpackungsgröße (ÜM9)	0,03	-0,02	0,01
- Varianten (ÜM10)[c]	0,09[†]	0,23*	0,00

Empirische Untersuchung

	Gesamtstichprobe	Pflege- und Reinigungs-mittelindustrie	Nahrungs- und Genuss-mittelindustrie
Überstandardisierung in Bezug auf die ausländische Preiselastizität der Nachfrage (ÜP)[a]	0,03 (0,11; 0,03)	-0,28* (0,19; 0,03)	0,18 (0,16; 0,02)
- Name (ÜP1)[b]	0,03	-0,03	0,18
- Positionierung (ÜP2)	0,01	0,08	0,08
- Qualität (ÜP3)[a]	0,02	-0,15[†]	0,13
- Inhaltsstoffe/Zutaten (ÜP4)[a]	0,02	-0,40[†]	0,00
- Wirkeigenschaften/Geschmack (ÜP5)[a]	-0,02	0,49*	-0,04
- Duft/Geruch (ÜP6)[a]	-0,03	0,21	-0,08
- Farbe (ÜP7)	0,01	-0,17	-0,02
- Verpackungsdesign (ÜP8)[c]	-0,03	0,01	-0,23
- Verpackungsgröße (ÜP9)	0,00	-0,10	0,00
- Varianten (ÜP10)[a]	0,01	-0,07	0,06
Wahrnehmungsfehler in Bezug auf die Situation (WF)	-0,12[†] (0,08; 0,08)	Industriebezogene Analysen für diese Variablen sind aufgrund der Stichprobengröße nicht durchführbar (vgl. Abschnitt 4.4.3.1).	
- Interaktion WF x ÜN	0,12[†] (0,12; 0,02)		
- Interaktion WF x ÜS	0,05 (0,09; 0,00)		
- Interaktion WF x ÜM	-0,01 (0,10; 0,00)		
- Interaktion WF x ÜP	0,13[†] (0,12; 0,02)		
Umsetzungsfehler in Bezug auf die Strategie (UF)	-0,18** (0,07; 0,10)		
- Interaktion UF x ÜN	0,23* (0,15; 0,06)		
- Interaktion UF x ÜS	0,02 (0,10; 0,00)		
- Interaktion UF x ÜM	0,13* (0,13; 0,02)		
- Interaktion UF x ÜP	-0,09 (0,08; 0,01)		
Stichprobengröße (N)	203	95	108
Korrigiertes Bestimmtheitsmaß (R^2_{korr})	0,23	0,20	0,21
Prognosegüte (Q^2)	0,17	0,15	0,14

Alle standardisierten Pfadkoeffizienten beziehen sich auf die endogene Modellvariable „Ausländischer Produktgewinn" (PG).
Alle Interaktionswerte wurden vor ihrer Multiplikation standardisiert.
Die Zahlen in Klammern geben für alle Hauptpfade erstens den Standardfehler und zweitens die Effektstärke an.
Die entsprechenden Korrelationsmatrizen befinden sich in Anhang 11.
Die Berechnung der Signifikanzen der Industrie-Unterschiede zwischen den Pfadkoeffizienten basiert auf der verteilungsannahmenfreien PLS-MGA-Methode (Henseler et al., 2009, S. 309): [a] $p < 0,001$; [b] $p < 0,01$; [c] $p < 0,05$; [d] $p < 0,1$ (einseitige Signifikanz). Die Berechnung der übrigen Signifikanzen basiert auf der PLS-Bootstrapping-Prozedur mit 1.000 Ziehungen (Weiber & Mühlhaus, 2010, S. 255-256): *** $p < 0,001$; ** $p < 0,01$; * $p < 0,05$; [†] $p < 0,1$ (zweiseitige Signifikanz).

Abbildung 30: Analyse der Wirkungszusammenhänge für die Überstandardisierung beim Fit als Matching

gewinn in allen Fällen positiv ist. Das Modell besitzt somit für alle betrachteten Stichproben und Auswertungsmethoden eine Prognoserelevanz, da es die Ausgangsdaten für den ausländischen Produktgewinn besser prognostizieren kann als eine Schätzung über Mittelwerte (Weiber & Mühlhaus, 2010, S. 257-258). Die Güte des Modells zeigt sich zudem an der Existenz einiger (hoch)signifikanter Pfadkoeffizienten. Aufgrund der Komplexität der Analysen werden alle signifikanten Ergebnisse hinsichtlich des Fits zwischen den zehn Produktstandardisierungselementen und den vier situativen Modellvariablen nochmals in Abbildung 31 – separat für die drei Stichproben (Gesamtstichprobe, Pflege- und Reinigungsmittelindustrie, Nahrungs- und Genussmittelindustrie) – dargestellt.

Wie die Abbildung zeigt, sind die signifikanten Analyseergebnisse über alle drei Auswertungsmethoden hinweg (Fehlstandardisierung, Unterstandardisierung, Überstandardisierung) konsistent, was für eine hohe Robustheit des Modells spricht. Eine detaillierte, hypothesenbezogene Auswertung der Analyseergebnisse werde ich erst in Abschnitt 4.4.3.5 vornehmen. Bezogen auf die zehn Elemente der Produktstrategie deuten sich aber schon jetzt die folgenden Tendenzen an:

- Im Falle des *Produktnamens* scheint eine Überstandardisierung vorteilhaft zu sein, vor allem in Bezug auf die situative Variable SE.
- Die Ergebnisse zur *Produktpositionierung* sind uneinheitlich. In Bezug auf die situative Variable SE eignet sich eher eine Überstandardisierung und in Bezug auf MK eher eine Unterstandardisierung.
- Für die *Produktqualität* ist ein Fit anzustreben, zumindest in Bezug auf die situative Variable MK.
- Im Falle der *Produktinhaltsstoffe bzw. -zutaten* eignet sich ein Fit vor allem in Bezug auf die situative Variable MK, jedoch mit Tendenz zur Überstandardisierung in Bezug auf NH.
- Für die *Produktwirkeigenschaften bzw. den -geschmack* eignet sich ebenfalls ein Fit in Bezug auf die situativen Variablen NH und SE, jedoch mit Tendenz zur Überstandardisierung in Bezug auf PE.
- Im Falle des *Produktdufts bzw. -geruchs* ist ein Fit in Bezug auf die situative Variable NH anzustreben.
- Für die *Produktfarbe* eignet sich ebenfalls ein Fit in Bezug auf die situativen Variablen NH und SE, jedoch mit Tendenz zur Überstandardisierung in Bezug auf NH.
- Im Falle des *Verpackungsdesigns* ist ein Fit in Bezug auf die situative Variable NH vorteilhaft, jedoch mit Tendenz zur Unterstandardisierung in Bezug auf SE.

Empirische Untersuchung

		Länderüber-greifende Nachfrage-homogenität (NH)	Potenzial für länderüber-greifende Skaleneffekte (SE)	Modifikations-kosten (MK)	Ausländische Preiselastizität der Nachfrage (PE)
Gesamtstichprobe	Name (PS1)	NF	Ü	-	-
	Positionierung (PS2)	-	-	NF	-
	Qualität (PS3)	-	NU	F	-
	Inhaltsstoffe/Zutaten (PS4)	-	-	-	-
	Wirkeigenschaften/Geschmack (PS5)	F	F	-	-
	Duft/Geruch (PS6)	F	NF	-	-
	Farbe (PS7)	-	-	NF	-
	Verpackungsdesign (PS8)	-	U	-	-
	Verpackungsgröße (PS9)	-	-	NF	-
	Varianten (PS10)	-	-	Ü	-
Pflege- und Reinigungsmittelindustrie	Name (PS1)	-	-	-	-
	Positionierung (PS2)	-	NF	U	NF
	Qualität (PS3)	-	-	NU	NÜ
	Inhaltsstoffe (PS4)	Ü	-	F	NÜ
	Wirkeigenschaften (PS5)	NÜ	-	-	Ü
	Duft (PS6)	NÜ	NF	-	-
	Farbe (PS7)	Ü	F	NF	-
	Verpackungsdesign (PS8)	-	-	NF	-
	Verpackungsgröße (PS9)	Ü	-	NF	-
	Varianten (PS10)	-	-	NU,Ü → Ü	F
Nahrungs- und Genussmittelindustrie	Name (PS1)	NF	Ü	-	NF
	Positionierung (PS2)	NF	Ü	NF	-
	Qualität (PS3)	-	NU	F	-
	Zutaten (PS4)	-	-	-	-
	Geschmack (PS5)	-	-	-	-
	Geruch (PS6)	-	-	-	-
	Farbe (PS7)	F	-	NF	-
	Verpackungsdesign (PS8)	F	U,NÜ → U	-	F
	Verpackungsgröße (PS9)	-	-	NF	-
	Varianten (PS10)	NF	-	F	NF

Zur Maximierung des ausländischen Produktgewinns ist für das betreffende Produktstrategieelement in Bezug auf die jeweilige situative Modellvariable...
F = ...ein Standardisierungs-Fit erforderlich.
NF = ...ein Standardisierungs-Nicht-Fit erforderlich (also eine Unter- oder Überstandardisierung).
U = ...eine Unterstandardisierung erforderlich.
NU = ...eine Nicht-Unterstandardisierung erforderlich (also ein Standardisierungs-Fit oder eine Überstandardisierung).
Ü = ...eine Überstandardisierung erforderlich.
NÜ = ...eine Nicht-Überstandardisierung erforderlich (also ein Standardisierungs-Fit oder eine Unterstandardisierung).

Abbildung 31: Signifikante Analyseergebnisse beim Fit als Matching

- Für die *Verpackungsgröße* eignet sich eine Überstandardisierung in Bezug auf die situative Variable NH.

- Für das Angebot an *Produktvarianten* ist ein Fit in Bezug auf die situative Variable MK – und innerhalb der Pflege- und Reinigungsmittelindustrie auch in Bezug auf PE – anzustreben, jedoch mit Tendenz zur Überstandardisierung im Falle von MK.

Insgesamt ist ein Fit also vor allem für die Produktqualität sowie für den Produktduft bzw. -geruch anzustreben. Ein Fit mit Tendenz zur Überstandardisierung eignet sich insbesondere für die Produktinhaltsstoffe bzw. -zutaten, die Produktwirkeigenschaften bzw. den -geschmack, die Produktfarbe sowie das Angebot an Produktvarianten, wobei für alle vier Produktstrategieelemente teilweise recht hohe Pfadkoeffizienten vorliegen. Ein Fit mit Tendenz zur Unterstandardisierung scheint im Falle des Verpackungsdesigns vorteilhaft zu sein – auch hier liegen teilweise sehr hohe Pfadkoeffizienten vor. Und die Strategie einer deutlichen Überstandardisierung sollte in Bezug auf den Produktnamen und die Verpackungsgröße verfolgt werden. Uneinheitlich sind hingegen die Ergebnisse im Hinblick auf die Produktpositionierung. Die noch ausstehenden Analysen in den Abschnitten 4.4.3.3 und 4.4.3.4 könnten diesbezüglich Klarheit schaffen.

Was die Wahrnehmungsfehler in Bezug auf die Situation sowie die Umsetzungsfehler in Bezug auf die Strategie betrifft, so liefern die Analysen beim Fit als Matching kaum zufriedenstellende Ergebnisse. Zwar sind die direkten Gewinneffekte der beiden Variablen wie erwartet negativ; doch die hypothetisierten Interaktionseffekte bestätigen sich lediglich (teilweise) im Falle der Wahrnehmungsfehler in Bezug auf die länderübergreifende Nachfragehomogenität. Ein Grund für die ansonsten insignifikanten oder widersprüchlichen Ergebnisse könnte darin liegen, dass die Variablen WF und UF beim Fit als Matching nicht mit den Ursprungsdaten zur Produktstrategie, sondern mit Distanzwerten interagieren, bei denen die Ursprungsdaten zur Produktstrategie mit den Ursprungsdaten zu den situativen Modellvariablen verrechnet sind. Die Ausführungen in den Abschnitten 4.4.3.3 und 4.4.3.4 werden zeigen, ob Analysen auf Basis der Ursprungsdaten zu besseren Ergebnissen führen.

Zuvor sollen in das Hauptmodell beim Fit als Matching noch verschiedene Kontrollvariable integriert werden. Wie in den Abschnitten 4.4.2.2 und 4.4.3.1 erläutert, ist die Integration von Kontrollvariablen aufgrund der erforderlichen Stichprobengröße nur für die Gesamtstichprobe und nur ohne die Interaktionsterme der Variablen WF und UF möglich. Zudem wird die Integration der Kontrollvariablen auf die Auswertungsmethode der Fehlstandardisierung beschränkt, da die bisherigen Ausführungen gezeigt haben, dass die Analyseergebnisse über alle drei Auswertungsmethoden hinweg (Fehlstandardisierung, Unterstandardisierung, Überstandardisierung) konsistent sind. Die Ergebnisse für das um die Kontrollvariablen erweiterte Hauptmodell finden sich in Abbildung 32. Die entsprechende Korrelationsmatrix ist Anhang 11 zu entnehmen. Aufgrund der Fokussierung auf den Einfluss der Kontrollvariablen wird in Abbildung 32 auf eine Aufschlüsselung der formativen Konstrukte des Hauptmodells verzichtet.

Aus der Abbildung geht hervor, dass die Integration der elf Kontrollvariablen lediglich zu einer geringen und insignifikanten Steigerung des Varianzerklärungsanteils um 0,05 (ΔR^2_{korr}) und der Prognosegüte um 0,04 (ΔQ^2) führt. Zudem bleiben alle signifikanten Wirkungszusammenhänge des Hauptmodells bestehen. Dies spricht für eine hohe relative Erklärungskraft und Relevanz des Hauptmodells. Auch wenn eine detaillierte Auswertung aller Kontrollvariablen-Einflüsse erst in Abschnitt 4.4.3.5 erfolgen wird, so lässt sich schon jetzt vorläufig festhalten, dass fünf Kontrollvariable im gegebenen Kontext von besonderer Bedeutung zu sein scheinen. Hierbei handelt es sich zum einen um die Variablen „Zufriedenheit der Kunden mit dem Produkt im entsprechenden Auslandsmarkt" (KE13) sowie „Erfahrung des Unternehmens mit dem entsprechenden Auslandsmarkt" (KE36), welche beide – wie erwartet – einen signifikant positiven Einfluss auf den ausländischen Produktgewinn ausüben (vgl. ähnlich bereits Ittner & Larcker, 1998; Delios & Beamish, 2001). Einen signifikant negativen Einfluss auf den ausländischen Produktgewinn übt erwartungsgemäß die „Wettbewerbsintensität für das Produkt im entsprechenden Auslandsmarkt" (KE22) aus (vgl. ähnlich bereits Ramaswamy, 2001). Was die Elemente der Marketing-Mix-Strategie betrifft, so zeigt sich zudem, dass die „Großhandelspreise für das Produkt" (KE32) länderspezifisch differenziert werden sollten, wohingegen die „Werbemaßnahmen für das Produkt" (KE35) eher länderübergreifend standardisiert werden sollten (vgl. ähnlich bereits Lages & Montgomery, 2005; Ko et al., 2007; Zentes et al., 2010, S. 408-414). Die Integration weiterer Einflussvariabler ist – wie in Abschnitt 4.4.2.2 erläutert – nur beim Fit als Moderation möglich, dem ich mich in den folgenden beiden Abschnitten widmen werde. In Abschnitt 4.4.3.5 wird es außerdem zu einer Konsolidierung aller relevanten Kontroll- und Einflussvariablen-Beziehungen kommen.

	Gesamtstichprobe
Fehlstandardisierung in Bezug auf die länderübergreifende Nachfragehomogenität (FN)	-0,14* (0,19; 0,02)
Fehlstandardisierung in Bezug auf das Potenzial für länderübergreifende Skaleneffekte (FS)	-0,18* (0,20; 0,04)
Fehlstandardisierung in Bezug auf die Modifikationskosten (FM)	0,17** (0,07; 0,04)
Fehlstandardisierung in Bezug auf die ausländische Preiselastizität der Nachfrage (FP)	0,08 (0,12; 0,01)
Wahrnehmungsfehler in Bezug auf die Situation (WF)	-0,17* (0,07; 0,03)
Umsetzungsfehler in Bezug auf die Strategie (UF)	0,01 (0,07; 0,00)
Weltweite Bedeutung des Produkts für den weltweiten Gesamtumsatz des Unternehmens (KE10)	-0,05 (0,07; 0,00)
Auslandsmarktbezogene Bedeutung des Produkts für den weltweiten Umsatz mit dem Produkt (KE11)	0,05 (0,08; 0,00)
Zufriedenheit der Kunden mit dem Produkt im entsprechenden Auslandsmarkt (KE13)	0,15* (0,07; 0,02)
Umsatzpotenzial für das Produkt im entsprechenden Auslandsmarkt (KE20)	0,07 (0,06; 0,01)
Wettbewerbsintensität für das Produkt im entsprechenden Auslandsmarkt (KE22)	-0,20** (0,06; 0,05)
Staatliche Regulierung für das Produkt im entsprechenden Auslandsmarkt (KE23)	-0,02 (0,07; 0,00)
Grad internationaler Standardisierung der Großhandelspreise für das Produkt (KE32)	-0,21** (0,08; 0,03)
Grad internationaler Standardisierung der Einzelhandelspreise für das Produkt (KE33)	0,03 (0,08; 0,00)
Grad internationaler Standardisierung der Vertriebskanäle für das Produkt (KE34)	-0,01 (0,07; 0,00)
Grad internationaler Standardisierung der Werbemaßnahmen für das Produkt (KE35)	0,11† (0,07; 0,01)
Erfahrung des Unternehmens mit dem entsprechenden Auslandsmarkt (KE36)	0,16* (0,08; 0,02)
Stichprobengröße (N)	203
Korrigiertes Bestimmtheitsmaß (R^2_{korr}) ohne Kontrollvariable	0,21
Korrigiertes Bestimmtheitsmaß (R^2_{korr}) mit Kontrollvariablen	0,26
Veränderung des korrigierten Bestimmtheitsmaßes durch die Kontrollvariablen (ΔR^2_{korr})	+0,05
Prognosegüte (Q^2) ohne Kontrollvariable	0,15
Prognosegüte (Q^2) mit Kontrollvariablen	0,19
Veränderung der Prognosegüte durch die Kontrollvariablen (ΔQ^2)	+0,04

Alle standardisierten Pfadkoeffizienten beziehen sich auf die endogene Modellvariable „Ausländischer Produktgewinn" (PG). Die Zahlen in Klammern geben erstens den Standardfehler und zweitens die Effektstärke an.
Die entsprechende Korrelationsmatrix befindet sich in Anhang 11.
Die Berechnung der Signifikanzen basiert auf der PLS-Bootstrapping-Prozedur mit 1.000 Ziehungen: *** $p < 0,001$; ** $p < 0,01$; * $p < 0,05$; † $p < 0,1$ (zweiseitige Signifikanz).

Abbildung 32: Erweiterung des Hauptmodells um die Kontrollvariablen beim Fit als Matching

4.4.3.3 Datenauswertung auf Basis des Fits als Moderation in Form einer Subgruppenanalyse

Wie in Abschnitt 2.2.4 erläutert, kommt es beim Fit als Moderation in Form einer Subgruppenanalyse zu einer Aufteilung der Gesamtstichprobe in mindestens zwei Untergruppen. Für diese Untergruppen werden anschließend separat dieselben statistischen Analysen durchgeführt, bevor die Analyseergebnisse hinsichtlich signifikanter Intergruppen-Unterschiede überprüft werden. Die Aufteilung der Gesamtstichprobe erfolgt dabei üblicherweise auf Basis unterschiedlicher Wertebereiche der moderierenden Variablen (Venkatraman, 1989, S. 426).

Im Rahmen der vorliegenden Arbeit wird für jede der vier situativen Fit-Variablen eine Teilung der Gesamtstichprobe in zwei Untergruppen vorgenommen, bevor die Analyseergebnisse für die verschiedenen Teilgruppen auf signifikante Unterschiede hin überprüft werden. Da die Ausführungen in Abschnitt 4.4.2.3 gezeigt haben, dass systematische Verzerrungen für die erhobenen Stichprobenwerte weitgehend auszuschließen sind, wird die Stichprobenteilung nicht auf Basis eines „Median-Splits", sondern anhand der Skalenmitte erfolgen (Sauer & Dick, 1993; Homburg et al., 2007, S. 28-30). So wird die Gesamtstichprobe z.B. in die Gruppe „NH gering" mit einer länderübergreifenden Nachfragehomogenität kleiner 4 und in die Gruppe „NH hoch" mit einer länderübergreifenden Nachfragehomogenität größer 4 unterteilt. Alle Fälle mit einer länderübergreifenden Nachfragehomogenität gleich 4 werden anschließend der kleineren der beiden Gruppen zugewiesen, damit beide Gruppen etwa gleich groß sind. Gemäß Hypothese 1 müsste der Einfluss der internationalen Produktstandardisierung auf den ausländischen Produktgewinn innerhalb der Gruppe „NH hoch" – im Vergleich zur Gruppe „NH gering" – dann deutlicher positiver (oder überhaupt erst signifikant positiv) ausfallen, wenn Hypothese 1 korrekt sein sollte. Die beschriebene Stichprobenteilung und Intergruppen-Analyse wird analog auch für die anderen drei situativen Fit-Variablen durchgeführt werden.[110]

Wie die Analysen in diesem Abschnitt verdeutlichen werden, ermöglicht eine Stichprobenteilung anhand der Skalenmitte tatsächlich in fast allen Fällen die Bildung von zwei etwa gleich großen Gruppen. Die meisten der Untergruppen sind damit ausreichend groß, um die gewünschten statistischen Analysen durchführen zu können. Lediglich in Bezug auf das Potenzial für länderübergreifende Skaleneffekte führt eine Stichprobenteilung auf Basis der Skalenmitte zu einer Gruppe „SE hoch" mit 165 Fällen und einer Gruppe „SE gering" mit 38 Fällen. Dies liegt – wie aus Abbildung 20 hervorgeht – darin begründet, dass innerhalb der Gesamtstichprobe ein überdurch-

---

[110] Im Falle der Modifikationskosten erfolgt die Stichprobenteilung auf Basis der arithmetischen Mittel aller acht Indikatorvariablen des formativen Konstrukts.

schnittlich hohes Potenzial für länderübergreifende Skaleneffekte existiert. Separate Analysen für die Untergruppe „SE gering" werden aufgrund der geringen Gruppengröße daher leider nicht durchführbar sein.

Abbildung 33 zeigt die Ergebnisse der einzelnen Subgruppenanalysen sowie die Signifikanzen der Intergruppen-Unterschiede. Dabei gehen bei allen Subgruppenanalysen die drei jeweils nicht zur Stichprobenteilung verwendeten situativen Fit-Variablen als Interaktionsterme in die Analysen ein. Hierdurch sollen untergruppenspezifische Aussagen ermöglicht werden, in deren Rahmen alle situativen Fit-Variablen – und damit die gesamte entscheidungsrelevante Situation – möglichst umfassend berücksichtigt werden. Wie in Abschnitt 4.4.3.1 erläutert, können aufgrund der untergruppenbezogenen Stichprobenteilung allerdings keine separaten Betrachtungen auf der Ebene der beiden Industrien erfolgen. Die entsprechenden Korrelationsmatrizen zu Abbildung 33 befinden sich in Anhang 12.

Wie Abbildung 33 zeigt, kann das Hauptmodell beim Fit als Moderation in Form einer Subgruppenanalyse – je nach betrachteter Teilgruppe – zwischen 29% und 48% der Varianz innerhalb des ausländischen Produktgewinns erklären (R^2_{korr}). Diese Werte liegen nochmals deutlich über den Varianzerklärungsanteilen beim Fit als Matching. Ein Grund hierfür könnte darin bestehen, dass es beim Fit als Moderation zu keiner separaten, sondern zu einer gleichzeitigen Betrachtung von Fehl-, Unter- und Überstandardisierung kommt. Als Folge davon sind die Analysen beim Fit als Moderation allerdings weniger stark differenziert als die Analysen beim Fit als Matching. Im Gegenzug können beim Fit als Moderation in Form einer Subgruppenanalyse – durch die Integration der situativen Interaktionseffekte – besonders vorteilhafte situative Konstellationen identifiziert werden, auf die ich weiter unten noch zu sprechen kommen werde.

Die Prognosegüte des Modells (Q^2) in Abbildung 33 ist für alle Teilgruppen positiv, so dass von einer Prognoserelevanz des Modells ausgegangen werden kann. Zudem sind einige Pfadkoeffizienten und Intergruppen-Unterschiede signifikant, was zusätzlich für eine gewisse Güte des Modells spricht. Allerdings existiert nur eine Konstellation, bei der sowohl die Analyseergebnisse für beide Teilgruppen als auch der Intergruppen-Unterschied signifikant sind – nämlich im Falle der Produktinhaltsstoffe bzw. -zutaten in Bezug auf die Modifikationskosten. Alle übrigen gruppenübergreifenden Analyseergebnisse können daher lediglich als Tendenzaussagen verstanden werden. Aufgrund der Komplexität der Analysen werden die (teilweise oder vollständig) signifikanten Ergebnisse bezüglich des Fits zwischen den zehn Produktstandardisierungselementen und den vier situativen Modellvariablen in Abbildung 34 zusammenfassend dargestellt.

Empirische Untersuchung

	NH gering	NH hoch	Intergruppen-Signifikanzen	SE gering	SE hoch	Intergruppen-Signifikanzen	MK gering	MK hoch	Intergruppen-Signifikanzen	PE gering	PE hoch	Intergruppen-Signifikanzen
Grad internationaler Produktstandardisierung (PS)	-0,28** (0,27; 0,70)	0,18† (0,13; 0,27)	1,000***	Aufgrund der Gruppengröße sind für diese Untergruppe keine Analysen durchführbar.	0,27*** (0,13; 0,34)	Aufgrund der geringen Größe der Untergruppe „SE gering" sind für die situative Fit-Variable SE keine Intergruppen-Analysen durchführbar.	0,31** (0,15; 0,36)	0,31** (0,34; 0,26)	0,506	-0,16** (0,18; 0,24)	0,20† (0,12; 0,94)	0,998**
- Name (PS1)	0,15*	0,01	0,931†		0,07		0,15	0,18*	0,605	0,08	0,11	0,609
- Positionierung (PS2)	0,03	0,07	0,702		0,07		0,05	0,09	0,621	0,10	-0,04	0,998**
- Qualität (PS3)	0,16†	0,01	0,895		0,19*		0,08	0,27	0,861	0,05	0,19	0,844
- Inhaltsstoffe/Zutaten (PS4)	0,20*	0,02	0,954*		0,13†		0,31*	-0,42*	1,000***	0,12	0,02	0,835
- Wirkeigenschaften/Geschmack (PS5)	-0,21*	0,07	1,000***		-0,04		-	-	-	-0,13	-0,07	0,707
- Duft/Geruch (PS6)	-0,30*	0,03	1,000***		-0,26**		-	-	-	-0,18	-0,02	0,888
- Farbe (PS7)	0,16†	0,02	0,921†		0,20*		0,15†	0,19	0,583	0,05	0,05	0,521
- Verpackungsdesign (PS8)	-0,15*	-0,10	0,699		-0,20*		-0,22*	-0,13	0,757	-0,14	-0,09	0,677
- Verpackungsgröße (PS9)	-0,08	0,11	1,000***		0,00		0,12	0,00	0,918†	0,05	-0,04	0,918†
- Varianten (PS10)	0,12†	-0,03	1,000***		0,04		-0,05	0,08	0,940†	0,03	0,06	0,697
Länderübergreifende Nachfragehomogenität (NH)	-	-	-		-0,12* (0,07; 0,03)		-0,04 (0,09; 0,00)	0,01 (0,08; 0,00)	0,687	0,03 (0,08; 0,06)	-0,18* (0,08; 0,06)	0,998**
- Interaktion NH x PS	-	-	-		0,07 (0,08; 0,01)		0,06 (0,12; 0,00)	-0,07 (0,14; 0,00)	0,860	0,06 (0,10; 0,00)	0,05 (0,12; 0,00)	0,527
Potenzial für länderübergreifende Skaleneffekte (SE)	0,06 (0,09; 0,05)	-0,17* (0,09; 0,05)	1,000***		-		-0,04 (0,09; 0,03)	-0,06 (0,09; 0,02)	0,570	-0,19* (0,08; 0,09)	0,13 (0,09; 0,04)	1,000***
- Interaktion SE x PS	0,17† (0,13; 0,05)	0,15† (0,16; 0,02)	0,592		-		0,14 (0,19; 0,02)	0,11 (0,13; 0,01)	0,623	-0,19* (0,12; 0,05)	0,07 (0,14; 0,00)	0,994**
Modifikationskosten (MK)	-0,14 (0,17; 0,09)	-0,21* (0,22; 0,09)	0,701		-0,18* (0,16; 0,06)		-	-	-	-0,24** (0,16; 0,09)	-0,10 (0,20; 0,17)	0,839
- Interaktion MK x PS	-0,17 (0,18; 0,04)	-0,12 (0,18; 0,02)	0,640		-0,08 (0,11; 0,01)		-	-	-	-0,04 (0,15; 0,00)	-0,32* (0,26; 0,12)	0,962*

	NH gering	NH hoch	Intergruppen-Signifikanzen	SE gering	SE hoch	Intergruppen-Signifikanzen	MK gering	MK hoch	Intergruppen-Signifikanzen	PE gering	PE hoch	Intergruppen-Signifikanzen
Ausländische Preiselastizität der Nachfrage (PE)	0,05 (0,08; 0,05)	-0,18* (0,08; 0,05)	1,000***	Aufgrund der Gruppengröße sind für diese Untergruppe keine Analysen durchführbar.	-0,04 (0,06; 0,02)	Aufgrund der geringen Größe der Untergruppe „SE gering" sind für die situative Fit-Variable SE keine Intergruppen-Analysen durchführbar.	-0,10 (0,09; 0,04)	-0,12† (0,09; 0,05)	0,573	-	-	-
- Interaktion PE x PS	0,18* (0,09; 0,05)	0,01 (0,11; 0,00)	0,939†		0,12* (0,07; 0,02)		0,12 (0,09; 0,02)	0,19** (0,15; 0,04)	0,738	-	-	-
Wahrnehmungsfehler in Bezug auf die Situation (WF)	-0,24* (0,10; 0,10)	-0,09 (0,12; 0,02)	0,879		-0,17* (0,08; 0,08)		-0,17† (0,11; 0,05)	-0,06 (0,12; 0,04)	0,803	-0,24** (0,09; 0,14)	-0,02 (0,12; 0,10)	0,960*
- Interaktion WF x PS	-0,11 (0,15; 0,02)	0,07 (0,13; 0,01)	0,971*		0,17† (0,13; 0,04)		0,11 (0,15; 0,02)	0,16 (0,18; 0,02)	0,643	0,19** (0,15; 0,05)	-0,27* (0,27; 0,10)	1,000***
Umsetzungsqualität in Bezug auf die Strategie (UQ)	-0,08 (0,11; 0,15)	0,19* (0,10; 0,09)	0,998**		0,12† (0,07; 0,10)		-0,20* (0,16; 0,11)	0,34** (0,12; 0,09)	1,000***	0,08 (0,09; 0,06)	0,19† (0,14; 0,08)	0,815
- Interaktion UQ x PS	0,32** (0,19; 0,15)	0,16† (0,17; 0,03)	0,858		0,26** (0,16; 0,09)		0,23* (0,16; 0,05)	-0,07 (0,21; 0,00)	0,983*	0,19* (0,17; 0,04)	0,16 (0,16; 0,02)	0,606
Stichprobengröße (N)	100	103		38	165		107	96		114	89	
- Pflege- und Reinigungsmittelindustrie	36	59		20	75		43	52		42	53	
- Nahrungs- und Genussmittelindustrie	64	44		18	90		64	44		72	36	
Korrigiertes Bestimmtheitsmaß (R^2_{korr})	0,44	0,33	-	-	0,33		0,31	0,29		0,34	0,48	
Prognosegüte (Q^2)	0,15	0,25		-	0,12		0,26	0,23		0,24	0,32	

Alle standardisierten Pfadkoeffizienten beziehen sich auf die endogene Modellvariable „Ausländischer Produktgewinn" (PG).
Alle Interaktionswerte wurden vor ihrer Multiplikation standardisiert.
Die Zahlen in Klammern geben für alle Hauptpfade erstens den Standardfehler und zweitens die Effektstärke an.
Die entsprechenden Korrelationsmatrizen befinden sich in Anhang 12.
Die Intergruppen-Signifikanzen geben die Wahrscheinlichkeit an, mit der die jeweiligen Gruppenunterschiede zwischen den Pfadkoeffizienten nicht zufällig existieren. Die Berechnung dieser Wahrscheinlichkeiten basiert auf der verteilungsannahmenfreien PLS-MGA-Methode (Henseler et al., 2009, S. 309). Die Berechnung der übrigen Signifikanzen basiert auf der PLS-Bootstrapping-Prozedur mit 1.000 Ziehungen; *** p < 0,001; ** p < 0,01; * p < 0,05; † p < 0,1 (zweiseitige Signifikanz).

Abbildung 33: Analyse der Wirkungszusammenhänge beim Fit als Moderation in Form einer Subgruppenanalyse

Empirische Untersuchung

		Länderübergreifende Nachfragehomogenität (NH)	Potenzial für länderübergreifende Skaleneffekte (SE)	Modifikationskosten (MK)	Ausländische Preiselastizität der Nachfrage (PE)
Elemente der Produktstrategie	Name (PS1)	HS	Aufgrund der geringen Größe der Untergruppe „SE gering" sind für diese situative Fit-Variable keine Intergruppen-Analysen durchführbar.	HS	-
	Positionierung (PS2)	-		-	-
	Qualität (PS3)	HS		-	-
	Inhaltsstoffe/Zutaten (PS4)	HS		NF	-
	Wirkeigenschaften/Geschmack (PS5)	F		-	-
	Duft/Geruch (PS6)	F		-	-
	Farbe (PS7)	HS		HS	-
	Verpackungsdesign (PS8)	GS		GS	-
	Verpackungsgröße (PS9)	-		-	-
	Varianten (PS10)	HS		-	-
Situative Konstellationen	Vorteilhafte situative Konstellationen für einen hohen Grad der internationalen Standardisierung	SE hoch & NH gering, SE hoch & NH hoch, PE hoch & NH gering	PE hoch & SE hoch	PE hoch & MK hoch	-
	Unvorteilhafte situative Konstellationen für einen hohen Grad der internationalen Standardisierung	-	-	-	SE hoch & PE gering, MK hoch & PE hoch

Zur Maximierung des ausländischen Produktgewinns ist für das betreffende Produktstrategieelement in Bezug auf die jeweilige situative Modellvariable...
F = ...tendenziell ein Standardisierungs-Fit erforderlich.
NF = ...tendenziell ein Standardisierungs-Nicht-Fit erforderlich.
HS = ...tendenziell ein hoher Grad der internationalen Standardisierung erforderlich.
GS = ...tendenziell ein geringer Grad der internationalen Standardisierung erforderlich.

Abbildung 34: Signifikante Analyseergebnisse beim Fit als Moderation in Form einer Subgruppenanalyse

Wie bereits erwähnt, wird eine detaillierte, hypothesenbezogene Auswertung der Analyseergebnisse erst in Abschnitt 4.4.3.5 erfolgen. Bezogen auf die zehn Elemente der Produktstrategie deuten sich aber schon jetzt die folgenden Ergebnisse an:

- Im Falle des *Produktnamens* scheint tendenziell ein hoher Grad der internationalen Standardisierung vorteilhaft zu sein.

- In Bezug auf die *Produktpositionierung* lassen sich keine signifikanten Tendenzen feststellen.

- Für die *Produktqualität* scheint sich tendenziell ein hoher Grad der internationalen Standardisierung in Bezug auf die situative Variable NH zu eignen.

- Im Falle der *Produktinhaltsstoffe bzw. -zutaten* scheint ein hoher Grad der internationalen Standardisierung vorteilhaft zu sein. Lediglich in der Teilgruppe „NH hoch" erweist sich ein hoher Grad der internationalen Standardisierung unerwarteterweise als nachteilig. Zusätzliche Analysen zeigen, dass dies darin begründet zu liegen scheint, dass hohe Modifikationskosten – wie in Abbildung 33 dargestellt – einen *direkt* negativen Einfluss auf den ausländischen Produktgewinn ausüben, der in der Gruppe „NH hoch" besonders stark ausfällt. Diesem stark negativen Einfluss wird von 74% der Unternehmen durch eine *vollständige* Standardisierung der Produktinhaltsstoffe bzw. -zutaten entgegenzuwirken versucht. Eine derartige Standardisierung wirkt sich jedoch negativ auf den Umsatz und damit auf den Gewinn der entsprechenden Unternehmen aus. Eine gewisse Differenzierung unter Inkaufnahme der jeweiligen Modifikationskosten scheint in solchen Fällen also die erfolgversprechendere Strategie zu sein.

- Für die *Produktwirkeigenschaften bzw. den -geschmack* eignet sich tendenziell ein Fit in Bezug auf die situative Variable NH.

- Im Falle des *Produktdufts bzw. -geruchs* ist ebenfalls ein Fit in Bezug auf die situative Variable NH anzustreben.

- In Bezug auf die *Produktfarbe* eignet sich tendenziell ein hoher Grad der internationalen Standardisierung.

- Im Falle des *Verpackungsdesigns* scheint tendenziell ein geringer Grad der internationalen Standardisierung vorteilhaft zu sein.

- In Bezug auf die *Verpackungsgröße* lassen sich keine signifikanten Tendenzen feststellen.

- Für das Angebot an *Produktvarianten* eignet sich tendenziell ein hoher Grad der internationalen Standardisierung in Bezug auf die situative Variable NH.

Insgesamt ist ein Fit also vor allem für die Produktwirkeigenschaften bzw. den -geschmack sowie für den Produktduft bzw. -geruch anzustreben. Ein geringer Grad der internationalen Standardisierung scheint in Bezug auf das Verpackungsdesign geeignet zu sein; und ein hoher Grad der internationalen Standardisierung erweist sich tendenziell für den Produktnamen, die Produktqualität, die Produktfarbe und das Angebot an Produktvarianten als vorteilhaft. In Bezug auf die Produktinhaltsstoffe bzw. -zutaten sind die Analyseergebnisse uneinheitlich; und in Bezug auf die Produktpositionierung und die Verpackungsgröße sind sie sogar insignifikant. Insgesamt decken sich die Ergebnisse der Analysen beim Fit als Moderation in Form einer Subgruppenanalyse weitgehend mit den Analyseergebnissen beim Fit als Matching. Ergänzt werden diese Ergebnisse jedoch dadurch, dass beim Fit als Moderation in Form einer Subgruppenanalyse bestimmte situative Konstellationen als besonders vorteilhaft oder unvorteilhaft für einen hohen Grad der internationalen Standardisierung ausgewiesen werden. So eignet sich ein hoher Grad der internationalen Standardisierung vor allem dann, wenn das Potenzial für länderübergreifende Skaleneffekte und/oder die ausländische Preiselastizität der Nachfrage hoch ist. Dies spricht für eine Bestätigung der Hypothesen 2 und 4. Lediglich wenn die ausländische Preiselastizität der Nachfrage gering ist, ist ein hoher Grad der internationalen Standardisierung bei gleichzeitig hohem Potenzial für länderübergreifende Skaleneffekte unvorteilhaft. Falls gleichzeitig hohe Modifikationskosten und eine hohe Preiselastizität vorherrschen, sind die Analyseergebnisse widersprüchlich.

Was die Wahrnehmungsfehler in Bezug auf die Situation sowie die Umsetzungsfehler in Bezug auf die Strategie betrifft, so liefern die Analysen beim Fit als Moderation deutlich bessere Ergebnisse als die Analysen beim Fit als Matching. Wie Abbildung 33 zeigt, wirkt sich eine hohe strategische Umsetzungsqualität in fast allen Fällen signifikant positiv auf den ausländischen Produktgewinn aus. In Bezug auf die situativen Wahrnehmungsfehler sind die Analyseergebnisse aber weiterhin widersprüchlich. Zumindest im Falle einer hohen ausländischen Preiselastizität der Nachfrage ist der hypothetisierte negative Effekt der Wahrnehmungsfehler vorzufinden. Und bei einem hohen Potenzial für länderübergreifende Skaleneffekte ist der positive Gewinneffekt der internationalen Produktstandardisierung im Falle hoher Wahrnehmungsfehler geringer (0,17) als im Falle durchschnittlicher Wahrnehmungsfehler (0,27). Zudem ist auffällig, dass der direkte Gewinneffekt der Wahrnehmungsfehler bei einer geringen länderübergreifenden Nachfragehomogenität besonders negativ ausfällt. Mit anderen Worten: Eine realistische Wahrnehmung der Situation scheint vor allem dann von Gewinnrelevanz zu sein, wenn die länderübergreifende Nachfrage sehr heterogen ist. Ob die ansonsten unerwarteten oder insignifikanten Ergebnisse auf spezifische Charakteristika einzelner Subgruppen zurückzuführen sind, wird die in Abschnitt 4.4.3.4 durchgeführte Analyse auf Gesamtstichproben-Ebene zeigen. In diesem Zusammenhang wird auch eine Integration zahlreicher Kontroll- und Einflussvariabler in das Hauptmodell erfolgen, welche beim Fit als Moderation in Form einer Subgruppenanalyse aufgrund der geringen Teilstichprobengrößen nicht realisierbar ist.

4.4.3.4 Datenauswertung auf Basis des Fits als Moderation in Form einer Interaktionsanalyse

Wie Abbildung 27 und die bisherigen Analysen gezeigt haben, wirkt sich ein hoher Grad der internationalen Produktstandardisierung zumindest bei manchen Elementen der Produktstrategie *grundsätzlich*, das heißt über alle Situationen hinweg, signifikant positiv oder negativ auf den ausländischen Produktgewinn aus. Dies bedeutet jedoch nicht, dass die situationsübergreifend positiven bzw. negativen Gewinneffekte *vollständig* situationsunabhängig sein müssen. Stattdessen besteht die Möglichkeit, dass diese Gewinneffekte durch einen Fit bzw. Nicht-Fit zwischen dem Grad der internationalen Standardisierung des entsprechenden Produktstrategieelements und den vier situativen Modellvariablen verstärkt oder abgeschwächt werden. Um zu prüfen, ob im vorliegenden Fall derartige Verstärkungs- oder Abschwächungseffekte vorliegen, wird der in Abschnitt 2.2.4 präsentierte Fit als Moderation in Form einer Interaktionsanalyse angewendet (Venkatraman, 1989, S. 424-428; Sauer & Dick, 1993; Aguinis & Gottfredson, 2010). Die Ergebnisse der auf das Hauptmodell bezogenen Interaktionsanalysen finden sich – separat für die Gesamtstichprobe und die beiden Industrien – in Abbildung 35. Die entsprechenden Korrelationsmatrizen sind Anhang 13 zu entnehmen.

Wie die Analyseergebnisse in Abbildung 35 zeigen, kann das Hauptmodell beim Fit als Moderation in Form einer Interaktionsanalyse – je nach betrachteter Stichprobe – zwischen 20% und 31% der Varianz innerhalb des ausländischen Produktgewinns erklären (R^2_{korr}). Dies entspricht in etwa den Varianzerklärungsanteilen beim Fit als Matching in Abschnitt 4.4.3.2. Die Prognosegüte des Modells (Q^2) ist erneut in allen Fällen positiv, so dass von einer Prognoserelevanz des Modells ausgegangen werden kann. Signifikante und erwähnenswert große Pfadkoeffizienten existieren allerdings fast ausschließlich in Bezug auf den *direkten* Gewinneffekt der internationalen Produktstandardisierung – und kaum in Bezug auf die untersuchten *Interaktions*effekte. Dies deutet darauf hin, dass die situationsübergreifend signifikanten Gewinneffekte der betreffenden Produktstrategieelemente nur geringfügig durch die vier situativen Fit-Variablen verstärkt oder abgeschwächt werden. Alle signifikanten Gewinneffekte der zehn Produktstandardisierungselemente werden – separat für die drei Stichproben (Gesamtstichprobe, Pflege- und Reinigungsmittelindustrie, Nahrungs- und Genussmittelindustrie) – in Abbildung 36 dargestellt.

Empirische Untersuchung

	Gesamtstichprobe	Pflege- und Reinigungsmittelindustrie	Nahrungs- und Genussmittelindustrie
Grad internationaler Produktstandardisierung (PS)[d]	0,26*** (0,07; 0,13)	0,21[†] (0,11; 0,22)	0,41*** (0,09; 0,43)
- Name (PS1)[b]	0,18**	0,01	0,31**
- Positionierung (PS2)[a]	0,04	-0,06	0,17*
- Qualität (PS3)[b]	0,24**	0,04	0,42**
- Inhaltsstoffe/Zutaten (PS4)	0,10	0,11	-0,01
- Wirkeigenschaften/Geschmack (PS5)[d]	-0,14[†]	-0,21	-0,01
- Duft/Geruch (PS6)	-0,17*	-0,11	-0,04
- Farbe (PS7)[a]	0,08	0,15	-0,22
- Verpackungsdesign (PS8)[b]	-0,21**	-0,01	-0,35**
- Verpackungsgröße (PS9)[a]	-0,01	0,09	-0,08
- Varianten (PS10)	0,09*	0,06	0,07
Länderübergreifende Nachfragehomogenität (NH)	-0,06 (0,04; 0,03)	-0,04 (0,06; 0,03)	0,03 (0,05; 0,05)
- Interaktion NH x PS1	0,01	0,02	0,01
- Interaktion NH x PS2	0,01	0,04[†]	0,01
- Interaktion NH x PS3[d]	0,01	0,00	0,04*
- Interaktion NH x PS4	0,01	0,03*	0,02
- Interaktion NH x PS5	0,02	0,03*	0,04*
- Interaktion NH x PS6	0,02	0,04*	0,04[†]
- Interaktion NH x PS7[a]	0,01	-0,03	0,03[†]
- Interaktion NH x PS8	0,01	0,02	0,01
- Interaktion NH x PS9	0,02	0,03*	0,04
- Interaktion NH x PS10	0,00	0,01	0,00
Potenzial für länderübergreifende Skaleneffekte (SE)	-0,03 (0,05; 0,03)	0,00 (0,05; 0,05)	-0,07 (0,06; 0,02)
- Interaktion SE x PS1	-0,03	-0,05*	-0,02
- Interaktion SE x PS2	-0,01	-0,02	-0,01
- Interaktion SE x PS3	0,07	0,04	0,03
- Interaktion SE x PS4[a]	0,02	-0,03	0,02
- Interaktion SE x PS5	0,06[†]	0,02	0,03
- Interaktion SE x PS6[a]	0,00	-0,11**	0,03
- Interaktion SE x PS7[c]	0,07	0,13**	0,02
- Interaktion SE x PS8	0,00	-0,05*	-0,01
- Interaktion SE x PS9[a]	0,00	-0,04*	0,00
- Interaktion SE x PS10	0,01	0,01	0,00
Modifikationskosten (MK)	-0,23** (0,08; 0,10)	-0,29** (0,11; 0,12)	-0,17* (0,10; 0,16)
- Interaktion MK1 x PS1	0,00	0,00	0,01
- Interaktion MK2 x PS2	0,00	0,00	0,00
- Interaktion MK3 x PS3	0,00	0,00	0,01
- Interaktion MK4 x PS4	0,00	0,00	0,00
- Interaktion MK7 x PS7	0,00	0,00	0,00
- Interaktion MK8 x PS8	0,00	0,00	-0,01
- Interaktion MK9 x PS9	0,00	0,00	-0,01
- Interaktion MK10 x PS10	0,00	0,00	0,00

	Gesamtstichprobe	Pflege- und Reinigungsmittelindustrie	Nahrungs- und Genussmittelindustrie
Ausländische Preiselastizität der Nachfrage (PE)	-0,09† (0,05; 0,02)	-0,07 (0,05; 0,01)	0,07 (0,05; 0,01)
- Interaktion PE x PS1	0,00	0,00	0,00
- Interaktion PE x PS2	0,00	0,00	0,00
- Interaktion PE x PS3	0,02	0,00	0,02
- Interaktion PE x PS4	0,01	0,00	0,01
- Interaktion PE x PS5	0,02	0,00	0,02
- Interaktion PE x PS6	0,01	0,00	0,01
- Interaktion PE x PS7	0,01	0,01	0,00
- Interaktion PE x PS8	0,01	0,00	0,01
- Interaktion PE x PS9	0,00	0,00	0,01
- Interaktion PE x PS10	0,01	0,00	0,01
Wahrnehmungsfehler in Bezug auf die Situation (WF) x PS	-0,13* (0,06; 0,04)		
- Interaktion WF x PS x NH	0,04 (0,09; 0,00)		
- Interaktion WF x PS x SE	0,04 (0,09; 0,00)		
- Interaktion WF x PS x MK	0,16 (0,13; 0,02)		
- Interaktion WF x PS x PE	0,01 (0,07; 0,00)	Industriebezogene Analysen für diese Variablen sind aufgrund der Stichprobengröße nicht durchführbar (vgl. Abschnitt 4.4.3.1).	
Umsetzungsqualität in Bezug auf die Strategie (UQ) x PS	0,24** (0,09; 0,09)		
- Interaktion UQ x PS x NH	0,11 (0,08; 0,01)		
- Interaktion UQ x PS x SE	-0,04 (0,07; 0,00)		
- Interaktion UQ x PS x MK	0,09 (0,12; 0,00)		
- Interaktion UQ x PS x PE	0,09 (0,07; 0,01)		
Stichprobengröße (N)	203	95	108
Korrigiertes Bestimmtheitsmaß (R^2_{korr})	0,22	0,20	0,31
Prognosegüte (Q^2)	0,09	0,18	0,10

Alle standardisierten Pfadkoeffizienten beziehen sich auf die endogene Modellvariable „Ausländischer Produktgewinn" (PG). Alle Interaktionswerte wurden vor ihrer Multiplikation standardisiert.
Die Zahlen in Klammern geben für alle Hauptpfade erstens den Standardfehler und zweitens die Effektstärke an.
Die entsprechenden Korrelationsmatrizen befinden sich in Anhang 13.
Die Berechnung der Signifikanzen der Industrie-Unterschiede zwischen den Pfadkoeffizienten basiert auf der verteilungsannahmenfreien PLS-MGA-Methode (Henseler et al., 2009, S. 309): [a] $p < 0,001$; [b] $p < 0,01$; [c] $p < 0,05$; [d] $p < 0,1$ (einseitige Signifikanz). Die Berechnung der übrigen Signifikanzen basiert auf der PLS-Bootstrapping-Prozedur mit 1.000 Ziehungen (Weiber & Mühlhaus, 2010, S. 255-256): *** $p < 0,001$; ** $p < 0,01$; * $p < 0,05$; † $p < 0,1$ (zweiseitige Signifikanz).

Abbildung 35: Analyse der Wirkungszusammenhänge beim Fit als Moderation in Form einer Interaktionsanalyse

Empirische Untersuchung 151

		Situations-übergreifend	Bei hoher länderübergreifender Nachfragehomogenität (NH)	Bei hohem Potenzial für länderübergreifende Skaleneffekte (SE)	Bei hohen Modifikationskosten (MK)	Bei hoher ausländischer Preiselastizität der Nachfrage (PE)
Gesamtstichprobe	Name (PS1)	[+]	-	-	-	-
	Positionierung (PS2)	-	-	-	-	-
	Qualität (PS3)	[+]	-	-	-	-
	Inhaltsstoffe/Zutaten (PS4)	-	-	-	-	-
	Wirkeigenschaften/Geschmack (PS5)	[–]	-	(+)	-	-
	Duft/Geruch (PS6)	[–]	-	-	-	-
	Farbe (PS7)	-	-	-	-	-
	Verpackungsdesign (PS8)	[–]	-	-	-	-
	Verpackungsgröße (PS9)	-	-	-	-	-
	Varianten (PS10)	[+]	-	-	-	-
Pflege- und Reinigungsmittelindustrie	Name (PS1)	-	-	(–)	-	-
	Positionierung (PS2)	-	(+)	-	-	-
	Qualität (PS3)	-	-	-	-	-
	Inhaltsstoffe (PS4)	-	(+)	-	-	-
	Wirkeigenschaften (PS5)	-	(+)	-	-	-
	Duft (PS6)	-	(+)	(–)	-	-
	Farbe (PS7)	-	(+)	-	-	-
	Verpackungsdesign (PS8)	-	-	(–)	-	-
	Verpackungsgröße (PS9)	-	(+)	(–)	-	-
	Varianten (PS10)	-	-	-	-	-
Nahrungs- und Genussmittelindustrie	Name (PS1)	[+]	-	-	-	-
	Positionierung (PS2)	[+]	-	-	-	-
	Qualität (PS3)	[+]	(+)	-	-	-
	Zutaten (PS4)	-	-	-	-	-
	Geschmack (PS5)	-	(+)	-	-	-
	Geruch (PS6)	-	(+)	-	-	-
	Farbe (PS7)	-	(+)	-	-	-
	Verpackungsdesign (PS8)	[–]	-	-	-	-
	Verpackungsgröße (PS9)	-	-	-	-	-
	Varianten (PS10)	-	-	-	-	-

In Bezug auf das betreffende Produktstrategieelement wirkt sich ein hoher Grad der internationalen Standardisierung situationsübergreifend...
[+] = ...positiv auf den ausländischen Produktgewinn aus.
[–] = ...negativ auf den ausländischen Produktgewinn aus.
Der ausländische Produktgewinn wird durch einen Fit zwischen einem hohen Grad der internationalen Standardisierung des betreffenden Produktstrategieelements und einer hohen Ausprägung der jeweiligen situativen Modellvariablen...
(+) = ...zusätzlich geringfügig positiv beeinflusst.
(–) = ...zusätzlich geringfügig negativ beeinflusst.

Abbildung 36: Signifikante Analyseergebnisse beim Fit als Moderation in Form einer Interaktionsanalyse

Wie Abbildung 36 überblicksartig zeigt, existieren für mehrere der Produktstrategieelemente situationsübergreifend signifikante Gewinneffekte, die nur geringfügig durch die situativen Fit-Variablen verstärkt oder abgeschwächt werden. Bevor es in Abschnitt 4.4.3.5 zu einer detaillierten, hypothesenbezogenen Auswertung aller Analyseergebnisse kommen wird, lässt sich schon jetzt Folgendes festhalten:

- Im Falle des *Produktnamens* scheint ein hoher Grad der internationalen Standardisierung grundsätzlich vorteilhaft zu sein. Bei einer hohen Ausprägung der situativen Variablen SE fällt der entsprechende Gewinneffekt nur geringfügig schwächer aus.

- Für die *Produktpositionierung* ist – zumindest in der Nahrungs- und Genussmittelindustrie – ein grundsätzlich hoher Grad der internationalen Standardisierung anzustreben. Innerhalb der Pflege- und Reinigungsmittelindustrie ist ein hoher Grad der internationalen Standardisierung bei einer hohen Ausprägung der situativen Variablen NH zusätzlich vorteilhaft.

- Die *Produktqualität* sollte grundsätzlich stark international standardisiert werden. Bei einer hohen Ausprägung der situativen Variablen NH wird der entsprechende Gewinneffekt sogar leicht verstärkt.

- Im Falle der *Produktinhaltsstoffe bzw. -zutaten* existiert kein situationsübergreifend signifikanter Gewinneffekt. Innerhalb der Pflege- und Reinigungsmittelindustrie ist ein hoher Grad der internationalen Standardisierung bei einer hohen Ausprägung der situativen Variablen NH aber vorteilhaft.

- Für die *Produktwirkeigenschaften bzw. den -geschmack* eignet sich grundsätzlich ein hoher Grad der internationalen Differenzierung. Lediglich bei einer hohen Ausprägung der situativen Variablen NH oder SE kann der negative Gewinneffekt einer hohen internationalen Standardisierung leicht abgeschwächt werden.

- Im Falle des *Produktdufts bzw. -geruchs* ist ebenfalls ein hoher Grad der internationalen Differenzierung vorteilhaft. Lediglich bei einer hohen Ausprägung der situativen Variablen NH kann der negative Gewinneffekt einer hohen internationalen Standardisierung leicht abgeschwächt werden.

- Im Falle der *Produktfarbe* existiert kein situationsübergreifend signifikanter Gewinneffekt. Bei einer hohen Ausprägung der situativen Variablen NH oder SE ist ein hoher Grad der internationalen Standardisierung aber vorteilhaft.

- Das *Verpackungsdesign* sollte grundsätzlich international differenziert werden, vor allem in der Nahrungs- und Genussmittelindustrie.

- Im Falle der *Verpackungsgröße* existiert kein situationsübergreifend signifikanter Gewinneffekt. Innerhalb der Pflege- und Reinigungsmittelindustrie kann sich ein hoher Grad der Standardisierung bei einer hohen Ausprägung der situativen Variablen NH aber positiv und bei einer hohen Ausprägung der situativen Variablen SE (unerwarteterweise) negativ auf den ausländischen Produktgewinn ausüben.

- Für das Angebot an *Produktvarianten* ist grundsätzlich eher ein hoher Grad der internationalen Standardisierung anzustreben.

Insgesamt eignet sich ein hoher Grad der internationalen Standardisierung also für den Produktnamen, die Produktpositionierung (zumindest in der Nahrungs- und Genussmittelindustrie), die Produktqualität und das Angebot an Produktvarianten. Ein geringer Grad der internationalen Standardisierung ist im Gegensatz dazu für die Produktwirkeigenschaften bzw. den -geschmack, den Produktduft bzw. -geruch sowie für das Verpackungsdesign anzustreben. Die Notwendigkeit eines situativen Fits deutet sich – zumindest in der Pflege- und Reinigungsmittelindustrie – vor allem für die Produktinhaltsstoffe bzw. -zutaten, die Produktfarbe sowie für die Verpackungsgröße an, wenn auch mit teilweise widersprüchlichen Ergebnissen. Alles in allem sind die Analyseergebnisse beim Fit als Moderation in Form einer Interaktionsanalyse mit den Ergebnissen der bisherigen Analysen in den Abschnitten 4.4.3.2 und 4.4.3.3 vereinbar. In Abschnitt 4.4.3.5 werde ich auf diesen Punkt erneut eingehen.

Was die situativen Wahrnehmungsfehler und die strategische Umsetzungsqualität betrifft, so bestätigen die Analyseergebnisse in Abbildung 35 tatsächlich die hypothetisierten Wirkungszusammenhänge: Starke Wahrnehmungsfehler führen selbst bei ansonsten vorteilhafter Standardisierung zu einem negativen Gewinneffekt. Und eine hohe Umsetzungsqualität bewirkt in Kombination mit einer Standardisierung tatsächlich den erwarteten positiven Gewinneffekt. Diese zufriedenstellenden Ergebnisse dürften auch darauf zurückzuführen sein, dass sich die entsprechenden Analysen – anders als beim Fit als Matching – auf die Ursprungsdaten zur Produktstrategie und – anders als beim Fit als Moderation in Form einer Subgruppenanalyse – auf die (ausreichend große) Gesamtstichprobe beziehen. Lediglich auf der Ebene der einzelnen situativen Fit-Variablen zeigen sich keine spezifischen Einflüsse der Wahrnehmungsfehler und der Umsetzungsqualität.

Bevor ich die Analyseergebnisse aller verwendeten Fit-Konzeptualisierungen in Abschnitt 4.4.3.5 konsolidieren werde, um darauf basierend die in Abschnitt 3.3 entwickelten Hypothesen zu überprüfen, sollen im Folgenden erneut mehrere Kontrollvariable in das Hauptmodell integriert werden. Wie in den Abschnitten 4.4.2.2 und 4.4.3.1 erläutert, ist die Integration von Kontrollvariablen aufgrund der erforderlichen Stichprobengröße aber nur für die Gesamtstichprobe und nur ohne die Variablen WF und UQ möglich. Die Analyseergebnisse für das um die Kontrollvariablen erweiterte

Hauptmodell finden sich in Abbildung 37. Die entsprechende Korrelationsmatrix ist Anhang 13 zu entnehmen. Aufgrund der Fokussierung auf den Einfluss der Kontrollvariablen wird in Abbildung 37 auf eine Aufschlüsselung der formativen Konstrukte des Hauptmodells verzichtet.

	Gesamtstichprobe
Grad internationaler Produktstandardisierung (PS)	0,18** (0,07; 0,11)
Länderübergreifende Nachfragehomogenität (NH)	-0,01 (0,04; 0,02)
- Interaktion NH x PS	0,11* (0,06; 0,02)
Potenzial für länderübergreifende Skaleneffekte (SE)	-0,01 (0,04; 0,01)
- Interaktion SE x PS	0,11 (0,07; 0,01)
Modifikationskosten (MK)	-0,13† (0,07; 0,04)
- Interaktion MK x PS	-0,12 (0,09; 0,02)
Ausländische Preiselastizität der Nachfrage (PE)	-0,05 (0,04; 0,01)
- Interaktion PE x PS	0,05 (0,05; 0,00)
Weltweite Bedeutung des Produkts für den weltweiten Gesamtumsatz des Unternehmens (KE10)	-0,04 (0,05; 0,00)
Auslandsmarktbezogene Bedeutung des Produkts für den weltweiten Umsatz mit dem Produkt (KE11)	0,10 (0,07; 0,01)
Zufriedenheit der Kunden mit dem Produkt im entsprechenden Auslandsmarkt (KE13)	0,14* (0,06; 0,02)
Umsatzpotenzial für das Produkt im entsprechenden Auslandsmarkt (KE20)	0,09† (0,05; 0,01)
Wettbewerbsintensität für das Produkt im entsprechenden Auslandsmarkt (KE22)	-0,18** (0,07; 0,04)
Staatliche Regulierung für das Produkt im entsprechenden Auslandsmarkt (KE23)	-0,08 (0,05; 0,01)
Grad internationaler Standardisierung der Großhandelspreise für das Produkt (KE32)	-0,19* (0,08; 0,02)
Grad internationaler Standardisierung der Einzelhandelspreise für das Produkt (KE33)	0,07 (0,05; 0,00)
Grad internationaler Standardisierung der Vertriebskanäle für das Produkt (KE34)	-0,03 (0,05; 0,00)
Grad internationaler Standardisierung der Werbemaßnahmen für das Produkt (KE35)	0,14* (0,07; 0,02)
Erfahrung des Unternehmens mit dem entsprechenden Auslandsmarkt (KE36)	0,19* (0,08; 0,03)

	Gesamtstichprobe
Stichprobengröße (N)	203
Korrigiertes Bestimmtheitsmaß (R^2_{korr}) ohne Kontrollvariable	0,14
Korrigiertes Bestimmtheitsmaß (R^2_{korr}) mit Kontrollvariablen	0,23
Veränderung des korrigierten Bestimmtheitsmaßes durch die Kontrollvariablen (ΔR^2_{korr})	+0,09*
Prognosegüte (Q^2) ohne Kontrollvariable	0,05
Prognosegüte (Q^2) mit Kontrollvariablen	0,19
Veränderung der Prognosegüte durch die Kontrollvariablen (ΔQ^2)	+0,14**

Alle standardisierten Pfadkoeffizienten beziehen sich auf die endogene Modellvariable „Ausländischer Produktgewinn" (PG).
Alle Interaktionswerte wurden vor ihrer Multiplikation standardisiert.
Die Zahlen in Klammern geben erstens den Standardfehler und zweitens die Effektstärke an.
Die entsprechende Korrelationsmatrix befindet sich in Anhang 13.
Die Berechnung der Signifikanzen für ΔR^2_{korr} und ΔQ^2 basiert auf partiellen F-Tests (Urban & Mayerl, 2011, S. 164-166).
Die Berechnung der übrigen Signifikanzen basiert auf der PLS-Bootstrapping-Prozedur mit 1.000 Ziehungen: *** $p < 0,001$;
** $p < 0,01$; * $p < 0,05$; † $p < 0,1$ (zweiseitige Signifikanz).

Abbildung 37: Erweiterung des Hauptmodells um die Kontrollvariablen beim Fit als Moderation in Form einer Interaktionsanalyse

Wie aus Abbildung 37 ersichtlich wird, führt die Integration der elf Kontrollvariablen zu einer signifikanten Steigerung des Varianzerklärungsanteils um 0,09 (ΔR^2_{korr}) und der Prognosegüte um 0,14 (ΔQ^2). Zudem verlieren manche der Wirkungszusammenhänge des Hauptmodells leicht an Signifikanz. Diese Ergebnisse verdeutlichen erneut, dass die Varianz innerhalb des ausländischen Produktgewinns nur unzureichend über verstärkende oder abschwächende Interaktionseffekte innerhalb des Hauptmodells erklärt werden kann. Stattdessen üben sechs der elf analysierten Kontrollvariablen einen signifikanten und nicht unerheblichen Einfluss auf den ausländischen Produktgewinn aus. Bei diesen sechs Variablen handelt es sich zum einen um die fünf bereits in Abbildung 32 identifizierten Kontrollvariablen „Zufriedenheit der Kunden mit dem Produkt im entsprechenden Auslandsmarkt" (KE13; positiver Gewinneffekt), „Wettbewerbsintensität für das Produkt im entsprechenden Auslandsmarkt" (KE22; negativer Gewinneffekt), „Grad internationaler Standardisierung der Großhandelspreise für das Produkt" (KE32; negativer Gewinneffekt), „Grad internationaler Standardisierung der Werbemaßnahmen für das Produkt" (KE35; positiver Gewinneffekt) sowie „Erfahrung des Unternehmens mit dem entsprechenden Auslandsmarkt" (KE36; positiver Gewinneffekt). Darüber hinaus ist ein leicht signifikant positiver Gewinneffekt des „Umsatzpotenzials für das Produkt im entsprechenden Auslandsmarkt" (KE20) festzustellen. Eine Konsolidierung aller signifikanten Kontrollvariablen-Einflüsse wird in Abschnitt 4.4.3.5 erfolgen.

Zuvor sollen noch zahlreiche weitere Variable in das Hauptmodell integriert werden, für die aus sachlogischen Gründen ein Einfluss auf die *exogenen* Modellvariablen angenommen wird. Auf diese Weise soll vor allem analysiert werden, welche situativen Faktoren „im Hintergrund" einen Einfluss auf die vier situativen Fit-Variablen ausüben und damit *indirekt* für die internationalen Produktstandardisierungs- bzw. -differenzierungsentscheidungen von Managern relevant sind. Basierend auf Abbildung 17 werden im Rahmen der vorliegenden Arbeit 29 verschiedene Variable hinsichtlich ihres Einflusses auf die exogenen Modellvariablen untersucht. Aus den bereits in Abschnitt 4.4.2.2 genannten Gründen erfolgt die entsprechende Analyse jedoch ausschließlich auf der Ebene der Gesamtstichprobe sowie ohne die Variablen WF und UQ. Aufgrund der dennoch sehr hohen Komplexität des Modells werden in Abbildung 38 nur jene Einflussvariablen aufgeführt, die nach einem sukzessiven Ausschluss aller insignifikanten Einflussvariablen im Gesamtmodell verbleiben.

Die Analyseergebnisse in Abbildung 38 verdeutlichen, dass zahlreiche Variable mit einem signifikanten Einfluss auf die exogenen Modellvariablen existieren. Durch diese Einflussvariablen kann teilweise ein beachtlicher Anteil der Varianz innerhalb der exogenen Modellvariablen erklärt werden. Dies gilt vor allem für den „Grad der internationalen Produktstandardisierung" (PS) mit einem korrigierten R^2 von 0,47 sowie für die „länderübergreifende Nachfragehomogenität für das Produkt" (NH) mit einem korrigierten R^2 von 0,35. Zudem ist die Prognosegüte in Bezug auf alle Variablen positiv. Hinsichtlich der Signifikanz und Stärke der Wirkungsbeziehungen sind die folgenden Einflussvariablen besonders hervorzuheben: Der „Grad der internationalen Produktstandardisierung" (PS) wird vor allem positiv durch die „länderübergreifende Nachfragehomogenität für das Produkt" (NH), negativ durch den „Grad der Einbindung des Produkts in eine supranationale Marktbearbeitung" (KE17) sowie positiv durch den „Grad der internationalen Zentralisierung der Entscheidungen zu den Produkteigenschaften" (KE24) beeinflusst. Die „länderübergreifende Nachfragehomogenität für das Produkt" (NH) wird wiederum positiv durch die „länderübergreifende Ähnlichkeit des gesellschaftlichen Umfelds" (KE2) sowie positiv durch die „länderübergreifende Ähnlichkeit der Präferenzen der Konsumenten" (KE6) beeinflusst. Ebenfalls hervorzuheben sind der positive Einfluss des „Grads der internationalen Zentralisierung der Lagerhaltung für das Produkt" (KE31) auf das „Potenzial für länderübergreifende Skaleneffekte" (SE), der negative Einfluss der „länderübergreifenden Ähnlichkeit der Präferenzen der Konsumenten" (KE6) auf die „Modifikationskosten für das Produkt" (MK) sowie der positive Zusammenhang zwischen der „Wettbewerbsintensität für das Produkt im entsprechenden Auslandsmarkt" (KE22) und der „ausländischen Preiselastizität der Nachfrage für das Produkt" (PE). All diese Einflüsse decken sich mit den in Abschnitt 3.3 angestellten sachlogischen Überlegungen,

Empirische Untersuchung

	Gesamtstichprobe
Einfluss der Modellvariablen auf den ausländischen Produktgewinn (PG)	
Grad internationaler Produktstandardisierung (PS)	0,14† (0,09; 0,10)
Länderübergreifende Nachfragehomogenität (NH)	-0,03 (0,08; 0,03)
- Interaktion NH x PS	0,16* (0,07; 0,03)
Potenzial für länderübergreifende Skaleneffekte (SE)	-0,07 (0,05; 0,03)
- Interaktion SE x PS	0,15* (0,07; 0,02)
Modifikationskosten (MK)	-0,02 (0,08; 0,04)
- Interaktion MK x PS	-0,22** (0,08; 0,04)
Ausländische Preiselastizität der Nachfrage (PE)	-0,07 (0,05; 0,01)
- Interaktion PE x PS	0,04 (0,05; 0,00)
Einfluss verschiedener Variabler auf den Grad der internationalen Produktstandardisierung (PS)	
Länderübergreifende Nachfragehomogenität (NH)	0,26** (0,06; 0,09)
Modifikationskosten (MK)	-0,14† (0,08; 0,03)
Grad der Einbindung des Produkts in eine supranationale Marktbearbeitung (KE17)	-0,41*** (0,09; 0,18)
Grad internationaler Zentralisierung der Entscheidungen zu den Produkteigenschaften (KE24)	0,25** (0,08; 0,08)
Grad internationaler Zentralisierung der Entscheidungen zu den Produktpreisen (KE25)	-0,11† (0,06; 0,02)
Grad internationaler Zentralisierung der Einkaufs- und Beschaffungsaktivitäten für das Produkt (KE30)	0,14† (0,08; 0,03)
Einfluss verschiedener Variabler auf die länderübergreifende Nachfragehomogenität (NH)	
Länderübergreifende Ähnlichkeit des gesellschaftlichen Umfelds (KE2)	0,21* (0,08; 0,04)
Länderübergreifende Ähnlichkeit des technologischen Umfelds (KE4)	-0,17* (0,07; 0,04)
Länderübergreifende Ähnlichkeit der Präferenzen der Konsumenten (KE6)	0,40*** (0,08; 0,13)
Länderübergreifende Ähnlichkeit des Einkaufsverhaltens der Konsumenten (KE7)	0,17† (0,09; 0,03)
Einfluss verschiedener Variabler auf das Potenzial für länderübergreifende Skaleneffekte (SE)	
Grad internationaler Zentralisierung der Entscheidungen zu den Produkteigenschaften (KE24)	0,17* (0,07; 0,03)
Grad internationaler Zentralisierung der Entscheidungen zu den Produktpreisen (KE25)	-0,21*** (0,06; 0,04)
Grad internationaler Zentralisierung der Produktionsaktivitäten für das Produkt (KE28)	0,19* (0,08; 0,03)
Grad internationaler Zentralisierung der Lagerhaltung für das Produkt (KE31)	0,27*** (0,08; 0,05)

	Gesamtstichprobe
Einfluss verschiedener Variabler auf die Modifikationskosten (MK)	
Länderübergreifende Ähnlichkeit des gesellschaftlichen Umfelds (KE2)	-0,19* (0,10; 0,03)
Länderübergreifende Ähnlichkeit der Präferenzen der Konsumenten (KE6)	-0,32** (0,11; 0,06)
Länderübergreifende Ähnlichkeit des Einkaufsverhaltens der Konsumenten (KE7)	0,34** (0,12; 0,06)
Einfluss verschiedener Variabler auf die ausländische Preiselastizität der Nachfrage (PE)	
Wettbewerbsintensität für das Produkt im entsprechenden Auslandsmarkt (KE22)	0,26*** (0,07; 0,07)
Stichprobengröße (N)	203
Korrigiertes Bestimmtheitsmaß (R^2_{korr}) in Bezug auf den ausländischen Produktgewinn (PG)	0,07
Korrigiertes Bestimmtheitsmaß (R^2_{korr}) in Bezug auf den Grad der internationalen Produktstandardisierung (PS)	0,47
Korrigiertes Bestimmtheitsmaß (R^2_{korr}) in Bezug auf die länderübergreifende Nachfragehomogenität (NH)	0,35
Korrigiertes Bestimmtheitsmaß (R^2_{korr}) in Bezug auf das Potenzial für länderübergreifende Skaleneffekte (SE)	0,16
Korrigiertes Bestimmtheitsmaß (R^2_{korr}) in Bezug auf die Modifikationskosten (MK)	0,11
Korrigiertes Bestimmtheitsmaß (R^2_{korr}) in Bezug auf die ausländische Preiselastizität der Nachfrage (PE)	0,06
Prognosegüte (Q^2) in Bezug auf den ausländischen Produktgewinn (PG)	0,07
Prognosegüte (Q^2) in Bezug auf den Grad der internationalen Produktstandardisierung (PS)	0,20
Prognosegüte (Q^2) in Bezug auf die länderübergreifende Nachfragehomogenität (NH)	0,36
Prognosegüte (Q^2) in Bezug auf das Potenzial für länderübergreifende Skaleneffekte (SE)	0,16
Prognosegüte (Q^2) in Bezug auf die Modifikationskosten (MK)	0,01
Prognosegüte (Q^2) in Bezug auf die ausländische Preiselastizität der Nachfrage (PE)	0,06

Alle Pfadkoeffizienten sind standardisiert.
Alle Interaktionswerte wurden vor ihrer Multiplikation standardisiert.
Die Zahlen in Klammern geben erstens den Standardfehler und zweitens die Effektstärke an.
Die entsprechende Korrelationsmatrix befindet sich in Anhang 13.
Die Berechnung der Signifikanzen basiert auf der PLS-Bootstrapping-Prozedur mit 500 Ziehungen: *** $p < 0,001$; ** $p < 0,01$; * $p < 0,05$; [†] $p < 0,1$ (zweiseitige Signifikanz).

Abbildung 38: Erweiterung des Hauptmodells um die Einflussvariablen beim Fit als Moderation in Form einer Interaktionsanalyse

weswegen von einer hohen Aussagekraft und Relevanz des Gesamtmodells ausgegangen werden darf. Im folgenden Abschnitt, in dem es zu einer Konsolidierung aller Ergebnisse sowie zu einer Überprüfung der Hypothesen kommen wird, werde ich auf die Bedeutung der verschiedenen Einflussvariablen ausführlicher zu sprechen kommen.

4.4.3.5 Konsolidierung der Ergebnisse und Überprüfung der Hypothesen

Die Analysen in den Abschnitten 4.4.3.2 bis 4.4.3.4 haben gezeigt, dass insgesamt von einer relativ hohen Erklärungskraft und Prognoserelevanz des in Abbildung 18 dargestellten Modells ausgegangen werden kann. So liegt das korrigierte Bestimmtheitsmaß für den ausländischen Produktgewinn innerhalb des Hauptmodells in fast allen Fällen zwischen 20% und 50%; und die Prognosegüte ist – unabhängig von der gewählten Auswertungsmethode – stets positiv. Zudem sind zahlreiche (hoch)signifikante Pfadkoeffizienten innerhalb des Modells identifizierbar. Wie durch die Ausführungen in den Abschnitten 4.2.4, 4.4.2.2 und 4.4.3.1 deutlich geworden ist, setzen die verschiedenen Fit-Konzeptualisierungen unterschiedliche Analyseschwerpunkte und beleuchten jeweils andere Aspekte ein und desselben Phänomens. Um eine systematische Überprüfung der in Abschnitt 3.3 entwickelten Hypothesen zu ermöglichen, erscheint es daher sinnvoll, die signifikanten Analyseergebnisse aus den Abbildungen 31, 34 und 36 zu konsolidieren.[111] Durch diese – in Abbildung 39 dargestellte – Konsolidierung entsteht ein relativ umfassendes und genaues Bild der relevanten Wirkungszusammenhänge, *ohne* dass die Analyseergebnisse der verschiedenen Fit-Konzeptualisierungen im Widerspruch zueinander stehen. So existiert *keine* Konstellation, bei der in Bezug auf ein bestimmtes Produktstrategieelement und eine bestimmte situative Modellvariable innerhalb ein und derselben Stichprobe *gleichzeitig* eine hohe *und* eine geringe internationale Standardisierung oder *gleichzeitig* ein Standardisierungs-Fit *und* ein Standardisierungs-Nicht-Fit als vorteilhaft empfohlen werden. Diese Ergebniskonsistenz und -signifikanz spricht für eine hohe Robustheit des analysierten Modells (Venkatraman, 1989, S. 439-441) sowie für eine hohe Validität des zentralen formativen Konstrukts „Grad der internationalen Produktstandardisierung".

Basierend auf Abbildung 39 lassen sich abschließend folgende Gesamtaussagen hinsichtlich der Hypothesen 1 bis 4 treffen. Aufgrund der Neuartigkeit des theoretischen Modells und der darin enthaltenen Hypothesen stellen diese Aussagen Erweiterungen des bisherigen Wissens innerhalb des Forschungsfeldes dar.

Laut *Hypothese 1* führt ein Fit zwischen einer hohen [mittleren; geringen] länderübergreifenden Nachfragehomogenität (NH) für ein Produkt und einem hohen [mittleren; geringen] Grad der internationalen Produktstandardisierung (PS) – ceteris paribus – zu einer Maximierung des ausländischen Produktgewinns (PG). Diese Hypothese konnte in Bezug auf die folgenden Produktstrategieelemente teilweise oder vollständig *bestätigt* werden:

---

[111] Vgl. zu einem ähnlichen Vorgehen erneut Xu et al. (2006).

		Situations-übergreifend	Länderüber-greifende Nachfrage-homogenität (NH)	Potenzial für länderüber-greifende Skaleneffekte (SE)	Modifika-tionskosten (MK)	Ausländi-sche Preis-elastizität der Nachfrage (PE)
Gesamtstichprobe	Name (PS1)	HS	HS	HS	HS	-
	Positionierung (PS2)	-	-	-	NF	-
	Qualität (PS3)	HS	HS	F/HS	F	-
	Inhaltsstoffe/Zutaten (PS4)	-	HS	-	NF	-
	Wirkeigenschaften/Geschmack (PS5)	GS	F	F	-	-
	Duft/Geruch (PS6)	GS	F	NF	-	-
	Farbe (PS7)	-	HS	-	HS	-
	Verpackungsdesign (PS8)	GS	GS	GS	GS	-
	Verpackungsgröße (PS9)	-	-	-	NF	-
	Varianten (PS10)	HS	HS	-	HS	-
Pflege- und Reinigungsmittelindustrie	Name (PS1)	-	-	NF	-	-
	Positionierung (PS2)	-	F	NF	GS	NF
	Qualität (PS3)	-	-	-	F/HS	F/GS
	Inhaltsstoffe (PS4)	-	F/HS	-	F	F/GS
	Wirkeigenschaften (PS5)	-	F	-	-	HS
	Duft (PS6)	-	F	NF	-	-
	Farbe (PS7)	-	HS	F	NF	-
	Verpackungsdesign (PS8)	-	-	NF	NF	-
	Verpackungsgröße (PS9)	-	F/HS	NF	NF	-
	Varianten (PS10)	-	-	-	HS	F
Nahrungs- und Genussmittelindustrie	Name (PS1)	HS	NF	HS	-	NF
	Positionierung (PS2)	HS	NF	HS	NF	-
	Qualität (PS3)	HS	F	F/HS	F	-
	Zutaten (PS4)	-	-	-	-	-
	Geschmack (PS5)	-	F	-	-	-
	Geruch (PS6)	-	F	-	-	-
	Farbe (PS7)	-	F	-	NF	-
	Verpackungsdesign (PS8)	GS	F	GS	-	F
	Verpackungsgröße (PS9)	-	-	-	NF	-
	Varianten (PS10)	-	NF	-	F	NF

Zur Maximierung des ausländischen Produktgewinns ist für das betreffende Produktstrategieelement situationsübergreifend bzw. in Bezug auf die jeweilige situative Modellvariable...
F = ...ein Standardisierungs-Fit erforderlich.
NF = ...ein Standardisierungs-Nicht-Fit erforderlich (also eine Unter- oder Überstandardisierung).
HS = ...ein hoher Grad der internationalen Standardisierung erforderlich (ggf. als Überstandardisierung).
GS = ...ein geringer Grad der internationalen Standardisierung erforderlich (ggf. als Unterstandardisierung).

Abbildung 39: Konsolidierung aller signifikanten Analyseergebnisse

Empirische Untersuchung 161

- Produktpositionierung (PS2) in der Pflege- und Reinigungsmittelindustrie
- Produktqualität (PS3) in der Nahrungs- und Genussmittelindustrie
- Produktinhaltsstoffe (PS4) in der Pflege- und Reinigungsmittelindustrie
- Produktwirkeigenschaften/-geschmack (PS5) in allen Stichproben
- Produktduft/-geruch (PS6) in allen Stichproben
- Produktfarbe (PS7) in der Nahrungs- und Genussmittelindustrie
- Verpackungsdesign (PS8) in der Nahrungs- und Genussmittelindustrie
- Verpackungsgröße (PS9) in der Pflege- und Reinigungsmittelindustrie

Hypothese 2 besagt, dass ein Fit zwischen einem hohen [mittleren; geringen] Potenzial für länderübergreifende Skaleneffekte (SE) für ein Produkt und einem hohen [mittleren; geringen] Grad der internationalen Produktstandardisierung (PS) – ceteris paribus – zu einer Maximierung des ausländischen Produktgewinns (PG) führt. Für die folgenden Produktstrategieelemente konnte diese Hypothese teilweise oder vollständig *bestätigt* werden:

- Produktqualität (PS3) in der Gesamtstichprobe und der Nahrungs- und Genussmittelindustrie
- Produktwirkeigenschaften/-geschmack (PS5) in der Gesamtstichprobe
- Produktfarbe (PS7) in der Pflege- und Reinigungsmittelindustrie

Gemäß *Hypothese 3* führt ein Fit zwischen hohen [mittleren; geringen] Modifikationskosten (MK) für ein Produkt und einem hohen [mittleren; geringen] Grad der internationalen Produktstandardisierung (PS) – ceteris paribus – zu einer Maximierung des ausländischen Produktgewinns (PG). Diese Hypothese konnte in Bezug auf die folgenden Produktstrategieelemente teilweise oder vollständig *bestätigt* werden:

- Produktqualität (PS3) in allen Stichproben
- Produktinhaltsstoffe (PS4) in der Pflege- und Reinigungsmittelindustrie
- Produktvarianten (PS10) in der Nahrungs- und Genussmittelindustrie

Und *Hypothese 4* postuliert, dass ein Fit zwischen einer hohen [mittleren; geringen] ausländischen Preiselastizität der Nachfrage (PE) für ein Produkt und einem hohen [mittleren; geringen] Grad der internationalen Produktstandardisierung (PS) – ceteris paribus – zu einer Maximierung des ausländischen Produktgewinns (PG) führt. In Bezug auf die folgenden Produktstrategieelemente konnte diese Hypothese teilweise oder vollständig *bestätigt* werden:

- Produktqualität (PS3) in der Pflege- und Reinigungsmittelindustrie
- Produktinhaltsstoffe (PS4) in der Pflege- und Reinigungsmittelindustrie
- Verpackungsdesign (PS8) in der Nahrungs- und Genussmittelindustrie
- Produktvarianten (PS10) in der Pflege- und Reinigungsmittelindustrie

In Bezug auf den Produktnamen (PS1) konnte hingegen keine der vier Hypothesen bestätigt werden. Stattdessen zeigt sich, dass der Produktname stets zu einem hohen Grad international standardisiert werden sollte. Ein Grund hierfür könnte darin bestehen, dass durch eine starke internationale Standardisierung des Produktnamens vor allem im Marketing-Kommunikations-Bereich hohe Kosteneinsparungen erzielbar sind (Alashban et al., 2002). Gleichzeitig erhöht ein weltweit einheitlicher Produktname in Zeiten zunehmender Globalisierung bzw. Regionalisierung das Potenzial für länderübergreifende Image-Ausstrahlungseffekte (Sullivan, 1990; Becker, 2009, S. 788 und S. 799). Umso bedeutender ist in diesem Zusammenhang die Wahl eines Produktnamens, der weltweit gut verständlich ist, leicht auszusprechen ist und bei den Konsumenten positive Assoziationen auslöst (Alashban et al., 2002; Francis et al., 2002). Auch bezüglich anderer Produktstrategieelemente deuten sich Tendenzen in Richtung eines Standardisierungs-Nicht-Fits an, die den Hypothesen 1 bis 4 entgegenstehen:

- Für die Produktpositionierung (PS2) scheint sich – zumindest innerhalb der Nahrungs- und Genussmittelindustrie – tendenziell ein hoher Grad der internationalen Standardisierung zu eignen, vermutlich ebenfalls aufgrund des hohen Kosteneinsparpotenzials im Marketing-Bereich (Alashban et al., 2002) sowie aufgrund des Potenzials für länderübergreifende Image-Ausstrahlungseffekte (Sullivan, 1990; Becker, 2009, S. 788 und S. 799).

- Bezüglich der Produktqualität (PS3) deutet sich ebenso die Vorteilhaftigkeit eines hohen Grads der internationalen Standardisierung an, vor allem in der Nahrungs- und Genussmittelindustrie. Auch dies dürfte primär auf das hohe Kosteneinsparpotenzial – in diesem Falle innerhalb des Produktionsbereichs – zurückzuführen sein. Zudem bestünde im Zuge internationaler Qualitätsschwankungen die Gefahr negativer Image-Ausstrahlungseffekte über Ländergrenzen hinweg (Chen et al., 2009).

- Das Verpackungsdesign (PS8) sollte tendenziell länderspezifisch differenziert werden (vgl. hierzu bereits Zentes et al., 2010, S. 399). Dies könnte darin begründet liegen, dass die Konsumenten verschiedener Länder und Kulturen selbst bei ansonsten ähnlichen Nachfragebedürfnissen stark unterschiedlich auf visuelle Reize – und damit auch auf Verpackungsdesigns – reagieren (Melewar & Saunders,

1999; Callow & Schiffman, 2002; Bulmer & Buchanan-Oliver, 2006). Da das Verpackungsdesign eines Produkts einen starken Einfluss darauf hat, ob Konsumenten das entsprechende Produkt gegenüber Alternativprodukten am „Point of Sale" präferieren (Roper & Parker, 2006; Simms & Trott, 2010), scheint eine hohe länderspezifische Anpassung des Verpackungsdesigns von besonderer Bedeutung zu sein.

- Für das Angebot an Produktvarianten (PS10) eignet sich tendenziell ein hoher Grad der internationalen Standardisierung. Dies dürfte erneut auf die hohen Kosten zurückzuführen sein, die im Falle einer länderspezifischen Entwicklung eigenständiger Produktvarianten entstehen (Draganska & Jain, 2005). Wie die obigen Ausführungen gezeigt haben, scheint – im Vergleich dazu – eine adäquate länderspezifische Anpassung der Produktinhaltsstoffe bzw. -zutaten die erfolgversprechendere (weil kostengünstigere) Alternative zu sein.

Weitere Tendenzen in Richtung eines nicht näher konkretisierbaren Standardisierungs-Nicht-Fits zeigen sich hinsichtlich der folgenden Produktstrategieelemente und situativen Modellvariablen:

- Produktinhaltsstoffe/-zutaten (PS4) in Bezug auf die Modifikationskosten (MK)

- Produktduft/-geruch (PS6) in Bezug auf das Potenzial für länderübergreifende Skaleneffekte (SE)

- Produktfarbe (PS7) in Bezug auf die Modifikationskosten (MK)

- Verpackungsgröße (PS9) in Bezug auf das Potenzial für länderübergreifende Skaleneffekte (SE) und die Modifikationskosten (MK)

Hypothese 5 besagt, dass der produktgewinnmaximierende Effekt der in den Hypothesen 1 bis 4 beschriebenen Fits durch die Wahrnehmungsfehler der Manager (WF) in Bezug auf die relevante Situation negativ moderiert wird. Im Rahmen des Fits als Moderation in Form einer Interaktionsanalyse hat sich diese Hypothese *bestätigt*. Zudem ist beim Fit als Moderation in Form einer Subgruppenanalyse deutlich geworden, dass eine realistische Managerwahrnehmung vor allem in Bezug auf die länderübergreifende Nachfragehomogenität (NH) von Bedeutung ist.[112]

Im Rahmen von *Hypothese 6* wird abschließend postuliert, dass der produktgewinnmaximierende Effekt der in den Hypothesen 1 bis 4 beschriebenen Fits durch die Umsetzungsqualität (UQ) in Bezug auf die verfolgte Strategie positiv moderiert wird.

---

[112] Eine Moderationsanalyse auf Basis der am Ende jeder Fragebogen-Seite erhobenen „Antwortsicherheit" (vgl. Abschnitt 4.3.1.2) führt zu keinen zusätzlich signifikanten Ergebnissen im Hinblick auf die Hypothesen 1 bis 4.

Durch die Analysen beim Fit als Moderation konnte diese Hypothese – sowohl im Falle der Subgruppenanalyse als auch im Falle der Interaktionsanalyse – *bestätigt* werden. Die Ergebnisse aller Hypothesentests werden in Abbildung 40 zusammenfassend dargestellt.

	Hypothese 1	Hypothese 2	Hypothese 3	Hypothese 4	Hypothese 5	Hypothese 6
Name (PS1)	k.A.	HS	HS	k.A.	✓	✓
Positionierung (PS2)	✓ (PR)	HS	k.A.	k.A.		
Qualität (PS3)	✓ (NG)	✓	✓	✓ (PR)		
Inhaltsstoffe/Zutaten (PS4)	✓ (PR)	k.A.	✓ (PR)	✓ (PR)		
Wirkeigenschaften/Geschmack (PS5)	✓	✓	k.A.	HS		
Duft/Geruch (PS6)	✓	k.A.	k.A.	k.A.		
Farbe (PS7)	✓ (NG)	✓ (PR)	HS	k.A.		
Verpackungsdesign (PS8)	✓ (NG)	GS	GS	✓ (NG)		
Verpackungsgröße (PS9)	✓ (PR)	k.A.	k.A.	k.A.		
Varianten (PS10)	HS	k.A.	✓ (NG)	✓ (PR)		

✓ = Hypothese bestätigt
PR = Hypothese nur für die Pflege- und Reinigungsmittelindustrie bestätigt
NG = Hypothese nur für die Nahrungs- und Genussmittelindustrie bestätigt
HS = grundsätzlich eher ein hoher Grad der internationalen Standardisierung vorteilhaft (ggf. als Überstandardisierung)
GS = grundsätzlich eher ein geringer Grad der internationalen Standardisierung vorteilhaft (ggf. als Unterstandardisierung)
k.A. = keine eindeutigen und konkreten Aussagen zur internationalen Standardisierung möglich

Abbildung 40: Ergebnisse aller Hypothesentests im Überblick

Wie die Abbildung zeigt, konnten alle sechs Hypothesen zumindest teilweise bestätigt werden. Besonders zufriedenstellend sind die Ergebnisse in Bezug auf Hypothese 1. So führt ein Fit zwischen der länderübergreifenden Nachfragehomogenität (NH) für ein Produkt und dem Grad der internationalen Produktstandardisierung (PS) bei acht von zehn Produktstrategieelementen zu einer Steigerung des ausländischen Produktgewinns. Auf der Ebene der einzelnen Produktstrategieelemente ist die Produktqualität (PS3) das am stärksten „Fit-relevante" Element, für das alle vier Fit-Hypothesen bestätigt wurden – wenn auch, wie bereits erwähnt, mit einer Tendenz zur Überstandardisierung. Ebenfalls sehr stark „Fit-relevant" sind die Produktinhaltsstoffe bzw. -zutaten (PS4), für die drei von vier Hypothesen bestätigt wurden. Die Unterschiede zwischen den Industrien stellen sich insgesamt als marginal dar. Zwar wurden mehrere der Hypothesen für nur eine der beiden Industrien bestätigt; doch es existiert *keine* Konstellation, bei der in Bezug auf ein bestimmtes Produktstrategieelement und eine bestimmte situative Modellvariable in der einen Industrie eine hohe und in der anderen Industrie eine geringe internationale Standardisierung als vorteilhaft empfohlen wird. Aus diesem Grund besteht im Zuge der Hypothesenüberprüfung kein Potenzial für einen aussagekräftigen Industrievergleich. Zudem gehen die geringfügigen industriebezogenen Unterschiede bereits aus Abbildung 39 hervor.

Was die Gewinnrelevanz der einzelnen Hypothesen betrifft, so zeigen die Analyseergebnisse in den Abbildungen 28, 29, 30, 33 und 35, dass die Hypothesen 1 und 2 den größten Einfluss auf den ausländischen Produktgewinn zu haben scheinen. So existieren in Bezug auf einen Standardisierungs-Fit mit der länderübergreifenden Nachfragehomogenität (NH) insgesamt sieben Pfadkoeffizienten mit einem Betragswert von mindestens 0,25; und in Bezug auf einen Standardisierungs-Fit mit dem Potenzial für länderübergreifende Skaleneffekte (SE) sind es sogar zehn Pfadkoeffizienten. Im Falle der Modifikationskosten (MK) und der ausländischen Preiselastizität der Nachfrage (PE) existieren hingegen nur vier bzw. zwei Pfadkoeffizienten mit einem Betragswert von mindestens 0,25. In Bezug auf die verschiedenen Produktstrategieelemente verdeutlichen die durchgeführten Analysen, dass eine adäquate internationale Standardisierung bzw. Differenzierung vor allem für das „Produktinnere" von hoher Gewinnrelevanz ist. So existieren im Falle der Produktinhaltsstoffe bzw. -zutaten (PS4), der Produktwirkeigenschaften bzw. des -geschmacks (PS5), des Produktdufts bzw. -geruchs (PS6) sowie der Produktfarbe (PS7) jeweils vier bis fünf Pfadkoeffizienten mit einem Betragswert von mindestens 0,25. Im Falle der übrigen sechs Produktstrategieelemente sind es hingegen nur jeweils null bis drei Pfadkoeffizienten. Internationale Unternehmen, die eine Steigerung ihres ausländischen Produktgewinns anstreben, sollten den genannten situativen Fit-Variablen und Produktstrategieelementen also besonders hohe Aufmerksamkeit zuteil werden lassen.

Was die analysierten Kontrollvariablen betrifft, so bescheinigen die durchgeführten Analysen sechs Variablen einen signifikanten und in der Wirkungsrichtung erwartungsgemäßen Einfluss auf den ausländischen Produktgewinn:

- Zufriedenheit der Kunden mit dem Produkt im entsprechenden Auslandsmarkt (KE13; leicht positiver Gewinneffekt) (vgl. ähnlich bereits Ittner & Larcker, 1998)

- Umsatzpotenzial für das Produkt im entsprechenden Auslandsmarkt (KE20; leicht positiver Gewinneffekt) (vgl. die Gewinnfunktion in Abschnitt 3.2)

- Wettbewerbsintensität für das Produkt im entsprechenden Auslandsmarkt (KE22; negativer Gewinneffekt) (vgl. ähnlich bereits Ramaswamy, 2001)

- Grad internationaler Standardisierung der Großhandelspreise für das Produkt (KE32; negativer Gewinneffekt) (vgl. ähnlich bereits Lages & Montgomery, 2005)

- Grad internationaler Standardisierung der Werbemaßnahmen für das Produkt (KE35; leicht positiver Gewinneffekt) (vgl. ähnlich bereits Ko et al., 2007)

- Erfahrung des Unternehmens mit dem entsprechenden Auslandsmarkt (KE36; positiver Gewinneffekt) (vgl. ähnlich bereits Delios & Beamish, 2001)

Zusätzlich zu den sechs Kontrollvariablen konnten 18 verschiedene Wirkungsbeziehungen identifiziert werden, über die die exogenen Variablen des Hauptmodells „im Hintergrund" beeinflusst werden. Abbildung 41 liefert eine grafische Darstellung aller signifikanten Einflussvariablen-Beziehungen innerhalb des Gesamtmodells.

Wie Abbildung 41 zeigt, wird der tatsächlich von Unternehmen verfolgte Grad der internationalen Produktstandardisierung (PS) erwartungsgemäß durch die folgenden Variablen positiv beeinflusst:

- Länderübergreifende Nachfragehomogenität (NH) für das Produkt (vgl. bereits die Ausführungen in Abschnitt 3.3)
- Grad internationaler Zentralisierung der Entscheidungen zu den Produkteigenschaften (KE24) (vgl. ähnlich bereits Özsomer & Prussia, 2000)
- Grad internationaler Zentralisierung der Einkaufs- und Beschaffungsaktivitäten für das Produkt (KE30) (vgl. ähnlich bereits Özsomer & Simonin, 2004)

Zudem führt ein zunehmender Grad der Einbindung des Produkts in eine supranationale Marktbearbeitung (KE17) – wie erwartet – zu einem starken Anstieg des Grads der internationalen Produktdifferenzierung. Dies dürfte darauf zurückzuführen sein, dass Unternehmen im Falle einer supranationalen Marktbearbeitung die Kosten der internationalen Produktdifferenzierung durch das höhere Absatz- und ggf. Umsatzpotenzial innerhalb des supranationalen Marktgebiets überkompensieren können. Unerwarteterweise üben die folgenden beiden Variablen jedoch einen negativen Einfluss auf den Grad der internationalen Produktstandardisierung aus:

- Modifikationskosten (MK) für das Produkt
- Grad internationaler Zentralisierung der Entscheidungen zu den Produktpreisen (KE25)

Der erstgenannte Wirkungszusammenhang könnte darin begründet liegen, dass Manager, deren Unternehmen einen hohen Grad der internationalen Produktstandardisierung verfolgen, die Kosten für eine Produktmodifikation nicht kennen und daher unterschätzen. Ebenfalls denkbar wäre es, dass geringe Modifikationskosten innerhalb der Stichprobe deshalb mit einem hohen Grad der internationalen Produktstandardisierung einhergehen, weil der eigentlich standardisierungsmindernde Effekt geringer Modifikationskosten durch den standardisierungsfördernden Effekt einer hohen länderübergreifenden Nachfragehomogenität überkompensiert wird. Die Analyseergebnisse in Abbildung 38 scheinen diesen Verdacht zu bestätigen. Was den Grad der internationalen Zentralisierung der Entscheidungen zu den Produktpreisen betrifft,

Empirische Untersuchung 167

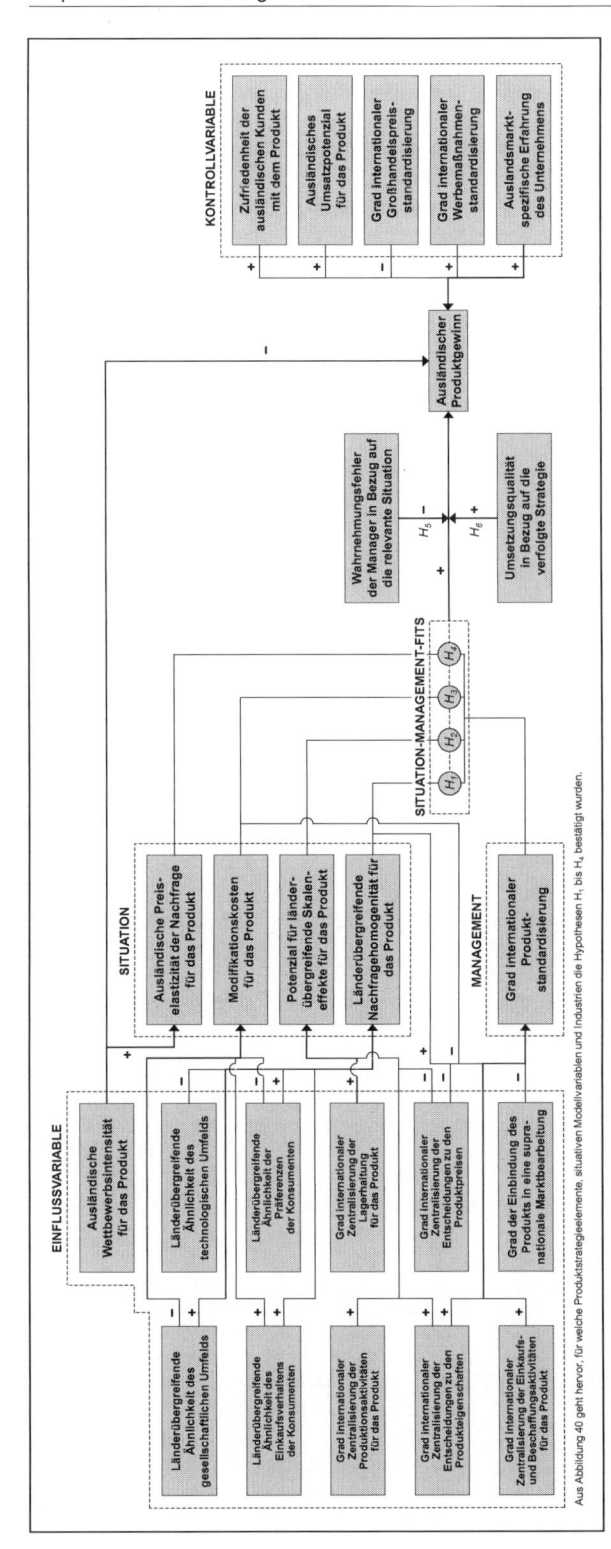

Abbildung 41: Empirisch bestätigtes Gesamtmodell

so könnte der negative Zusammenhang zur internationalen Produktstandardisierung dadurch erklärbar sein, dass Unternehmen, die ihre Produkte zu einem hohen Grad international standardisieren, im Gegenzug ihren Auslandsgesellschaften mehr Autonomie in der Preisgestaltung gewähren – z.B. aus Kompetenz- oder Motivationsgründen.[113] Möglicherweise handelt es sich bei dem identifizierten Wirkungszusammenhang aber auch um ein statistisches Artefakt, zumal der entsprechende Pfadkoeffizient nur leicht signifikant ist und relativ klein ausfällt.

Für die vier situativen Fit-Variablen untereinander konnten – wie erwartet – keine signifikanten Beeinflussungen festgestellt werden. Stattdessen werden die situativen Fit-Variablen durch andere Variable im Hintergrund beeinflusst. So sind für die länderübergreifende Nachfragehomogenität (NH) erwartungsgemäß die folgenden positiven Einflüsse nachweisbar:

- Länderübergreifende Ähnlichkeit des gesellschaftlichen Umfelds (KE2)

- Länderübergreifende Ähnlichkeit der Präferenzen der Konsumenten (KE6; besonders starker Einfluss)

- Länderübergreifende Ähnlichkeit des Einkaufsverhaltens der Konsumenten (KE7)

Eine zunehmende länderübergreifende Ähnlichkeit des technologischen Umfelds (KE4) geht hingegen – anders als erwartet – mit einer abnehmenden länderübergreifenden Nachfragehomogenität (NH) einher. Sachlogische Erklärungen für diesen Wirkungszusammenhang liegen bislang nicht vor. Möglicherweise existiert eine zusätzliche, unbekannte Variable im Hintergrund, die gleichzeitig die länderübergreifende Ähnlichkeit des technologischen Umfelds negativ sowie die länderübergreifende Nachfragehomogenität positiv beeinflusst – oder umgekehrt. Die Untersuchung dieses Phänomens bietet Möglichkeiten für zukünftige Forschungsarbeiten.

In Bezug auf das Potenzial für länderübergreifende Skaleneffekte (SE) konnten die folgenden positiven Einflüsse erwartungsgemäß nachgewiesen werden:

- Grad internationaler Zentralisierung der Entscheidungen zu den Produkteigenschaften (KE24)

- Grad internationaler Zentralisierung der Produktionsaktivitäten für das Produkt (KE28)

- Grad internationaler Zentralisierung der Lagerhaltung für das Produkt

---

[113] Vgl. zu verschiedenen Rollen und Aufgaben ausländischer Tochtergesellschaften z.B. Bartlett & Ghoshal (1986), Gupta & Govindarajan (1991), Ferdows (1997) sowie zusammenfassend und teilweise kritisch Schmid et al. (1998) sowie Kutschker & Schmid (2011), S. 340-365.

Bei den Produktpreisen zeigt sich – ähnlich wie im Falle der internationalen Produktstandardisierung – ein negativer Zusammenhang zwischen einer Entscheidungszentralisierung (KE25) und dem Potenzial für länderübergreifende Skaleneffekte (SE). Die Gründe hierfür könnten ähnlich gelagert sein wie im Falle des Wirkungszusammenhangs zur internationalen Produktstandardisierung.

In Bezug auf die Modifikationskosten konnten – wie erwartet – die folgenden negativen Einflussfaktoren identifiziert werden:

- Länderübergreifende Ähnlichkeit des gesellschaftlichen Umfelds (KE2)
- Länderübergreifende Ähnlichkeit der Präferenzen der Konsumenten (KE6; besonders starker Einfluss)

Schließlich führt eine zunehmende Ähnlichkeit des gesellschaftlichen Umfelds sowie der Konsumentenpräferenzen dazu, dass die erforderliche Produktmodifikation (und damit auch deren Kosten) im Falle einer internationalen Produktdifferenzierung geringer ausfällt bzw. ausfallen. Lediglich in Bezug auf die länderübergreifende Ähnlichkeit des Einkaufsverhaltens der Konsumenten (KE7) ist ein unerwarteter Wirkungszusammenhang zu beobachten. So nehmen die Modifikationskosten für ein Produkt (MK) bei steigender Ähnlichkeit des länderübergreifenden Einkaufsverhaltens stark zu. Auch dieser Zusammenhang lässt sich – wenn überhaupt – nur mit Hilfe einer zusätzlichen, bislang unbekannten Variable „im Hintergrund" erklären, durch die beide Variablen positiv oder negativ beeinflusst werden. Zukünftige Forschungsarbeiten könnten sich diesem Phänomen widmen.

Abschließend wurde im Rahmen der empirischen Untersuchung nachgewiesen, dass zwischen der ausländischen Preiselastizität der Nachfrage für ein Produkt (PE) und der Wettbewerbsintensität für das Produkt im entsprechenden Auslandsmarkt (KE22) erwartungsgemäß ein positiver Wirkungszusammenhang besteht. Die ausländische Wettbewerbsintensität übt zudem – wie bereits erwähnt – als Kontrollvariable einen direkt negativen Einfluss auf den ausländischen Produktgewinn aus.

Insgesamt konnten somit zahlreiche der bereits in Abschnitt 3.3 erläuterten Wirkungszusammenhänge empirisch nachgewiesen werden und mehrere der in Abbildung 11 aufgeführten Situationsvariablen in das theoretische Modell der vorliegenden Arbeit integriert werden. Entsprechend den Zielsetzungen in Abschnitt 4.1 ist es damit nun teilweise möglich, Managern internationaler Unternehmen detaillierte, situationsspezifische Handlungsempfehlungen für eine erfolgreiche internationale Produktstandardisierung bzw. -differenzierung zur Verfügung zu stellen. Gleichzeitig sollten die Ergebnisse der vorliegenden Arbeit jedoch auch mit einer gewissen kritischen Distanz betrachtet werden. Schließlich unterliegt die Arbeit – genauso wie jede andere wissenschaftliche Arbeit – inhaltlichen, konzeptionellen und methodischen Limitationen. Im Rahmen der folgenden Schlussbetrachtung werde ich auf die wesentlichen Implikationen und Limitationen meiner Arbeit eingehen sowie unterschiedliche Optionen für zukünftige Forschungsvorhaben aufzeigen.

5 Schlussbetrachtung

5.1 Implikationen der Arbeit

Im Rahmen der vorliegenden Arbeit wurde – basierend auf einer systematisch-kritischen Analyse der gut 300 Artikel zur internationalen Marketingstandardisierung bzw. -differenzierung (vgl. Kapitel 2) – ein Modell entwickelt, das normativ-theoretische Elemente mit dem Konzept des Situation-Management-Fits vereint (vgl. Kapitel 3). Dieses normativ-theoretische Fit-Modell wurde anschließend einer quantitativ-empirischen Überprüfung unterzogen, um Unternehmen situationsspezifische Handlungsempfehlungen bezüglich einer produktgewinnmaximierenden internationalen Produktstandardisierung bzw. -differenzierung liefern zu können, die theoretisch *und* empirisch fundiert sind (vgl. Kapitel 4). Bevor ich in Abschnitt 5.2 auf die wesentlichen Limitationen meiner Arbeit zu sprechen kommen werde, möchte ich im vorliegenden Abschnitt zunächst die zentralen Implikationen der Arbeit diskutieren. Dabei werde ich auf (1) die inhaltlichen, (2) die konzeptionellen und (3) die methodischen Implikationen eingehen.

(1) Inhaltlich hat die vorliegende Arbeit gezeigt, dass der Grad der internationalen Produktstandardisierung einen hochsignifikanten Einfluss auf den ausländischen Produktgewinn von Unternehmen ausübt. In dieser Hinsicht deckt sich die Arbeit mit „gewinntheoretischen" Überlegungen, die bereits bei Samiee & Roth (1992), Shoham & Albaum (1994) sowie Shoham (1996) zu finden sind. Im Gegensatz zu den existierenden Arbeiten ermöglicht die vorliegende Arbeit jedoch differenziertere inhaltliche Aussagen auf der Ebene einzelner Produktstrategieelemente, Situationen und Industrien:

Was die verschiedenen Elemente der Produktstrategie betrifft, so hat sich gezeigt, dass gewinnorientierte Entscheidungen zur internationalen Standardisierung bzw. Differenzierung niemals einheitlich für die *gesamte* Produktstrategie, sondern stets differenziert für jedes *einzelne* Produktstrategieelement zu treffen sind. Dabei existieren wiederum einerseits Produktstrategieelemente, die (fast) *immer* in einer bestimmten Art und Weise international standardisiert bzw. differenziert werden müssen, sowie andererseits Elemente, deren internationaler Standardisierungs- bzw. Differenzierungsbedarf in Abhängigkeit der Situation oder Industrie *variiert*. Im Hinblick auf die erstgenannte Gruppe von Produktstrategieelementen hat sich herausgestellt, dass der Produktname, die Produktqualität und das Angebot an Produktvarianten in der überwiegenden Zahl der Fälle zu einem hohen Grad international standardisiert werden müssen, während das Verpackungsdesign (fast) immer einen hohen Grad der internationalen Differenzierung erfordert (vgl. ähnlich bereits Zentes et al., 2010, S. 398-400). Auf die Gründe hierfür wurde in Abschnitt 4.4.3.5 eingegangen.

Differenzierte inhaltliche Aussagen auf der Ebene einzelner Situationen und Industrien können demgegenüber für die anderen sechs Elemente der Produktstrategie getroffen werden: Die Produktpositionierung muss – zumindest innerhalb der Nahrungs- und Genussmittelindustrie – stets zu einem hohen Grad international standardisiert werden. In Bezug auf die Pflege- und Reinigungsmittelindustrie sind die entsprechenden Ergebnisse uneinheitlich. Für die Produktinhaltsstoffe bzw. -zutaten ist – wie in Abschnitt 3.3 hypothetisiert – ein situativer Standardisierungs-Fit in Bezug auf die länderübergreifende Nachfragehomogenität, die Modifikationskosten sowie die ausländische Preiselastizität der Nachfrage erforderlich. Diese Zusammenhänge gelten jedoch erneut nur für eine der beiden analysierten Industrien – in diesem Falle für die Pflege- und Reinigungsmittelindustrie. In Bezug auf die Nahrungs- und Genussmittelindustrie konnten keine signifikanten Zusammenhänge nachgewiesen werden. Industrieübergreifende Aussagen lassen sich im Gegensatz dazu für die Produktwirkeigenschaften bzw. den -geschmack, den Produktduft bzw. -geruch und die Produktfarbe treffen. So muss für die Produktwirkeigenschaften bzw. den -geschmack stets ein situativer Standardisierungs-Fit in Bezug auf die länderübergreifende Nachfragehomogenität und das Potenzial für länderübergreifende Skaleneffekte angestrebt werden. Der Produktduft bzw. -geruch muss ebenfalls stets in Abhängigkeit der länderübergreifenden Nachfragehomogenität international standardisiert oder differenziert werden. Und im Hinblick auf die Produktfarbe ist ebenso ein situativer Standardisierungs-Fit erforderlich – innerhalb der Pflege- und Reinigungsmittelindustrie in Bezug auf das Potenzial für länderübergreifende Skaleneffekte und die ausländische Preiselastizität der Nachfrage, innerhalb der Nahrungs- und Genussmittelindustrie in Bezug auf die länderübergreifende Nachfragehomogenität. Für die Verpackungsgröße muss schließlich ebenfalls ein situativer Standardisierungs-Fit in Bezug auf die länderübergreifende Nachfragehomogenität verfolgt werden. Allerdings hat sich dieser Zusammenhang nur innerhalb der Pflege- und Reinigungsmittelindustrie als signifikant erwiesen. Aufgrund der Neuartigkeit des theoretischen Modells und seiner situativen Fit-Variablen stellen die identifizierten Zusammenhänge Erweiterungen des bisherigen Wissens innerhalb des Forschungsfeldes dar.

Zusätzlich zu diesen differenzierten Aussagen auf der Ebene der einzelnen Produktstrategieelemente, Situationen und Industrien konnte mit der vorliegenden Arbeit auch die übergreifende Bedeutung der situativen Wahrnehmungsfehler sowie der strategischen Umsetzungsqualität aufgezeigt werden (vgl. hierzu bereits Glaister & Thwaites, 1993; Starbuck & Mezias, 1996; Hahn & Powers, 1999, 2010; Noble, 1999;

Maule & Hodgkinson, 2003; Mezias & Starbuck, 2003; Pillai, 2010). So verdeutlichen die Analysen, dass Produktmanager insbesondere darauf bedacht sein sollten, sich ein realistisches Bild von den Nachfragebedürfnissen der ausländischen Konsumenten zu machen. Denn diesbezügliche Wahrnehmungsfehler wirken sich besonders negativ auf den ausländischen Produktgewinn aus. Zur Vermeidung derartiger Wahrnehmungsfehler können z.B. ausführliche Konsumentenbefragungen, intensive Marktbeobachtungen oder das Errichten ausländischer „Horchposten" von Vorteil sein (Kutschker & Schmid, 2011, S. 353 und S. 942-948). Zudem konnte im Rahmen dieser Arbeit gezeigt werden, dass es nicht ausreichend ist, Strategien der internationalen Produktstandardisierung bzw. -differenzierung lediglich adäquat zu entwickeln, sondern dass es zudem von hoher (Gewinn-)Relevanz ist, die entwickelten Strategien auch professionell umzusetzen. Einen Überblick über verschiedene Maßnahmen zur Sicherung der strategischen Umsetzungsqualität liefern z.B. Welge & Al-Laham (2008, S. 791-939).

Ingesamt ermöglichen die Ergebnisse der vorliegenden Arbeit die Formulierung konkreter, situationsspezifischer Handlungsempfehlungen bezüglich einer erfolgreichen internationalen Produktstandardisierung bzw. -differenzierung. Diese Handlungsempfehlungen dürfen als höchst „gewinnrelevant" gelten; schließlich konnte auf Basis der Analysemodelle in Abschnitt 4.4.3 meist zwischen 20% und 50% der Varianz innerhalb des ausländischen Produktgewinns erklärt werden. Als situative Fit-Variable mit der größten Gewinnrelevanz konnten die länderübergreifende Nachfragehomogenität sowie das Potenzial für länderübergreifende Skaleneffekte identifiziert werden. Und zu den Produktstrategieelementen, deren adäquate internationale Standardisierung bzw. Differenzierung den größten Einfluss auf den ausländischen Produktgewinn ausübt, zählen die Produktinhaltsstoffe bzw. -zutaten, die Produktwirkeigenschaften bzw. der -geschmack, der Produktduft bzw. -geruch sowie die Produktfarbe. Internationale Unternehmen, die eine Steigerung ihres ausländischen Produktgewinns anstreben, sollten diesen situativen Fit-Variablen und Produktstrategieelementen besonders große Aufmerksamkeit schenken.

Nicht zuletzt wurde durch die vorliegende Arbeit ein inhaltlicher Integrationsbeitrag geleistet, indem theoretisch hergeleitet und empirisch überprüft wurde, inwieweit sich bestimmte in der Vergangenheit analysierte Situationsvariable als Kontroll- oder Einflussvariable in das theoretische Modell der vorliegenden Arbeit einordnen lassen. Dabei konnten sechs Kontrollvariable mit einem Einfluss auf den ausländischen Produktgewinn sowie elf Variable mit einem Einfluss auf die exogenen Modellvariablen identifiziert werden (vgl. Abschnitt 4.4.3.5 sowie Abbildung 41). Als Kontrollvariable mit dem stärksten Einfluss auf den ausländischen Produktgewinn haben sich die ausländische Wettbewerbsintensität (negativer Effekt), der Grad der internationalen Großhandelspreisstandardisierung (negativer Effekt) sowie die auslandsmarktbezogene Erfahrung des Unternehmens (positiver Effekt) herausgestellt. Zu ähnlichen Ergebnissen gelangen Delios & Beamish (2001), Ramaswamy (2001) sowie Lages & Montgomery (2005).

Was die elf Einflussvariablen betrifft, so übt die länderübergreifende Ähnlichkeit der Konsumentenpräferenzen einen stark positiven Effekt auf die länderübergreifende Nachfragehomogenität und einen stark negativen Effekt auf die Modifikationskosten aus (vgl. hierzu bereits Abschnitt 3.3). Darüber hinaus geht ein hoher Grad der internationalen Standardisierung meist mit einem hohen Grad der internationalen Zentralisierung einher. Diese Ergebnisse decken sich mit existierenden Arbeiten innerhalb des Forschungsfeldes (z.B. Özsomer & Prussia, 2000; Özsomer & Simonin, 2004). Interessant ist zudem, dass eine supranationale Marktbearbeitung in hohem Maße zu einer regionenspezifischen Produktdifferenzierung führen kann. Wie bereits erwähnt, dürfte dies darin begründet liegen, dass Unternehmen im Falle einer regionenspezifischen Marktbearbeitung die Kosten der internationalen Produktdifferenzierung durch das höhere Absatz- und ggf. Umsatzpotenzial innerhalb der supranationalen Marktregion überkompensieren können.

Das Wissen hinsichtlich der beschriebenen Wirkungsbeziehungen kann Unternehmen und deren Manager dabei unterstützen, ganzheitliche Produktstandardisierungs- bzw. -differenzierungsentscheidungen zu treffen, in deren Rahmen sie die direkt oder indirekt gewinnrelevanten Einflussgrößen möglichst umfassend berücksichtigen. Zudem kann die Integrationsfähigkeit des in dieser Arbeit entwickelten und empirisch überprüften theoretischen Modells Einfluss auf zukünftige Forschungsvorhaben innerhalb des Forschungsfeldes haben. In Abschnitt 5.3 werde ich auf diesen Punkt zu sprechen kommen. Zuvor möchte ich noch auf die konzeptionellen und methodischen Implikationen meiner Arbeit eingehen.

(2) In konzeptioneller Hinsicht hat die vorliegende Arbeit verdeutlichen können, wie wichtig es ist, empirische Untersuchungen nicht als reines „Data Mining" durchzuführen (Shugan, 2002; Backhouse & Morgan, 2000), sondern sie zur Überprüfung theoretisch und konzeptionell fundierter Hypothesen im Sinne des Kritischen Rationalismus zu nutzen (Kern, 1979; Schmid, 1994, S. 7-11; Gadenne, 2007, S. 125-144). Auf diese Weise kann es gelingen, die für einen konkreten Forschungsgegenstand relevanten Wirkungsbeziehungen möglichst umfassend und systematisch zu erfassen sowie eine gewisse zeitliche Stabilität und studienübergreifende Robustheit der Ergebnisse zu erzielen (Colquitt & Zapata-Phelan, 2007; Corley & Gioia, 2011). Im

Rahmen der vorliegenden Arbeit haben sich dabei insbesondere die gewinntheoretische Fundierung sowie die Anwendung des Fit-Ansatzes als hilfreich erwiesen:

Wie die Ausführungen in Abschnitt 3.2 gezeigt haben, bildet die Produktgewinnfunktion die normativ-theoretische Grundlage dieser Arbeit (Kumbhakar, 2002; Varian, 2010, S. 345-363). Basierend auf der Produktgewinnfunktion wurden konkrete Gestaltungsempfehlungen zur internationalen Produktstandardisierung bzw. -differenzierung im Hinblick auf eine Maximierung des ausländischen Produktgewinns hergeleitet. Durch die Fokussierung auf die Produktgewinnfunktion war es möglich, die im Rahmen der internationalen Produktstandardisierung bzw. -differenzierung umsatz- und kostenrelevanten Einflussgrößen von den umsatz- und kostenirrelevanten Einflussgrößen zu trennen und dadurch die eigentlich gewinnrelevanten Einflussfaktoren systematisch und umfassend herzuleiten. Eine gewinntheoretische Fundierung allein ermöglicht jedoch keine Aussagen hinsichtlich *situationsspezifischer* Gewinneffekte. Aus diesem Grund wurde die vorliegende Arbeit – im Vergleich zu existierenden gewinntheoretischen Arbeiten innerhalb des Forschungsfeldes (Samiee & Roth, 1992; Shoham & Albaum, 1994; Shoham, 1996) – um das Konzept des Situation-Management-Fits (so genannter „Fit-Ansatz"; Venkatraman & Camillus, 1984; Drazin & van de Ven, 1985; van de Ven & Drazin, 1985; Venkatraman, 1989) erweitert.

Wie in den Abschnitten 2.2.4 und 3.3 erläutert, ermöglicht die Anwendung des Fit-Ansatzes die Identifikation erfolgreicher „Fits" zwischen der Situation und dem Managementverhalten (z.B. der Strategie) eines Unternehmens. Hierdurch ist es möglich, Unternehmen ein konkretes Managementverhalten zu empfehlen, das situationsspezifisch erfolgversprechend ist (Venkatraman, 1989). Da letztlich jedes Unternehmen in eine Situation eingebettet ist und diese Situation den Erfolg von Managemententscheidungen beeinflussen kann (Zeithaml et al., 1988; Kieser, 2006), ist eine Anwendung des Fit-Ansatzes immer dann erforderlich, wenn situationsspezifisch erfolgversprechende Gestaltungsempfehlungen im Fokus des Erkenntnisinteresses stehen (Venkatraman & Camillus, 1984, S. 514). Wie im Rahmen dieser Arbeit deutlich geworden ist, stellt der Fit-Ansatz selbst jedoch keine eigenständige Theorie dar, sondern er bildet einen konzeptionellen Bezugsrahmen, der – je nach Forschungsfrage und Forschungsgegenstand – mit theoretischem Inhalt gefüllt werden muss. Aus diesem Grund wurde der Fit-Ansatz im Rahmen der vorliegenden Arbeit mit gewinntheoretischen Elementen kombiniert, um die systematische und umfassende Herleitung *situations*spezifisch *gewinn*maximierender Strategien der internationalen Produktstandardisierung bzw. -differenzierung zu ermöglichen.

Die Ergebnisse der Arbeit zeigen, dass eine solche Kombination des Fit-Ansatzes mit normativ-theoretischen Elementen wertvolle Erkenntnisse für ein Forschungsfeld liefern kann. So wurden in der vorliegenden Arbeit vor allem vier situative Fit-Variable hergeleitet, die in dieser Form bislang nicht empirisch untersucht wurden (vgl. Abschnitt 3.3). Zahlreiche der hypothetisierten Wirkungszusammenhänge haben sich zudem – über verschiedene Fit-Konzeptualisierungen hinweg – quantitativ-empirisch bestätigt (vgl. Abbildung 40). Darüber hinaus hat die ganzheitliche Ausrichtung des normativ-theoretischen Fit-Modells die Integration zahlreicher in der Vergangenheit analysierter Situationsvariabler ermöglicht (vgl. Abbildung 41). Insgesamt verdeutlicht die vorliegende Arbeit, dass nicht nur die Betrachtung kleinerer Teilausschnitte eines Forschungsgebiets, sondern auch eine eher holistische Herangehensweise lohnenswert sein kann, solange diese theoretisch und konzeptionell fundiert ist. So kann durch eine holistische Betrachtung einerseits ein Integrationsbeitrag in Bezug auf bisherige Forschungsarbeiten geleistet werden, der über mathematisch-quantitative Metaanalysen hinausgeht (Leonidou et al., 2002; Shoham, 2002; Cheon et al., 2007). Andererseits können neue Impulse für zukünftige Forschungsvorhaben gesetzt werden, auf die ich in Abschnitt 5.3 näher eingehen werde.

(3) In methodischer Hinsicht liefert die vorliegende Arbeit wertvolle Erkenntnisse in Bezug auf verschiedene Verfahren der Datenerhebung und Datenauswertung. Was die Datenerhebung betrifft, so hat sich gezeigt, dass eine online-basierte Primärerhebung (in Form der Befragung von Produktmanagern hinsichtlich ihrer subjektiven Einschätzungen) zu reliablen und validen Messungen führen kann (vgl. Abschnitt 4.4.2.4). In diesem Zusammenhang haben sich vor allem die größtenteils literaturbasierten Multi-Item-Konstrukte, die 7-stufige Antwortskala, das weitgehende „Erzwingen" der Antworten, die Erfassung der Wahrnehmungsfehler und der Umsetzungsqualität sowie die verschiedenen Maßnahmen zur Verringerung von „Biases" als nützlich oder zumindest nicht hinderlich für das Gelingen der Befragung erwiesen (vgl. die Abschnitte 4.2.3, 4.3.1 und 4.4.2.3). Zudem hat die Kontaktierung der Befragungsteilnehmer über das Online-Netzwerk XING zu einer bereinigten Rücklaufquote von gut 16% geführt, was – auch in Anbetracht der Länge der Befragung – als durchaus zufriedenstellend gelten kann (Dillman et al., 1993; Biner & Kidd, 1994; Smith et al., 2003). Inwieweit die Bereitschaft der XING-Mitglieder zur Teilnahme an derartigen Befragungen auch in Zukunft vergleichsweise hoch sein wird, bleibt angesichts der zunehmenden Zahl von Befragungen jedoch abzuwarten. Die Fokussierung auf einen Heimatmarkt, fünf Schwerpunkt-Auslandsmärkte und zwei Industrien, welche sich hinsichtlich befragungsrelevanter Kriterien (z.B. kulturelle Distanz, Marktgröße, internationaler Standardisierungsgrad) deutlich voneinander unterscheiden (vgl. Abschnitt 4.2.2), hat sich ebenfalls als hilfreich erwiesen – vor allem im Hinblick auf die Varianz innerhalb der Stichprobe und die Ermöglichung industriespezifischer

Subgruppenanalysen. Wie in Abschnitt 2.5.2 erwähnt, dürfte ein ähnliches Vorgehen auch im Rahmen zukünftiger Forschungsvorhaben sinnvoll sein.

Im Hinblick auf die Datenauswertung hat sich gezeigt, dass der varianzanalytische Ansatz der Strukturgleichungsmodellierung bei Verwendung reliabler und valider Messkonstrukte sowie einer ausreichend großen Strichprobe zu verlässlichen und robusten Ergebnissen führen kann. So sind im Rahmen der vorliegenden Arbeit drei alternative Analysemodelle bzw. Auswertungsmethoden zur Anwendung gekommen (Fit als Matching, Fit als Moderation in Form einer Subgruppenanalyse, Fit als Moderation in Form einer Interaktionsanalyse), deren Ergebnisse – trotz der Komplexität des Modells – weitgehend konsistent sind (vgl. Abschnitt 4.4.3.5). Als hilfreich hat sich dabei erwiesen, dass bei den Analysen zum Fit als Matching nochmals zwischen den drei Modellen der Fehl-, Unter- und Überstandardisierung unterschieden wurde, um differenzierte Aussagen und Gestaltungsempfehlungen zu ermöglichen (vgl. Abschnitt 4.4.3.2). Zudem hat die Unterscheidung zwischen der Subgruppenanalyse und der Interaktionsanalyse beim Fit als Moderation offengelegt, dass die relevanten situativen Fit-Variablen den Gewinneffekt der internationalen Produktstandardisierung bzw. -differenzierung nicht nur (geringfügig) verstärken oder abschwächen, sondern vor allem grundsätzlich in seiner Wirkungsrichtung beeinflussen (vgl. Abschnitt 4.4.3.3 und 4.4.3.4). Die Integration zahlreicher Kontroll- und Einflussvariabler hat die Robustheit und Aussagekraft des entwickelten theoretischen Modells zusätzlich bestätigt. Zukünftige Forschungsarbeiten sollten ebenfalls anstreben, die Robustheit und Aussagekraft ihrer Modelle durch die parallele Anwendung unterschiedlicher Auswertungsmethoden sicherzustellen, soweit dies möglich und sinnvoll ist (Venkatraman, 1989, S. 439-441; Xu et al., 2006). Alles in allem kann das quantitativ-empirische Vorgehen zur Überprüfung der deduktiv-theoretisch hergeleiteten Hypothesen als für den Zweck der vorliegenden Arbeit geeignet gelten. Dennoch weist das Vorgehen auch einige Schwächen bzw. Limitationen auf, denen ich mich im folgenden Abschnitt widmen werde.

5.2 Limitationen der Arbeit

Genauso wie jede andere wissenschaftliche Arbeit weist auch die vorliegende Arbeit verschiedene Limitationen auf. Diese Limitationen lassen sich erneut in (1) inhaltlicher, (2) konzeptioneller und (3) methodischer Hinsicht voneinander unterscheiden. Auf die Bedeutung dieser Limitationen für die zukünftige Forschung werde ich in Abschnitt 5.3 zu sprechen kommen.

(1) Auf inhaltlicher Ebene ist es aus Gründen der Komplexität zu einigen Fokussierungen gekommen, die zugleich inhaltliche Limitationen dieser Arbeit darstellen. Die erste Limitation resultiert aus der Fokussierung auf die internationale *Produkt*strategie (vgl. Abschnitt 3.1). So beziehen sich die situationsspezifisch gewinnmaximierenden Gestaltungsempfehlungen der vorliegenden Arbeit lediglich auf die verschiedenen Elemente der internationalen Produktstrategie von Unternehmen, jedoch nicht auf die internationalen Preis-, Distributions- und Kommunikationsstrategien. Ebenso wenig können Aussagen im Hinblick auf eine erfolgreiche internationale Standardisierung bzw. Differenzierung der Marketingprozesse getroffen werden. In diesem Zusammenhang bleibt vor allem unklar, inwieweit zwischen den genannten Marketingelementen möglicherweise doch erfolgsrelevante Interdependenzen existieren – so z.B. zwischen der internationalen Standardisierung bzw. Differenzierung des Produktnamens und der Produktwerbung.

Zweitens beschränkt sich die vorliegende Arbeit im Rahmen ihrer Gestaltungsempfehlungen auf die Betrachtung des Gewinns, den ein Unternehmen in einem konkreten Auslandsmarkt erwirtschaftet (vgl. Abschnitt 3.1). Trotz der ausgeprägten Shareholder-Orientierung innerhalb der Wirtschaft (Schmid, 1998; Welge & Al-Laham, 2008, S. 268-270) spiegelt diese Fokussierung nicht zwangsläufig die tatsächliche Entscheidungsrealität in Unternehmen wider. So dürfte klar sein, dass nicht *alle* Unternehmen danach streben, den Gewinn *all* ihrer Produkte in *all* ihren Auslandsmärkten zu maximieren. Stattdessen besteht z.B. die Möglichkeit, dass Unternehmen bestimmte Märkte auf Basis einer finanziellen „Mischkalkulation" oder aus strategischen Gründen (mit) bearbeiten, ohne in diesen Märkten eine Gewinnmaximierung anzustreben. Und selbst im Falle einer reinen Gewinnorientierung ist für Unternehmen und deren Shareholder letztlich nicht der Produktgewinn in einem einzelnen Auslandsmarkt, sondern der Gewinn über alle Ländermärkte hinweg ausschlaggebend. Abgesehen davon müssen die Aktivitäten eines Unternehmens gar nicht ausschließlich auf kurzfristige Gewinnziele und Shareholder-Interessen ausgerichtet sein, sondern sie können sich z.B. auch an der Kundenzufriedenheit und an den Interessen anderer Stakeholder orientieren (Merrilees et al., 2005). Wie bereits erwähnt, wird diesen Tatsachen im Rahmen der vorliegenden Arbeit aus Gründen der Komplexität nicht direkt Rechnung getragen.

Drittens fokussiert sich die Arbeit im Rahmen der empirischen Untersuchung auf deutsche Unternehmen in der Pflege- und Reinigungs- sowie Nahrungs- und Genussmittelindustrie, die ihre Produkte in Österreich, Frankreich, den USA, Russland und/oder China anbieten (vgl. Abschnitt 4.2.2). Streng genommen sind die im Rahmen dieser Arbeit entwickelten Gestaltungsempfehlungen daher nur für solche Unternehmen gültig, die ebenfalls aus Deutschland stammen und in den genannten Industrien und Auslandsmärkten tätig sind. Schließlich ist unklar, welchen Einfluss z.B. die Größe und Kultur Deutschlands[114] sowie bestimmte Charakteristika der analysierten Industrien und Auslandsmärkte auf die Gültigkeit der Gestaltungsempfehlungen ausüben. So stellt sich insbesondere die Frage, inwieweit die ermittelten Gestaltungsempfehlungen auch für andere Heimatmärkte, andere Auslandsmärkte und andere Arten von Gütern (z.B. Luxusgüter, Industriegüter, Dienstleistungen) gültig sind. Zwar spricht die systematische und ganzheitliche Herleitung der Hypothesen auf Basis der Produktgewinnfunktion für eine gewisse Verallgemeinerbarkeit der Ergebnisse; doch ob tatsächlich von einer solchen Verallgemeinerbarkeit ausgegangen werden kann, müsste im Rahmen zukünftiger Studien geprüft werden.

Viertens habe ich in meiner Arbeit einige „Sonderfälle" aus Gründen der Komplexität lediglich am Rande thematisieren können. Dies betrifft vor allem die Frage, welchen Einfluss eine supranationale Marktbearbeitung auf eine erfolgreiche internationale Produktstandardisierung bzw. -differenzierung ausübt. Zwar konnte gezeigt werden, dass eine supranationale, regionenbezogene Marktbearbeitung tatsächlich in hohem Maße zu einer länder- bzw. regionenspezifischen Produktanpassung führt; wann und wie stark genau eine solche Anpassung erfolgen muss, um zu Erfolg zu führen, bleibt jedoch unklar. Ähnliches gilt auch für die Frage nach der Eignung und Vorteilhaftigkeit von „Mass Customization" (Pine, 1999; Guo, 2010; Zentes et al., 2010, S. 397) und „modularisierter" Produktgestaltung, wie sie z.B. in der Automobilindustrie überwiegend verwendet wird (Shamsuzzoha et al., 2010). Die vorliegende Arbeit kann keine Aussagen darüber treffen, ob derartige Sonderfälle – die teilweise sogar zur „gängigen Praxis" gehören – die Gültigkeit der verschiedenen Hypothesen beeinflussen. Wie ich in Abschnitt 5.3 zeigen werde, sollten solche und ähnliche Sonderfälle im Rahmen zukünftiger Forschungsvorhaben explizit berücksichtigt werden.

(2) Die konzeptionellen Limitationen dieser Arbeit resultieren aus der Fokussierung auf einen normativ-theoretischen Ansatz sowie auf die gewählten Fit-Konzeptualisierungen. Wie in Abschnitt 2.2.2 erläutert, eignen sich normativ-theoretische Ansätze zwar zur Begründung und Fundierung von Gestaltungsempfehlungen; doch es kann mit ihrer Hilfe nicht begründet und erklärt werden, warum Unternehmen bzw. deren Manager *tatsächlich* in bestimmten Situationen in einer bestimmten Art und Weise handeln (Pfohl & Braun, 1986; Lang, 2009). Derartige Aussagen sind ausschließlich auf Basis positiv-theoretischer Ansätze möglich (Donaldson, 2005; Opp, 2005, S. 76-

---

[114] Vgl. in diesem Zusammenhang zur Klein- bzw. Großländerproblematik – wenn auch in einem anderen Kontext – erneut Kutschker & Schmid (2011), S. 281. Vgl. ferner zum Country-of-Origin-Effekt z.B. Verlegh & Steenkamp (1999), Zentes et al. (2004), S. 14-15, Zentes et al. (2010), S. 50 und S. 380-381, sowie Mai (2011).

90; Langer & Rogowski, 2009). Dementsprechend kann die vorliegende Arbeit auch keine Antworten auf die Frage liefern, warum Unternehmen bzw. deren Manager ihre Produktstrategien tatsächlich in bestimmten Situationen zu einem bestimmten Grad international standardisieren bzw. differenzieren. In Bezug auf die positiv-theoretische Forschung innerhalb des Forschungsfeldes (Shoham, 1999; Robles, 2002; Javalgi et al., 2006; Okazaki et al., 2007) existiert demnach weiterhin ein hohes theoretisches Entwicklungspotenzial (vgl. Abschnitt 2.5.1).

Was die verwendeten Fit-Konzeptualisierungen zur Identifikation erfolgreicher Situation-Management-Fits betrifft, so wurden mit dem Fit als Matching und dem Fit als Moderation ausschließlich Konzeptualisierungen gewählt, bei denen von einem bivariaten Zusammenwirken zwischen dem Grad der internationalen Produktstandardisierung bzw. -differenzierung und den einzelnen situativen Fit-Variablen ausgegangen wird (Drazin & van de Ven, 1985, S. 519-522; Venkatraman, 1989, S. 424-432). Wie die Erläuterungen in Abschnitt 3.3 gezeigt haben, erscheint die Wahl dieser Konzeptualisierungen im Rahmen der vorliegenden Arbeit am geeignetsten; schließlich beziehen sich die Hypothesen innerhalb des theoretischen Modells ebenfalls ausschließlich auf bivariate Wirkungszusammenhänge. Nichtsdestotrotz ist es möglich, dass auch multivariate Kombinationen von Variablenausprägungen existieren, die in der Realität besonders häufig auftreten und/oder in besonderem Maße zu Erfolg führen. Zudem ist es denkbar und nicht unwahrscheinlich, dass – gemäß dem Prinzip der Äquifinalität – auch mehrere, unterschiedliche Kombinationen von Variablenausprägungen gleichermaßen zu Erfolg führen (Drazin & van de Ven, 1985, S. 519-523). In Abschnitt 5.3 werde ich zeigen, wie zukünftige Forschungsarbeiten dieser Tatsache Rechnung tragen können.

(3) Neben inhaltlichen und konzeptionellen Limitationen weist die vorliegende Arbeit auch methodische Limitationen auf: Erstens wurden die Variablen innerhalb der empirischen Untersuchung ausschließlich auf Basis subjektiver Einschätzungen erfasst. Wie die Ausführungen in Abschnitt 4.2.2 gezeigt haben, ist ein derartiges Vorgehen im gegebenen Kontext zwar alternativlos; doch es muss bedacht werden, dass die Ergebnisse der empirischen Untersuchung nicht auf objektiven Daten, sondern auf subjektiven Einschätzungen beruhen und somit Messfehler enthalten können (Weiber & Mühlhaus, 2010, S. 8 und S. 44-45). Durch die Dateneignungsprüfungen in Abschnitt 4.4.2 ist zwar deutlich geworden, dass die Gefahr und das Ausmaß systematischer und zufälliger Messfehler im vorliegenden Fall vergleichsweise gering zu sein scheinen; vollständig ausgeschlossen werden können sie jedoch nicht.

Die Problematik etwaiger Messfehler ist vor allem deshalb von Relevanz, da die Datenauswertung auf Basis des varianzanalytischen Ansatzes der Strukturgleichungsmodellierung erfolgt ist, bei dem es zu einer „Konfundierung" der Fehlervariablenvarianz im Messmodell (in Form von Messfehlern) und im Strukturmodell (in Form unberücksichtigter Einflüsse auf die endogene Variable) kommt (Scholderer & Balderjahn, 2006, S. 61; Weiber & Mühlhaus, 2010, S. 58-59). Im Gegensatz zum kovarianzanalytischen Ansatz der Strukturgleichungsmodellierung werden beim varianzanalytischen Ansatz eventuelle Messfehler also nicht aus den für das Strukturmodell geschätzten Wirkungsbeziehungen „herausgerechnet". Zudem bietet der Ansatz nur wenige Gütekriterien zur Überprüfung der Ergebnisqualität (Scholderer & Balderjahn, 2006, S. 62; Weiber & Mühlhaus, 2010, S. 64). Wie die Ausführungen in Abschnitt 4.3.2 gezeigt haben, ist die Anwendung des varianzanalytischen Ansatzes der Strukturgleichungsmodellierung im gegebenen Kontext jedoch alternativlos und insgesamt vorteilhaft. Nichtsdestotrotz sollten die Limitationen des Ansatzes bei der Betrachtung der empirischen Untersuchungsergebnisse berücksichtigt werden.

Ferner basiert die vorliegende Arbeit auf einem quantitativ-empirischen Untersuchungsdesign zur Überprüfung der deduktiv-theoretisch hergeleiteten Hypothesen im Sinne des Kritischen Rationalismus (Kern, 1979, S. 11-27; Schmid, 1994, S. 7-11; Gadenne, 2007, S. 125-144). Wie die obigen Ausführungen gezeigt haben, eignet sich ein solcher Ansatz zwar zur Identifikation von (mehr oder weniger verallgemeinerbaren) Gesetz- oder Regelmäßigkeiten; gleichzeitig besteht jedoch die Gefahr, dass bestimmte Ausnahmefälle bzw. Ausreißer durch das „weitmaschige, auf Signifikanzniveaus basierende, quantitativ-empirische Netz" nicht mit erfasst werden. Auch wenn die Analysen in Abschnitt 4.4.2.3 zu keiner Identifikation ungewöhnlicher Ausreißer geführt haben, so erscheint es dennoch sinnvoll, die vorliegende Untersuchung durch qualitative Erhebungen zu ergänzen und in diesem Zusammenhang auch die Existenz dynamischer Effekte zu analysieren (Swoboda, 2002; Zentes et al., 2010, S. 415-433). In Abschnitt 5.3 werde ich auf diesen Punkt zu sprechen kommen.

Unabhängig davon stellt sich die Frage, inwieweit überhaupt – und selbst in Bezug auf die analysierten Industrien und Länder – von einer Verallgemeinerbarkeit der Untersuchungsergebnisse ausgegangen werden darf. Zwar haben die Ausführungen in Abschnitt 4.4.2.3 gezeigt, dass die Gefahr und das Ausmaß eines Non-Response Bias (Chen 1996; Hudson et al., 2004; van Goor & van Goor, 2007) und eines Selection Bias (Melino, 1982; Podsakoff et al., 2003, S. 884-885) als relativ gering gelten dürfen; vollständig ausschließen lassen sich diese jedoch nicht. Zudem ist eine bereinigte Rücklaufquote von gut 16% im gegebenen Kontext zwar durchaus zufriedenstellend; einer Vollerhebung kommt diese Quote aber nicht annähernd nahe. Auch deshalb sollten die empirischen Untersuchungsergebnisse der vorliegenden Arbeit mit einer gewissen kritischen Distanz betrachtet werden.

Nicht zuletzt lässt sich darüber diskutieren, inwieweit die betrachteten Variablen und Wirkungszusammenhänge wirklich adäquat im Rahmen der empirischen Untersuchung erfasst wurden. Was die analysierten Variablen betrifft, so wäre es rückblickend möglicherweise sinnvoll gewesen, nicht nur die Modifikationskosten, sondern auch die länderübergreifende Nachfragehomogenität sowie das Potenzial für länderübergreifende Skaleneffekte separat für die zehn verschiedenen Elemente der Produktstrategie zu erfassen. Auf diese Weise wären noch spezifischere Analysen und Aussagen möglich gewesen. Andererseits hätte dieses Vorgehen 18 zusätzliche Frage-Items innerhalb der Befragung erfordert und dadurch vermutlich zu einer geringeren Rücklaufquote geführt. Im Hinblick auf die analysierten Wirkungszusammenhänge ist fraglich, inwieweit tatsächlich von einer vollständigen Linearität aller betrachteten Zusammenhänge ausgegangen werden kann. So ist es denkbar, dass manche der Wirkungszusammenhänge auch nicht-linear sind (Vlachos, 2010). Zukünftige Studien könnten die Existenz solcher nicht-linearen Beziehungen untersuchen. Im folgenden Abschnitt werde ich auf diese und weitere Optionen für zukünftige Forschungsvorhaben eingehen.

5.3 Optionen für zukünftige Forschungsvorhaben

Wie durch die Ausführungen in Kapitel 2 deutlich geworden ist, existiert im Bereich der internationalen Marketingstandardisierung bzw. -differenzierung – trotz knapp 50-jähriger Forschungsaktivität – noch immer ein großer Forschungsbedarf (vgl. hierzu bereits Ryans et al., 2003; Theodosiou & Leonidou, 2003; Birnik & Bowman, 2007). Die vorliegende Arbeit sollte dazu beitragen, zumindest manche der in Abschnitt 2.5 identifizierten Forschungslücken zu schließen und auf diese Weise neue Erkenntnisse innerhalb des Forschungsfeldes zu liefern (vgl. Abschnitt 5.1). Aus Gründen der Komplexität mussten dabei jedoch zahlreiche Fokussierungen vorgenommen werden, die zugleich Limitationen der vorliegenden Arbeit darstellen (vgl. Abschnitt 5.2). Im Folgenden soll nun aufgezeigt werden, inwieweit zukünftige Forschungsvorhaben auf den Erkenntnissen und Limitationen der vorliegenden Arbeit aufbauen können. In diesem Zusammenhang kann erneut zwischen (1) inhaltlichen, (2) konzeptionellen und (3) methodischen Optionen für zukünftige Forschungsvorhaben unterschieden werden.

(1) Auf inhaltlicher Ebene erscheint es zunächst sinnvoll, den auf die Produktstrategie fokussierten gewinntheoretischen Fit-Ansatz dieser Arbeit auf die übrigen Elemente der internationalen Marketingstrategie (internationale Preis-, Distributions- und Kommunikationsstrategie) sowie auf die internationalen Marketingprozesse zu über-

tragen. Dabei sollte auch untersucht werden, inwieweit zwischen den einzelnen Elementen der internationalen Marketingstrategie und den Marketingprozessen gewinnrelevante Interdependenzen existieren. Außerdem erscheint es notwendig, die verschiedenen Elemente der internationalen Marketingstrategie sowie die Marketingprozesse – basierend auf den Erkenntnissen der vorliegenden Arbeit – nochmals anhand ihrer einzelnen Unterelemente aufzuschlüsseln (vgl. Abbildung 11). Zudem sollten die situativen Wahrnehmungsfehler, die strategische Umsetzungsqualität sowie weitere Kontroll- und Einflussvariable stets innerhalb der Analysemodelle berücksichtigt werden. Am Ende dieses Abschnitts werde ich exemplarisch zeigen, wie eine Übertragung des Modells dieser Arbeit auf andere Elemente der internationalen Marketingstrategie aussehen könnte.

Zweitens sollte das Modell dieser Arbeit nicht nur auf die übrigen Elemente der internationalen Marketingstrategie sowie auf die Marketingprozesse, sondern auch auf andere endogene Variable übertragen werden. So erscheint es z.B. sinnvoll, nicht nur den Produktgewinn in einem bestimmten Auslandsmarkt, sondern den Produktgewinn über alle Ländermärkte hinweg zu betrachten. Außerdem wäre es denkbar, den Einfluss der internationalen Marketingstandardisierung bzw. -differenzierung in Bezug auf völlig andere Zielvariable zu untersuchen, so z.B. in Bezug auf den Umsatz, die Kundenzufriedenheit oder die Mitarbeiterzufriedenheit (vgl. Abschnitt 2.5.2). Basierend auf den Erkenntnissen der vorliegenden Arbeit sollte dabei stets ein normativ-theoretischer Fit-Ansatz verwendet werden, der eine systematische und umfassende Herleitung von Hypothesen ermöglicht (vgl. Abschnitt 3.3). Weiter unten werde ich auf diesen Punkt erneut zu sprechen kommen.

Drittens sollten im Rahmen zukünftiger Forschungsvorhaben andere als die in der vorliegenden Arbeit analysierten Industrie-Land-Konstellationen sowie möglichst viele „Sonderfälle" berücksichtigt werden. Durch die Betrachtung anderer Heimatmärkte, anderer Auslandsmärkte oder anderer Arten von Gütern (z.B. Luxusgüter, Industriegüter, Dienstleistungen) könnte überprüft werden, inwieweit die im Rahmen der vorliegenden Arbeit identifizierten (hoch)signifikanten Wirkungszusammenhänge auch im Falle anderer Industrie-Land-Konstellationen Gültigkeit besitzen (und somit verallgemeinerbar sind) oder inwieweit sie industrie- und länderspezifischen Einflüssen unterliegen. In diesem Zusammenhang könnte auch analysiert werden, welchen Einfluss eine supranationale Marktbearbeitung, Mass Customization und/oder eine modularisierte Produktgestaltung auf die Erfolgswahrscheinlichkeit der internationalen Marketingstandardisierung bzw. -differenzierung und damit auf die Gültigkeit der entwickelten Hypothesen ausüben.

(2) In konzeptioneller Hinsicht sollten zukünftige Studien – wie bereits angedeutet – nicht auf dem Prinzip des „Data Mining" basieren, sondern theoretisch fundiert sein und – je nach Forschungsfrage – auf dem Kontingenz- oder Fit-Ansatz beruhen (vgl. die Abschnitte 2.2.3 und 2.2.4). Auf diese Weise könnte es gelingen, die für die internationale Marketingstandardisierung bzw. -differenzierung relevanten Wirkungsbeziehungen möglichst systematisch, umfassend und zeitlich stabil herzuleiten.

Was die normativ-theoretische Fundierung zukünftiger Arbeiten anbelangt, so sollte der gewinntheoretische Ansatz dieser Arbeit – wie bereits erwähnt – auf die übrigen Elemente der internationalen Marketingstrategie und -prozesse übertragen werden. Zudem könnten andere normativ-theoretische Ansätze (z.B. „kundenzufriedenheitstheoretische" Ansätze; Westbrook & Reilly, 1983) zur Anwendung kommen, um theoretisch fundierte Gestaltungsempfehlungen für andere Zielvariable als den Gewinn herzuleiten. Darüber hinaus sollten zukünftige Arbeiten nicht nur normativ-theoretischer Natur sein, sondern auch in positiv-theoretischer Hinsicht zu einem Erkenntnisfortschritt beizutragen versuchen. Wie die Ausführungen in den Abschnitten 2.4.3 und 2.5.1 gezeigt haben, existiert auf positiv-theoretischer Ebene noch immer der größte Forschungsbedarf innerhalb des Forschungsfeldes.[115] In diesem Zusammenhang könnte die Entwicklung und Überprüfung von positiven Entscheidungstheorien (z.B. Cohen et al., 1972) sowie von Theorien zu kollektiven Entscheidungsprozessen (z.B. Moscovici & Doise, 1995) von besonderer Bedeutung sein.

Wie bereits erwähnt, sollten derartige theoretische Fundierungen jedoch stets mit einer adäquaten Konzeptualisierung verknüpft sein – im Falle der positiv-theoretischen Forschung mit dem Kontingenzansatz und im Falle der normativ-theoretischen Forschung mit dem Fit-Ansatz (vgl. die Abschnitte 2.2.2 bis 2.2.4). Bezogen auf eine Weiterentwicklung der vorliegenden, auf dem Fit-Ansatz beruhenden Arbeit könnte es zudem sinnvoll sein, über die Betrachtung bivariater Wirkungszusammenhänge hinauszugehen und stattdessen multivariate Wirkungszusammenhänge zu analysieren, z.B. im Zuge des Fits als Konfiguration bzw. Gestalt (Venkatraman, 1989, S. 432-433; Wolf, 2000). Auf diese Weise könnte unter anderem überprüft werden, inwieweit – gemäß dem Prinzip der Äquifinalität – auch mehrere, unterschiedliche Kombinationen von Variablenausprägungen gleichermaßen zu Erfolg führen (Drazin & van de Ven, 1985, S. 519-523).

Insgesamt hat die vorliegende Arbeit gezeigt, dass die adäquate Verknüpfung eines konzeptionellen Bezugsrahmens mit einer theoretischen Fundierung zu wertvollen Erkenntnissen im Bereich der internationalen Marketingstandardisierung bzw. -dif-

---

[115] Vgl. zu den wenigen positiv-theoretischen Arbeiten erneut Shoham (1999), Robles (2002), Javalgi et al. (2006) sowie Okazaki et al. (2007).

ferenzierung beitragen kann. Zudem ist deutlich geworden, dass nicht nur die Betrachtung kleinerer Teilausschnitte dieses Forschungsfeldes, sondern auch eine eher holistische Herangehensweise lohnenswert sein kann, solange diese theoretisch und konzeptionell fundiert ist. Meiner Ansicht nach sollten zukünftige Arbeiten ebenfalls in gewissen Zeitabständen versuchen, eine holistische Perspektive einzunehmen, um – ergänzend zu Literaturüberblicken und Metaanalysen – eine Integration der existierenden Forschung zu ermöglichen und neue „Zugänge" zum Forschungsfeld der internationalen Marketingstandardisierung bzw. -differenzierung zu eröffnen. Gleichzeitig könnten diejenigen Arbeiten, die sich mit kleineren Teilausschnitten des Forschungsfeldes befassen, stärker danach bestrebt sein, sich in die existierenden holistischen Ansätze einzufügen.

(3) In methodischer Hinsicht hat die vorliegende Arbeit verdeutlicht, dass es für die Identifikation (hoch)signifikanter Wirkungsbeziehungen nützlich sein kann, sich im Rahmen quantitativ-empirischer Studien auf einen Heimatmarkt, wenige Schwerpunkt-Auslandsmärkte und wenige Industrien zu konzentrieren, die sich hinsichtlich befragungsrelevanter Kriterien (z.B. kulturelle Distanz, Marktgröße, internationaler Standardisierungsgrad) deutlich voneinander unterscheiden. Es liegt deshalb nahe, dass zukünftige quantitativ-empirische Studien ein ähnliches Vorgehen wählen. Je nach konkreter Forschungsfrage dürfte es dabei sinnvoll sein, auf die reliablen und validen Messkonstrukte der vorliegenden Arbeit zurückzugreifen – wobei die Konstrukte „länderübergreifende Nachfragehomogenität" und „Potenzial für länderübergreifende Skaleneffekte" für die einzelnen Elemente der internationalen Produktstrategie aufgeschlüsselt werden könnten. Und auch eine online-basierte Befragung sowie die beschriebenen Maßnahmen zur Verringerung von Biases (vgl. Abschnitt 4.4.2.3) könnten sich für zukünftige Arbeiten eignen. Ideal wäre es, wenn zukünftige Studien dabei Rücklaufquoten erzielen würden, die deutlich über der in dieser Arbeit erreichten Quote von gut 16% liegen. In diesem Falle wären auch Replikationsstudien möglich, in deren Rahmen untersucht wird, inwieweit die Ergebnisse der vorliegenden Arbeit tatsächlich repräsentativ für deutsche Unternehmen aus der Pflege- und Reinigungs- sowie Nahrungs- und Genussmittelindustrie sind.[116]

In Bezug auf die Datenauswertung kann festgehalten werden, dass sich der varianzanalytische Ansatz der Strukturgleichungsmodellierung für zukünftige Studien mit vergleichbaren Untersuchungsdesigns und Stichprobengrößen eignet. Schließlich haben sich die Ergebnisse der vorliegenden Arbeit über mehrere Auswertungsmethoden hinweg als robust erwiesen (vgl. Abschnitt 4.4.3.5). Auch zukünftige Arbei-

---

[116] Vgl. zum Stand und zur Notwendigkeit von Replikationsstudien innerhalb des Marketing Darley (2000). Vgl. zu verschiedenen Replikationsstudien beispielhaft Child (1972), Le Boutillier et al. (1994) sowie Lee & Olshavsky (1997).

ten sollten versuchen, die Robustheit und Aussagekraft ihrer Modelle durch die parallele Anwendung unterschiedlicher Auswertungsmethoden sicherzustellen. Zudem sollte – bei Erfüllung der notwendigen Voraussetzungen – die Anwendung des kovarianzanalytischen Ansatzes der Strukturgleichungsmodellierung in Betracht gezogen werden, da dieser Ansatz zahlreiche Vorzüge aufweist (vgl. Abschnitt 4.3.2). In diesem Zusammenhang könnte auch geprüft werden, ob manche der im Rahmen der internationalen Marketingstandardisierung bzw. -differenzierung betrachteten Wirkungszusammenhänge nicht-linear sind (Vlachos, 2010).

Zusätzlich zu diesen quantitativ-empirischen Optionen für zukünftige Forschungsvorhaben sollte jedoch auch die qualitative Forschung zur internationalen Marketingstandardisierung bzw. -differenzierung nicht vernachlässigt werden. Schließlich dürfte kein Zweifel daran bestehen, dass in der Realität zahlreiche Phänomene und „Sonderfälle" existieren, die ausschließlich auf qualitativ-empirischem Wege erforschbar sind.[117] So könnte auf qualitativem Wege z.B. tiefgehend analysiert werden, warum die in Abschnitt 3.3 postulierten Wirkungszusammenhänge nicht für alle betrachteten Konstellationen Gültigkeit besitzen (vgl. Abbildung 40). Zudem könnte durch Tiefeninterviews mit Managern deutlich valider ermittelt werden, welche Bedeutung eine supranationale Marktbearbeitung, Mass Customization und eine modularisierte Produktgestaltung im Rahmen der internationalen Marketingstandardisierung bzw. -differenzierung einnehmen. Darüber hinaus ließe sich auf qualitativ-empirischem Wege nach Ursachen für die teilweise unerwarteten Einflussvariablen-Beziehungen (vgl. Abschnitt 4.4.3.5), nach zeitlichen Dynamiken innerhalb der identifizierten Effekte sowie nach bislang unberücksichtigten Kontroll- und Einflussvariablen suchen. Auf diese Weise könnte es zu einer Kombination qualitativer und quantitativer Forschung kommen, in deren Rahmen sich die Stärken beider Ansätze sinnvoll ergänzen.

Es liegt auf der Hand, dass die genannten inhaltlichen, konzeptionellen und methodischen Optionen für zukünftige Forschungsvorhaben nicht innerhalb einer einzelnen Forschungsarbeit umsetzbar sind, sondern dass sie auf mehrere, unterschiedlich fokussierte Forschungsvorhaben aufgeteilt werden müssen. Eines dieser Forschungsvorhaben könnte sich z.B. mit der Übertragung des gewinntheoretischen Fit-Modells dieser Arbeit auf die internationale Preisstandardisierung bzw. -differenzierung von Unternehmen befassen und dabei auch etwaige Interdependenzen mit der internationalen Produktstrategie berücksichtigen. In diesem Zusammenhang könnten alle produkt- und preisbezogenen Konstrukte für die jeweiligen Unterelemente der internationalen Produkt- bzw. Preisstrategie aufgeschlüsselt werden (vgl. Abbildung 11).

---

[117] Vgl. zur Bedeutung und Notwendigkeit qualitativer Forschung im Internationalen Management erneut Kutschker et al. (1997), Marschan-Piekkari & Welch (2005) sowie Schmid & Oesterle (2009), S. 18-21.

Zudem könnten die situativen Wahrnehmungsfehler sowie die strategische Umsetzungsqualität Teil des theoretischen Modells sein. Was die verwendeten Fit-Konzeptualisierungen betrifft, so könnte zusätzlich zum Fit als Matching und Fit als Moderation auch der Fit als Konfiguration zur Anwendung kommen, damit besonders häufig auftretende und besonders erfolgreiche Situation-Strategie-„Gestalten" identifizierbar sind (Venkatraman, 1989, S. 432-433; Wolf, 2000). Die quantitative Datenerhebung könnte dabei wieder für nur einen Heimatmarkt, wenige Schwerpunkt-Auslandsmärkte sowie wenige Industrien erfolgen, die sich hinsichtlich befragungsrelevanter Kriterien deutlich voneinander unterscheiden. Zudem könnten – ähnlich wie in der vorliegenden Arbeit – zahlreiche Kontroll- und Einflussvariable sowie möglichst viele „Sonderfälle" (z.B. supranationale Marktbearbeitung, Mass Customization, modularisierte Produktgestaltung) berücksichtigt werden. Falls Vorhersagen oder Gestaltungsempfehlungen im Hinblick auf eine Optimierung der endogenen Modellvariable im Fokus des Erkenntnisinteresses stehen, so könnte erneut der varianzanalytische Ansatz der Strukturgleichungsmodellierung zur Anwendung kommen (Scholderer & Balderjahn, 2006, S. 66-67; Huber et al., 2007, S. 13-15; Weiber & Mühlhaus, 2010, S. 65-69). Anders als in der vorliegenden Arbeit könnte dabei jedoch auch die Existenz nicht-linearer Wirkungszusammenhänge untersucht werden (Vlachos, 2010).

Aus Abbildung 42 geht abschließend hervor, wie das theoretische Fit-Modell des skizzierten Forschungsvorhabens konkret aussehen könnte. Die drei preisbezogenen situativen Fit-Variablen in Abbildung 42 entstammen dabei einem ähnlichen gewinntheoretischen Ansatz, wie er in Abschnitt 3.3 bereits für die internationale Produktstrategie gewählt wurde. Zukünftige Arbeiten innerhalb des Forschungsfeldes sollten sich meines Erachtens (auch) mit der Entwicklung und Überprüfung solcher oder ähnlicher, eher holistisch orientierter Modelle beschäftigen, um eine Integration der bisherigen Forschung zu ermöglichen und neue „Zugänge" zum Forschungsfeld der internationalen Marketingstandardisierung bzw. -differenzierung zu eröffnen.

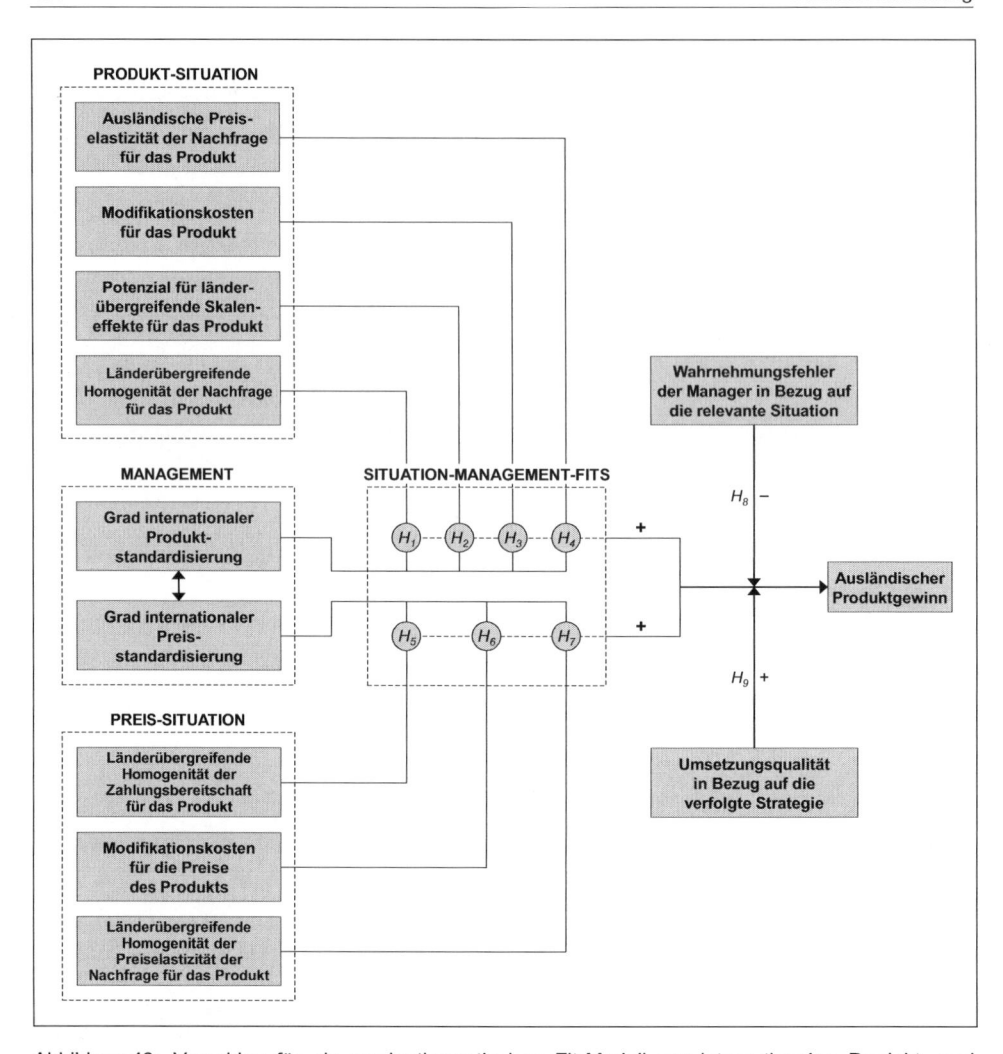

Abbildung 42: Vorschlag für ein gewinntheoretisches Fit-Modell zur internationalen Produkt- und Preisstandardisierung bzw. -differenzierung

Anhang

Anhang 1: Liste der 330 Artikel zur internationalen Marketingstandardisierung bzw. -differenzierung 191

Anhang 2: Aufschlüsselung der Analyse der 330 Artikel zur internationalen Marketingstandardisierung bzw. -differenzierung 207

Anhang 3: Zeitschriften-Abkürzungen 213

Anhang 4: Positiv-theoretische Artikel zur internationalen Marketingstandardisierung bzw. -differenzierung im Detail 214

Anhang 5: Auf dem Fit-Ansatz beruhende, präskriptive Artikel zur internationalen Marketingstandardisierung bzw. -differenzierung im Detail 215

Anhang 6: Normativ-theoretische Artikel zur internationalen Marketingstandardisierung bzw. -differenzierung im Detail 223

Anhang 7: Im Rahmen der empirischen Untersuchung berücksichtigte Industrien, Industriesegmente und Produktkategorien 226

Anhang 8: Im Rahmen der Datenerhebung verwendetes individualisiertes Anschreiben zur Kontaktierung der Befragten 229

Anhang 9: Online-Fragebogen 231

Anhang 10: Aufschlüsselung der arithmetischen Mittel und Standardabweichungen für die untersuchten Industriesegmente und Auslandsmärkte 249

Anhang 11: Korrelationsmatrizen zu den Analysen beim Fit als Matching 253

Anhang 12: Korrelationsmatrizen zu den Analysen beim Fit als Moderation in Form einer Subgruppenanalyse 257

Anhang 13: Korrelationsmatrizen zu den Analysen beim Fit als Moderation in Form einer Interaktionsanalyse 261

Anhang 1: Liste der 330 Artikel zur internationalen Marketingstandardisierung bzw. -differenzierung

Akaah, I.P. (1991). Strategy Standardization in International Marketing: An Empirical Investigation of Its Degree of Use and Correlates. In: Journal of Global Marketing, Jg. 4, Nr. 2/1991, S. 39-62.

Alashban, A.A., Hayes, L.A., Zinkhan, G.M. & Balazs, A.L. (2002). International Brand Name Standardization/Adaptation: Antecedents and Consequences. In: Journal of International Marketing, Jg. 10, Nr. 3/2002, S. 22-48.

Albaum, G. & Tse, D.K. (2001). Adaptation of International Marketing Strategy Components, Competitive Advantage, and Firm Performance: A Study of Hong Kong Exporters. In: Journal of International Marketing, Jg. 9, Nr. 4/2001, S. 59-81.

Alden, D.L., Hoyer, W.D. & Lee, C. (1993). Identifying Global and Culture-Specific Dimensions of Humor in Advertising: A Multinational Analysis. In: Journal of Marketing, Jg. 57, Nr. 2/1993, S. 64-75.

Alden, D.L., Steenkamp, J.-B.E.M. & Batra, R. (1999). Brand Positioning Through Advertising in Asia, North America, and Europe: The Role of Global Consumer Culture. In: Journal of Marketing, Jg. 63, Nr. 1/1999, S. 75-87.

Alon, I., Littrell, R.F. & Chan, A.K.K. (2009). Branding in China: Global Product Strategy Alternatives. In: Multinational Business Review, Jg. 17, Nr. 4/2009, S. 123-142.

Amine, L.S. & Cavusgil, S.T. (1983). Mass Media Advertising in a Developing Country. In: International Journal of Advertising, Jg. 2, Nr. 4/1983, S. 317-330.

Amine, L.S. & Cavusgil, S.T. (1986). Export Marketing Strategies in the British Clothing Industry. In: European Journal of Marketing, Jg. 20, Nr. 7/1986, S. 21-33.

Aslam, M.M. (2006). Are You Selling the Right Colour? A Cross-Cultural Review of Colour as a Marketing Cue. In: Journal of Marketing Communications, Jg. 12, Nr. 1/2006, S. 15-30.

Baack, D.W. & Singh, N. (2007). Culture and Web Comunications. In: Journal of Business Research, Jg. 60, Nr. 3/2007, S. 181-188.

Baalbaki, I.B. & Malhotra, N.K. (1993). Marketing Management Bases for International Market Segmentation: An Alternative Look at the Standardization/Customization Debate. In: International Marketing Review, Jg. 10, Nr. 1/1993, S. 19-44.

Baalbaki, I.B. & Malhotra, N.K. (1995). Standardization versus Customization in International Marketing: An Investigation Using Bridging Conjoint Analysis. In: Journal of the Academy of Marketing Science, Jg. 23, Nr. 3/1995, S. 182-194.

Backhaus, K., Mühlfeld, K. & Van Doorn, J. (2001). Consumer Perspectives on Standardization in International Advertising: A Student Sample. In: Journal of Advertising Research, Jg. 41, Nr. 5/2001, S. 53-61.

Baek, J. (2004). How Does the Global Retailer Localize Its Format? The Case of Toys "R" Us and Carrefour in Japan. In: Journal of Global Marketing, Jg. 18, Nr. 1/2/2004, S. 151-166.

Baker, M.J. (1985). Globalisation versus Differentiation as International Marketing Strategies. In: Journal of Marketing Management, Jg. 1, Nr. 2/1985, S. 145-155.

Barker, A.T. (1993). A Marketing Oriented Perspective of Standardized Global Marketing. In: Journal of Global Marketing, Jg. 7, Nr. 2/1993, S. 123-130.

Bartlett, C. & Ghoshal, S. (1986). Tap Your Subsidiaries for Global Reach. In: Harvard Business Review, Jg. 64, Nr. 6/1986, S. 87-94.

Begley, T.M. & Boyd, D.P. (2003). The Need for a Corporate Global Mind-Set. In: MIT Sloan Management Review, Jg. 44, Nr. 2/2003, S. 25-32.

Bhattacharya, A.K. & Michael, D.C. (2008). How Local Companies Keep Multinationals at Bay. In: Harvard Business Review, Jg. 86, Nr. 3/2008, S. 84-95.

Bianchi, C.C. (2009). Retail Internationalisation From Emerging Markets: Case Study Evidence From Chile. In: International Marketing Review, Jg. 26, Nr. 2/2009, S. 221-243.

Bianchi, C.C. & Arnold, S.J. (2004). An Institutional Perspective on Retail Internationalization Success: Home Depot in Chile. In: International Review of Retail, Distribution & Consumer Research, Jg. 14, Nr. 2/2004, S. 149-169.

Bianchi, C.C. & Ostale, E. (2006). Lessons Learned from Unsuccessful Internationalization Attempts: Examples of Multinational Retailers in Chile. In: Journal of Business Research, Jg. 59, Nr. 1/2006, S. 140-147.

Birch, D. & McPhail, J. (1999). Does Accent Matter in International Television Advertisements? In: International Journal of Advertising, Jg. 18, Nr. 2/1999, S. 251-268.

Bjerke, R. & Polegato, R. (2006). How Well Do Advertising Images of Health and Beauty Travel Across Cultures? A Self-Concept Perspective. In: Psychology and Marketing, Jg. 23, Nr. 10/2006, S. 865-884.

Boddewyn, J.J. & Grosse, R. (1995). American Marketing in the European Union. In: European Journal of Marketing, Jg. 29, Nr. 12/1995, S. 23-42.

Boddewyn, J.J., Soehl, R. & Picard, J. (1986). Standardization in International Marketing: Is Ted Levitt in Fact Right? In: Business Horizons, Jg. 29, Nr. 6/1986, S. 69-75.

Boote, A.S. (1982). Psychographic Segmentation in Europe. In: Journal of Advertising Research, Jg. 22, Nr. 6/1982, S. 19-25.

Botschen, G. & Hemetsberger, A. (1998). Diagnosing Means-End Structures to Determine the Degree of Potential Marketing Program Standardization. In: Journal of Business Research, Jg. 42, Nr. 2/1998, S. 151-159.

Britt, S.H. (1974). Standardizing Marketing for the International Market. In: Columbia Journal of World Business, Jg. 9, Nr. 4/1974, S. 39-45.

Bronfman, E.M. (1969). Name Your Brand – In Any Market of the World. In: Columbia Journal of World Business, Jg. 4, Nr. 6/1969, S. 31-35.

Buatsi, S.N. (1986). Organizational Adaptation to International Marketing. In: International Marketing Review, Jg. 3, Nr. 4/1986, S. 17-26.

Buckley, P.J. & Horn, S.A. (2009). Japanese Multinational Enterprises in China: Successful Adaptation of Marketing Strategies. In: Long Range Planning, Jg. 42, Nr. 4/2009, S. 495-517.

Burt, S., Davies, K., Dawson, J. & Sparks, L. (2008). Categorizing Patterns and Processes in Retail Grocery Internationalisation. In: Journal of Retailing and Consumer Services, Jg. 15, Nr. 2/2008, S. 78-92.

Burt, S. & Mavrommatis, A. (2006). The International Transfer of Store Brand Image. In: International Review of Retail, Distribution & Consumer Research, Jg. 16, Nr. 4/2006, S. 395-413.

Buzzell, R.D. (1968). Can You Standardize Multinational Marketing? In: Harvard Business Review, Jg. 46, Nr. 6/1968, S. 102-113.

Calantone, R.J., Kim, D., Schmidt, J.B. & Cavusgil, S.T. (2006). The Influence of Internal and External Firm Factors on International Product Adaptation Strategy and Export Performance: A Three-Country Comparison. In: Journal of Business Research, Jg. 59, Nr. 2/2006, S. 176-185.

Callow, M. & Schiffmann, L.G. (2004). Sociocultural Meanings in Visually Standardized Print Ads. In: European Journal of Marketing, Jg. 38, Nr. 9/10/2004, S. 1113-1128.

Caruana, A. & Abdilla, M. (2005). To Dub or Not to Dub: Language Adaptation of Global Television Advertisements for a Bilingual Community. In: Journal of Brand Management, Jg. 12, Nr. 4/2005, S. 236-249.

Catoni, L., Larssen, N.F., Naylor, J. & Zocchi, A. (2002). Travel Tips for Retailers. In: McKinsey Quarterly, Jg. 2002, Nr. 3/2002, S. 126-133.

Cavusgil, S.T. & Zou, S. (1994). Marketing Strategy-Performance Relationship: An Investigation of the Empirical Link in Export Market Ventures. In: Journal of Marketing, Jg. 58, Nr. 1/1994, S. 1-21.

Cavusgil, S.T., Zou, S. & Naidu, G.M. (1993). Product and Promotion Adaptation in Export Ventures: An Empirical Investigation. In: Journal of International Business Studies, Jg. 24, Nr. 3/1993, S. 479-506.

Cayla, J. & Eckhardt, G.M. (2007). Asian Brands without Borders: Regional Opportunities and Challenges. In: International Marketing Review, Jg. 24, Nr. 4/2007, S. 444-456.

Cervellon, M.-C. & Dubé, L. (2000). Standardisation versus Cultural Adaptation in Food Advertising: Insights from a Two-Culture Market. In: International Journal of Advertising, Jg. 19, Nr. 4/2000, S. 429-447.

Cerviño, J. & Cubillo, J.M. (2004). A Resource-Based Perspective on Global Branding: An Analysis of Trademark Registration Data. In: International Journal of Management, Jg. 21, Nr. 4/2004, S. 451-463.

Chadraba, P. & Czepiec, H. (1988). Euroconsumers? A Three Country Analysis of the Feasibility of Product Value Standardization. In: Journal of Global Marketing, Jg. 1, Nr. 4/1988, S. 63-74.

Chandra, A., Griffith, D.A. & Ryans, J., John K. (2002a). Advertising Standardisation in India: US Multinational Experience. In: International Journal of Advertising, Jg. 21, Nr. 1/2002, S. 47-66.

Chandra, A., Griffith, D.A. & Ryans, J., John K. (2002b). The Association Between Process and Program Advertising Standardization: An Illustration of U.S. Multinationals Operating in India. In: Advances in International Marketing, Jg. 2002, Nr. 12/2002, S. 67-83.

Chang, C. (2008). The Effectiveness of Using a Global Look in an Asian Market. In: Journal of Advertising Research, Jg. 48, Nr. 2/2008, S. 199-214.

Chang, T.-l. (1995). Formulating Adaptive Marketing Strategies in a Global Industry. In: International Marketing Review, Jg. 12, Nr. 6/1995, S. 5-18.

Chen, I.S.N. & Wong, V. (2003). Successful Strategies of Newly Industrialised East Asian Firms in Europe. In: European Journal of Marketing, Jg. 37, Nr. 1/2/2003, S. 275-297.

Chhabra, S.S. (1996). Marketing Adaptations by American Multinational Corporations in South America. In: Journal of Global Marketing, Jg. 9, Nr. 4/1996, S. 57-74.

Chung, H.F.L. (2002). An Empirical Investigation of Marketing Programme and Process Elements in the Home-Host Scenario. In: Journal of Global Marketing, Jg. 6, Nr. 1/2/2002, S. 141-186.

Chung, H.F.L. (2003). International Standardization Strategies: The Experiences of Australian and New Zealand Firms Operating in the Greater China Markets. In: Journal of International Marketing, Jg. 11, Nr. 3/2003, S. 48-82.

Chung, H.F.L. (2005). An Investigation of Crossmarket Standardisation Strategies: Experiences in the European Union. In: European Journal of Marketing, Jg. 39, Nr. 11/12/2005, S. 1345-1371.

Chung, H.F.L. (2008a). Contribution of Immigrant Employees to International Marketing Standardisation Strategies Selection. An Exploratory Study. In: European Journal of Marketing, Jg. 42, Nr. 1/2/2008, S. 16-22.

Chung, H.F.L. (2008b). The Impact of a Centralised Organisational Structure on Marketing Standardisation Strategy and Performance: The Experience of Price, Place and Management Processes. In: Journal of Global Marketing, Jg. 21, Nr. 2/2008, S. 83-107.

Chung, H.F.L. (2009). Structure of Marketing Decision Making and International Marketing Standardisation Strategies. In: European Journal of Marketing, Jg. 43, Nr. 5/6/2009, S. 794-825.

Chung, H.F.L. & Wang, Z. (2006). Analysis of Marketing Standardization Strategies – A "City Market Framework". In: Journal of Global Marketing, Jg. 20, Nr. 1/2006, S. 39-59.

Clark, J., Harold F. (1987). Consumer and Corporate Values: Yet Another View of Global Marketing. In: International Journal of Advertising, Jg. 6, Nr. 1/1987, S. 29-42.

Cloninger, P.A. & Swaidan, Z. (2007). Standardization, Customization and Revenue from Foreign Markets. In: Journal of Global Marketing, Jg. 20, Nr. 2/3/2007, S. 57-69.

Cui, G. & Yang, X. (2009). Responses of Chinese Consumers to Sex Appeals in International Advertising: A Test of Congruency Theory. In: Journal of Global Marketing, Jg. 22, Nr. 3/2009, S. 229-245.

Cutler, B.D. & Javalgi, R.G. (1992). A Cross-Cultural Analysis of the Visual Components of Print Advertising: The United States and the European Community. In: Journal of Advertising Research, Jg. 32, Nr. 1/1992, S. 71-80.

Cutler, B.D., Javalgi, R.G. & Erramsilli, M.K. (1992). The Visual Components of Print Advertising: A Five-Country Cross-Cultural Analysis. In: European Journal of Marketing, Jg. 26, Nr. 4/1992, S. 7-20.

Daechun, A. (2007). Advertising Visuals in Global Brands' Local Websites: A Six-Country Comparison. In: International Journal of Advertising, Jg. 26, Nr. 3/2007, S. 303-332.

Dawar, N. & Chattopadhyay, A. (2002). Rethinking Marketing Programs for Emerging Markets. In: Long Range Planning, Jg. 35, Nr. 5/2002, S. 457-474.

Dawar, N. & Parker, P. (1994). Marketing Universals: Consumers' Use of Brand Name, Price, Physical Appearance, and Retailer Reputation as Signals of Product Quality. In: Journal of Marketing, Jg. 58, Nr. 2/1994, S. 81-95.

Day, E., Fox, R.J. & Huszagh, S.M. (1988). Segmenting the Global Market for Industrial Goods: Issues and Implications. In: International Marketing Review, Jg. 5, Nr. 3/1988, S. 14-27.

de Chernatony, L., Halliburton, C. & Bernath, R. (1995). International Branding: Demand- or Supply-Driven Opportunity? In: International Marketing Review, Jg. 12, Nr. 2/1995, S. 9-21.

de Mooij, M. (2000). The Future Is Predictable for International Marketers. In: International Marketing Review, Jg. 17, Nr. 2/3/2000, S. 103-113.

de Mooij, M. & Hofstede, G. (2002). Convergence and Divergence in Consumer Behavior: Implications for International Retailing. In: Journal of Retailing, Jg. 78, Nr. 1/2002, S. 61-69.

Diamantopoulos, A., Schlegelmilch, B.B. & Du Preez, J.P. (1995). Lessons for Pan-European Marketing? The Role of Consumer Preferences in Fine-Tuning the Product-Market Fit. In: International Marketing Review, Jg. 12, Nr. 2/1995, S. 38-52.

Dianoux, C., Kettnerová, J. & Linhart, Z. (2006). Advertising in Czech and French Magazines. In: Journal of Euromarketing, Jg. 16, Nr. 1/2/2006, S. 139-152.

Djursaa, M. & Kragh, S.U. (1998). Central and Peripheral Consumption Contexts: The Uneven Globalization of Consumer Behaviour. In: International Business Review, Jg. 7, Nr. 1/1998, S. 23-38.

Domzal, T.J. & Kernan, J.B. (1993). Mirror, Mirror: Some Postmodern Reflections on Global Advertising. In: Journal of Advertising, Jg. 22, Nr. 4/1993, S. 1-20.

Douglas, S.P. & Craig, S.C. (1986). Global Marketing Myopia. In: Journal of Marketing Management, Jg. 2, Nr. 2/1986, S. 155-169.

Douglas, S.P. & Wind, Y. (1987). The Myth of Globalization. In: Columbia Journal of World Business, Jg. 22, Nr. 4/1987, S. 19-29.

Dow, D. (2006). Adaptation and Performance in Foreign Markets: Evidence of Systematic Under-Adaptation. In: Journal of International Business Studies, Jg. 37, Nr. 2/2006, S. 212-226.

Du Preez, J.P., Diamantopoulos, A. & Schlegelmilch, B.B. (1994). Product Standardization and Attribute Saliency: A Three-Country Empirical Comparison. In: Journal of International Marketing, Jg. 2, Nr. 1/1994, S. 7-28.

Duncan, T. & Ramaprasad, J. (1995). Standardized Multinational Advertising: The Influencing Factors. In: Journal of Advertising, Jg. 24, Nr. 3/1995, S. 55-68.

Elinder, E. (1965). How International Can European Advertising Be? In: Journal of Marketing, Jg. 29, Nr. 2/1965, S. 7-11.

Etgar, M. & Rachman-Moore, D. (2007). Determinant Factors of Failures of International Retailers in Foreign Markets. In: International Review of Retail, Distribution & Consumer Research, Jg. 17, Nr. 1/2007, S. 79-100.

Evans, J. & Bridson, K. (2005). Explaining Retail Offer Adaptation Through Psychic Distance. In: International Journal of Retail & Distribution Management, Jg. 33, Nr. 1/2005, S. 69-78.

Evans, J., Bridson, K., Byrom, J. & Medway, D. (2008). Revisiting Retail Internationalisation. In: International Journal of Retail & Distribution Management, Jg. 26, Nr. 4/5/2008, S. 260-280.

Evans, J., Mavondo, F.T. & Bridson, K. (2008). Psychic Distance: Antecedents, Retail Strategy Implications, and Performance Outcomes. In: Journal of International Marketing, Jg. 16, Nr. 2/2008, S. 32-63.

Farrall, N. & Whitelock, J.M. (1999). Global & Satellite versus Local and Terrestrial: An Exploratory Study of Advertising within the UK. In: International Journal of Advertising, Jg. 18, Nr. 4/1999, S. 495-518.

Fincke, U. & Goffard, E. (1993). Customizing Distribution. In: McKinsey Quarterly, Jg. 1993, Nr. 1/1993, S. 115-131.

Florin, J. & Ogbuehi, A.O. (2004). Strategic Choice in International Ventures: A Contingency Framework Integrating Standardization and Entry-Mode Decisions. In: Multinational Business Review, Jg. 12, Nr. 2/2004, S. 83-109.

Ford, J.B., La Tour, M.S., Honeycutt, J., Earl D. & Joseph, M. (1994). Female Sex Role Portrayals in International Advertising: Should Advertisers Standardize in the Pacific Rim? In: American Business Review, Jg. 12, Nr. 2/1994, S. 1-10.

Francis, J.N.P., Jan, L. & Walls, J.P.Y. (2002). Executive Insights: The Impact of Linguistic Differences on International Brand Name Standardization: A Comparison of English and Chinese Brand Names of Fortune-500 Companies. In: Journal of International Marketing, Jg. 10, Nr. 1/2002, S. 98-116.

Friedmann, R. (1986). Psychological Meaning of Products: A Simplification of the Standardization vs. Adaptation Debate. In: Columbia Journal of World Business, Jg. 21, Nr. 2/1986, S. 97-104.

Gabrielsson, P. & Gabrielsson, M. (2004). Globalizing Internationals: Business Portfolio and Marketing Strategies in the ICT Field. In: International Business Review, Jg. 13, Nr. 6/2004, S. 661-684.

Gabrielsson, P., Gabrielsson, M. & Gabrielsson, H. (2008). International Advertising Campaigns in Fast-Moving Consumer Goods Companies Originating from a SMOPEC Country. In: International Business Review, Jg. 17, Nr. 6/2008, S. 714-728.

Gabrielsson, P., Gabrielsson, M., Darling, J. & Luostarinen, R. (2006). Globalizing Internationals: Product Strategies of ICT Manufacturers. In: International Marketing Review, Jg. 23, Nr. 6/2006, S. 650-671.

Geng, C. (1997). Marketing Strategies in a Multi-Ethnic Environment. In: Journal of Marketing Theory and Practice, Jg. 5, Nr. 1/1997, S. 122-134.

Gerpott, T.J. (2005). International Marketing Standardization and Financial Performance of Mobile Network Operators – An Empirical Analysis. In: Schmalenbach Business Review, Jg. 57, Nr. 3/2005, S. 189-228.

Ghemawat, P. (2003). The Forgotten Strategy. In: Harvard Business Review, Jg. 81, Nr. 11/2003, S. 76-84.

Ghemawat, P. (2008). Reconceptualizing International Strategy and Organization. In: Strategic Organization, Jg. 6, Nr. 2/2008, S. 195-206.

Gomez, M. & Valenzuela, A. (2005). Export Marketing Strategies for High Performance: Evidence from Spanish Exporting Companies. In: Journal of Euromarketing, Jg. 15, Nr. 1/2005, S. 5-28.

Graham, J.L., Kamins, M.A. & Oetomo, D.S. (1993). Content Analysis of German and Japanese Advertising in Print Media from Indonesia, Spain, and the United States. In: Journal of Advertising, Jg. 22, Nr. 2/1993, S. 5-15.

Gram, M. (2007). Whiteness and Western Values in Global Advertisement: An Exploratory Study. In: Journal of Marketing Communications, Jg. 13, Nr. 4/2007, S. 291-309.

Green, R.T., Cunningham, W.H. & Cunningham, I.C.M. (1975). The Effectiveness of Standardized Global Advertising. In: Journal of Advertising, Jg. 4, Nr. 3/1975, S. 25-29.

Gregory, G., Karavdic, M. & Zou, S. (2007). The Effects of E-Commerce Drivers on Export Marketing Strategy. In: Journal of International Marketing, Jg. 15, Nr. 2/2007, S. 30-57.

Grewal, R., Chandrashekaran, M. & Dwyer, F.R. (2008). Navigating Local Environments with Global Strategies: A Contingency Model of Multinational Subsidiary Performance. In: Marketing Science, Jg. 27, Nr. 5/2008, S. 886-902.

Griffith, D.A., Chandra, A. & Ryans, J., John K. (2003). Examining the Intricacies of Promotion Standardization: Factors Influencing Advertising Message and Packaging. In: Journal of International Marketing, Jg. 11, Nr. 3/2003, S. 30-47.

Griffith, D.A., Jacobs, L. & Richey, R.G. (2006). Fitting Strategy Derived from Strategic Orientation to International Contexts. In: Thunderbird International Business Review, Jg. 48, Nr. 2/2006, S. 239-262.

Grosse, R. & Zinn, W. (1990). Standardization in International Marketing: The Latin American Case. In: Journal of Global Marketing, Jg. 4, Nr. 1/1990, S. 53-78.

Guild, T. (2009). Think Regionally, Act Locally: Four Steps to Reaching the Asian Consumer. In: McKinsey Quarterly, Jg. 2009, Nr. 4/2009, S. 24-35.

Halliburton, C. & Hünerberg, R. (1993). Excecutive Insights: Pan-European Marketing Myth or Reality. In: Journal of International Marketing, Jg. 1, Nr. 3/1993, S. 77-92.

Hanni, D.A., Ryans, J., John K. & Vernon, I.R. (1995). Excecutive Insights: Coordinating International Advertising – The Goodyear Case Revisited for Latin America. In: Journal of International Marketing, Jg. 3, Nr. 2/1995, S. 83-98.

Harris, G. (1984). The Globalization of Advertising. In: International Journal of Advertising, Jg. 3, Nr. 3/1984, S. 223-234.

Harris, G. (1994). International Advertising Standardization: What Do the Multinationals Actually Standardize? In: Journal of International Marketing, Jg. 2, Nr. 4/1994, S. 13-30.

Harris, G. (1996). International Advertising: Developmental and Implementational Issues. In: Journal of Marketing Management, Jg. 12, Nr. 6/1996, S. 551-560.

Harris, G. & Attour, S. (2003). The International Advertising Practices of Multinational Companies: A Content Analysis Study. In: European Journal of Marketing, Jg. 37, Nr. 1/2/2003, S. 154-168.

Harvey, M.G. (1993). Point of View: A Model to Determine Standardization of the Advertising Process in International Markets. In: Journal of Advertising Research, Jg. 33, Nr. 4/1993, S. 57-64.

Hassan, S.S., Craft, S. & Kortam, W. (2003). Understanding the New Bases for Global Market Segmentation. In: Journal of Consumer Marketing, Jg. 20, Nr. 5/2003, S. 446-462.

Hill, J.S. & Still, R.R. (1984). Adapting Products to LDC Tastes. In: Harvard Business Review, Jg. 62, Nr. 2/1984, S. 92-101.

Hill, J.S. & Still, R.R. (1984). Effects of Urbanization on Multinational Product Planning: Markets in Lesser-Developed Countries. In: Columbia Journal of World Business, Jg. 19, Nr. 2/1984, S. 62-67.

Hite, R.E. & Fraser, C. (1988). International Advertising Strategies of Multinational Corporations. In: Journal of Advertising Research, Jg. 28, Nr. 4/1988, S. 9-17.

Hoeken, H., Starren, M., Nickerson, C., Crijns, R. & Van den Brandt, C. (2007). Is It Necessary to Adapt Advertising Appeals for National Audiences in Western Europe? In: Journal of Marketing Communications, Jg. 13, Nr. 1/2007, S. 19-38.

Hoeken, H., van den Brandt, C., Crijns, R., Dominguez, N., Hendriks, B., Planken, B. & Starren, M. (2003). International Advertising in Western Europe: Should Differences in Uncertainty Avoidance Be Considered When Advertising in Belgium, France, The Netherlands and Spain? In: Journal of Business Communication, Jg. 40, Nr. 3/2003, S. 195-218.

Holt, D.B., Quelch, J.A. & Taylor, E.L. (2004). How Global Brands Compete. In: Harvard Business Review, Jg. 82, Nr. 9/2004, S. 68-75.

Hornik, J. (1980). Comparative Evaluation of International vs. National Advertising Strategies. In: Columbia Journal of World Business, Jg. 15, Nr. 1/1980, S. 36-67.

Hudson, S., Hung, C.L. & Padley, L. (2002). Cross-National Standardisation of Advertisements: A Study of the Effectiveness of TV Advertisements Targeted at Chinese Canadians in Canada. In: International Journal of Advertising, Jg. 21, Nr. 3/2002, S. 345-366.

Huff, L.C. & Alden, D.L. (1999). An Investigation of Consumer Response to Sales Promotions in Developing Markets: A Three-Country Analysis. In: Advances in Consumer Research, Jg. 26, Nr. 1/1999, S. 41-42.

Hult, G.T.M., Keillor, B.D. & Hightower, R. (2000). Valued Product Attributes in an Emerging Market: A Comparison Between French and Malaysian Consumers. In: Journal of World Business, Jg. 35, Nr. 2/2000, S. 206-221.

Hultman, M., Robson, M.J. & Katsikeas, C.S. (2009). Export Product Strategy Fit and Performance: An Empirical Investigation. In: Journal of International Marketing, Jg. 17, Nr. 4/2009, S. 1-23.

Hung, K.H., Li, S.Y. & Belk, R.W. (2007). Glocal Understandings: Female Readers' Perceptions of the New Woman in Chinese Advertising. In: Journal of International Business Studies, Jg. 38, Nr. 6/2007, S. 1034-1051.

Huszagh, S.M., Fox, R.J. & Day, E. (1985). Global Marketing: An Empirical Investigation. In: Columbia Journal of World Business, Jg. 20, Nr. 4/1985, S. 31-43.

Hyder, A.S. & Fregidou-Malama, M. (2009). Services Marketing in a Cross-Cultural Environment: The Case of Egypt. In: Journal of Services Marketing, Jg. 23, Nr. 4/2009, S. 261-271.

Ibeh, K.I.N., Luo, Y. & Dinnie, K. (2005). E-Branding Strategies of Internet Companies: Some Preliminary Insights from the UK. In: Journal of Brand Management, Jg. 12, Nr. 5/2005, S. 355-373.

Iyer, R.T. & Hill, J.S. (1996). International Direct Marketing Strategies: A US-European Comparison. In: European Journal of Marketing, Jg. 30, Nr. 3/1996, S. 65-83.

Jain, S.C. (1989). Standardization of International Marketing Strategy: Some Research Hypotheses. In: Journal of Marketing, Jg. 53, Nr. 1/1989, S. 70-79.

James, W.L. & Hill, J.S. (1991). International Advertising Messages: To Adapt or Not to Adapt (That Is the Question). In: Journal of Advertising Research, Jg. 31, Nr. 3/1991, S. 65-71.

Javalgi, R.G., Cutler, B.D. & White, D.S. (1994). Print Advertising in the Pacific Basin. In: International Marketing Review, Jg. 11, Nr. 6/1994, S. 48-64.

Javalgi, R.G., Kim, S.M., Lundstrom, W.J. & Wright, R.F. (2006). Toward the Development of an Integrative Framework of Subsidiary Success: A Synthesis of the Process and Contingency Models with the Strategic Reference Points Theory. In: Thunderbird International Business Review, Jg. 48, Nr. 6/2006, S. 843-866.

Johnson, J.L. & Arunthanes, W. (1995). Ideal and Actual Product Adaptation in US Exporting Firms. In: International Marketing Review, Jg. 12, Nr. 3/1995, S. 31-46.

Kacker, M.P. (1972). Patterns of Marketing Adaptation in International Business: A Study of American Business Firms Operating in India. In: Management International Review, Jg. 12, Nr. 4/5/1972, S. 111-124.

Kacker, M.P. (1975). Export-Oriented Product Adaptation – Its Patterns and Problems. In: Management International Review, Jg. 15, Nr. 6/1975, S. 61-70.

Kanso, A.M. (1992). International Advertising Strategies: Global Commitment to Local Vision. In: Journal of Advertising Research, Jg. 32, Nr. 1/1992, S. 10-14.

Kanso, A.M. & Nelson, R.A. (2002). Advertising Localization Overshadows Standardization. In: Journal of Advertising Research, Jg. 42, Nr. 1/2002, S. 79-89.

Kanso, A.M. & Nelson, R.A. (2006). Older and Bigger: Do Larger, More Established International Firms Use Standardized Advertising More than Their Younger, Smaller Counterparts? In: Journal of Marketing Communications, Jg. 12, Nr. 3/2006, S. 147-164.

Karande, K., Almurshidee, K.A. & Al-Olayan, F.S. (2006). Advertising Standardisation in Culturally Similar Markets. In: International Journal of Advertising, Jg. 25, Nr. 4/2006, S. 489-511.

Karns, D.A. & Khera, I.P. (1987). Organizational Adaptation and Perceived International Marketing Effectiveness. In: Journal of Global Marketing, Jg. 1, Nr. 1/2/1987, S. 113-130.

Kashani, K. (1989). Beware the Pitfalls of Global Marketing. In: Harvard Business Review, Jg. 67, Nr. 5/1989, S. 91-98.

Katsikeas, C.S., Samiee, S. & Theodosiou, M. (2006). Strategy Fit and Performance Consequences of International Marketing Standardization. In: Strategic Management Journal, Jg. 27, Nr. 9/2006, S. 867-890.

Kaynak, E. & Mitchell, L.A. (1981). Analysis of Marketing Strategies Used in Diverse Cultures. In: Journal of Advertising Research, Jg. 21, Nr. 3/1981, S. 25-32.

Keegan, W.J. (1971). Multinational Marketing: The Headquarters Role. In: Columbia Journal of World Business, Jg. 6, Nr. 1/1971, S. 85-90.

Keegan, W.J., Still, R.R. & Hill, J.S. (1987). Transferability and Adaptability of Products and Promotion Themes in Multinational Marketing – MNCs in LDCs. In: Journal of Global Marketing, Jg. 1, Nr. 1/2/1987, S. 85-103.

Keillor, B.D., Hausknecht, D.R. & Parker, R.S. (2001). 'Thinking Global, Acting Local': An Attribute Approach to Product Strategy. In: Journal of Euromarketing, Jg. 10, Nr. 2/2001, S. 27-48.

Khairullah, D.Z. & Khairullah, Z.Y. (1995). Urban Perceptions of Print Advertisement in the Indian Subcontinent: An Empirical Case for Standardized Advertising Messages. In: Journal of Global Marketing, Jg. 9, Nr. 1/2/1995, S. 59-89.

Khairullah, D.Z. & Khairullah, Z.Y. (2002). Dominant Culture Values: Content Analysis of the U.S. and Indian Print Advertisement. In: Journal of Global Marketing, Jg. 16, Nr. 1/2/2002, S. 47-70.

Kilts, J.M. (1990). Adaptive Marketing. In: Journal of Consumer Marketing, Jg. 7, Nr. 3/1990, S. 39-45.

Kirpalani, V.H., Laroche, M. & Darmon, R.Y. (1988). Role of Headquarter Control by Multinationals in International Advertising Decisions. In: International Journal of Advertising, Jg. 7, Nr. 4/1988, S. 323-333.

Klippel, R.E. & Boewadt, R.J. (1974). Attitude Measurement as a Strategy Determinant for Standardization of Multinational Advertising Formats. In: Journal of International Business Studies, Jg. 5, Nr. 1/1974, S. 39-50.

Ko, E., Kim, E., Taylor, C.R., Kim, K.H. & Kang, I.J. (2007). Cross-National Market Segmentation in the Fashion Industry. In: International Marketing Review, Jg. 24, Nr. 5/2007, S. 629-651.

Kolk, A. & Margineantu, A. (2009). Globalisation/Regionalisation of Accounting Firms and Their Sustainability Services. In: International Marketing Review, Jg. 26, Nr. 4/5/2009, S. 396-410.

Kopp, S.W., Kozup, J.C., Suter, T.A. & Taylor, C.R. (2007). Protecting the Global Brand in the European Union. In: Journal of Euromarketing, Jg. 17, Nr. 1/2007, S. 22-34.

Kotler, P. (1986). Global Standardization – Courting Danger. In: Journal of Consumer Marketing, Jg. 3, Nr. 2/1986, S. 13-15.

Koudelova, R. & Whitelock, J. (2001). A Cross-Cultural Analysis of Television Advertising in the UK and the Czech Republic. In: International Marketing Review, Jg. 18, Nr. 3/2001, S. 286-300.

Kragh, S.U. & Djursaa, M. (2001). Product Syntax and Cross-Cultural Marketing Strategies. In: European Journal of Marketing, Jg. 35, Nr. 11/12/2001, S. 1301-1319.

Kreutzer, R.T. (1988). Marketing-Mix Standardisation: An Integrated Approach in Global Marketing. In: European Journal of Marketing, Jg. 22, Nr. 10/1988, S. 19-30.

Kustin, R.A. (1994). A Special Theory of Globalization: A Review and Critical Evaluation of the Theoretical and Empirical Evidence. In: Journal of Global Marketing, Jg. 7, Nr. 3/1994, S. 79-101.

Kustin, R.A. (2004). Marketing Mix Standardization: A Cross Cultural Study of Four Countries. In: International Business Review, Jg. 13, Nr. 5/2004, S. 637-649.

La Ferle, C., Edwards, S.M. & Lee, W.-N. (2008). Culture, Attitudes, and Media Patterns in China, Taiwan, and the U.S.: Balancing Standardization and Localization Decisions. In: Journal of Global Marketing, Jg. 21, Nr. 3/2008, S. 191-205.

Lages, L.F. (2000). A Conceptual Framework of the Determinants of Export Performance: Reorganizing Key Variables and Shifting Contingencies in Export Marketing. In: Journal of Global Marketing, Jg. 13, Nr. 3/2000, S. 29-51.

Lages, L.F., Abrantes, J.L. & Lages, C.R. (2008). The Stratadapt Scale: A Measure of Marketing Stratgey Adaptation to International Business Markets. In: International Marketing Review, Jg. 25, Nr. 5/2008, S. 584-600.

Lages, L.F. & Montgomery, D.B. (2004). Export Performance as an Antecedent of Export Commitment and Marketing Strategy Adaptation. In: European Journal of Marketing, Jg. 38, Nr. 9/10/2004, S. 1186-1214.

Lages, L.F. & Montgomery, D.B. (2005). The Relationship Between Export Assistance and Performance Improvement in Portuguese Export Ventures: An Empirical Test of the Mediating Role of Pricing Strategy Adaptation. In: European Journal of Marketing, Jg. 39, Nr. 7/8/2005, S. 755-784.

Laroche, M., Kirpalani, V.H., Pons, F. & Zhou, L. (2001). A Model of Advertising Standardization in Multinational Corporations. In: Journal of International Business Studies, Jg. 32, Nr. 2/2001, S. 249-266.

Lee, C. & Griffith, D.A. (2004). The Marketing Strategy-Performance Relationship in an Export-Driven Developing Economy: A Korean Illustration. In: International Marketing Review, Jg. 21, Nr. 3/2004, S. 321-334.

Lehrer, M. & Behnam, M. (2009). Modularity vs Programmability in Design of International Products: Beyond the Standardization-Adaptation Tradeoff? In: European Management Journal, Jg. 27, Nr. 4/2009, S. 281-292.

Lemak, D.J. & Arunthanes, W. (1997). Global Business Strategy: A Contingency Approach. In: Multinational Business Review, Jg. 5, Nr. 1/1997, S. 26-39.

Lemmens, A., Croux, C. & Dekimpe, M.G. (2007). Consumer Confidence in Europe: United in Diversity? In: International Journal of Research in Marketing, Jg. 24, Nr. 2/2007, S. 113-127.

Leontiades, J. (1970). Planning Strategy for World Markets. In: Long Range Planning, Jg. 3, Nr. 2/1970, S. 40-45.

Lessassy, L. & Jolibert, A. (2007). Internationalization of Retail Strategies. In: Journal of Euromarketing, Jg. 16, Nr. 3/2007, S. 27-36.

Levitt, T. (1983). The Globalization of Markets. In: Harvard Business Review, Jg. 61, Nr. 3/1983, S. 91-102.

Levitt, T. (1984). The Globalization of Markets. In: McKinsey Quarterly, Jg. 1984, Nr. 3/1984, S. 2-20.

Lim, L.K.S., Acito, F. & Rusetski, A. (2006). Development of Archetypes of Internatioal Marketing Strategy. In: Journal of International Business Studies, Jg. 37, Nr. 4/2006, S. 499-524.

Lin, C.A. (2001). Cultural Values Reflected in Chinese and American Television Advertising. In: Journal of Advertising, Jg. 30, Nr. 4/2001, S. 83-94.

Littler, D. & Schlieper, K. (1995). The Development of the Eurobrand. In: International Marketing Review, Jg. 12, Nr. 2/1995, S. 22-37.

Littrell, M.A. & Miller, N.J. (2001). Marketing Across Cultures: Consumers' Perceptions of Product Complexity, Familiarity, and Compatibility. In: Journal of Global Marketing, Jg. 15, Nr. 1/2001, S. 67-86.

Liu, F., Cheng, H. & Li, J. (2009). Consumer Responses to Sex Appeal Advertising: A Cross-Cultural Study. In: International Marketing Review, Jg. 26, Nr. 4/5/2009, S. 501-520.

López, N.V. (2004). Marketing Mix and the Internet: Globalisation or Adaptation? In: Journal of Euromarketing, Jg. 13, Nr. 4/2004, S. 31-58.

Lu, V.N. & Julian, C.C. (2008). The Internet, Strategy and Performance: A Study of Australian Export Market Ventures. In: Journal of Global Marketing, Jg. 21, Nr. 3/2008, S. 231-240.

Lynch, P.D. & Beck, J.C. (2001). Profiles of Internet Buyers in 20 Countries: Evidence for Region-Specific Strategies. In: Journal of International Business Studies, Jg. 32, Nr. 4/2001, S. 725-748.

Martenson, R. (1987a). Advertising Strategies and Information Content in American and Swedish Advertising. In: International Journal of Advertising, Jg. 6, Nr. 2/1987, S. 133-144.

Martenson, R. (1987b). Is Standardisation of Marketing Feasible in Culture-Bound Industries? A European Case Study. In: International Marketing Review, Jg. 4, Nr. 3/1987, S. 7-27.

Mathe, H. & Perras, C. (1994). Successful Global Strategies for Service Companies. In: Long Range Planning, Jg. 27, Nr. 1/1994, S. 36-49.

Maynard, M. & Tian, Y. (2004). Between Global and Glocal: Content Analysis of the Chinese Web Sites of the 100 Top Global Brands. In: Public Relations Review, Jg. 30, Nr. 3/2004, S. 285-291.

McCarty, J.A., Horn, M.I., Szenasy, M.K. & Feintuch, J. (2007). An Exploratory Study of Consumer Style: Country Differences and International Segments. In: Journal of Consumer Behaviour, Jg. 6, Nr. 1/2007, S. 48-59.

McIntyre, F.S. (1996). Advertising Decisions and Support Services: Domestic versus International Franchising. In: Journal of Marketing Theory and Practice, Jg. 4, Nr. 1/1996, S. 35-43.

Melewar, T.C. & Saunders, J. (1998). Global Corporate Visual Identity Systems. In: International Marketing Review, Jg. 15, Nr. 4/1998, S. 291-312.

Melewar, T.C. & Saunders, J. (1999). International Corporate Visual Identity: Standardization or Localization? In: Journal of International Business Studies, Jg. 30, Nr. 3/1999, S. 583-598.

Melewar, T.C. & Saunders, J. (2000). Global Corporate Visual Identity Systems: Using an Extended Marketing Mix. In: European Journal of Marketing, Jg. 34, Nr. 5/6/2000, S. 538-550.

Melewar, T.C., Saunders, J. & Balmer, J.M.T. (2001). Cause, Effect and Benefits of a Standardised Corporate Visual Identity System of UK Companies Operating in Malaysia. In: European Journal of Marketing, Jg. 35, Nr. 3/4/2001, S. 414-427.

Melewar, T.C., Turnbull, S. & Balabanis, G. (2000). International Advertising Strategies of Multinational Enterprises in the Middle East. In: International Journal of Advertising, Jg. 19, Nr. 4/2000, S. 529-547.

Merrilees, B., Getz, D. & O'Brien, D. (2005). Marketing Stakeholders Analysis. Branding the Brisbane Goodwill Games. In: European Journal of Marketing, Jg. 39, Nr. 9/10/2005, S. 1060-1077.

Merz, M.A., He, Y. & Alden, D.L. (2008). A Categorization Approach to Analyzing the Global Customer Culture Debate. In: International Marketing Review, Jg. 25, Nr. 2/2008, S. 166-182.

Michell, P. & Bright, J. (1995). Multinational Headquarters Control of UK Subsidiaries' Advertising Decisions. In: International Journal of Advertising, Jg. 14, Nr. 3/1995, S. 183-193.

Michell, P., Lynch, J. & Alabdali, O. (1998). New Perspectives on Marketing Mix Programme Standardization. In: International Business Review, Jg. 7, Nr. 6/1998, S. 617-634.

Moen, Ø., Endresen, I. & Gavlen, M. (2003). Executive Insights: Use of the Internet in International Marketing: A Case Study of Small Computer Software Firms. In: Journal of International Marketing, Jg. 11, Nr. 4/2003, S. 129-149.

Mueller, B. (1991a). An Analysis of Information Content in Standardized vs. Specialized Multinational Advertisements. In: Journal of International Business Studies, Jg. 22, Nr. 1/1991, S. 23-39.

Mueller, B. (1991b). Multinational Advertising: Factors Influencing the Standardised vs. Specialised Approach. In: International Marketing Review, Jg. 8, Nr. 1/1991, S. 7-18.

Mueller, B. (1992). Standardization vs. Specialization: An Examination of Westernization in Japanese Advertising. In: Journal of Advertising Research, Jg. 32, Nr. 1/1992, S. 15-24.

Nelson, M.R. & Paek, H.-J. (2007). A Content Analysis of Advertising in a Global Magazine Across Seven Countries. In: International Marketing Review, Jg. 24, Nr. 1/2007, S. 64-86.

O'Cass, A. & Julian, C.C. (2003a). Examining Firms and Environmental Influences on Export Marketing Mix Strategies and Export Performance of Australian Exporters. In: European Journal of Marketing, Jg. 37, Nr. 3/4/2003, S. 366-384.

O'Cass, A. & Julian, C.C. (2003b). Modelling the Effects of Firm-Specific and Environmental Characteristics on Export Marketing Performance. In: Journal of Global Marketing, Jg. 16, Nr. 3/2003, S. 53-74.

O'Donnell, S. & Jeong, I. (2000). Marketing Standardization within Global Industries. In: International Marketing Review, Jg. 17, Nr. 1/2000, S. 19-33.

Okazaki, S. (2005). Searching the Web for Global Brands: How American Brands Standardise Their Web Sites in Europe. In: European Journal of Marketing, Jg. 39, Nr. 1/2/2005, S. 87-109.

Okazaki, S. & Mueller, B. (2008). Evolution in the Usage of Localised Appeals in Japanese and American Print Advertising. In: International Journal of Advertising, Jg. 27, Nr. 5/2008, S. 771-798.

Okazaki, S. & Skapa, R. (2008). Global Web Site Standardization in the New EU Member States: Initial Observations from Poland and the Czech Republic. In: European Journal of Marketing, Jg. 42, Nr. 11/12/2008, S. 1224-1245.

Okazaki, S., Taylor, C.R. & Doh, J.P. (2007). Market Convergence and Advertising Standardization in the European Union. In: Journal of World Business, Jg. 42, Nr. 4/2007, S. 384-400.

Okazaki, S., Taylor, C.R. & Zou, S. (2006). Advertising Standardization's Positive Impact on the Bottom Line. In: Journal of Advertising, Jg. 35, Nr. 3/2006, S. 17-33.

Onkvisit, S. & Shaw, J.J. (1987). Standardized International Advertising: A Review and Critical Evaluation of the Theoretical and Empirical Evidence. In: Columbia Journal of World Business, Jg. 22, Nr. 3/1987, S. 43-54.

Onkvisit, S. & Shaw, J.J. (1999). Standardized International Advertising: Some Research Issues and Implications. In: Journal of Advertising Research, Jg. 39, Nr. 6/1999, S. 19-24.

Oyedele, A., Minor, M.S. & Ghanem, S. (2009). Signals of Global Advertising Appeals in Emerging Markets. In: International Marketing Review, Jg. 26, Nr. 4/5/2009, S. 521-541.

Özsomer, A., Bodur, M. & Cavusgil, S.T. (1991). Marketing Standardisation by Multinationals in an Emerging Market. In: European Journal of Marketing, Jg. 25, Nr. 12/1991, S. 50-64.

Özsomer, A. & Simonin, B.L. (2004). Marketing Program Standardization: A Cross-Country Exploration. In: International Journal of Research in Marketing, Jg. 21, Nr. 4/2004, S. 397-419.

Pae, J.H., Samiee, S. & Tai, S. (2002). Global Advertising Strategy. In: International Marketing Review, Jg. 19, Nr. 2/3/2002, S. 176-189.

Papavassiliou, N. & Stathakopoulos, V. (1997). Standardization versus Adaptation of International Advertising Strategies: Towards a Framework. In: European Journal of Marketing, Jg. 31, Nr. 7/8/1997, S. 504-527.

Peebles, D.M., Ryans, J., J. K. & Vernon, I.R. (1977). A New Perspective on Advertising Standardisation. In: European Journal of Marketing, Jg. 11, Nr. 8/1977, S. 570-577.

Perry, A.C. (1990). International versus Domestic Marketing: Four Conceptual Perspectives. In: European Journal of Marketing, Jg. 24, Nr. 6/1990, S. 41-54.

Petison, P. & Johri, L.M. (2008). Localization Drivers in an Emerging Market: Case Studies from Thailand. In: Management Decision, Jg. 46, Nr. 9/2008, S. 1399-1412.

Piercy, N. (1983). Export Marketing Management in Medium-Sized British Firms. In: European Journal of Marketing, Jg. 17, Nr. 1/1983, S. 48-67.

Porter, M.E. (1986). The Strategic Role of International Marketing. In: Journal of Consumer Marketing, Jg. 3, Nr. 2/1986, S. 17-21.

Powers, T.L. & Loyka, J.J. (2007). Market, Industry, and Company Influences on Global Product Standardization. In: International Marketing Review, Jg. 24, Nr. 6/2007, S. 678-694.

Quelch, J.A. & Hoff, E.J. (1986). Customizing Global Marketing. In: Harvard Business Review, Jg. 64, Nr. 3/1986, S. 59-68.

Quester, P.G. & Conduit, J. (1996). Standardization, Centralisation and Marketing in Multinational Companies. In: International Business Review, Jg. 5, Nr. 4/1996, S. 395-421.

Quintens, L., Pauwels, P. & Matthyssens, P. (2006). Global Purchasing Strategy: Conceptualization and Measurement. In: Industrial Marketing Management, Jg. 35, Nr. 7/2006, S. 881-891.

Raffée, H. & Kreutzer, R.T. (1989). Organisational Dimensions of Global Marketing. In: European Journal of Marketing, Jg. 23, Nr. 5/1989, S. 43-57.

Ramarapu, S. & Timmerman, J.E. (1999). Choosing Between Globalization and Localization as a Strategic Thrust for Your International Marketing Effort. In: Journal of Marketing Theory and Practice, Jg. 7, Nr. 2/1999, S. 97-105.

Rau, P.A. & Preble, J.F. (1987). Standardisation of Marketing Strategy by Multinationals. In: International Marketing Review, Jg. 4, Nr. 3/1987, S. 18-28.

Raymond, M.A. & Lim, J.W. (1996). Promotion and Trade Mix Considerations for Entering and Competing in the Korean Market. In: Journal of Marketing Theory and Practice, Jg. 4, Nr. 1/1996, S. 44-55.

Raymond, M.A. & Lim, J.W. (2002). Creating a Positive Brand Image with a Local Adaptation Advertising Strategy: The Hyundai Santa FE. In: Advances in International Marketing, Jg. 2002, Nr. 12/2002, S. 101-118.

Raymond, M.A., Mittelstaedt, J.D. & Hopkins, C.D. (2003). When Is a Hierarchy Not a Hierarchy? Factors Associated with Different Perceptions of Needs, with Implications for Standardization-Adaptation Decisions in Korea. In: Journal of Marketing Theory and Practice, Jg. 11, Nr. 4/2003, S. 12-25.

Reichel, J. (1989). How Can Marketing Be Successfully Standardised for the European Market? In: European Journal of Marketing, Jg. 23, Nr. 7/1989, S. 60-67.

Rigby, D.K. & Vishwanath, V. (2006). Localization – The Revolution in Consumer Markets. In: Harvard Business Review, Jg. 84, Nr. 4/2006, S. 82-92.

Robles, F. (2002). The Evolution of Global Portal Strategy. In: Thunderbird International Business Review, Jg. 44, Nr. 1/2002, S. 25-46.

Robles, F. & Akhter, S.H. (1997). International Catalog Mix Adaptation: An Empirical Study. In: Journal of Global Marketing, Jg. 11, Nr. 2/1997, S. 65-91.

Roostal, I. (1963). Standardization of Advertising for Western Europe. In: Journal of Marketing, Jg. 27, Nr. 4/1963, S. 15-20.

Roper, A. (2005). Marketing Standardisation: Tour Operators in the Nordic Region. In: European Journal of Marketing, Jg. 39, Nr. 5/6/2005, S. 514-527.

Rosen, B.N., Boddewyn, J.J. & Louis, E.A. (1989). US Brands Abroad: An Empirical Study of Global Branding. In: International Marketing Review, Jg. 6, Nr. 1/1989, S. 7-19.

Rosenbloom, B. & Larsen, T. (1997). Global Marketing Channels and the Standardization Controversy. In: Journal of Global Marketing, Jg. 11, Nr. 1/1997, S. 49-64.

Roth, M.S. (1995). Effects of Global Market Conditions on Brand Image Customization and Brand Performance. In: Journal of Advertising, Jg. 24, Nr. 4/1995, S. 55-75.

Ryans, J.K. & Donelly, J.H. (1969). Standardized Global Advertising, a Call As Yet Unanswered. In: Journal of Marketing, Jg. 33, Nr. 2/1969, S. 57-60.

Ryans, J.K. & Ratz, D.G. (1987). Advertising Standardization: A Re-Examination. In: International Journal of Advertising, Jg. 6, Nr. 2/1987, S. 145-158.

Samiee, S., Jeong, I., Pae, J.H. & Tai, S. (2003). Advertising Standardization in Multinational Corporations: The Subsidiary Perspective. In: Journal of Business Research, Jg. 56, Nr. 8/2003, S. 613-626.

Samiee, S. & Roth, K. (1992). The Influence of Global Marketing Standardization on Performance. In: Journal of Marketing, Jg. 56, Nr. 2/1992, S. 1-17.

Samli, A.C. & Jacobs, L. (1994). Pricing Practices of American Multinational Firms: Standardization vs. Localization Dichotomy. In: Journal of Global Marketing, Jg. 8, Nr. 2/1994, S. 51-74.

Sandler, D.M. & Shani, D. (1992). Brand Globally but Advertise Locally? An Empirical Investigation. In: International Marketing Review, Jg. 9, Nr. 4/1992, S. 18-31.

Sands, S. (1979). Can You Standardize International Marketing Strategy? In: Journal of the Academy of Marketing Science, Jg. 7, Nr. 2/1979, S. 117-134.

Schilke, O., Reimann, M. & Thomas, J.S. (2009). When Does International Marketing Standardization Matter to Firm Performance? In: Journal of International Marketing, Jg. 17, Nr. 4/2009, S. 24-46.

Schuh, A. (2000). Global Standardization as a Success Formula for Marketing in Central Eastern Europe? In: Journal of World Business, Jg. 35, Nr. 2/2000, S. 133-148.

Segal-Horn, S. & Davison, H. (1992). Global Markets, the Global Consumer and International Retailing. In: Journal of Global Marketing, Jg. 5, Nr. 3/1992, S. 31-61.

Seifert, B. & Ford, J. (1989). Are Exporting Firms Modifying Their Product, Pricing and Promotion Policies? In: International Marketing Review, Jg. 6, Nr. 6/1989, S. 53-68.

Seitz, V.A. & Johar, J.S. (1993). Advertising Practices for Self-Image Projective Products in the New Europe. In: Journal of Consumer Marketing, Jg. 10, Nr. 4/1993, S. 15-26.

Shama, A. (2005). An Empirical Study of the International Marketing Strategies of E-Commerce Companies. In: Thunderbird International Business Review, Jg. 47, Nr. 6/2005, S. 695-709.

Shengliang, D., Jivan, S. & Hassan, M.-L. (1994). Advertising in Malaysia - A Cultural Perspective. In: International Journal of Advertising, Jg. 13, Nr. 2/1994, S. 153-166.

Sheth, J. (1986). Global Markets or Global Competition. In: Journal of Consumer Marketing, Jg. 3, Nr. 2/1986, S. 9-11.

Shipchandler, Z.E. & Moore, J.S. (2000). Product Customization for the U.S. Market: An Expert System Comparison of British, German, and Japanese Subsidiaries. In: Multinational Business Review, Jg. 8, Nr. 1/2000, S. 22-28.

Shipchandler, Z.E., Terpstra, V. & Shaheen, D. (1994). A Study of Marketing Strategies of European and Japanese Firms Manufacturing in the US. In: International Business Review, Jg. 3, Nr. 3/1994, S. 181-199.

Shoham, A. (1996). Marketing-Mix Standardization: Determinants of Export Performance. In: Journal of Global Marketing, Jg. 10, Nr. 2/1996, S. 53-72.

Shoham, A. (1999). Bounded Rationality, Planning, Standardization of International Strategy, and Export Performance: A Structural Model Examination. In: Journal of International Marketing, Jg. 7, Nr. 2/1999, S. 24-50.

Shoham, A. & Albaum, G. (1994). The Effects of Transfer of Marketing Methods on Export Performance: An Empirical Examination. In: International Business Review, Jg. 3, Nr. 3/1994, S. 219-241.

Shoham, A., Brencic, M.M., Virant, V. & Ruvio, A. (2008). International Standardization of Channel Management and Its Behavioral and Performance Outcomes. In: Journal of International Marketing, Jg. 16, Nr. 2/2008, S. 120-151.

Simon-Miller, F. (1986). World Marketing: Going Global or Acting Local? Five Expert Viewpoints. In: Journal of Consumer Marketing, Jg. 3, Nr. 2/1986, S. 5-7.

Singh, N., Fassott, G., Chao, M.C.H. & Hoffmann, J.A. (2006). Understanding International Web Site Usage. In: International Marketing Review, Jg. 23, Nr. 1/2006, S. 83-97.

Singh, N., Furrer, O. & Ostinelli, M. (2004). To Localize or to Standardize on the Web: Empirical Evidence from Italy, India, Netherlands, Spain, and Switzerland. In: Multinational Business Review, Jg. 12, Nr. 1/2004, S. 69-87.

Singh, N., Kumar, V. & Baack, D. (2005). Adaptation of Cultural Context: Evidence from B2C E-Commerce Firms. In: European Journal of Marketing, Jg. 39, Nr. 1/2/2005, S. 71-86.

Singh, N., Toy, D.R. & Wright, L.K. (2009). A Diagnostic Framework for Measuring Web-Site Localization. In: Thunderbird International Business Review, Jg. 51, Nr. 3/2009, S. 281-295.

Singh, N., Zhao, H. & Hu, X. (2005). Analyzing the Cultural Content of Web Sites: A Cross-National Comparison of China, India, Japan, and US. In: International Marketing Review, Jg. 22, Nr. 2/2005, S. 129-145.

Sirisagul, K. (2000). Global Advertising Practices: A Comparative Study. In: Journal of Global Marketing, Jg. 14, Nr. 3/2000, S. 77-97.

Solberg, C.A. (2000). Educator Insights: Standardization or Adaptation of the International Marketing Mix: The Role of the Local Subsidiary/Representative. In: Journal of International Marketing, Jg. 8, Nr. 1/2000, S. 78-98.

Solberg, C.A. (2002). The Perennial Issue of Adaptation or Standardization of International Marketing Communication: Organizational Contingencies and Performance. In: Journal of International Marketing, Jg. 10, Nr. 3/2002, S. 1-21.

Sorenson, R.Z. & Wiechmann, U.E. (1975). How Multinationals View Marketing Standardization. In: Harvard Business Review, Jg. 53, Nr. 3/1975, S. 38-167.

Souiden, N. (2000). Is Marketing Standardization Feasible Among Arab Countries? In: Journal of International Marketing and Marketing Research, Jg. 25, Nr. 2/2000, S. 69-94.

Sousa, C.M.P. & Bradley, F. (2005). Global Markets: Does Psychic Distance Matter? In: Journal of Strategic Marketing, Jg. 13, Nr. 1/2005, S. 43-59.

Sousa, C.M.P. & Bradley, F. (2008). Antecedents of International Pricing Adaptation and Export Performance. In: Journal of World Business, Jg. 43, Nr. 3/2008, S. 307-320.

Sousa, C.M.P. & Bradley, F. (2009). Price Adaptation in Export Markets. In: European Journal of Marketing, Jg. 43, Nr. 3/2009, S. 438-458.

Sousa, C.M.P. & Lengler, J. (2009). Psychic Distance, Marketing Strategy and Performance in Export Ventures of Brazilian Firms. In: Journal of Marketing Management, Jg. 25, Nr. 5/6/2009, S. 591-610.

Sriram, V. & Gopalakrishna, P. (1991). Can Advertising Be Standardized Among Similar Countries? A Cluster-Based Analysis. In: International Journal of Advertising, Jg. 10, Nr. 2/1991, S. 137-149.

Steinberg, H.M. (1987). Detecting Consumer Attribute Shifts: A Technique for Monitoring International Marketing Strategies. In: Columbia Journal of World Business, Jg. 22, Nr. 4/1987, S. 3-6.

Stewart, D.B. (1997). Domestic Competitive Strategy and Export Marketing Strategy: The Impact of Fit on the Degree of Internationalisation of SMEs. In: Journal of Marketing Management, Jg. 13, Nr. 1/1997, S. 105-117.

Still, R.R. & Hill, J.S. (1984). Adapting Consumer Products to Lesser-Developed Markets. In: Journal of Business Research, Jg. 12, Nr. 1/1984, S. 51-61.

Subramaniam, M. & Hewett, K. (2004). Balancing Standardization and Adaptation for Product Performance in International Markets: Testing the Influence of Headquarters-Subsidiary Contact and Cooperation. In: Management International Review, Jg. 44, Nr. 2/2004, S. 171-194.

Sugiura, H. (1990). How Honda Localizes Its Global Strategy. In: Sloan Management Review, Jg. 32, Nr. 1/1990, S. 77-82.

Suri, R., Anderson, R.E. & Kotlov, V. (2004). The Use of 9-Ending Prices: Contrasting the USA with Poland. In: European Journal of Marketing, Jg. 38, Nr. 1/2/2004, S. 56-72.

Szymanski, D.M., Bharadwaj, S.G. & Varadarajan, P.R. (1993). Standardization versus Adaptation of International Marketing Strategy: An Empirical Investigation. In: Journal of Marketing, Jg. 57, Nr. 4/1993, S. 1-17.

Tai, S.H.C. (1997). Advertising in Asia: Localize or Regionalize? In: International Journal of Advertising, Jg. 16, Nr. 1/1997, S. 48-61.

Tai, S.H.C. & Pae, J.H. (2002). Effects of TV Advertising on Chinese Consumers: Local versus Foreign-Sourced Commercials. In: Journal of Marketing Management, Jg. 18, Nr. 1/2/2002, S. 49-72.

Takeuchi, H., Osono, E. & Shimizu, N. (2008). The Contradictions That Drive Toyota's Success. In: Harvard Business Review, Jg. 86, Nr. 6/2008, S. 96-104.

Tansey, R., Hyman, M.R. & Zinkhan, G.M. (1990). Cultural Themes in Brazilian and U.S. Auto Ads: A Cross-Cultural Comparison. In: Journal of Advertising, Jg. 19, Nr. 2/1990, S. 30-39.

Taylor, C.R. & Okazaki, S. (2006). Who Standardizes Advertising More Frequently, and Why Do They Do So? A Comparison of U.S. and Japanese Subsidiaries' Advertising Practices in the European Union. In: Journal of International Marketing, Jg. 14, Nr. 1/2006, S. 98-120.

Theodosiou, M. & Katsikeas, C.S. (2001). Factors Influencing the Degree of International Pricing Strategy Standardization of Multinational Corporations. In: Journal of International Marketing, Jg. 9, Nr. 3/2001, S. 1-18.

Timmor, Y. & Zif, J. (2005). A Typology of Marketing Strategies for Export. In: Journal of Global Marketing, Jg. 18, Nr. 3/4/2005, S. 37-78.

Tixier, M. (2005). Globalization and Localization of Contents: Evolution of Major Internet Sites Across Sectors of Industry. In: Thunderbird International Business Review, Jg. 47, Nr. 1/2005, S. 15-48.

Toncar, M.F., Kuhn, A. & Alon, I. (2002). Assessing the Movement Toward, and Identifying the Impediments to, Standardized Print Advertising. In: Journal of International Consumer Marketing, Jg. 14, Nr. 4/2002, S. 91-111.

Townsend, J.D., Yeniyurt, S., Cavusgil, S.T. & Deligonul, Z.S. (2004). Exploring the Marketing Program Antecedents of Performance in a Global Company. In: Journal of International Marketing, Jg. 12, Nr. 4/2004, S. 1-24.

van Mesdag, M. (2000). Culture-Sensitive Adaptation or Global Standardization – The Duration-of-Usage Hypothesis. In: International Marketing Review, Jg. 17, Nr. 1/2000, S. 74-84.

Verhage, B.J., Dahringer, L.D. & Cundiff, E.W. (1989). Will a Global Marketing Strategy Work? An Energy Conservation Perspective. In: Journal of the Academy of Marketing Science, Jg. 17, Nr. 2/1989, S. 129-136.

Vianelli, D., Dianoux, C., Domanski, T. & Herrmann, J.L. (2007). In-Store Shopping Behavior: A Cross-Cultural Comparison in Italy, France and Poland. In: Journal of East-West Business, Jg. 13, Nr. 2/3/2007, S. 115-142.

Viswanathan, N.K. & Dickson, P.R. (2007). The Fundamentals of Standardizing Global Marketing Strategy. In: International Marketing Review, Jg. 24, Nr. 1/2007, S. 46-63.

Vrontis, D. (2003). Integrating Adaptation and Standardisation in International Marketing: The AdaptStand Modelling Process. In: Journal of Marketing Management, Jg. 19, Nr. 3/4/2003, S. 283-305.

Vrontis, D., Thrassou, A. & Lamprianou, I. (2009). International Marketing Adaptation Versus Standardisation of Multinational Companies. In: International Marketing Review, Jg. 26, Nr. 4/5/2009, S. 477-500.

Waheeduzzaman, A.N.M. & Dube, L.F. (2002). Elements of Standardization, Firm Performance and Selected Marketing Variables: A General Linear Relationship Framework. In: Journal of Global Marketing, Jg. 16, Nr. 1/2/2002, S. 187-205.

Walle, A.H. (1987). Localised Marketing Strategies and the Bible of International Business. In: European Journal of Marketing, Jg. 21, Nr. 1/1987, S. 26-36.

Walle, A.H. (1996). Localized Marketing Strategies and the Bible of International Business. In: Management Decision, Jg. 34, Nr. 7/1996, S. 5-13.

Waller, D.S., Fam, K.-S. & Erdogan, B.Z. (2005). Advertising of Controversial Products: A Cross-Cultural Study. In: Journal of Consumer Marketing, Jg. 22, Nr. 1/2005, S. 6-13.

Walters, P.G.P. (1986). International Marketing Policy: A Discussion of the Standardization Construct and Its Relevance for Corporate Policy. In: Journal of International Business Studies, Jg. 17, Nr. 2/1986, S. 55-69.

Walters, P.G.P. & Toyne, B. (1989). Product Modification and Standardization in International Markets: Strategic Options and Facilitating Policies. In: Columbia Journal of World Business, Jg. 24, Nr. 4/1989, S. 37-44.

Wang, C.L. (1996). The Degree of Standardization: A Contingency Framework for Global Marketing Strategy Development. In: Journal of Global Marketing, Jg. 10, Nr. 1/1996, S. 89-107.

Ward, J.J. (1973). Product and Promotion Adaptation by European Firms in the U.S. In: Journal of International Business Studies, Jg. 4, Nr. 1/1973, S. 79-85.

Watson, J., Lysonski, S., Gillan, T. & Raymore, L. (2002). Cultural Values and Important Possessions: A Cross-Cultural Analysis. In: Journal of Business Research, Jg. 55, Nr. 11/2002, S. 923-931.

Weinrauch, J.D. & Rao, C.P. (1974). The Export Marketing Mix: An Examination of Company Experiences and Perceptions. In: Journal of Business Research, Jg. 2, Nr. 4/1974, S. 447-452.

Whitelock, J.M. (1987). Global Marketing and the Case for International Product Standardisation. In: European Journal of Marketing, Jg. 21, Nr. 9/1987, S. 32-44.

Whitelock, J.M. & Chung, D. (1989). Cross Cultural Advertising. In: International Journal of Advertising, Jg. 8, Nr. 3/1989, S. 291-310.

Whitelock, J.M. & Pimblett, C. (1997). The Standardisation Debate in International Marketing. In: Journal of Global Marketing, Jg. 10, Nr. 3/1997, S. 45-66.

Whitelock, J.M. & Rey, J.-C. (1998). Cross-Cultural Advertising in Europe. In: International Marketing Review, Jg. 15, Nr. 4/1998, S. 257-276.

Wiles, J.A., Wiles, C.R. & Tjernlund, A. (1995). A Comparison of Gender Portrayals in Magazine Advertising: The Netherlands, Sweden and the USA. In: European Journal of Marketing, Jg. 29, Nr. 11/1995, S. 35-49.

Wills, J., Samli, A.C. & Jacobs, L. (1991). Developing Global Products and Marketing Strategies: A Construct and a Research Agenda. In: Journal of the Academy of Marketing Science, Jg. 19, Nr. 1/1991, S. 1-10.

Wind, Y. (1986). The Myth of Globalization. In: Journal of Consumer Marketing, Jg. 3, Nr. 2/1986, S. 23-26.

Wong, H.Y. & Merrilees, B. (2008). Determinants of SME International Marketing Communications. In: Journal of Global Marketing, Jg. 21, Nr. 4/2008, S. 293-305.

Xu, S., Cavusgil, S.T. & White, J.C. (2006). The Impact of Strategic Fit Among Strategy, Structure, and Processes on Multinational Corporation Performance: A Multimethod Assessment. In: Journal of International Marketing, Jg. 14, Nr. 2/2006, S. 1-31.

Yamin, M. & Altunisik, R. (2003). A Comparison of Satisfaction Outcomes Associated with Adapted and Non-Adapted Products. Domestic versus Imported Washing Machines in Turkey. In: International Marketing Review, Jg. 20, Nr. 6/2003, S. 604-620.

Yin, J. (1999). International Advertising Strategies in China: A Worldwide Survey of Foreign Advertisers. In: Journal of Advertising Research, Jg. 39, Nr. 6/1999, S. 25-35.

Yip, G.S. (1997). Patterns and Determinants of Global Marketing. In: Journal of Marketing Management, Jg. 13, Nr. 1-3/1997, S. 153-164.

Zaichkowsky, J.L. & Sood, J.H. (1989). A Global Look at Consumer Involvement and Use of Products. In: International Marketing Review, Jg. 6, Nr. 1/1989, S. 20-34.

Zandpour, F. & Harich, K.R. (1996). Think and Feel Country Clusters: A New Approach to International Advertising Standardization. In: International Journal of Advertising, Jg. 15, Nr. 4/1996, S. 325-344.

Zou, S. & Andrus, D.M. (1997). Standardization of International Marketing Strategy by Firms from a Developing Country. In: International Marketing Review, Jg. 14, Nr. 2/3/1997, S. 107-123.

Zou, S. & Cavusgil, S.T. (2002). The GMS: A Broad Conceptualization of Global Marketing Strategy and Its Effect on Firm Performance. In: Journal of Marketing, Jg. 66, Nr. 4/2002, S. 40-56.

Anhang 207

Anhang 2: Aufschlüsselung der Analyse der 330 Artikel zur internationalen Marketingstandardisierung bzw. -differenzierung

Jahr	Autoren	Zeitschrift	Deskriptiv	Forschungsfragen Positiv-theoret.	Präskriptiv	Normativ-theoret.	Rein konzept.	Forschungsansatz Qualitativ	Quantitativ	M	S→M	Forschungsdesign M→E	S→M→E (o. Fit)	S→M→E (m. Fit)	Produktstrategie	Preisstrategie	Forschungsbereiche Distrib.-strategie	Komm.-strategie	Marketprozesse	Standardisierung	Forschungsergebnisse Differenzierung	Situat.-abhäng.	u.E./k.A.
1963	Roostal	JM			x		x			x									x				
1965	Elinder	JM			x		x			x									x	x			
1968	Buzzell	HBR			x		x												x					x
1960	Bronfman	JWB	x		x			x							x			x			x		
1969	Ryans & Donnelly	JM	x		x				x	x					x			x						x
1970	Leontiades	LRP																						
1971	Keegan	JWB	x		x		x				x				x	x	x	x				x	
1972	Kacker	MIR	x		x			x			x				x	x	x	x			x		x	
1973	Ward	JIBS	x		x		x				x				x	x	x	x					x	
1974	Britt	JWB			x		x				x				x	x	x	x					x	
1974	Klippel & Boewadt	JIBS			x		x				x				x	x	x	x					x	
1974	Weinrauch & Rao	JBR	x		x				x		x				x	x	x	x						x
1975	Green, Cunningham & Cunningham	JA	x		x				x		x				x	x	x	x			x			
1975	Kacker	MIR	x		x			x			x				x	x	x	x						x
1975	Sorenson & Wiechmann	HBR	x		x				x		x				x	x	x	x	x					
1977	Peebles, Ryans & Vernon	EJM	x		x		x				x							x						x
1979	Sands	JAMS			x				x			x			x	x	x	x					x	
1980	Hornik	JWB	x		x				x			x			x	x	x	x					x	
1981	Kaynak & Mitchell	JAR	x		x				x			x			x	x	x	x					x	
1982	Boote	JAR			x				x			x			x	x	x	x		x				
1983	Amine & Cavusgil	IJA	x		x		x				x				x		x	x		x				
1983	Levitt	HBR	x		x		x				x					x	x	x						
1983	Piercy	EJM	x		x				x		x							x						
1984	Harris	IJA			x		x				x				x	x	x	x					x	
1984	Hill & Still	HBR	x		x				x		x				x	x	x	x					x	
1984	Hill & Still	JWB	x		x				x		x				x	x	x	x					x	
1984	Levitt	MQ	x		x		x				x				x			x		x				
1984	Still & Hill	JBR	x		x				x		x				x	x	x	x					x	
1985	Baker	JMM			x				x		x				x	x	x	x					x	
1985	Huszagh, Fox & Day	JWB	x		x				x		x				x	x	x	x						
1986	Amine & Cavusgil	EJM	x		x		x				x		x		x	x	x	x				x		
1986	Bartlett & Ghoshal	HBR	x		x		x				x				x	x	x	x						
1986	Boddewyn, Soehl & Picard	BH				x			x		x				x	x	x	x						x x
1986	Buatsi	IMR	x				x				x				x	x	x	x	x				x	
1986	Douglas & Craig	JMM	x				x				x				x	x	x	x					x	
1986	Friedmann	JWB				x	x				x				x	x	x	x					x	
1986	Koder	JCM					x				x				x	x	x	x					x	
1986	Porter	HBR	x		x						x				x	x	x	x						
1986	Quelch & Hoff	HBR			x						x				x	x	x	x				x		x
1986	Sheth	JCM			x		x				x				x	x	x	x						
1986	Simon-Miller	JCM			x				x		x		x		x	x	x	x	x					
1986	Walters	JIBS			x		x				x				x	x	x	x						
1986	Wind	JCM			x		x				x				x	x	x	x						
1987	Clark	IJA							x			x				x	x	x	x				x	x
1987	Douglas & Wind	JWB	x		x						x					x	x	x					x	x
1987	Karrh & Khera	JGM	x		x				x			x			x	x	x	x						
1987	Keegan, Still & Hill	JGM	x		x				x			x			x	x	x	x	x					
1987	Martenson	IJA					x				x				x	x	x	x			x			
1987	Martenson	IMR	x		x		x				x				x	x	x	x						
1987	Onkvisit & Shaw	JWB			x				x		x				x	x	x	x					x	
1987	Rau & Preble	IMR	x		x				x		x				x	x	x	x					x	
1987	Ryans & Ratz	IJA			x				x			x				x	x	x					x	
1987	Steinberg	JWB			x				x		x					x	x	x					x	
1987	Walle	EJM	x		x		x				x				x	x	x	x				x		
1987	Whitelock	EJM	x		x				x			x			x	x	x	x					x	
1988	Chadabra & Czepiec	JGM			x				x		x				x	x	x	x					x	x
1988	Day, Fox & Huszagh	IMR			x				x		x				x	x	x	x					x	x
1988	Hite & Fraser	JAR	x		x				x		x				x	x	x	x					x	x

Jahr	Autoren	Zeitschrift	Deskrip-tiv	Forschungsfragen Positiv-theoret.	Forschungsfragen Präskrip-tiv	Normativ-theoret.	Rein konzept.	Forschungsansatz Quali-tativ	Quanti-tativ	M	S→M	M→E	Forschungsdesign S→M→E (o. Fit)	S→M→E (m. Fit)	Produkt-strategie	Preis-strategie	Distrib.-strategie	Komm.-strategie	Markt-prozesse	Standar-disierung	Forschungsergebnisse Differen-zierung	Situat.-abhäng.	u.E./k.A.
1988	Kirpalani, Laroche & Darmon	IJA	x						x		x											x	
1988	Kreutzer	EJM			x																		x
1988	Rosen, Boddewyn & Louis	JA	x						x	x												x	
1989	Jain	JM			x								x		x	x	x	x				x	
1989	Kashani	HBR	x					x							x	x	x	x					
1989	Raffée & Kreutzer	EJM			x		x								x	x	x	x					
1989	Reichel	IMR	x		x		x			x					x	x	x	x			x		
1989	Seifert & Ford	JAMS							x			x			x	x	x	x			x		
1989	Verhage, Dahringer & Cundiff	JWB			x				x			x					x		x		x		
1989	Walters & Toyne	IJA	x				x											x			x		
1989	Znichkowsky & Sood	IMR							x			x				x		x				x	
1990	Grosse & Zinn	JGM	x					x							x	x	x	x				x	
1990	Kitts	JCM	x						x			x				x			x			x	
1990	Perry	EJM					x			x							x					x	
1990	Sugiura	SMR	x				x	x										x					x
1990	Tansey, Hyman & Zinkhan	JA	x		x				x			x						x			x		
1991	Akaah	JGM	x		x				x			x			x	x	x	x			x		
1991	James & Hill	IMR	x		x				x			x			x	x	x	x			x		
1991	Mueller	JIBS	x		x				x			x						x			x		
1991	Onkvisit, Boğur & Cavusgil	EJM							x			x		x	x	x	x	x			x		
1991	Sriram & Gopalakrishna	IJA	x						x			x			x		x	x			x		
1991	Wills, Samli & Jacobs	JAMS			x		x					x			x		x	x			x		
1992	Cutler & Javalgi	JAR	x		x			x		x								x			x		
1992	Cutler, Javalgi & Erramsilli	EJM	x		x				x	x					x		x	x		x	x		
1992	Kanso	JAR	x		x				x	x								x			x		
1992	Mueller	JAR	x		x				x			x						x			x		
1992	Samiee & Roth	JM	x						x					x	x	x	x	x				x	x
1992	Sandler & Shani	IMR	x		x		x											x					x
1992	Segal-Horn & Davison	JGM			x		x										x	x				x	
1993	Alden, Hoyer & Chol	JM	x						x			x						x			x		
1993	Baalbaki & Malhotra	IMR	x						x			x			x	x	x	x			x		
1993	Barker	JGM			x				x			x			x	x	x	x			x		
1993	Cavusgil, Tamer, Shoaming & Naidu	JIBS			x				x			x			x		x	x			x		
1993	Domzal & Kernan	MCQ			x						x		x		x		x	x			x		
1993	Fincke & Goffard	JA	x		x				x			x					x	x			x		
1993	Graham, Kamins & Oetomo	JIM	x						x		x							x			x		
1993	Halliburton & Hünerberg	JAR	x								x				x	x	x	x			x		
1993	Harvey	JCM	x						x			x			x	x	x	x	x		x		
1993	Seitz & Johar	JM	x					x			x							x	x			x	
1993	Szymanski, Bharadwaj & Varadarajan	JM	x						x			x		x	x	x	x	x		x		x	
1994	Cavusgil & Zou	JM			x				x			x			x	x	x	x				x	
1994	Dawar & Parker	JM			x				x					x	x	x	x	x				x	
1994	Du Preez, Diamantopoulos & Schlegelmilch	JIM			x				x			x			x	x	x	x				x	
1994	Ford, La Tour, Honeycutt & Joseph	ABR	x						x		x							x				x	
1994	Harris	JIM	x		x				x			x			x		x	x			x		x
1994	Javalgi, Cutler & White	IMR	x						x			x			x		x	x			x		
1994	Kustin	LRP			x		x				x							x			x		
1994	Mathe & Perras	JGM	x					x		x					x	x	x	x	x		x		
1994	Samli & Jacobs	IJA	x						x			x			x	x	x	x			x		
1994	Shenjiang, Jivan & Hassan	IBR	x		x		x											x					x
1994	Shipchandler, Terpstra & Shaheen	IBR	x		x			x										x			x		
1994	Shoham & Albaum	JAMS	x		x				x			x			x	x	x	x			x		
1995	Baalbaki & Malhotra	EJM	x		x				x			x			x	x	x	x	x		x		
1995	Boddewyn & Grosse	IMR	x						x		x				x	x	x	x			x		
1995	Chang	IMR	x						x			x		x	x	x	x	x			x		
1995	de Chernatony, Halliburton & Bernath	LRP	x						x			x			x		x	x			x		
1995	Diamantopoulos, Schlegelmilch & Du Preez	IMR	x		x				x			x					x	x			x		
1995	Duncan & Ramaprasad	JA	x		x				x			x						x		x	x		
1995	Hanni, Ryans & Vernon	JIM	x						x			x						x			x		
1995	Johnson & Arunthanes	IMR	x						x			x			x	x	x	x		x			
1995	Khairullah & Khairullah	JGM	x						x			x			x		x	x			x		
1995	Littler & Schlieper	IMR	x		x				x			x			x	x	x	x			x		
1995	Michell & Bright	IJA	x		x				x			x						x			x		

Anhang

Jahr	Autoren	Zeitschrift	Forschungsfragen				Forschungsansatz			Forschungsdesign					Forschungsbereiche					Forschungsergebnisse		
			Deskrip-tiv	Positiv-theoret.	Präskrip-tiv	Normativ-theoret.	Rein konzept.	Quali-tativ	Quanti-tativ	M	S→M	M→E	S→M→E (o. Fit)	S→M→E (m. Fit)	Produkt-strategie	Preis-strategie	Distrib.-strategie	Komm.-strategie	Market.-prozesse	Standar-disierung	Differen-zierung	Situat.-abhäng.	u.E./ k.A.
1995	Roth	JA	x		x				x	x						x							
1995	Wiles, Wiles & Tjernlund	EJM	x		x				x	x	x				x	x	x	x			x	x	
1996	Chhabra	JGM	x						x	x	x				x	x	x	x				x	
1996	Harris	JMM	x					x		x					x	x	x	x				x	x
1996	Iyer & Hill	EJM	x						x		x				x	x	x	x				x	x
1996	McIntyre	JMTP	x		x				x	x	x				x	x	x	x				x	x
1996	Quester & Conduit	IBR	x		x			x		x					x	x	x	x				x	x
1996	Raymond & Lim	JMTP			x	x			x	x					x	x	x	x				x	x
1996	Shoham	JGM	x		x				x	x			x		x	x	x	x			x	x	
1996	Walle	MD	x		x			x			x				x	x	x	x				x	x
1996	Wang	JGM			x				x						x	x		x				x	x
1996	Zandpour & Harich	IJA	x		x		x											x	x	x		x	x
1997	Cui	JMTP			x		x		x						x	x		x				x	
1997	Lemak & Arunthanes	MBR			x		x		x						x	x	x	x				x	x
1997	Papavassiliou & Stathakopoulos	EJM	x		x				x			x			x	x	x	x				x	
1997	Robles & Akhter	JGM	x		x				x	x					x	x	x	x				x	x
1997	Rosenbloom & Larsen	JMM	x		x				x	x		x						x				x	x
1997	Stewart	IJA	x		x				x		x							x				x	x
1997	Tai	JGM	x		x				x	x					x	x	x	x				x	x
1997	Whitelock & Pimblett	JMM	x		x				x	x					x	x	x	x				x	x
1997	Yip	IMR	x		x				x		x				x	x	x	x				x	
1997	Zou & Andrus	JBR	x		x				x				x		x	x	x	x			x	x	
1998	Botschen & Hemetsberger	IBR	x		x				x	x					x	x	x	x	x			x	x
1998	Djursaa & Kragh	IMR	x		x			x		x					x	x	x	x				x	
1998	Melewar & Saunders	IBR	x		x				x	x			x		x	x	x	x				x	
1998	Micheli, Lynch & Alabdali	IMR	x					x		x								x				x	
1998	Whitelock & Ray	JM	x		x	x			x	x					x	x	x	x			x		
1999	Alden, Steenkamp & Batra	IJA	x		x				x	x					x	x	x	x			x	x	
1999	Birch & McPhail	ACR	x		x				x	x					x	x	x	x				x	x
1999	Farrall & Whitelock	JIBS	x		x				x	x					x	x	x	x				x	x
1999	Huff & Alden	JAR	x		x		x			x					x	x	x	x				x	x
1999	Onkvisit & Shaw	JMTP	x		x				x	x					x	x	x	x				x	x
1999	Ramarapu & Timmerman	JIM		x	x				x	x					x	x	x	x	x			x	x
1999	Shoham	JAR	x		x				x	x					x	x	x	x				x	x
1999	Yin	IMR	x				x								x			x				x	x
2000	Cervellon & Dubé	JWB	x		x				x						x	x	x	x				x	
2000	de Mooij	EJM	x		x				x	x					x	x	x	x	x			x	
2000	Hulit, Keillor & Hightower	IJA	x		x				x	x			x		x	x	x	x				x	
2000	Lages	IMR	x		x			x		x					x	x	x	x		x		x	
2000	Melewar, Turnbull & Balabanis	MBR	x		x				x	x		x			x	x	x	x				x	
2000	O'Donnell & Jeong	JWB	x		x				x	x			x		x	x	x	x				x	
2000	Shipchandler & Moore	JGM	x		x				x	x					x	x	x	x			x	x	
2000	Schuh	JIM			x		x			x					x	x	x	x				x	
2000	Sintsagul	JIMMR	x		x				x	x					x	x	x	x				x	
2000	Souilem	IMR	x		x				x		x				x	x	x	x				x	
2000	van Mesdag	JAR	x		x				x		x				x	x	x	x				x	x
2001	Albaum & Tse	JE	x		x				x	x					x	x	x	x				x	x
2001	Backhaus, Mühlfeld & van Doorn	IMR	x		x				x	x					x	x	x	x				x	
2001	Keillor, Hausknecht & Parker	EJM	x		x			x		x					x	x	x	x				x	
2001	Koudelova & Whitelock	JIBS	x		x				x	x					x	x	x	x	x			x	
2001	Kragh & Djursaa	JA	x		x			x		x					x	x	x	x				x	
2001	Laroche, Kirpalani, Pons & Zhou	JGM	x		x				x	x					x	x	x	x				x	
2001	Lin	JIBS		x	x				x	x					x	x	x	x				x	
2001	Litrell & Miller	EJM	x		x	x			x	x					x	x	x	x				x	
2001	Lynch & Beck	JIM	x		x				x	x					x	x x	x	x				x	
2001	Melewar, Saunders & Balmer	JAR	x		x				x	x					x	x	x	x		x		x	
2001	Theodosiou & Katsikeas	IMR	x		x				x	x					x	x	x	x			x	x	
2002	Alashban, Hayes, Zinkhan & Balazs	JE	x		x				x	x			x		x	x	x	x				x	
2002	Calantone, Kim, Schmidt, Naylor & Zocchi	MQ	x		x				x	x					x	x	x	x	x			x	
2002	Chandra, Griffith & Ryans	AIM	x		x				x	x					x	x	x	x	x			x	
2002	Chandra, Griffith & Ryans	IJA	x		x				x	x					x	x	x	x	x			x	
2002	Chung	JGM	x		x				x	x					x	x	x	x				x	

Jahr	Autoren	Zeitschrift	Deskriptiv	Forschungsfragen Positiv-theoret.	Präskriptiv	Normativ-theoret.	Forschungsansatz Rein konzept.	Quali-tativ	Quanti-tativ	M	Forschungsdesign S→M	M→E	S→M→E (o. Fit)	S→M→E (m. Fit)	Produkt-strategie	Preis-strategie	Forschungsbereiche Distrib.-strategie	Komm.-strategie	Market.-prozesse	Standar-disierung	Forschungsergebnisse Differen-zierung	Situat.-abhäng.	u.E./ k.A.
2002	Dawar & Chattopadhyay	LRP	x		x			x			x								x			x	
2002	de Mooij & Hofstede	JR	x		x				x		x										x	x	
2002	Francis, Jan & Walls	JIM	x		x				x		x								x			x	
2002	Hudson, Hung & Padley	IJA	x		x				x				x						x			x	
2002	Kanso & Nelson	JAR	x		x				x		x								x			x	
2002	Khairullah & Khairullah	JGM			x				x		x								x			x	
2002	Pae, Samiee & Tai	IMR	x		x				x			x			x								x
2002	Raymond & Lim	AIM	x		x				x				x									x	
2002	Robles	TIBR	x		x				x		x								x		x	x	
2002	Solberg	JIM	x	x					x							x			x			x	
2002	Tai & Pae	JMM	x		x					x		x				x			x			x	
2002	Toncar, Kuhn & Alon	JICM	x		x			x	x				x						x			x	
2002	Wahecduzzaman & Dube	JGM	x		x				x			x			x	x	x					x	
2002	Watson, Lysonski, Gillan & Raymore	JBR	x		x				x			x		x					x			x	
2002	Zou & Cavusgil	JM	x		x				x			x				x	x	x	x	x				
2003	Begley & Boyd	SMR			x		x		x				x										x
2003	Chen & Wong	EJM	x		x				x			x				x	x	x	x	x				
2003	Chung	JIM	x		x				x			x	x			x	x	x	x					
2003	Ghemawat	HBR			x		x					x				x	x	x	x			x	x	
2003	Griffith, Chandra & Ryans	EJM	x		x				x			x					x	x	x				x	
2003	Harris & Attour	JCM	x		x			x	x			x				x	x	x	x				x	
2003	Hasan, Craft & Kortam	JBC	x		x				x				x			x	x	x	x					x
2003	Hoekman et al.	JIM	x		x				x				x			x	x	x	x					
2003	Moen, Endresen & Gavlen	EJM	x		x			x	x			x	x		x	x	x	x	x				x	
2003	O'Cass & Julian	JGM	x		x				x			x	x		x	x	x	x	x				x	
2003	Raymond, Mittelstaedt & Hopkins	JMTP	x		x				x		x	x				x	x	x	x				x	
2003	Samiee, Jeong, Pae & Tai	JBR	x		x				x			x				x	x	x	x				x	
2003	Vrontis	JMM	x		x				x			x		x		x	x	x	x				x	
2003	Yamin & Altunisik	IMR	x		x				x			x				x	x	x	x					x
2004	Baek	JGM	x		x				x		x												x
2004	Bianchi & Arnold	IRRDCR	x		x			x	x			x				x	x	x	x				x	
2004	Callow & Schiffman	EJM	x		x		x			x				x						x	x			
2004	Cervinio & Cubillo	IJM	x		x				x			x		x		x	x	x	x				x	
2004	Florin & Ogbuehi	MBR	x		x				x				x			x	x	x	x				x	
2004	Gabrielsson & Gabrielsson	IBR	x		x			x	x			x				x	x	x	x				x	
2004	Holt, Quelch & Taylor	HBR	x		x		x												x				x
2004	Kustin	IBR	x		x				x			x		x		x	x	x	x				x	
2004	Lages & Montgomery	EJM	x		x				x			x	x			x	x	x	x				x	
2004	Lee & Griffith	IMR	x		x				x			x		x		x	x	x	x				x	
2004	López	JE	x		x				x			x				x	x	x	x				x	x
2004	Maynard & Tian	PRR	x		x				x		x												x
2004	Ozsomer & Simonin	IJRM	x		x				x			x	x			x	x	x	x				x	
2004	Singh, Furrer & Ostinelli	MBR	x		x				x			x					x						x	
2004	Subramaniam & Hewett	MIR	x		x				x			x		x		x	x	x	x					
2004	Surl, Anderson & Kotlov	EJM	x		x				x			x							x				x	
2004	Townsend, Yeniyurt, Cavusgil & Deligonul	JIM	x		x				x			x	x			x	x	x	x				x	
2005	Caruana & Abdilla	JBM	x		x				x			x				x	x	x	x				x	
2005	Chung	EJM	x		x				x		x					x	x	x	x				x	
2005	Evans & Bridson	IJRDM	x		x			x	x			x				x	x	x	x				x	
2005	Gerpott & Jakopin	SBR	x		x				x			x		x		x	x	x	x				x	
2005	Gornez & Valenzuela	JE	x		x				x			x				x	x	x	x				x	
2005	Ibeh, Luo & Dinnie	JBM	x		x				x			x							x				x	
2005	Lages & Montgomery	EJM	x		x				x			x	x			x	x	x	x				x	
2005	Merrilees, Getz & O'Brien	EJM	x		x			x	x			x		x		x	x	x	x				x	
2005	Okazaki	EJM	x		x				x			x				x	x	x	x				x	
2005	Roper	TIBR	x		x				x			x				x	x	x	x				x	
2005	Shama	EJM	x		x				x			x				x	x	x	x		x		x	
2005	Singh, Kumar & Baack	IMR	x		x				x			x				x	x	x	x				x	
2005	Singh, Zhao & Hu	JSM	x		x				x			x				x	x	x	x				x	
2005	Sousa & Bradley	JGM	x		x				x			x				x	x	x	x		x		x	
2005	Timmor & Zif	TIBR	x		x				x			x				x	x	x	x				x	
2005	Tixier	JCM			x		x					x		x		x	x	x	x				x	
2006	Waller, Fam & Erdogan	JMC	x		x				x			x				x			x				x	
2006	Aslam				x																			

Anhang

Jahr	Autoren	Zeitschrift	Forschungsfragen					Forschungsansatz			Forschungsdesign						Forschungsbereiche						Forschungsergebnisse		
			Deskrip-tiv	Positiv-theoret.	Präskrip-tiv	Normativ-theorel.	Rein konzept.	Quali-tativ	Quanti-tativ	M	S→M	M→E	S→M→E (o. Fit)	S→M→E (m. Fit)	Produkt-strategie	Preis-strategie	Distrib.-strategie	Komm.-strategie	Markt-prozesse	Standar-disierung	Differen-zierung	Situat. abhäng.	u.E./k.A.
2006	Bianchi & Ostale	JBR	x		x				x		x				x	x	x	x			x		
2006	Bjerke & Polegato	PM	x		x				x			x			x	x	x	x				x	
2006	Burt & Mavrommatis	IRDCR	x		x			x		x					x	x	x	x		x		x	x
2006	Callantone, Kim, Schmidt & Cavusgil	JBR	x		x				x			x	x		x	x	x	x	x			x	x
2006	Chung & Wang	JGM	x		x				x			x			x	x	x	x				x	
2006	Dianoux, Keltnerová & Linhart	JE	x		x				x	x					x	x	x	x			x		
2006	Dow	JIBS	x		x				x			x			x	x	x	x				x	
2006	Gabrielsson, Gabrielsson, Darling & Luostarinen	IMR	x		x			x							x	x	x	x			x	x	
2006	Griffith, Jacobs & Richey	TIBR	x		x				x		x				x	x	x	x				x	
2006	Javalgi, Kim, Lundstrom & Wright	TIBR		x	x		x								x	x	x	x					
2006	Kanso & Nelson	JMC	x		x				x		x				x	x	x	x				x	x
2006	Karande, Almurshidee & Al-Olayan	IJA	x		x				x			x			x	x	x	x				x	x
2006	Katsikeas, Samiee & Theodosiou	SMJ	x		x				x			x		x	x	x	x	x				x	x
2006	Lim, Acito & Rusetski	JIBS	x		x				x			x			x	x	x	x				x	x
2006	Okazaki, Taylor & Zou	JA	x		x				x			x			x	x	x	x				x	x
2006	Quinters, Pauwels & Matthyssens	IMM	x		x			x		x													x
2006	Rigby & Vishwanath	HBR	x		x										x	x	x	x			x	x	
2006	Singh, Fassott, Chao & Hoffmann	IMR	x		x				x		x							x			x	x	
2006	Taylor & Okazaki	JIM	x		x				x		x				x	x	x	x				x	x
2006	Xu, Cavusgil & White	JBR	x		x				x		x				x	x	x	x				x	x
2007	Baack & Singh	IMR	x		x				x		x				x	x	x	x		x			x
2007	Cayla & Eckhardt	JGM	x		x										x		x	x					x
2007	Cloninger & Swaidan	JA	x		x				x		x				x	x	x	x					
2007	Daechun	IJA	x		x				x		x				x	x	x	x			x	x	
2007	Etgar & Rachmann-Moore	IRDCR	x		x				x		x				x	x	x	x				x	
2007	Gram	JMC	x					x															x
2007	Gregory, Karavdic & Zou	JIM	x		x				x		x		x		x	x	x	x				x	
2007	Hoeken et al.	JMC	x		x		x		x		x											x	x
2007	Hung, Li & Belk	JIBS	x		x				x		x				x	x	x	x		x			x
2007	Ko, Kim, Taylor, Kim & Kang	IMR	x		x				x		x				x	x	x	x		x			
2007	Kopp, Kozup, Suter & Taylor	JE	x		x			x	x		x				x	x	x	x					
2007	Lehmmens, Croux & Dekimpe	IJRM	x		x				x		x		x		x	x	x	x					
2007	Lessasey & Jolibert	JE	x		x				x		x				x	x	x	x					x
2007	McCarty, Horn, Szenasy & Feintuch	JCB		x	x			x		x													
2007	Nelson & Paek	IMR	x	x	x				x		x				x	x	x	x				x	x
2007	Okazaki, Taylor & Doh	JWB	x		x				x		x				x	x	x	x		x		x	x
2007	Powers & Loyka	IMR	x		x				x		x				x	x	x	x					
2007	Vianelli, Dianoux, Domanski & Herrmann	JEWB	x		x		x								x	x	x	x					x
2007	Viswanathan & Dickson	IMR	x		x				x			x			x	x	x	x	x				x
2008	Bhattacharya & Michael	HBR	x		x			x	x		x				x	x	x	x					
2008	Burt, Davies, Dawson & Sparks	JRCS	x		x			x	x		x												x
2008	Chang	JAR	x		x				x		x				x	x	x	x				x	x
2008	Chung	EJM	x		x				x		x				x	x	x	x				x	x
2008	Evans, Bridson, Byrom & Medway	JGM	x		x			x			x				x	x	x	x	x				
2008	Evans, Mavondo & Bridson	IJRDM	x		x				x		x		x		x	x	x	x					x
2008	Gabrielsson, Gabrielsson & Gabrielsson	JIM	x		x			x			x				x	x	x	x					
2008	Ghemawat	IBR	x		x				x		x				x	x	x	x					x
2008	Grewal, Chandrashekaran & Dwyer	SO		x	x				x			x			x	x	x	x					
2008	La Ferle, Edwards & Lee	MS	x		x				x		x				x	x	x	x					
2008	Lages, Abrantes & Lages	JGM	x		x				x			x		x	x	x	x	x				x	x
2008	Lu & Julian	IMR	x		x				x		x				x	x	x	x			x	x	
2008	Merz, He & Alden	IMR	x	x	x			x							x	x	x	x					
2008	Okazaki & Mueller	IJA	x		x				x		x				x	x	x	x					
2008	Okazaki & Skapa	EJM	x		x				x		x				x	x	x	x					
2008	Peison & Johri	MD	x		x			x			x				x	x	x	x		x			
2008	Strizhakova, Brencic, Virant & Ruvio	JIM	x		x				x			x			x	x	x	x					x
2008	Sousa & Bradley	JWB	x		x				x		x								x			x	x
2008	Takeuchi, Osorn & Shimitzu	HBR	x		x				x		x				x	x	x	x		x	x		
2009	Wong & Merrilees	JGM	x		x				x		x				x	x	x	x					x
2009	Alon, Littrell & Chan	MBR		x	x			x														x	x
2009	Bianchi	IMR	x		x				x		x				x	x	x	x				x	
2009	Buckley & Horn	LRP	x		x			x	x		x				x	x	x	x				x	x
2009	Chung	EJM	x		x				x		x		x		x	x	x	x				x	x
2009	Cui & Yang	JGM	x		x				x		x				x	x	x	x				x	x

Jahr	Autoren	Zeitschrift	Forschungsfragen				Forschungsansatz			Forschungsdesign					Forschungsbereiche						Forschungsergebnisse		
			Deskrip-tiv	Positiv-theoret.	Präskrip-tiv	Normativ-theoret.	Rein konzept.	Quali-tativ	Quanti-tativ	M	S→M	M→E	S→M→E (o. Fit)	S→M→E (m. Fit)	Produkt-strategie	Preis-strategie	Distrib.-strategie	Komm.-strategie	Market.-prozesse	Standar-disierung	Differen-zierung	Situat.-abhäng.	u.E./k.A.
2009	Guild	MQ	x		x		x			x					x	x	x	x			x		
2009	Hultman, Robson & Katsikeas	JIM	x	x	x	x			x	x					x								x
2009	Hyder & Fragidou-Malama	JSM	x		x			x		x					x								
2009	Kolk & Margineantu	IMR	x					x	x	x					x			x			x		
2009	Lahrer & Behnam	EMJ						x			x												
2009	Liu, Cheng & Li	IMR								x	x												
2009	Oyedele, Minor & Ghanem	IMR	x		x				x			x					x	x				x	
2009	Schilke, Reimann & Thomas	JIM	x		x				x			x			x			x				x	
2009	Singh, Toy & Wright	TIBR	x		x				x		x					x							
2009	Sousa & Bradley	EJM	x		x				x		x				x	x	x	x					x
2009	Sousa & Lengler	JMM	x		x				x			x			x	x	x	x				x	
2009	Vrontis, Thrassou & Lamprianou	IMR	x		x				x	x					x	x	x	x	x				x

Zur Erklärung der Zeitschriften-Abkürzungen siehe Anhang 3; zur Erklärung der sonstigen Abkürzungen siehe Abbildung 10.

Anhang 3: Zeitschriften-Abkürzungen

ABR = American Business Review
ACR = Advances in Consumer Research
AIM = Advances in International Marketing
BH = Business Horizons
EJM = European Journal of Marketing
EMJ = European Management Journal
HBR = Harvard Business Review
IBR = International Business Review
IJA = International Journal of Advertising
IJM = International Journal of Management
IJRDM = International Journal of Retail & Distribution Management
IJRM = International Journal of Research in Marketing
IMM = Industrial Marketing Management
IMR = International Marketing Review
IRRDCR = International Review of Retail Distribution & Consumer Research
JA = Journal of Advertising
JAMS = Journal of the Academy of Marketing Science
JAR = Journal of Advertising Research
JBC = Journal of Business Communication
JBM = Journal of Brand Management
JBR = Journal of Business Research
JCB = Journal of Consumer Behaviour
JCM = Journal of Consumer Marketing
JE = Journal of Euromarketing
JEWB = Journal of East-West Business
JGM = Journal of Global Marketing
JIBS = Journal of International Business Studies
JICM = Journal of International Consumer Marketing
JIM = Journal of International Marketing
JIMMR = Journal of International Marketing & Marketing Research
JM = Journal of Marketing
JMC = Journal of Marketing Communications
JMM = Journal of Marketing Management
JMTP = Journal of Marketing Theory & Practice
JR = Journal of Retailing
JRCS = Journal of Retailing and Consumer Services
JSeM = Journal of Services Marketing
JStM = Journal of Strategic Marketing
JWB = Journal of World Business
LRP = Long Range Planning
MBR = Multinational Business Review
MD = Management Decision
MIR = Management International Review
MQ = McKinsey Quarterly
MS = Marketing Science
PM = Psychology and Marketing
PRR = Public Relations Review
SBR = Schmalenbach Business Review
SLOAN = Sloan Management Journal
SMJ = Strategic Management Journal
SO = Strategic Organization
TIBR = Thunderbird International Business Review

Anhang 4: Positiv-theoretische Artikel zur internationalen Marketingstandardisierung bzw. -differenzierung im Detail
(in Anlehnung an Schmid & Kotulla, 2009a, S. 39; Schmid & Kotulla, 2012, S. 75)

	Theoretische Basis	Theoretischer Ansatz	Theoretische Aussage	Theoretische Schlussfolgerung
Shoham (1999)	Theory of bounded rationality	Quantitative Überprüfung der Theorie	Manager sind im Rahmen ihrer Entscheidungen rational begrenzt, da die hohe Komplexität der Realität ihre intellektuellen Kapazitäten übersteigt	Unternehmen berücksichtigen im Rahmen ihrer internationalen Marketingstandardisierungs- bzw. -differenzierungsentscheidungen nur einen geringen Anteil aller relevanten Umfeldvariablen
Robles (2002)	Integration-responsiveness theory	Qualitative Überprüfung der Theorie	Unternehmen entwickeln internationale Strategien als Antwort auf den Zwang, die Effizienz ihrer Aktivitäten trotz der Diversität der Auslandsmärkte zu optimieren: - Unternehmen, die einen starken Zwang zu einer globalen Integration wahrnehmen, verfolgen eine Strategie der globalen Integration - Unternehmen, die einen starken Zwang zu einer hohen Reaktionsfähigkeit auf nationale Bedürfnisse wahrnehmen, verfolgen eine Strategie der nationalen Reaktionsfähigkeit - Unternehmen, die einen starken Zwang sowohl zu einer globalen Integration als auch zu einer hohen Reaktionsfähigkeit auf nationale Bedürfnisse wahrnehmen, verfolgen eine Mischstrategie, durch die sie beiden Zwängen gerecht werden können	Unternehmen standardisieren bzw. differenzieren ihre Internetplattformen länderübergreifend in Abhängigkeit der Wahrnehmung ihrer Manager hinsichtlich des Zwangs zu globaler Integration und/oder nationaler Reaktionsfähigkeit
Javalgi et al. (2006)	Strategic reference points theory	Konzeptionelle Weiterentwicklung der Theorie	Unternehmen verwenden bei der Bewertung strategischer Alternativen individuelle strategische Referenzpunkte; die Risiken einer strategischen Alternative gelten dann als akzeptabel, wenn sie unterhalb der jeweiligen strategischen Referenzpunkte liegen; auf diese Weise beeinflussen strategische Referenzpunkte die Auswahl und Implementierung von Strategien	Unternehmen standardisieren bzw. differenzieren ihre Marketingstrategien länderübergreifend in Abhängigkeit des Verhältnisses zwischen den strategischen Referenzpunkten der Manager sowie der Wahrnehmung der Manager hinsichtlich der länderübergreifenden Marktähnlichkeit
Okazaki et al. (2007)	Theory of environmental isomorphism	Quantitative Überprüfung der Theorie	Unternehmen fügen sich gesellschaftlichen und kulturellen Normen, um in ihrem Umfeld „institutionalisiert" und damit legitimiert zu sein	Unternehmen passen ihre Werbung an Auslandsmärkte innerhalb der Europäischen Union an, da sie sich den jeweiligen gesellschaftlichen und kulturellen Normen fügen, um im Ausland „institutionalisiert" und damit legitimiert zu sein

Anhang 5: Auf dem Fit-Ansatz beruhende, präskriptive Artikel zur internationalen Marketingstandardisierung bzw. -differenzierung im Detail
(in Anlehnung an Schmid & Kotulla, 2009a, S. 40-45; Schmid & Kotulla, 2012, S. 76-83)

	Fit-Konzeptua-lisierung[1]	Analysierte Situationsvariable[2]	Analysierte Managementvariable[2]	Analysierte Erfolgsvariable[2]	Forschungsergebnisse[3]
Jain (1989)	Fit als Moderation	- Fokus der Marktsegmentierung (weltweite Kunden, Länder) - Produktart (Industriegut, Konsumgut) - Produkttechnologiegrad - Gemeinsames Weltbild und gemeinsame Sicht der kritischen Aufgaben innerhalb des Unternehmens - Konsens zwischen den Managern der Muttergesellschaft und der ausländischen Tochtergesellschaft - Grad der Zentralisierung von Entscheidungen zur Festlegung von Strategien und zur Allokation von Ressourcen	- Allgemeine Marketingstrategie	(n.spez.)	(k.A.)
Cavusgil & Zou (1994)	Fit als Mediation	- Internationale Kompetenz	- Produkt (allgemeine Produktstrategie, Produktpositionierung, Produktverpackung, Produktmarkierung) - Kommunikation (Kommunikationsstil)	- Erreichung strategischer Ziele - Wahrgenommener Erfolg der Auslandsaktivität - Durchschnittliches 5-Jahres-Wachstum des Auslandsumsatzes - Durchschnittliche 5-Jahres-Auslandsprofitabilität	Wenn Unternehmen ihre Produkte und ihre Kommunikation an Auslandsmärkte anpassen möchten, so erfordert dies: - Hohe internationale Kompetenz
Shoham & Albaum (1994)	Fit als Moderation	- Länderübergreifende Ähnlichkeit des kulturellen Umfelds - Produktart (Konsumgut, Nicht-Konsumgut)	- Produkt (Produktdesign, Produktqualität, Produktservices) - Preis - Distribution - Kommunikation	- Reales 5-Jahres-Auslandswachstum - Zielerreichungsgrad - Anzahl der bearbeiteten Auslandsmärkte - 2-Jahres-Veränderung des Auslandsumsatzes - Verhältnis von Auslandsumsatz zu Gesamtumsatz - Erfolg bei den ausländischen Endverbrauchern	(n.sig.)

	Fit-Konzeptualisierung[1]	Analysierte Situationsvariable[2]	Analysierte Managementvariable[2]	Analysierte Erfolgsvariable[2]	Forschungsergebnisse[3]
Roth (1995)	Fit als Moderation	- Länderübergreifende Ähnlichkeit der kulturellen Marktbedingungen (Machtdistanz, Unsicherheitsvermeidung, Individualismus/Kollektivismus) - Länderübergreifende Ähnlichkeit der sozioökonomischen Bedingungen (Landesebene, Marktebene)	- Markenimage	- Auslandsmarktanteil	Unternehmen müssen die Markenimages ihrer Produkte an Auslandsmärkte anpassen, wenn folgende Merkmale über Ländergrenzen hinweg sehr unterschiedlich sind: - Kulturelle Machtdistanz - Kultureller Individualismus - Sozioökonomische Bedingungen auf Landesebene - Sozioökonomische Bedingungen auf Marktebene
Shoham (1996)	Fit als Moderation	- Verwendung von Planungstools	- Produkt (Produktdesign, Produktqualität, Servicequalität, Anzahl an Produktvarianten innerhalb der Produktlinie, Anzahl an Produktlinien) - Preis (Preis, Zahlungsbedingungen) - Distribution (Distributionskanäle, Management des Außendienstes) - Kommunikation (Kommunikationsbudget, Kommunikationsinhalte)	- Auslandsumsatz - Auslandsgewinn - Veränderung des Auslandsumsatzes - Veränderung des Auslandsgewinns	Wenn Unternehmen ihre Anzahl an Produktlinien, ihre Preise und ihre Distributionskanäle an Auslandsmärkte anpassen möchten, so erfordert dies: - Intensive Verwendung von Planungstools
Lemak & Arunthanes (1997)	Fit als Moderation	- Grundsätzliche Strategie (inlandsbasierter Export, inländische Wertsteigerung, weltweite Wertsteigerung, weltweite Volumenmaximierung) - EPG-Orientierung (ethnozentrisch, polyzentrisch, geozentrisch)	- Produkt	(n.spez.)	(k.A.)
Stewart (1997)	Fit als Mediation	- Unternehmensbezogene Faktoren (n.spez.) - Produktbezogene Faktoren (n.spez.)	- Produkt (allgemeine Produktstrategie, Produktpositionierung, Produktverpackung, Produktmarkierung) - Kommunikation	- Internationalisierungsgrad (Verhältnis von Auslandsumsatz zu Gesamtumsatz, Anzahl regelmäßig bedienter Auslandsmärkte, Erfahrung mit Außenhandel in Jahren)	(n.sig.)
Lages (2000)	Fit als Mediation	- Interne Faktoren (Unternehmenscharakteristika und -kompetenzen, Charakteristika, Einstellungen und Wahrnehmungen des Managements, Produkteigenschaften) - Externe Faktoren (Branchencharakteristika, Auslandsmarktcharakteristika, Inlandsmarktcharakteristika)	- Produkt - Preis - Distribution - Kommunikation	- Monetärer Auslandserfolg - Nicht-monetärer Auslandserfolg	(k.A.)

Anhang

	Fit-Konzeptualisierung[1]	Analysierte Situationsvariable[2]	Analysierte Managementvariable[2]	Analysierte Erfolgsvariable[2]	Forschungsergebnisse[3]
O'Donnell & Jeong (2000)	Fit als Moderation	- Produktart (industrielles High-Tech-Produkt) - Managererfahrung (Marketingerfahrung, Auslandserfahrung)	- Allgemeine Marketingstrategie	Zufriedenheit mit dem Auslandserfolg der Tochtergesellschaft in Bezug auf: - Umsatz - Marktanteil - Neuproduktentwicklung - Marktentwicklung	Unternehmen müssen ihre Marketingstrategien in folgender Situation länderübergreifend vereinheitlichen: - Industrielle Hightech-Produkte Zudem erfordert die länderübergreifende Vereinheitlichung der Marketingstrategien: - Langjährige Marketingerfahrung
Pae et al. (2002)	Fit als Moderation	- Vertrautheit der ausländischen Konsumenten mit der Marke	- Werbung	- Einstellung der ausländischen Konsumenten gegenüber der Werbung - Einstellung der ausländischen Konsumenten gegenüber der Marke - Kaufabsicht der ausländischen Konsumenten	Unternehmen müssen ihre Werbung in folgender Situation länderübergreifend vereinheitlichen: - Starke Vertrautheit der ausländischen Konsumenten mit der Marke
Tai & Pae (2002)	Fit als Moderation	- Vertrautheit der ausländischen Konsumenten mit der Marke - Produktart (Gebrauchsgut, Verbrauchsgut)	- Werbung	- Einstellung der ausländischen Konsumenten gegenüber der Werbung - Einstellung der ausländischen Konsumenten gegenüber der Marke - Kaufabsicht der ausländischen Konsumenten	Unternehmen müssen ihre Werbung in folgenden Situationen länderübergreifend vereinheitlichen: - Starke Vertrautheit der ausländischen Konsumenten mit der Marke - Gebrauchsgut
Zou & Cavusgil (2002)	Fit als Mediation	- Internationale Erfahrung	- Produkt (Produktkern, Produktbestandteile, Produkteigenschaften, Produktdesign) - Preis - Distribution (Distributionskanäle) - Kommunikation (Werbung, Verkaufsförderung)	- Strategischer Auslandserfolg des Geschäftsbereichs	Wenn Unternehmen ihre Produkte, ihre Preise und ihre Kommunikation länderübergreifend vereinheitlichen möchten, so erfordert dies: - Langjährige internationale Erfahrung
O'Cass & Julian (2003a)	Fit als Mediation	- Umfeldbezogene Faktoren (Intensität des ausländischen Wettbewerbs, politisch-rechtliche Regulierung im Ausland, Zugang zu ausländischen Distributionskanälen, Vertrautheit der ausländischen Konsumenten mit dem Produkt) - Unternehmensbezogene Faktoren (Einzigartigkeit des Produkts, internationale Erfahrung, Unterstützung durch ausländische Distributoren/Tochtergesellschaften, ressourcenbezogene Verbundenheit zum Auslandsmarkt)	- Diverse Marketingstrategieelemente (n.spez.)	(n.spez.)	(n.sig.)

	Fit-Konzeptua-lisierung[1]	Analysierte Situationsvariable[2]	Analysierte Managementvariable[2]	Analysierte Erfolgsvariable[2]	Forschungsergebnisse[3]
O'Cass & Julian (2003b)	Fit als Mediation	- Umfeldbezogene Faktoren (politisches und rechtliches Makroumfeld, Branchenumfeld, Marktumfeld) - Unternehmensbezogene Faktoren (Unternehmensgröße, Unternehmenskompetenzen, Auslandsmarktverbundenheit, Zugang zu Vertriebskanälen) - Produktbezogene Faktoren (Einzigartigkeit des Produkts, Kulturspezifität des Produkts, Grad des Patentschutzes)	- Produkt (allgemeine Produktstrategie, Produktpositionierung, Produktverpackung, Produktmarkierung) - Kommunikation (Kommunikationsstil)	- Zufriedenheit mit dem ausländischen Erfolg - Gesamtprofitabilität - Verhältnis von Auslandsumsatz zu Gesamtumsatz	Unternehmen müssen ihre Marketingstrategien in folgenden Situationen an Auslandsmärkte anpassen: - Geringe Unternehmensgröße - Einzigartigkeit des Produkts - Große länderübergreifende Unterschiede in Bezug auf das politische und rechtliche Makroumfeld sowie das Branchenumfeld
Florin & Ogbuehi (2004)	Fit als Moderation	- Länderübergreifende Ähnlichkeit der Konsumentengewohnheiten - Markteintritts-/Marktbearbeitungsform (kooperativ, direktinvestiv)	- Produkt - Preis - Distribution - Kommunikation	(n.spez.)	(k.A.)
Subramaniam & Hewett (2004)	Fit als Moderation	- Kooperation zwischen der Muttergesellschaft und der ausländischen Tochtergesellschaft (Offenheit der Kommunikation, Ähnlichkeit der Ziele, Zufriedenheit mit der Interaktion, Geben-und-Nehmen-Mentalität)	- Produktdesign	- Auslandsmarktanteil	Die Muttergesellschaft und die ausländischen Tochtergesellschaften müssen im Rahmen der internationalen Standardisierung/Differenzierung ihres Produktdesigns intensiv miteinander kooperieren
Lages & Montgomery (2005)	Fit als Mediation	- Internationale Erfahrung - Staatliche Unterstützung der Exporttätigkeit - Intensität des ausländischen Wettbewerbs	- Preis (Preisfindungsmethode, Kreditgewährung, Preisnachlässe, Gewinnspanne)	- Jährliche Steigerung des Auslandserfolgs	Unternehmen müssen ihre Preise in folgender Situation an Auslandsmärkte anpassen: - Staatliche Unterstützung der Exporttätigkeit Zudem erfordert die länderspezifische Anpassung der Preise: - Langjährige internationale Erfahrung
Calantone et al. (2006)	Fit als Mediation	- Exportabhängigkeit - Offenheit gegenüber Innovationen - Grad der Produktdifferenzierung innerhalb der Branche - Länderübergreifende Ähnlichkeit des wirtschaftlichen Umfelds	- Produkt	- 5-Jahres-Auslandserfolg des Geschäftsbereichs	Unternehmen müssen ihre Produkte in folgenden Situationen an Auslandsmärkte anpassen: - Hohe Exportabhängigkeit - Hoher Grad an Produktdifferenzierung innerhalb der Branche - Große länderübergreifende Unterschiede in Bezug auf das wirtschaftliche Umfeld

	Fit-Konzeptualisierung[1]	Analysierte Situationsvariable[2]	Analysierte Managementvariable[2]	Analysierte Erfolgsvariable[2]	Forschungsergebnisse[3]
Dow (2006)	Fit als Profilabweichung	- Relative Kosten und Qualität der Inputfaktoren auf Seiten der ausländischen Wettbewerber - Relative globale Präsenz der ausländischen Wettbewerber - Relative lokale Präsenz der ausländischen Wettbewerber - Intensität des ausländischen Wettbewerbs - Psychologische Distanz zwischen dem Heimatmarkt und dem Auslandsmarkt - Transportzeit zum Auslandsmarkt	- Produkt (Produkteigenschaften, Produktqualität, Produktmarkierung) - Distribution (Außendienst) - Kommunikation (Werbung, Verkaufsförderung)	- Auslandserfolg (im Vergleich zu den Erwartungen) - Auslandsprofitabilität (im Vergleich zum Heimatmarkt und zu den ausländischen Wettbewerbern) - Auslandswachstum (im Vergleich zum Heimatmarkt und zu den ausländischen Wettbewerbern) - Einstufung der Auslandsaktivität als Erfolg	Unternehmen müssen ihre Produkte in folgenden Situationen an Auslandsmärkte anpassen: - Hohe relative Kosten und Qualität der Inputfaktoren auf Seiten der ausländischen Wettbewerber - Lange Transportzeit zum Auslandsmarkt Zudem müssen Unternehmen ihre Werbung, ihre Markenführung und ihren Vertrieb in folgenden Situationen an Auslandsmärkte anpassen: - Hohe Intensität des ausländischen Wettbewerbs - Lange Transportzeit zum Auslandsmarkt
Javalgi et al. (2006)	Fit als Moderation	- Länderübergreifende Marktähnlichkeit	- Allgemeine Marketingstrategie	(n.spez.)	(k.A.)
Katsikeas et al. (2006)	Fit als Matching	- Länderübergreifende Ähnlichkeit der Umfeldbedingungen (staatliche Regulierung, Bräuche und Traditionen, Kundencharakteristika, Phase des Produktlebenszyklus, Wettbewerbsintensität) - Technologische Intensität und Geschwindigkeit	- Produkt (Produktdesign, Produktqualität, Produktname, Produktverpackung, Produktmarkierung, Produktgarantie, Produktservices) - Preis (Einzelhandelspreis, Großhandelspreis, Gewinnspanne, Zahlungsbedingungen) - Distribution (Länge der Distributionskanäle, Art des Zwischenhändlers, Distributionsabdeckung, Kontrolle über Distributionskanäle) - Kommunikation (Kommunikationsbotschaft, Kommunikationsstil, Mediaallokation, Verkaufsförderung, Öffentlichkeitsarbeit, persönlicher Verkauf)	- Umsatzbezogener Auslandserfolg (Umsatzvolumen, Umsatzwachstum, Neuproduktumsatz) - Finanzbezogener Auslandserfolg (Umsatzrendite, Kapitalrendite, Gewinnwachstum) - Kundenbezogener Auslandserfolg (Kundenzufriedenheit, Kundentreue)	Unternehmen müssen ihre Marketingstrategien in folgenden Situationen länderübergreifend vereinheitlichen: - Länderübergreifende Ähnlichkeit in Bezug auf staatliche Regulierung, Bräuche und Traditionen, Kundencharakteristika, Phase des Produktlebenszyklus und Wettbewerbsintensität - Hohe technologische Intensität und Geschwindigkeit

	Fit-Konzeptualisierung[1]	Analysierte Situationsvariable[2]	Analysierte Managementvariable[2]	Analysierte Erfolgsvariable[2]	Forschungsergebnisse[3]
Lim et al. (2006)	Fit als Konfiguration	- Länderübergreifende Ähnlichkeit des Konsumentengeschmacks und der Konsumentenbedürfnisse - Staatliche Regulierung im Ausland - Potenzial für Skaleneffekte im Marketingbereich - Präsenz globaler Wettbewerber - Gemeinsame länderübergreifende Marken- und Distributionsinfrastruktur - Länderübergreifende Koordinationsanforderungen - Netzwerkkontext der ausländischen Tochtergesellschaft (Verantwortung der Tochtergesellschaft, Autonomie der Tochtergesellschaft, Abhängigkeit der Tochtergesellschaft von der Muttergesellschaft, Interdependenzen zwischen den einzelnen Tochtergesellschaften)	- Produkt (Produktdesign, Produktname) - Preis - Distribution (Gestaltung der Distributionskanäle) - Kommunikation (Werbebotschaft, Verkaufsförderung)	- Interne Kohärenz	Unternehmen müssen ihre Marketingstrategien in folgender Situation länderübergreifend vereinheitlichen: - Hohe länderübergreifende Ähnlichkeit des Konsumentengeschmacks und der Konsumentenbedürfnisse - Fehlende staatliche Regulierung im Ausland - Hohes Potenzial für Skaleneffekte im Marketingbereich - Präsenz globaler Wettbewerber - Ausländische Tochtergesellschaft als „Specialized Contributor" (weitreichende geografische, aber geringe funktionale Verantwortung, moderate Autonomie, hohe Abhängigkeit von der Muttergesellschaft, starke Interdependenzen zwischen den einzelnen Tochtergesellschaften)
Xu et al. (2006)	Fit als Moderation, Mediation, Profilabweichung und Kovariation	- Globale Organisationsstruktur - Globale Managementprozesse	- Produkt (Produktkern, Produktservices, Mischung der Produktvarianten und Servicearten, Produktname) - Werbung - Weitere Marketingstrategieelemente (n.spez.)	- Profitabilität - Kapitalrendite - Cashflow	Wenn Unternehmen ihre Marketingstrategien länderübergreifend vereinheitlichen möchten, so erfordert dies: - Globale Organisationsstruktur - Globale Managementprozesse
Ko et al. (2007)	Fit als Moderation	- Länderübergreifende Konsumentensegmente - Herkunftsland	- Werbung	- Einstellung der ausländischen Konsumenten gegenüber der Werbung - Einstellung der ausländischen Konsumenten gegenüber der Marke - Kaufabsicht der ausländischen Konsumenten	Unternehmen müssen ihre Werbung in folgender Situation länderübergreifend vereinheitlichen: - Länderübergreifende Konsumentensegmente
Chung (2008)	Fit als Moderation	- Grad der Zentralisierung von Entscheidungen	- Preis (Preisfindungsmethode, Einzelhandelspreis, Großhandelspreis) - Distribution (Anzahl an Einzelhandelsgeschäften, Distributionskanäle, Management und Rolle des Außendienstes)	- Auslandsgewinn - Auslandsumsatzwachstum - Auslandsmarktanteil	(n.sig.)

	Fit-Konzeptualisierung[1]	Analysierte Situationsvariable[2]	Analysierte Managementvariable[2]	Analysierte Erfolgsvariable[2]	Forschungsergebnisse[3]
Evans et al. (2008)	Fit als Mediation	- Kulturelle Distanz (in Bezug auf Machtdistanz, Individualismus/ Kollektivismus, Maskulinität/ Femininität Unsicherheitsvermeidung, Langfristorientierung) - Geschäftliche Distanz (in Bezug auf politisch-rechtliches Umfeld, wirtschaftliches Umfeld, Marktstruktur, Geschäftspraktiken, Sprache)	- Produkt (Grad des Kundenservice und des After-Sales-Service) - Preis - Distribution (Toiletten innerhalb des Ladenlokals, Ladenatmosphäre) - Kommunikation (Qualität der Werbeartikel, Auftreten gegenüber dem Kunden)	- Finanzieller Auslandserfolg (Vermögensrendite, Kapitalrendite, Umsatzrendite, Umsatzvolumen) - Strategischer Auslandserfolg (Erreichung der strategischen Ziele, Zufriedenheit mit dem Gesamterfolg)	Unternehmen müssen ihre Marketingstrategien länderübergreifend vereinheitlichen, ungeachtet der kulturellen und wirtschaftlichen Distanz von Ländern
Grewal et al. (2008)	Fit als Moderation	- Ausländisches Aufgabenumfeld (Abhängigkeit, Dynamik) - Ausländisches Institutionenumfeld (Abhängigkeit, Komplexität)	- Allgemeine Marketingstrategie	Zielerreichung durch die ausländische Tochtergesellschaft in Bezug auf: - Gewinn - Umsatz - Wachstum	Unternehmen müssen ihre Marketingstrategien in folgenden Situationen länderübergreifend vereinheitlichen: - Geringe Abhängigkeit vom ausländischen Aufgabenumfeld - Hohe Dynamik des ausländischen Aufgabenumfelds
Sousa & Bradley (2008)	Fit als Mediation	- Länderübergreifende Ähnlichkeit des Umfelds (in Bezug auf wirtschaftliche Entwicklung, staatliche Regulierung, technische Anforderungen, Marketinginfrastruktur, Kommunikationsinfrastruktur) - Internationale Erfahrung (Exporterfahrung, private und berufliche Auslandserfahrung)	- Preis (Preisnachlässe, Gewinnspanne, Kreditgewährung, Zahlungssicherheit)	- Auslandsprofitabilität - Auslandsumsatzwachstum - Intensität des Auslandsaktivitäten - Erfüllung der Erwartungen	Unternehmen müssen ihre Preise in folgender Situation länderübergreifend vereinheitlichen: - Hohe länderübergreifende Ähnlichkeit des Umfeldes Zudem erfordert die länderübergreifende Vereinheitlichung der Preise: - Langjährige internationale Erfahrung
Chung (2009)	Fit als Mediation	- Länderübergreifende Ähnlichkeit des Umfelds (in Bezug auf politisch-rechtliche, wirtschaftliche, kulturelle, wettbewerbs- und konsumentenbezogene Aspekte) - Grad der Zentralisierung von Entscheidungen (in Bezug auf Produkt- und Kommunikationsentscheidungen)	- Produkt (Produkteigenschaften, Produktname, Produktdesign, Produktverpackung, Produktpositionierung) - Kommunikation (Bedeutung der Werbung, Werbethema, Werbetext, Werbestil, Mediaallokation, Bedeutung der Verkaufsförderung)	- Auslandsgewinn - Auslandsumsatzwachstum - Auslandsmarktanteil	Unternehmen müssen ihre Produkte und ihre Preise in folgenden Situationen länderübergreifend vereinheitlichen: - Hohe länderübergreifende Ähnlichkeit des kulturellen und wirtschaftlichen Umfeldes

	Fit-Konzeptualisierung[1]	Analysierte Situationsvariable[2]	Analysierte Managementvariable[2]	Analysierte Erfolgsvariable[2]	Forschungsergebnisse[3]
Huttman et al. (2009)	Fit als Matching	- Länderübergreifende Ähnlichkeit des Makroumfelds (in Bezug auf wirtschaftliche, regulative, soziokulturelle und technologische Faktoren) - Länderübergreifende Ähnlichkeit des Mikroumfelds (in Bezug auf Konsumentencharakteristika, Marktcharakteristika, Marketinginfrastruktur, Wettbewerbsintensität und Phase des Produktlebenszyklus) - Internes Unternehmensumfeld (Exportverbundenheit, Exporterfahrung, Dauer der Exportaktivität)	- Produkt (Produktqualität, Produktdesign, Produkteigenschaften, Produktname)	- Marktbezogener Erfolg (Umsatzvolumen, Umsatzwachstum, Marktanteil) - Finanzbezogener Erfolg (Profitabilität, Kapitalrendite, Gewinnspanne, Gewinnwachstum) - Kundenbezogener Erfolg (Kundenzufriedenheit, Kundentreue, Kundenempfehlungen)	Unternehmen müssen ihre Produkte in folgenden Situationen an Auslandsmärkte anpassen: - Große länderübergreifende Unterschiede in Bezug auf das wirtschaftliche und soziokulturelle Makroumfeld - Große länderübergreifende Unterschiede in Bezug auf die Marketinginfrastruktur und die Phase des Produktlebenszyklus - Spezifische Erfahrung mit dem betreffenden Auslandsmarkt - Langfristig angelegte Exportaktivität
Schilke et al. (2009)	Fit als Moderation	- Wettbewerbsstrategie (Differenzierung, Kostenführerschaft) - Länderübergreifende Koordination der Marketingaktivitäten - Anzahl an bearbeiteten Auslandsmärkten - Produkthomogenität - Produktart (Konsumgut, Industriegut) - Unternehmensgröße	- Produkt (Produktkern, Produktbestandteile, Produkteigenschaften, Produktdesign) - Distribution (Distributionskanäle) - Kommunikation (Werbeumsetzung, Verkaufsförderungstechniken)	- Kundenzufriedenheit (Gesamtzufriedenheit, Lieferung von Wert, Befriedigung von Bedürfnissen, Bindung wertvoller Kunden) - Markterfolg (Marktanteilswachstum, Umsatzwachstum, Neukundengewinnung, Kundenumsatzsteigerung) - Profitabilität (Profitabilität des Geschäftsbereichs, Erreichung finanzieller Ziele, Kapitalrendite, Umsatzrendite)	Unternehmen müssen ihre Produkte, ihre Distribution und ihre Kommunikation in folgenden Situationen länderübergreifend vereinheitlichen: - Kostenführerschaftsstrategie - Intensive länderübergreifende Koordination der Marketingaktivitäten - Hohe Anzahl an bearbeiteten Auslandsmärkten - Starke Produkthomogenität - Hohe Unternehmensgröße
Sousa & Lengler (2009)	Fit als Mediation	- Länderübergreifende psychische Distanz (in Bezug auf klimatische Bedingungen, Kaufkraft der Konsumenten, Lebensstile, Konsumentenbedürfnisse, Sprache, Alphabetisierungsgrad, kulturelle Werte, Überzeugungen, Einstellungen und Traditionen)	- Produkt (Produktqualität, Produktdesign, Produktgarantie, Produktname) - Preis (Preisnachlässe, Gewinnspanne, Kreditgewährung, Zahlungssicherheit) - Distribution (Distributionskanäle, Kontrolle über Distributionskanäle, Distributionsbudget, Transport) - Kommunikation (Kommunikationsbudget, Kommunikationsinhalt, Verkaufsförderungstools, Werbethema, Werbebotschaft)	- Exportintensität - Exportmarktanteil - Erfüllung der Managererwartungen	Unternehmen müssen ihre Produkte und ihre Kommunikation in folgender Situation an Auslandsmärkte anpassen: - Große länderübergreifende psychische Distanz Die Preise und die Distribution müssen hingegen länderübergreifend vereinheitlicht werden

k.A. = keine Angabe, da konzeptionell.
n.spez. = nicht spezifiziert.
n.sig. = nicht signifikant.
(1) Vgl. Venkatraman (1989). In Anlehnung an Venkatraman (1989) werden nur diejenigen Mediationsmodelle berücksichtigt, die zwischen vollständiger und partieller Mediation unterscheiden. (2) Es werden nur diejenigen Variablen aufgeführt, die Bestandteil der verwendeten Fit-Konzeptualisierung sind. (3) Es werden nur diejenigen Forschungsergebnisse aufgeführt, die im Hinblick auf die verwendete Fit-Konzeptualisierung signifikant sind.

Anhang 6: Normativ-theoretische Artikel zur internationalen Marketingstandardisierung bzw. -differenzierung im Detail
(in Anlehnung an Schmid & Kotulla, 2009a, S. 46-47; Schmid & Kotulla, 2012, S. 84-85)

	Theoretische Basis	Theoretischer Ansatz	Theoretische Aussage	Theoretische Schlussfolgerung
Klippel & Boewadt (1974)	Cognitive consistency theory	Konzeptionelle Weiterentwicklung der Theorie	Konsumenten aus unterschiedlichen Kulturen kombinieren in ähnlicher Weise einfache Stimuli, um komplexe Urteile über Objekte zu treffen; die Gewichtung der verschiedenen Eigenschaften von Objekten variiert jedoch von Kultur zu Kultur; die Einstellung von Konsumenten gegenüber Objekten werden vor allem durch kulturelle und soziale Faktoren sowie durch die subjektive Bedeutung der einzelnen Objekteigenschaften bestimmt	Unternehmen müssen ihre Werbung länderübergreifend vereinheitlichen/anpassen, je nach länderübergreifender Ähnlichkeit/Unterschiedlichkeit kultureller und sozialer Bedingungen sowie je nach länderspezifischer Bedeutung der einzelnen Produkteigenschaften
Friedmann (1986)	Theory of psychological meaning	Konzeptionelle Weiterentwicklung der Theorie	Bedeutung ist ein integraler Bestandteil der Wahrnehmung von Phänomenen durch Konsumenten; psychologische Bedeutung bezeichnet die subjektive Wahrnehmung einer Person und ihre individuelle affektive Reaktion auf einen Stimulus; diese psychologische Bedeutung variiert von Kultur zu Kultur	Unternehmen müssen ihre Marketingstrategien an Auslandsmärkte anpassen, je nach kulturübergreifenden Unterschieden in Bezug auf die psychologische Bedeutung des Produktes
Samiee & Roth (1992)	Theory of profit maximization	Quantitative Überprüfung der Theorie	Um ihren Gewinn zu maximieren, müssen Unternehmen auf Basis einer Marktsegmentierung ihren Umsatz maximieren; denn eine Marktsegmentierung ermöglicht Preisdifferenzierung und führt zu einem Anstieg der Kundentreue	Falls keine länderübergreifenden Marktsegmente existieren, so müssen Unternehmen ihre Marketingstrategien an Auslandsmärkte anpassen, um eine Preisdifferenzierung zu ermöglichen und die Kundentreue zu erhöhen
Alden et al. (1993)	Humor theory	Quantitative Überprüfung der Theorie	Das Hauptelement von Humor („Incongruity-Resolution") ist länderübergreifend identisch	Unternehmen müssen ihre humorvolle Werbung in Bezug auf das humoristische Element „Incongruity-Resolution" länderübergreifend vereinheitlichen
Shoham & Albaum (1994), Shoham (1996)	Theory of profit maximization	Quantitative Überprüfung der Theorie	Um ihren Gewinn zu maximieren, müssen Unternehmen Strategien wählen, die ihren Umsatz auf Basis von Preisdifferenzierung und strategischer Flexibilität maximieren und/oder die ihre Kosten auf Basis von Skaleneffekten minimieren	Unternehmen müssen ihre Marketingstrategien an Auslandsmärkte anpassen, da der umsatzsteigernde Effekt der Preisdifferenzierung und strategischen Flexibilität im Falle der internationalen Differenzierung größer ist als der Kostensenkungseffekt durch Skaleneffekte im Falle der internationalen Standardisierung
	Theory of friction	Quantitative Überprüfung der Theorie	Länderübergreifende Unterschiede in Bezug auf das Umfeld können zu Konflikten zwischen der Muttergesellschaft und den ausländischen Tochtergesellschaften führen, wenn die Muttergesellschaft eine länderübergreifende Vereinheitlichung ihrer Marketingstrategien durchzusetzen versucht	Unternehmen müssen ihre Marketingstrategien an Auslandsmärkte anpassen, um das Konfliktpotenzial zwischen Muttergesellschaft und ausländischen Tochtergesellschaften zu reduzieren

	Theoretische Basis	Theoretischer Ansatz	Theoretische Aussage	Theoretische Schlussfolgerung
Alden et al. (1999)	Semiotics theory	Quantitative Überprüfung der Theorie	Im Bereich der Kommunikation werden verbale, thematische und visuelle Zeichen verwendet, um Objekten eine Bedeutung zuzuweisen; diese Bedeutung kann je nach Kultur der Konsumenten von Land zu Land variieren	Unternehmen müssen ihre Markenpositionierungen länderübergreifend vereinheitlichen/anpassen (global, national, lokal), je nach länderübergreifender Ähnlichkeit/Unterschiedlichkeit in Bezug auf die Konsumentenkultur sowie die entsprechende Bedeutung verbaler, thematischer und visueller Zeichen
Littrell & Miller (2001)	Diffusion theory	Quantitative Überprüfung der Theorie	Die Akzeptanz und Kaufabsicht von Konsumenten gegenüber innovativen Produkten wird durch die wahrgenommene Produktkomplexität negativ beeinflusst und durch die wahrgenommene Produktvertrautheit und -kompatibilität positiv beeinflusst	Unternehmen müssen innovative Produkte an Auslandsmärkte anpassen, um die von den Konsumenten wahrgenommene Produktkomplexität zu reduzieren und die von den Konsumenten wahrgenommene Produktvertrautheit und -kompatibilität zu erhöhen
Bianchi & Arnold (2004), Bianchi & Ostale (2006)	Institutional theory	Qualitative Überprüfung der Theorie	Unternehmen müssen sich den institutionellen Normen ihres Umfeldes fügen, um in ihrem Umfeld „institutionalisiert" und damit legitimiert zu sein	Unternehmen müssen ihre Einzelhandelsstrategien an Auslandsmärkte anpassen, um im Ausland „institutionalisiert" und damit legitimiert zu sein
Callow & Schiffman (2004)	Contextual communication theory	Quantitative Überprüfung der Theorie	Bei der Betrachtung von Werbung verwenden Konsumenten kontextbezogene Informationen, um der Werbung ihre implizite Bedeutung zu entnehmen; Konsumenten aus stark kontextorientierten Kulturen können solche Bedeutungen besser erfassen als Konsumenten aus geringfügig kontextorientierten Kulturen	Unternehmen müssen ihre Werbung an Auslandsmärkte anpassen, je nach Ausprägung der Landeskultur in Bezug auf die Kontextorientierung
Caruana & Abdilla (2005)	Psycholinguistic theory	Quantitative Überprüfung der Theorie	Zweisprachige Konsumenten verstehen und speichern Botschaften besser, wenn diese in ihrer Erstsprache kommuniziert werden	Falls zweisprachige Konsumenten im Ausland adressiert werden, so müssen Unternehmen ihre Werbebotschaften an die Erstsprache der Konsumenten anpassen
	Sociolinguistic theory	Quantitative Überprüfung der Theorie	Zweisprachige Konsumenten reagieren positiver auf Botschaften, wenn diese in ihrer Umgangssprache kommuniziert werden	Falls zweisprachige Konsumenten im Ausland adressiert werden, so müssen Unternehmen ihre Werbebotschaften an die Umgangssprache der Konsumenten anpassen
Merrilees et al. (2005)	Stakeholder theory	Qualitative Überprüfung der Theorie	Um erfolgreich zu sein, müssen Unternehmen in erster Linie die Bedürfnisse ihrer Interessengruppen befriedigen	Unternehmen müssen ihre globalen Marken in Auslandsmärkten neu kreieren oder neu positionieren, um die Bedürfnisse der ausländischen Interessengruppen zu befriedigen
Merz et al. (2008)	Categorization theory	Konzeptionelle Weiterentwicklung der Theorie	Konsumenten unterteilen die Welt der Objekte in übergeordnete, elementare und untergeordnete Objekte; zudem weisen sie Objekten funktionale und symbolische Bedeutungen zu, damit sie ihr Umfeld effizient strukturieren und verstehen können; die Globalisierung der Konsumentenkultur betrifft insbesondere die funktionale Bedeutung übergeordneter Objekte	Unternehmen müssen ihre Marketingstrategien in Bezug auf die funktionale Bedeutung von Objekten der übergeordneten und elementaren Kategorie länderübergreifend standardisieren, während sie ihre Marketingstrategien in Bezug auf die symbolische Bedeutung von Objekten der untergeordneten Kategorie an Auslandsmärkte anpassen müssen; die übrigen Bedeutungen von Objekten erfordern kombinierte Strategien

	Theoretische Basis	Theoretischer Ansatz	Theoretische Aussage	Theoretische Schlussfolgerung
Shoham et al. (2008)	Institutional theory	Quantitative Überprüfung der Theorie	Unternehmen müssen sich den institutionellen Normen ihres Umfeldes fügen, um in ihrem Umfeld „institutionalisiert" und damit legitimiert zu sein	Unternehmen müssen ihre Marketingprozesse teilweise länderübergreifend vereinheitlichen und teilweise an Auslandsmärkte anpassen, um sowohl im Heimatmarkt als auch in den Auslandsmärkten „institutionalisiert" und damit legitimiert zu sein
Cui & Yang (2009)	Congruency theory	Quantitative Überprüfung der Theorie	Um Harmonie und Symmetrie zu bewahren, neigen Individuen dazu, für diejenigen Menschen und Botschaften empfänglicher zu sein, die im Einklang mit ihren eigenen Überzeugungen und Einstellungen stehen	Unternehmen müssen ihre Werbung an Auslandsmärkte anpassen, um die Reaktion der ausländischen Konsumenten auf die Werbung zu verbessern
Hultman et al. (2009)	Institutional theory	Quantitative Überprüfung der Theorie	Unternehmen müssen sich den institutionellen Normen ihres Umfeldes fügen, um in ihrem Umfeld „institutionalisiert" und damit legitimiert zu sein	Unternehmen müssen ihre Produkte an das ausländische Makroumfeld anpassen, um im Ausland „institutionalisiert" und damit legitimiert zu sein

Anhang 7: Im Rahmen der empirischen Untersuchung berücksichtigte Industrien, Industriesegmente und Produktkategorien

Industrie	Industriesegment	Produktkategorie
Pflege- und Reinigungsmittel	Körperpflegemittel	Haarpflegemittel Hautpflegemittel Zahnpflegemittel Mundpflegemittel Lippenpflegemittel Nagelpflegemittel Handpflegemittel Fußpflegemittel Intimpflegemittel Kinderpflegemittel Dekorative Kosmetikprodukte Parfums Deodorants Badezusätze Duschzusätze Seifen Sonstige
	Wasch-, Spül- und Putzmittel	Universal-/Vollwaschmittel Spezialwaschmittel Waschhilfsmittel Geschirrspülmittel Haushaltsreinigungsmittel Wohnraumpflegemittel Lederpflegemittel Autopflegemittel Spezialputzmittel Sonstige
Nahrungs- und Genussmittel	Fertiggerichte und Nahrungsmittel mit längerem Haltbarkeitsdatum	Tiefgekühlte Nahrungsmittel: - Tiefkühl-Fleisch - Tiefkühl-Fisch - Tiefkühl-Meeresfrüchte - Tiefkühl-Gemüse - Tiefkühl-Obst - Tiefkühl-Pommes-Frites - Tiefkühl-Potato-Wedges - Tiefkühl-Kroketten - Tiefkühl-Bratkartoffeln - Tiefkühl-Kartoffelpuffer - Tiefkühl-Brötchen - Tiefkühl-Brezeln - Tiefkühl-Pizzen - Tiefkühl-Baguettes - Tiefkühl-Fleischgerichte - Tiefkühl-Fischgerichte - Tiefkühl-Reisgerichte - Tiefkühl-Nudelgerichte - Tiefkühl-Kartoffelgerichte - Tiefkühl-Desserts - Sonstige Nicht-tiefgekühlte Nahrungsmittel: - Fleischprodukte - Wurstprodukte - Fischkonserven - Gemüsekonserven - Obstkonserven - Fleischgerichte - Fischgerichte - Reisgerichte - Nudelgerichte - Kartoffelgerichte - Feinkost - Babynahrung - Brote - Brötchen - Reis - Nudeln - Pürees - Knödel/Klöße

Industrie	Industriesegment	Produktkategorie
(Fortsetzung Nahrungs- und Genussmittel)	(Fortsetzung Fertiggerichte und Nahrungsmittel mit längerem Haltbarkeitsdatum)	(Fortsetzung nicht-tiefgekühlte Nahrungsmittel) - Gratins - Suppen - Bouillons - Salate - Dressings - Ketchup - Mayonnaise - Senf - Würzsaucen - Gewürze - Fertigsaucen - Margarine - Speiseöl - Speisefett - Desserts - Sonstige
	Molkereiprodukte	Frischmilch H-Milch Buttermilch Sauer-/Dickmilch Kondensmilch Babymilch Kindermilch Milchmischgetränke Milchpulver Milcheis Milchpuddings Joghurts Sahne Quark Käse Butter Kräuterbutter Margarine Sonstige
	Süß- und Backwaren	Schokoladen-/Kakaoprodukte: - Schokoladentafeln - Schokoladenriegel - Schokoladenbonbons - Schokoladenküsse - Pralinen - Sonstige Zuckerwaren: - Kaugummis - Kaubonbons - Lutschbonbons - Lollies - Fruchtgummis - Weingummis - Lakritze - Zuckerwatten - Zuckerschaumprodukte - Brauseprodukte - Schokoladenküsse - Marzipane - Eiskonfekte - Sonstige Dauer-/Feine Backwaren: - Kekse - Biskuits - Waffeln - Müsliriegel - Lebkuchen - Kuchen - Torten - Dominosteine - Stollen - Zwieback - Backmischungen - Sonstige

Industrie	Industriesegment	Produktkategorie
(Fortsetzung Nahrungs- und Genussmittel)	(Fortsetzung Süß- und Backwaren)	Knabberartikel: - Kartoffelchips - Kartoffelsticks - Tortillachips - Erdnussflips - Nüsse - Mandeln - Pistazien - Cracker - Salzgebäck - Käsegebäck - Laugengebäck - Studentenfutter - Popcorn - Sonstige Eisprodukte: - Milcheis - Sahneeis - Fruchteis - Wassereis - Sonstige Brotaufstriche: - Honig - Marmeladen - Konfitüren - Gelees - Sirupe - Nuss-Nougat-Cremes - Sonstige Frühstückszerealien: - Cornflakes - Haferflocken - Müslimischungen - Sonstige
	Alkoholfreie Getränke	Fruchtsäfte Fruchtnektare Fruchtsaftgetränke Fruchtschorlen Wasser mit Fruchtaroma Wasser mit Kohlensäure Wasser ohne Kohlensäure Limonaden Brausen Bittergetränke Mineralstoffgetränke Kaffee Kakao Cappuccino Latte Macchiato Milchkaffee Milch Tee Sonstige
	Bierprodukte	Bier (alkoholhaltig) Bier (alkoholfrei) Biermixgetränke

Quelle: Basierend auf Wer und Was (2010a, 2010b), Bundesvereinigung der Deutschen Ernährungsindustrie (2011), Industrieverband Körperpflege- und Waschmittel (2011a) sowie Wer zu Wem (2011).

Anhang 8: Im Rahmen der Datenerhebung verwendetes individualisiertes Anschreiben zur Kontaktierung der Befragten (am Beispiel eines Produktmanagers aus der Molkereiindustrie)

Erstkontaktierung:

Sehr geehrter Herr <Name>,

ich melde mich bei Ihnen, da Sie Produktmanager bei <Unternehmen> sind. Mein Name ist Thomas Kotulla und ich bin Doktorand an der ESCP Europe Business School Berlin. Ich würde mich sehr freuen, wenn Sie eine Minute Zeit fänden, um zu überprüfen, ob meine Anfrage für Sie von Interesse ist.

Worum geht es? Im Rahmen meiner Doktorarbeit untersuche ich, wie und unter welchen Bedingungen Unternehmen aus der Molkereiindustrie mit ihren Produkten im In- und Ausland erfolgreich sein können. Basierend auf umfangreichen Marktdaten und Interviews mit mehr als 200 Produktmanagern/innen sollen konkrete Handlungsempfehlungen für ein erfolgreiches Produktmanagement in der Molkereiindustrie hergeleitet werden.

Sehr gerne würde ich Ihnen die Erkenntnisse aus meiner Arbeit in Form eines managementorientierten Ergebnisberichts kostenlos zur Verfügung stellen. Der Ergebnisbericht enthält erstmals situations- und landesspezifische Empfehlungen für ein erfolgreiches internationales Produktmanagement sowie aktuelle „Best Practices" aus der Molkereiindustrie. Damit könnte Ihnen der Ergebnisbericht wertvolle Erkenntnisse für Ihre Tätigkeit als Produktmanager liefern.

Im Gegenzug würde ich mich sehr freuen, wenn Sie meine Doktorarbeit unterstützen würden, indem Sie mir 15 Minuten Ihrer Zeit schenken: Ein zentraler Bestandteil meiner Arbeit ist eine ca. 15-minütige Online-Befragung, für deren Gelingen ich auf Ihre persönliche Unterstützung angewiesen bin. Die Befragung zu Ihrer Tätigkeit als Produktmanager erfolgt vollkommen anonym und es werden keinerlei vertrauliche Strategie- oder Finanzdaten abgefragt. Ich würde mich sehr freuen, wenn Sie die Zeit fänden, um durch Ihre Teilnahme an der Befragung das Gelingen meiner Arbeit zu ermöglichen.

Wenn Sie möchten, können Sie die Online-Befragung direkt über den folgenden Link starten: www.soscisurvey.de/escp-europe (dort haben Sie auch die Möglichkeit, den kostenlosen Ergebnisbericht zu meiner Arbeit anzufordern).

Vielen, herzlichen Dank im Voraus für Ihre Unterstützung! Ich bin mir sicher, dass sich die Teilnahme an der Befragung für Sie lohnen wird, da Ihnen der Ergebnisbericht wertvolle Erkenntnisse für Ihre Tätigkeit als Produktmanager liefern kann.

Bei Rückfragen können Sie jederzeit gerne auf mich zukommen.

Nochmals herzlichen Dank und freundliche Grüße
Thomas Kotulla

Zweitkontaktierung:

Sehr geehrter Herr <Name>,

anlässlich meiner Doktorarbeit hatte ich Sie im <Monat> über XING angeschrieben. Im Rahmen meiner Arbeit untersuche ich, wie und unter welchen Bedingungen Unternehmen aus der Molkereiindustrie mit ihren Produkten im In- und Ausland erfolgreich sein können. Bitte verzeihen Sie, dass ich mich erneut bei Ihnen melde; doch Ihre persönliche Unterstützung ist für das Gelingen meiner Arbeit von großer Bedeutung.

Für den Fall, dass Sie noch nicht an meiner Befragung teilgenommen haben sollten, sende ich Ihnen im Folgenden noch einmal den direkten Link zu der ca. 15-minütigen, anonymen Online-Befragung: www.soscisurvey.de/escp-europe (unter diesem Link haben Sie auch die Möglichkeit, einen kostenlosen Ergebnisbericht anzufordern, der situations- und landesspezifische Handlungsempfehlungen für ein erfolgreiches Produktmanagement in der Molkereiindustrie enthält).

Falls Sie vor Ihrer Teilnahme noch Rückfragen oder Bedenken hinsichtlich der Anonymität und Vertraulichkeit der Befragung haben, so können Sie jederzeit gerne auf mich zukommen. Gerne könnte ich Sie an einem Termin Ihrer Wahl auch zu dem Thema anrufen, falls Sie dies wünschen.

Nochmals vielen Dank im Voraus für Ihre wertvolle Unterstützung.

Mit freundlichen Grüßen
Thomas Kotulla

Anhang 9: Online-Fragebogen (am Beispiel eines deutschen Unternehmens aus der Molkereiindustrie, das ein Joghurt-Produkt in Russland anbietet)

Online-Fragebogen, Seite 1 von 25:

Herzlich willkommen bei unserer Online-Befragung!

Die folgende Befragung ist Teil eines Forschungsprojektes an der **ESCP Europe Business School Berlin**. Im Rahmen des Forschungsprojektes wird untersucht, unter welchen Bedingungen Unternehmen mit ihren Produkten im In- und Ausland erfolgreich sein können.

An der **repräsentativen Befragung** beteiligen sich zahlreiche Produktmanager/innen aus ausgewählten Konsumgüterindustrien. Die Beantwortung der Fragen nimmt **ca. 15 Minuten** Zeit in Anspruch. Bitte beantworten Sie **alle Fragen**; es gibt keine "richtigen" oder "falschen" Antworten. Die Befragung erfolgt selbstverständlich **vollkommen anonym** und alle Angaben werden **streng vertraulich** behandelt.

Ihre Teilnahme an unserer Befragung ist für den Erfolg des Forschungsprojektes von großer Bedeutung. **Herzlichen Dank** im Voraus für Ihre Unterstützung.

Gerne lassen wir Ihnen als Dankeschön einen managementorientierten **Ergebnisbericht** zukommen, der die neueste, wertvolle Erkenntnisse für ein erfolgreiches Produktmanagement sowie branchen- und länderspezifische "Best Practices" enthält. Nähere Informationen hierzu erhalten Sie am Ende der Befragung. Bei Rückfragen können Sie jederzeit gerne auf uns zukommen.

Nochmals herzlichen Dank und freundliche Grüße

Prof. Dr. Stefan Schmid
Dipl.-Kfm. (FH) Thomas Kotulla

ESCP Europe Business School
Lehrstuhl für Internationales Management und Strategisches Management
Heubnerweg 6
14059 Berlin

Ansprechpartner:
Herr Thomas Kotulla
Tel.: 030/32007-192
Fax: 030/32007-107
studie@escpeurope.de
www.escpeurope.de/imsm

[Befragung starten]

Online-Fragebogen, Seite 2 von 25:

1. Innerhalb Ihres Unternehmens sind Sie für das Management eines oder mehrerer Produkte (mit) verantwortlich. Welcher der folgenden <u>Produktbereiche</u> lassen sich die von Ihnen gemanagten Produkte am ehesten zuordnen?

Hinweis: Falls mehrere Produktbereiche zutreffen, wählen Sie bitte nur <u>einen</u> Bereich aus – nämlich denjenigen mit dem für Sie höchsten Umsatz.

○ Tiefgekühlte Nahrungsmittel (ohne Molkereiprodukte)
○ Nicht-tiefgekühlte Nahrungsmittel (ohne Molkereiprodukte)
● Molkereiprodukte (z.B. Milch, Joghurt, Käse, Butter)
○ Süß- und Backwaren (z.B. Schokolade, Bonbons, Kuchen, Knabberartikel)
○ Getränke (z.B. Saft, Wasser, Kaffee, Bier)

[Weiter]

Online-Fragebogen, Seite 3 von 25:

> **2. Innerhalb des Bereichs für Molkereiprodukte existieren unterschiedliche Produktkategorien. Welcher <u>Produktkategorie</u> lassen sich die von Ihnen gemanagten Produkte primär zuordnen?**
>
> Hinweis: Falls mehrere Produktkategorien zutreffen, wählen Sie bitte nur <u>eine</u> Kategorie aus – nämlich diejenige mit dem für Sie höchsten Umsatz.

- ○ Frischmilch
- ○ H-Milch
- ○ Buttermilch
- ○ Sauer-/Dickmilch
- ○ Kondensmilch
- ○ Babymilch
- ○ Kindermilch
- ○ Milchmischgetränke
- ○ Milchpulver
- ○ Milcheis
- ○ Milchpuddings
- ● Joghurts
- ○ Sahne
- ○ Quark
- ○ Käse
- ○ Butter
- ○ Kräuterbutter
- ○ Margarine
- ○ Sonstige Produktkategorie: [_____]

[Weiter]

Online-Fragebogen, Seite 4 von 25:

> **3. Ihr Unternehmen verkauft die von Ihnen gemanagten <u>Joghurts</u> nicht nur in Deutschland, sondern auch in anderen Ländern. Für welche der folgenden <u>Länder</u> sind Sie am Produktmanagement der Joghurts beteiligt oder zumindest <u>detailliert darüber informiert</u>?**
>
> *(Mehrfachnennungen möglich)*

- ☐ Österreich
- ☐ Frankreich
- ☐ USA
- ☑ Russland
- ☐ China
- ☐ Für keines dieser Länder

[Weiter]

Online-Fragebogen, Seite 5 von 25:

Abschnitt 1: Fragen bezüglich des Joghurt-Marktes in Russland

Aufgrund Ihrer Angaben wurde entschieden, dass sich die weitere Befragung ausschließlich auf den Markt für <u>Joghurts</u> in <u>Russland</u> bezieht. Wir würden uns freuen, wenn Sie diesbezüglich zunächst die folgende Frage beantworten könnten:

1. Wie stark <u>ähneln</u> bzw. <u>unterscheiden</u> sich Ihrer Ansicht nach der Joghurt-Markt in Russland und der Joghurt-Markt in Deutschland in Bezug auf die folgenden Charakteristika?

Hinweis: Falls Sie bei bestimmten Punkten keine exakten Angaben machen können, so geben Sie uns bitte trotzdem Ihre bestmögliche Einschätzung. Unten auf der Seite können Sie dann angeben, wie sicher Sie sich bei Ihrer Einschätzung sind.

Merkmal	völlig identisch							völlig verschieden
Die <u>Präferenzen der Konsumenten</u> bezüglich Joghurts sind in Russland und Deutschland...		○	○	○	○	○	○	
Das <u>Einkaufsverhalten der Konsumenten</u> bezüglich Joghurts ist in Russland und Deutschland...		○	○	○	○	○	○	
Die <u>Verzehrgewohnheiten der Konsumenten</u> bezüglich Joghurts sind in Russland und Deutschland...		○	○	○	○	○	○	
Der <u>Wettbewerb auf dem Joghurt-Markt</u> ist in Russland und Deutschland...		○	○	○	○	○	○	
Die für den Joghurt-Markt relevanten <u>rechtlichen Rahmenbedingungen</u> (z.B. Gesetze) sind in Russland und Deutschland...		○	○	○	○	○	○	
Die für den Joghurt-Markt relevanten <u>gesellschaftlichen Rahmenbedingungen</u> (z.B. kulturelle Werte) sind in Russland und Deutschland...		○	○	○	○	○	○	
Die für den Joghurt-Markt relevanten <u>wirtschaftlichen Rahmenbedingungen</u> (z.B. Konjunktur) sind in Russland und Deutschland...		○	○	○	○	○	○	
Die für den Joghurt-Markt relevanten <u>technologischen Rahmenbedingungen</u> (z.B. Produktionstechnologien) sind in Russland und Deutschland...		○	○	○	○	○	○	

Wie sicher sind Sie sich bei der Einschätzung der o.g. Punkte?

völlig sicher ○ ○ ○ ○ ○ ○ ○ völlig unsicher

[Weiter]

Online-Fragebogen, Seite 6 von 25:

---

2. Inwieweit stimmen Sie den folgenden Aussagen zu?

Hinweis: Unten auf der Seite können Sie wieder angeben, wie sicher Sie sich bei Ihrer Einschätzung sind.

In Russland kaufen Konsumenten genau die gleiche Art von Joghurts wie Konsumenten in Deutschland.	stimme voll und ganz zu	○ ○ ○ ○ ○ ○ ○	stimme gar nicht zu
Der Preis, den Konsumenten für Joghurts zu zahlen bereit sind, ist in Russland genauso hoch wie in Deutschland.	stimme voll und ganz zu	○ ○ ○ ○ ○ ○ ○	stimme gar nicht zu
Konsumenten in Russland reagieren sehr empfindlich auf Preisveränderungen bei Joghurts.	stimme voll und ganz zu	○ ○ ○ ○ ○ ○ ○	stimme gar nicht zu

Wie sicher sind Sie sich bei der Einschätzung der o.g. Punkte?

völlig sicher ○ ○ ○ ○ ○ ○ ○ völlig unsicher

[Weiter]

Online-Fragebogen, Seite 7 von 25:

---

3. Als nächstes interessiert uns Ihre Einschätzung zu den folgenden Aspekten.

Die Wettbewerbsintensität auf dem Joghurt-Markt in Russland ist...	äußerst hoch	○ ○ ○ ○ ○ ○ ○	äußerst gering
Die staatliche Regulierung des Joghurt-Marktes in Russland ist...	äußerst hoch	○ ○ ○ ○ ○ ○ ○	äußerst gering
Das Preisniveau auf dem Joghurt-Markt in Russland ist im Vergleich zu dem in Deutschland...	äußerst hoch	○ ○ ○ ○ ○ ○ ○	äußerst gering
Das Umsatzpotenzial des Joghurt-Marktes in Russland ist im Vergleich zu dem in Deutschland...	äußerst hoch	○ ○ ○ ○ ○ ○ ○	äußerst gering
Die Erfahrung unseres Unternehmens mit der Geschäftstätigkeit in Russland ist...	äußerst hoch	○ ○ ○ ○ ○ ○ ○	äußerst gering
Meine persönliche Managementerfahrung im Zusammenhang mit Russland ist...	äußerst hoch	○ ○ ○ ○ ○ ○ ○	äußerst gering

Wie sicher sind Sie sich bei der Einschätzung der o.g. Punkte?

völlig sicher ○ ○ ○ ○ ○ ○ ○ völlig unsicher

[Weiter]

Anhang

Online-Fragebogen, Seite 8 von 25:

> **Abschnitt 2:** Fragen bezüglich Ihres konkreten Produkts in Russland
> Die folgenden Fragen beziehen sich nicht mehr auf den Joghurt-Markt im Allgemeinen, sondern auf <u>einen konkreten Joghurt</u>, an dessen Produktmanagement für das Land <u>Russland</u> Sie beteiligt oder zumindest <u>detailliert darüber informiert</u> sind.
> Beantworten Sie <u>alle nachfolgenden Fragen</u> bitte für <u>denjenigen</u> von Ihnen gemanagten <u>Joghurt</u>, mit dem Ihr Unternehmen in <u>Russland</u> am <u>stärksten</u> vertreten ist. Sie können den Namen des Produkts gerne angeben, falls Sie dies wünschen.
>
> ○ Name des Produkts: [_____]
> ○ Ich möchte den Namen des Produkts nicht angeben.
>
> [Weiter]

Online-Fragebogen, Seite 9 von 25:

> **1. Bitte geben Sie uns in Bezug auf den <u>konkreten Joghurt</u> zunächst Ihre Einschätzung zu den folgenden Punkten.**
>
> | Die <u>weltweite Bedeutung</u> des Joghurts für den <u>Gesamtumsatz</u> unseres Unternehmens ist... | äußerst hoch ○ ○ ○ ○ ○ ○ ○ äußerst gering |
> | Die grundsätzliche <u>produktionstechnische Komplexität</u> des Joghurts ist... | äußerst hoch ○ ○ ○ ○ ○ ○ ○ äußerst gering |
>
> **Wie sicher sind Sie sich bei der Einschätzung der o.g. Punkte?**
>
> völlig sicher ○ ○ ○ ○ ○ ○ ○ völlig unsicher
>
> [Weiter]

Online-Fragebogen, Seite 10 von 25:

2. Nun geht es um die Frage, wie in Ihrem Unternehmen die Entscheidungen und Aktivitäten bezüglich des von Ihnen gemanagten Joghurts **länderübergreifend aufgeteilt** werden. Bitte beantworten Sie hierzu die folgenden Fragen.

Wo werden für den von Ihnen in Russland angebotenen Joghurt die Entscheidungen hinsichtlich der...

	vollständig im entsprechenden Ländermarkt							vollständig in Deutschland
... Produkteigenschaften getroffen?		○	○	○	○	○	○	
... Vertriebskanäle getroffen?		○	○	○	○	○	○	
... Werbemaßnahmen getroffen?		○	○	○	○	○	○	
... Preise getroffen?		○	○	○	○	○	○	

Wo findet für den von Ihnen in Russland angebotenen Joghurt...

	vollständig im entsprechenden Ländermarkt							vollständig in Deutschland
... die Produktion statt?		○	○	○	○	○	○	
... Forschung/Entwicklung statt?		○	○	○	○	○	○	
... Einkauf/Beschaffung statt?		○	○	○	○	○	○	
... die zentrale Lagerung statt?		○	○	○	○	○	○	

Wie sicher sind Sie sich bei der Beantwortung der o.g. Fragen?

völlig sicher ○ ○ ○ ○ ○ ○ völlig unsicher

[Weiter]

Online-Fragebogen, Seite 11 von 25:

---

3. Bitte geben Sie uns Ihre Einschätzung im Hinblick auf den Gewinn (nicht den Umsatz), den der von Ihnen in Russland angebotene Joghurt auf dem dortigen Markt (schätzungsweise) erzielt.

Hinweis: Unten auf der Seite können Sie wie immer angeben, wie sicher Sie sich bei Ihrer Einschätzung sind.

Unser (geschätzter) Gewinn mit dem Joghurt in Russland ist...

... im Vergleich zu den ursprünglichen Produktgewinnerwartungen unseres Unternehmens...	äußerst gering ○ ○ ○ ○ ○ ○ ○	äußerst hoch
... im Vergleich zum dort idealerweise möglichen Produktgewinn...	äußerst gering ○ ○ ○ ○ ○ ○ ○	äußerst hoch
... im Vergleich zum (geschätzten) Produktgewinn unseres dort stärksten Wettbewerbers...	äußerst gering ○ ○ ○ ○ ○ ○ ○	äußerst hoch
... im Vergleich zum (geschätzten) Gewinn des entsprechenden Produkts in Deutschland...	äußerst gering ○ ○ ○ ○ ○ ○ ○	äußerst hoch

Wie sicher sind Sie sich bei der Einschätzung der o.g. Punkte?

völlig sicher ○ ○ ○ ○ ○ ○ ○ völlig unsicher

[Weiter]

Online-Fragebogen, Seite 12 von 25:

4. Wie stark unterscheidet sich Ihr in Russland angebotener Joghurt von dem entsprechenden in Deutschland angebotenen Produkt Ihres Unternehmens in Bezug auf die folgenden Elemente?

Die Zutaten des Joghurts sind in Russland und Deutschland...	völlig identisch ○ ○ ○ ○ ○ ○ ○	völlig verschieden
Der Geschmack des Joghurts ist in Russland und Deutschland...	völlig identisch ○ ○ ○ ○ ○ ○ ○	völlig verschieden
Die Positionierung des Joghurts ist in Russland und Deutschland...	völlig identisch ○ ○ ○ ○ ○ ○ ○	völlig verschieden
Die Qualität des Joghurts ist in Russland und Deutschland...	völlig identisch ○ ○ ○ ○ ○ ○ ○	völlig verschieden
Der Produktname des Joghurts ist in Russland und Deutschland...	völlig identisch ○ ○ ○ ○ ○ ○ ○	völlig verschieden
Der Geruch des Joghurts ist in Russland und Deutschland...	völlig identisch ○ ○ ○ ○ ○ ○ ○	völlig verschieden
Die Produktfarbe des Joghurts (nicht die Verpackungsfarbe) ist in Russland und Deutschland...	völlig identisch ○ ○ ○ ○ ○ ○ ○	völlig verschieden
Das Angebot an Produktvarianten des Joghurts ist in Russland und Deutschland...	völlig identisch ○ ○ ○ ○ ○ ○ ○	völlig verschieden
Das Verpackungsdesign des Joghurts ist in Russland und Deutschland...	völlig identisch ○ ○ ○ ○ ○ ○ ○	völlig verschieden
Die Verpackungsgröße des Joghurts ist in Russland und Deutschland...	völlig identisch ○ ○ ○ ○ ○ ○ ○	völlig verschieden
Die Art der Vertriebskanäle für den Joghurt ist in Russland und Deutschland...	völlig identisch ○ ○ ○ ○ ○ ○ ○	völlig verschieden
Die Werbemaßnahmen für den Joghurt sind in Russland und Deutschland...	völlig identisch ○ ○ ○ ○ ○ ○ ○	völlig verschieden
Die Großhandelspreise für den Joghurt sind in Russland und Deutschland...	völlig identisch ○ ○ ○ ○ ○ ○ ○	völlig verschieden
Die Einzelhandelspreise für den Joghurt sind in Russland und Deutschland...	völlig identisch ○ ○ ○ ○ ○ ○ ○	völlig verschieden

Wie sicher sind Sie sich bei der Einschätzung der o.g. Punkte?

völlig sicher ○ ○ ○ ○ ○ ○ ○ völlig unsicher

[Weiter]

Online-Fragebogen, Seite 13 von 25:

---

5. Inwieweit stimmen Sie den folgenden beiden Aussagen zu?

Eine einheitliche und gemeinsame Produktion des Joghurts für <u>Russland, Deutschland und ggf. weitere Länder</u> ist bzw. wäre insgesamt mit sehr starken <u>Kostensenkungen</u> verbunden.	stimme voll und ganz zu ○ ○ ○ ○ ○ ○	stimme gar nicht zu
Wenn wir den fertigen Joghurt von Deutschland nach Russland <u>transportieren</u> (müssten), ist bzw. wäre dies mit sehr hohen <u>Transportkosten</u> verbunden.	stimme voll und ganz zu ○ ○ ○ ○ ○ ○	stimme gar nicht zu

Wie sicher sind Sie sich bei der Einschätzung der o.g. Punkte?

völlig sicher ○ ○ ○ ○ ○ ○ völlig unsicher

[Weiter]

Online-Fragebogen, Seite 14 von 25:

---

6. Die adäquate Anpassung des (ursprünglich deutschen) Joghurts an die Nachfrage in Russland kann mit mehr oder weniger hohen Kosten verbunden sein.

Bitte geben Sie uns Ihre Einschätzung, inwieweit eine <u>adäquate Anpassung</u> des von Ihnen gemanagten Joghurts an die <u>Nachfrage in Russland</u> die folgenden <u>kontinuierlichen Kosten</u> verursacht bzw. verursachen würde.

Hinweis: Falls eine Produktanpassung in bestimmten Bereichen in keinster Weise sinnvoll ist, so klicken Sie bitte "äußerst geringe Kosten" an.

Eine <u>adäquate</u> Anpassung des Joghurts an die Nachfrage in <u>Russland</u> verursacht bzw. würde verursachen...

... bei einer adäquaten Anpassung der <u>Zutaten</u>	äußerst hohe Kosten	○ ○ ○ ○ ○ ○ ○	äußerst geringe Kosten
... bei einer adäquaten Anpassung des <u>Geschmacks</u>	äußerst hohe Kosten	○ ○ ○ ○ ○ ○ ○	äußerst geringe Kosten
... bei einer adäquaten Anpassung der <u>Positionierung</u>	äußerst hohe Kosten	○ ○ ○ ○ ○ ○ ○	äußerst geringe Kosten
... bei einer adäquaten Anpassung des <u>Produktnamens</u>	äußerst hohe Kosten	○ ○ ○ ○ ○ ○ ○	äußerst geringe Kosten
... bei einer adäquaten Anpassung der <u>Produktqualität</u>	äußerst hohe Kosten	○ ○ ○ ○ ○ ○ ○	äußerst geringe Kosten
... bei einer adäquaten Anpassung des <u>Geruchs</u>	äußerst hohe Kosten	○ ○ ○ ○ ○ ○ ○	äußerst geringe Kosten
... bei einer adäquaten Anpassung der <u>Produktfarbe</u> (<u>nicht</u> der Verpackungsfarbe)	äußerst hohe Kosten	○ ○ ○ ○ ○ ○ ○	äußerst geringe Kosten
... bei einer adäquaten Anpassung des <u>Angebots an Produktvarianten</u>	äußerst hohe Kosten	○ ○ ○ ○ ○ ○ ○	äußerst geringe Kosten
... bei einer adäquaten Anpassung des <u>Verpackungsdesigns</u>	äußerst hohe Kosten	○ ○ ○ ○ ○ ○ ○	äußerst geringe Kosten
... bei einer adäquaten Anpassung der <u>Verpackungsgröße</u>	äußerst hohe Kosten	○ ○ ○ ○ ○ ○ ○	äußerst geringe Kosten

---

Wie sicher sind Sie sich bei der Einschätzung der o.g. Punkte?

völlig sicher ○ ○ ○ ○ ○ ○ ○ völlig unsicher

[Weiter]

Online-Fragebogen, Seite 15 von 25:

---

7. Bitte geben Sie uns Ihre Einschätzung zu den folgenden Punkten.

Die <u>Zufriedenheit unserer Kunden</u> in Russland mit dem von uns dort angebotenen Joghurt ist...	äußerst hoch ○ ○ ○ ○ ○ ○ ○	äußerst gering
Der <u>Marktanteil</u> (nach Umsatz) des von uns in Russland angebotenen Joghurts auf dem dortigen Joghurt-Markt ist...	äußerst hoch ○ ○ ○ ○ ○ ○ ○	äußerst gering
Die <u>Bedeutung</u> des von uns in Russland angebotenen Joghurts für unseren <u>weltweiten Gesamtumsatz</u> mit Joghurts ist...	äußerst hoch ○ ○ ○ ○ ○ ○ ○	äußerst gering
Die <u>Entscheidungsbefugnis</u>, die ich persönlich hinsichtlich der Strategie des von uns in Russland angebotenen Joghurts besitze, ist...	äußerst hoch ○ ○ ○ ○ ○ ○ ○	äußerst gering

Wie sicher sind Sie sich bei der Einschätzung der o.g. Punkte?

völlig sicher ○ ○ ○ ○ ○ ○ ○ völlig unsicher

[Weiter]

Online-Fragebogen, Seite 16 von 25:

8. Als nächstes haben wir vier <u>kurze Fragen</u> zum Management des von Ihnen in Russland angebotenen Joghurts. Bitte beantworten Sie hierzu die folgenden Punkte.

Wie gelangt der von Ihnen in Russland angebotene Joghurt <u>primär</u> an den dortigen Handel/Endkunden?

○ Unser Unternehmen verkauft/exportiert den Joghurt von Deutschland aus <u>direkt</u> an den Handel/Endkunden in Russland.

○ Unser Unternehmen verkauft den Joghurt primär über länder- bzw. regionenspezifische <u>Vertriebsgesellschaften</u> an den Handel/Endkunden in Russland.

○ Unser Unternehmen verkauft den Joghurt primär durch eine <u>Kooperation</u> mit anderen Unternehmen (z.B. Franchising, Lizenzierung, Joint Venture, Allianz) an den Handel/Endkunden in Russland.

○ Sonstiges: [_____]

Wie ist der von Ihnen in Russland angebotene Joghurt im Vergleich zu den dortigen Wettbewerbern in Bezug auf die <u>Qualität</u> positioniert?

äußerst hohe Qualität ○ ○ ○ ○ ○ ○ ○ äußerst geringe Qualität

Wie ist der von Ihnen in Russland angebotene Joghurt im Vergleich zu den dortigen Wettbewerbern in Bezug auf den <u>Preis</u> positioniert?

äußerst hoher Preis ○ ○ ○ ○ ○ ○ ○ äußerst geringer Preis

Verkaufen Sie den von Ihnen in Russland angebotenen Joghurt in <u>völlig identischer Form</u> auch in anderen Ländermärkten?

ja, in allen von unserem Unternehmen bearbeiteten Ländermärkten ○ ○ ○ ○ ○ ○ ○ nein, in dieser speziellen Form nur in diesem Ländermarkt

Wie sicher sind Sie sich bei der Beantwortung der o.g. Fragen?

völlig sicher ○ ○ ○ ○ ○ ○ ○ völlig unsicher

[Weiter]

Online-Fragebogen, Seite 17 von 25:

> **9. Die derzeitige Strategie für Ihren in Russland angebotenen Joghurt wurde vor einiger Zeit unter bestimmten Annahmen und Erwartungen entwickelt (z.B. im Hinblick auf die dortigen Konsumentencharakteristika, die Wettbewerbssituation oder die Produktionskosten).**
> Bitte beantworten Sie – falls möglich – in Bezug auf diese Annahmen und Erwartungen die folgenden drei Fragen.
>
> | | | |
> |---|---|---|
> | Wie sehr waren Sie sich damals im Hinblick auf die getroffenen Annahmen und Erwartungen für den in Russland angebotenen Joghurt sicher? | voll und ganz ○ ○ ○ ○ ○ ○ ○ | in keinster Weise |
> | Wie sehr basierten die damals getroffenen Annahmen und Erwartungen auf verlässlichen Marktforschungsdaten? | voll und ganz ○ ○ ○ ○ ○ ○ ○ | in keinster Weise |
> | Wie sehr haben sich die damals getroffenen Annahmen und Erwartungen aus heutiger Sicht erfüllt? | voll und ganz ○ ○ ○ ○ ○ ○ ○ | in keinster Weise |
>
> **Wie sicher sind Sie sich bei der Beantwortung der o.g. Fragen?**
>
> völlig sicher ○ ○ ○ ○ ○ ○ ○ völlig unsicher
>
> [Weiter]

Online-Fragebogen, Seite 18 von 25:

> **10. Es reicht nicht aus, eine professionelle Strategie zu entwickeln, sondern diese Strategie muss auch professionell umgesetzt werden.**
> Bitte geben Sie uns Ihre Einschätzung zur Umsetzung der Strategie für Ihren in Russland angebotenen Joghurt.
>
> **Unsere Umsetzung der Strategie für den Joghurt in Russland ist...**
>
> | | | |
> |---|---|---|
> | ...im Vergleich zur ursprünglich geplanten Strategieumsetzung... | äußerst professionell ○ ○ ○ ○ ○ ○ ○ | äußerst unprofessionell |
> | ...im Vergleich zur idealerweise möglichen Strategieumsetzung... | äußerst professionell ○ ○ ○ ○ ○ ○ ○ | äußerst unprofessionell |
> | ...im Vergleich zur Strategieumsetzung unseres dort stärksten Wettbewerbers... | äußerst professionell ○ ○ ○ ○ ○ ○ ○ | äußerst unprofessionell |
> | ...im Vergleich zur entsprechenden Strategieumsetzung in Deutschland... | äußerst professionell ○ ○ ○ ○ ○ ○ ○ | äußerst unprofessionell |
>
> **Wie sicher sind Sie sich bei der Einschätzung der o.g. Punkte?**
>
> völlig sicher ○ ○ ○ ○ ○ ○ ○ völlig unsicher
>
> [Weiter]

Online-Fragebogen, Seite 19 von 25:

11. Zuletzt sind wir noch an Ihrer grundsätzlichen Einschätzung der zukünftigen Entwicklung des Joghurt-Marktes interessiert – unabhängig von Ihrem Unternehmen und Ihrem Produkt. Inwieweit stimmen Sie den folgenden drei Aussagen zu?

In Zukunft wird die Nachfrage nach Joghurts länderübergreifend immer ähnlicher werden – und zwar auf weltweiter Ebene.	stimme voll und ganz zu	○ ○ ○ ○ ○ ○ ○	stimme gar nicht zu
In Zukunft wird die Nachfrage nach Joghurts länderübergreifend immer ähnlicher werden – jedoch nicht auf weltweiter Ebene, sondern innerhalb von Regionen (z.B. Asien, Europa, Nordamerika).	stimme voll und ganz zu	○ ○ ○ ○ ○ ○ ○	stimme gar nicht zu
In Zukunft wird die Nachfrage nach Joghurts von Land zu Land immer unterschiedlicher werden.	stimme voll und ganz zu	○ ○ ○ ○ ○ ○ ○	stimme gar nicht zu

Wie sicher sind Sie sich bei der Einschätzung der o.g. Punkte?

völlig sicher ○ ○ ○ ○ ○ ○ ○ völlig unsicher

[Weiter]

Online-Fragebogen, Seite 20 von 25:

Abschnitt 3: Allgemeine Fragen zu Ihrem Unternehmen
Zum Abschluss haben wir noch sieben allgemeine Fragen zu Ihrem Unternehmen.
Wie bereits erwähnt, werden all Ihre Antworten anonym erfasst und streng vertraulich behandelt.

1. In welchem Bereich Ihres Unternehmens sind Sie tätig?

- ○ Geschäftsführung
- ○ Marketing/Produkt-/Brandmanagement
- ○ Exportmanagement
- ○ Sonstiges: [   ]

2. Seit wie vielen Jahren sind Sie bereits in Ihrem Unternehmen tätig?

- ○ Weniger als 1 Jahr
- ○ 1 bis 2 Jahre
- ○ 3 bis 5 Jahre
- ○ 6 bis 9 Jahre
- ○ 10 Jahre oder mehr

3. Wie viele Mitarbeiter sind weltweit ungefähr in Ihrem Unternehmen tätig?

- ○ Weniger als 50
- ○ 50 – 499
- ○ 500 – 4.999
- ○ 5.000 – 14.999
- ○ 15.000 – 49.999
- ○ 50.000 – 99.999
- ○ 100.000 oder mehr

[Weiter]

Online-Fragebogen, Seite 21 von 25:

---

4. Wie hoch war im vergangenen Geschäftsjahr in etwa der weltweite Gesamtumsatz Ihres Unternehmens?

- ○ Weniger als 1 Mio. €
- ○ 1 – 9,9 Mio. €
- ○ 10 – 24,9 Mio. €
- ○ 25 – 49,9 Mio. €
- ○ 50 – 99,9 Mio. €
- ○ 100 – 249,9 Mio. €
- ○ 250 – 499,9 Mio. €
- ○ 500 – 999,9 Mio. €
- ○ 1 – 4,9 Mrd. €
- ○ 5 Mrd. € oder mehr

5. Welchen ungefähren Anteil des weltweiten Gesamtumsatzes hat Ihr Unternehmen im vergangenen Geschäftsjahr im Ausland, also außerhalb von Deutschland, erzielt?

- ○ Weniger als 5%
- ○ 5% - 9,9%
- ○ 10% - 19,9%
- ○ 20% - 29,9%
- ○ 30% - 39,9%
- ○ 40% - 49,9%
- ○ 50% - 64,9%
- ○ 65% - 79,9%
- ○ 80% oder mehr

[Weiter]

Online-Fragebogen, Seite 22 von 25:

6. Seit wie vielen Jahren ist Ihr Unternehmen außerhalb von Deutschland tätig?

- ○ Weniger als 1 Jahr
- ○ 1 – 4 Jahre
- ○ 5 – 9 Jahre
- ○ 10 – 24 Jahre
- ○ 25 – 39 Jahre
- ○ 40 Jahre oder mehr

7. In wie vielen verschiedenen Ländermärkten ist Ihr Unternehmen in etwa tätig?

- ○ 1
- ○ 2
- ○ 3 – 4
- ○ 5 – 9
- ○ 10 – 24
- ○ 25 – 39
- ○ 40 – 69
- ○ 70 – 99
- ○ 100 oder mehr

[Weiter]

Online-Fragebogen, Seite 23 von 25:

Bereitstellung eines Ergebnisberichts

Wie zu Beginn der Befragung angekündigt, würden wir Ihnen nach Auswertung der umfangreichen Studienergebnisse im kommenden Sommer gerne einen managementorientierten Ergebnisbericht per E-Mail zukommen lassen. Der Bericht enthält neueste, wertvolle Erkenntnisse für ein erfolgreiches Produktmanagement sowie branchen- und länderspezifische „Best Practices".

Wir garantieren Ihnen, dass Ihre E-Mail-Adresse nicht mit Ihren Antworten im Rahmen unserer Befragung in Verbindung gebracht werden kann, so dass die vollkommene Anonymität der Befragung gewährleistet ist. Alternativ können Sie uns in den nächsten Tagen auch von Ihrem persönlichen E-Mail-Account aus eine E-Mail an studie@escpeurope.de mit dem Betreff „Ergebnisbericht" senden.

☑ Bitte senden Sie mir nach Auswertung der umfangreichen Studienergebnisse im kommenden Sommer einen Ergebnisbericht per E-Mail.

E-Mail-Adresse: [_____]

[Weiter]

Online-Fragebogen, Seite 24 von 25:

Bitte um Weiterleitung

Für die Qualität und Aussagekraft des Ergebnisberichts ist es von großer Bedeutung, dass **möglichst viele Produktmanager/innen aus Ihrem Unternehmen** an unserer Befragung teilnehmen.

Wir würden uns daher sehr freuen, wenn Sie den folgenden Link zu unserer Online-Befragung an andere Produktmanager/innen in Ihrem Unternehmen weiterleiten könnten:

www.soscisurvey.de/escp-europe

Herzlichen Dank im Voraus!

[Weiter]

Online-Fragebogen, Seite 25 von 25:

Herzlichen Dank für Ihre Teilnahme an unserer Befragung!

Sie haben damit wesentlich zum Erfolg unseres Forschungsprojektes beigetragen.

Hier noch einmal der Link zu unserer Online-Befragung für die Weiterleitung an Ihre Kollegen/innen:

www.soscisurvey.de/escp-europe

[Fenster schließen]

Anhang 10: Aufschlüsselung der arithmetischen Mittel und Standardabweichungen für die untersuchten Industriesegmente und Auslandsmärkte

Arithmetische Mittel und Standardabweichungen „Grad internationaler Produktstandardisierung":

	Frankreich (58)	Österreich (34)	USA (27)	Russland (23)	China (22)	Sonstige (39)	Gesamt (203)
Körperpflegemittel (91)	6,20 (1,56)	6,62 (1,00)	5,82 (1,67)	6,00 (1,59)	5,84 (1,74)	5,34 (2,11)	6,18 (1,51)
Wasch-, Spül- und Putzmittel (4)	-	-	-	5,23 (1,59)	-	-	5,23 (1,59)
Süß- und Backwaren (44)	5,29 (1,83)	6,08 (1,48)	5,84 (1,98)	-	5,68 (2,10)	5,51 (1,93)	5,65 (1,84)
Fertiggerichte u.ä. Nahrungsmittel (19)	4,76 (1,73)	-	5,30 (1,95)	5,23 (1,81)	6,30 (1,49)	5,00 (2,18)	5,08 (1,90)
Molkereiprodukte (18)	5,50 (1,96)	-	5,60 (2,14)	5,73 (1,46)	5,45 (1,60)	3,60 (2,53)	5,12 (2,12)
Alkoholfreie Getränke (13)	6,07 (1,64)	-	6,20 (1,69)	5,10 (1,79)	-	4,65 (2,18)	5,27 (1,95)
Bierprodukte (14)	6,30 (1,26)	6,80 (0,63)	6,05 (1,79)	6,67 (0,71)	5,73 (1,98)	5,13 (2,30)	6,01 (1,74)
Pflege- und Reinigungsmittel (95)	6,20 (1,56)	6,62 (1,00)	5,82 (1,67)	5,66 (1,63)	5,84 (1,74)	6,09 (1,59)	6,14 (1,53)
Nahrungs- und Genussmittel (108)	5,35 (1,82)	6,14 (1,44)	5,71 (1,95)	5,60 (1,65)	5,67 (1,88)	4,96 (2,23)	5,46 (1,93)
Gesamtstichprobe (203)	5,77 (1,75)	6,45 (1,19)	5,76 (1,82)	5,62 (1,64)	5,74 (1,82)	5,34 (2,11)	5,78 (1,78)

Die Ausgangswerte liegen auf einer Skala von 1 (Minimum) bis 7 (Maximum). Die arithmetischen Mittel (jeweils erster Wert) und die Standardabweichungen (jeweils zweiter Wert in Klammern) beziehen sich auf alle Items des Konstrukts. Vgl. zu einer Auflistung der sonstigen Auslandsmärkte Abschnitt 4.4.1.1.

Arithmetische Mittel und Standardabweichungen „Länderübergreifende Nachfragehomogenität":

	Frankreich (58)	Österreich (34)	USA (27)	Russland (23)	China (22)	Sonstige (39)	Gesamt (203)
Körperpflegemittel (91)	4,28 (1,56)	4,91 (1,15)	4,23 (1,48)	4,00 (1,58)	4,11 (1,69)	3,33 (1,78)	4,31 (1,49)
Wasch-, Spül- und Putzmittel (4)	-	-	-	2,75 (0,96)	-	-	2,75 (0,96)
Süß- und Backwaren (44)	3,17 (1,53)	4,36 (1,50)	3,00 (2,00)	-	3,40 (2,07)	2,82 (1,78)	3,39 (1,73)
Fertiggerichte u.ä. Nahrungsmittel (19)	3,29 (1,70)	-	3,75 (1,50)	4,33 (1,15)	3,00 (0,00)	4,25 (1,26)	3,74 (1,41)
Molkereiprodukte (18)	2,80 (1,30)	-	1,50 (0,71)	3,33 (0,58)	4,50 (1,00)	1,75 (0,96)	2,89 (1,41)
Alkoholfreie Getränke (13)	2,67 (0,58)	-	4,00 (0,00)	3,00 (1,41)	-	5,00 (2,16)	3,62 (1,71)
Bierprodukte (14)	2,50 (0,71)	2,00 (0,00)	3,50 (0,71)	3,33 (2,31)	4,33 (1,53)	2,33 (1,53)	3,14 (1,51)
Pflege- und Reinigungsmittel (95)	4,28 (1,56)	4,91 (1,15)	4,23 (1,48)	3,44 (1,42)	4,11 (1,69)	3,69 (1,60)	4,24 (1,50)
Nahrungs- und Genussmittel (108)	3,03 (1,38)	4,17 (1,59)	3,14 (1,56)	3,43 (1,40)	3,92 (1,55)	3,15 (1,87)	3,36 (1,59)
Gesamtstichprobe (203)	3,66 (1,58)	4,65 (1,35)	3,67 (1,59)	3,43 (1,38)	4,00 (1,57)	3,33 (1,78)	3,77 (1,61)

Die Ausgangswerte liegen auf einer Skala von 1 (Minimum) bis 7 (Maximum). Der jeweils erste Wert gibt das arithmetische Mittel und der jeweils zweite Wert in Klammen die Standardabweichung an. Vgl. zu einer Auflistung der sonstigen Auslandsmärkte Abschnitt 4.4.1.1.

Arithmetische Mittel und Standardabweichungen „Potenzial für länderübergreifende Skaleneffekte":

	Frankreich (58)	Österreich (34)	USA (27)	Russland (23)	China (22)	Sonstige (39)	Gesamt (203)
Körperpflegemittel (91)	5,72 (1,85)	6,18 (1,22)	5,23 (1,79)	6,00 (1,41)	6,11 (1,69)	5,00 (1,95)	5,78 (1,65)
Wasch-, Spül- und Putzmittel (4)	-	-	-	2,25 (1,26)	-	-	2,25 (1,26)
Süß- und Backwaren (44)	6,33 (0,78)	6,18 (0,75)	6,20 (0,84)	-	6,20 (0,84)	5,09 (2,07)	5,95 (1,29)
Fertiggerichte u.ä. Nahrungsmittel (19)	6,43 (0,53)	-	7,00 (0,00)	5,33 (2,08)	6,00 (0,00)	4,25 (2,22)	5,89 (1,56)
Molkereiprodukte (18)	6,20 (1,30)	-	7,00 (0,00)	5,33 (1,53)	5,50 (1,29)	5,00 (1,83)	5,72 (1,41)
Alkoholfreie Getränke (13)	6,67 (0,58)	-	6,00 (0,00)	5,00 (2,00)	-	3,00 (1,83)	4,85 (2,08)
Bierprodukte (14)	4,50 (2,12)	7,00 (0,00)	5,00 (0,00)	6,00 (1,00)	6,67 (0,58)	6,33 (0,58)	5,93 (1,14)
Pflege- und Reinigungsmittel (95)	5,72 (1,85)	6,18 (1,22)	5,23 (1,79)	4,33 (2,35)	6,11 (1,69)	5,46 (1,81)	5,63 (1,78)
Nahrungs- und Genussmittel (108)	6,24 (0,99)	6,25 (0,75)	6,36 (0,84)	5,36 (1,60)	6,08 (0,95)	4,77 (2,01)	5,77 (1,47)
Gesamtstichprobe (203)	5,98 (1,49)	6,21 (1,07)	5,81 (1,47)	4,96 (1,94)	6,09 (1,27)	5,00 (1,95)	5,70 (1,62)

Die Ausgangswerte liegen auf einer Skala von 1 (Minimum) bis 7 (Maximum). Der jeweils erste Wert gibt das arithmetische Mittel und der jeweils zweite Wert in Klammen die Standardabweichung an. Vgl. zu einer Auflistung der sonstigen Auslandsmärkte Abschnitt 4.4.1.1.

Arithmetische Mittel und Standardabweichungen „Modifikationskosten":

	Frankreich (58)	Österreich (34)	USA (27)	Russland (23)	China (22)	Sonstige (39)	Gesamt (203)
Körperpflegemittel (91)	4,51 (2,00)	3,66 (2,45)	4,19 (1,82)	3,94 (1,83)	4,43 (1,88)	3,63 (1,94)	4,10 (2,11)
Wasch-, Spül- und Putzmittel (4)	-	-	-	2,88 (1,51)	-	-	2,88 (1,51)
Süß- und Backwaren (44)	3,51 (1,96)	3,82 (1,81)	4,14 (2,17)	-	4,92 (2,00)	3,87 (1,75)	3,91 (1,94)
Fertiggerichte u.ä. Nahrungsmittel (19)	3,80 (1,59)	-	3,75 (2,36)	3,13 (1,68)	3,60 (0,97)	3,68 (1,42)	3,65 (1,74)
Molkereiprodukte (18)	4,42 (2,21)	-	5,05 (1,90)	2,50 (1,36)	2,65 (1,49)	4,45 (1,83)	3,78 (2,05)
Alkoholfreie Getränke (13)	2,67 (1,42)	-	2,60 (1,26)	2,66 (1,73)	-	2,55 (1,55)	2,62 (1,56)
Bierprodukte (14)	3,35 (1,90)	6,80 (0,63)	5,00 (1,08)	4,13 (2,46)	3,77 (1,85)	2,83 (2,49)	3,98 (2,24)
Pflege- und Reinigungsmittel (95)	4,51 (2,00)	3,66 (2,45)	4,19 (1,82)	3,47 (1,77)	4,43 (1,88)	3,68 (2,07)	4,05 (2,10)
Nahrungs- und Genussmittel (108)	3,64 (1,92)	4,07 (1,93)	4,17 (2,10)	3,04 (1,91)	3,85 (1,98)	3,61 (1,88)	3,70 (1,97)
Gesamtstichprobe (203)	4,07 (2,00)	3,80 (2,28)	4,18 (1,97)	3,21 (1,87)	4,09 (1,96)	3,63 (1,94)	3,86 (2,04)

Die Ausgangswerte liegen auf einer Skala von 1 (Minimum) bis 7 (Maximum). Die arithmetischen Mittel (jeweils erster Wert) und die Standardabweichungen (jeweils zweiter Wert in Klammern) beziehen sich auf alle Items des Konstrukts. Vgl. zu einer Auflistung der sonstigen Auslandsmärkte Abschnitt 4.4.1.1.

Anhang

Arithmetische Mittel und Standardabweichungen „Ausländische Preiselastizität der Nachfrage":

	Frankreich (58)	Österreich (34)	USA (27)	Russland (23)	China (22)	Sonstige (39)	Gesamt (203)
Körperpflegemittel (91)	4,66 (0,94)	4,86 (0,77)	4,54 (0,88)	4,60 (1,52)	4,11 (0,78)	4,38 (1,73)	4,64 (1,03)
Wasch-, Spül- und Putzmittel (4)	-	-	-	5,00 (1,15)	-	-	5,00 (1,15)
Süß- und Backwaren (44)	4,00 (0,95)	3,73 (1,35)	4,00 (1,22)	-	3,80 (1,48)	3,82 (1,78)	3,86 (1,32)
Fertiggerichte u.ä. Nahrungsmittel (19)	3,71 (1,11)	-	4,50 (0,58)	5,00 (1,73)	3,00 (0,00)	6,50 (0,58)	4,63 (1,46)
Molkereiprodukte (18)	3,20 (0,84)	-	4,00 (0,00)	4,00 (1,00)	3,75 (1,26)	2,75 (1,26)	3,44 (1,04)
Alkoholfreie Getränke (13)	4,00 (1,00)	-	3,00 (0,00)	4,40 (1,52)	-	3,75 (1,26)	4,00 (1,22)
Bierprodukte (14)	6,00 (0,00)	4,00 (0,00)	3,00 (1,41)	5,00 (1,00)	3,67 (2,52)	5,33 (1,15)	4,57 (1,60)
Pflege- und Reinigungsmittel (95)	4,66 (0,94)	4,86 (0,77)	4,54 (0,88)	4,78 (1,30)	4,11 (0,78)	4,69 (1,60)	4,65 (1,03)
Nahrungs- und Genussmittel (108)	3,93 (1,10)	3,75 (1,29)	3,93 (1,00)	4,57 (1,28)	3,69 (1,49)	4,23 (1,80)	4,04 (1,37)
Gesamtstichprobe (203)	4,29 (1,08)	4,47 (1,11)	4,22 (0,97)	4,65 (1,27)	3,86 (1,25)	4,38 (1,73)	4,33 (1,26)

Die Ausgangswerte liegen auf einer Skala von 1 (Minimum) bis 7 (Maximum). Der jeweils erste Wert gibt das arithmetische Mittel und der jeweils zweite Wert in Klammen die Standardabweichung an. Vgl. zu einer Auflistung der sonstigen Auslandsmärkte Abschnitt 4.4.1.1.

Arithmetische Mittel und Standardabweichungen „Wahrnehmungsfehler in Bezug auf die Situation":

	Frankreich (58)	Österreich (34)	USA (27)	Russland (23)	China (22)	Sonstige (39)	Gesamt (203)
Körperpflegemittel (91)	3,24 (1,39)	2,97 (1,61)	3,77 (1,84)	3,93 (1,10)	3,48 (1,48)	3,21 (1,49)	3,32 (1,53)
Wasch-, Spül- und Putzmittel (4)	-	-	-	3,92 (1,31)	-	-	3,92 (1,31)
Süß- und Backwaren (44)	4,03 (1,66)	3,39 (1,34)	2,87 (1,85)	-	4,20 (1,47)	2,97 (1,56)	3,49 (1,61)
Fertiggerichte u.ä. Nahrungsmittel (19)	3,62 (1,75)	-	4,08 (1,62)	4,33 (1,00)	4,00 (0,00)	3,25 (1,14)	3,77 (1,46)
Molkereiprodukte (18)	4,20 (2,01)	-	4,33 (1,03)	3,22 (1,09)	3,67 (1,15)	3,56 (1,67)	3,80 (1,52)
Alkoholfreie Getränke (13)	4,67 (2,58)	-	4,00 (0,00)	2,87 (1,13)	-	3,44 (1,74)	3,45 (1,68)
Bierprodukte (14)	3,83 (0,98)	4,00 (2,65)	2,83 (1,17)	3,67 (1,50)	3,33 (2,00)	3,11 (1,83)	3,40 (1,62)
Pflege- und Reinigungsmittel (95)	3,24 (1,39)	2,97 (1,61)	3,77 (1,84)	3,93 (1,17)	3,48 (1,48)	3,29 (1,41)	3,35 (1,52)
Nahrungs- und Genussmittel (108)	3,99 (1,77)	3,44 (1,44)	3,50 (1,61)	3,43 (1,27)	3,82 (1,47)	3,17 (1,54)	3,58 (1,58)
Gesamtstichprobe (203)	3,60 (1,62)	3,14 (1,56)	3,63 (1,72)	3,62 (1,25)	3,68 (1,47)	3,21 (1,49)	3,47 (1,56)

Die Ausgangswerte liegen auf einer Skala von 1 (Minimum) bis 7 (Maximum). Die arithmetischen Mittel (jeweils erster Wert) und die Standardabweichungen (jeweils zweiter Wert in Klammern) beziehen sich auf alle Items des Konstrukts. Vgl. zu einer Auflistung der sonstigen Auslandsmärkte Abschnitt 4.4.1.1.

Arithmetische Mittel und Standardabweichungen „Umsetzungsqualität in Bezug auf die Strategie":

	Frankreich (58)	Österreich (34)	USA (27)	Russland (23)	China (22)	Sonstige (39)	Gesamt (203)
Körperpflegemittel (91)	4,66 (1,27)	5,14 (1,53)	4,31 (1,35)	4,40 (1,31)	4,86 (1,29)	4,78 (1,47)	4,72 (1,40)
Wasch-, Spül- und Putzmittel (4)	-	-	-	5,06 (0,85)	-	-	5,06 (0,85)
Süß- und Backwaren (44)	3,88 (1,16)	5,07 (1,17)	4,35 (0,93)	-	4,05 (0,94)	4,68 (1,68)	4,45 (1,34)
Fertiggerichte u.ä. Nahrungsmittel (19)	4,14 (1,76)	-	4,25 (0,68)	5,00 (0,95)	3,00 (0,82)	4,94 (0,93)	4,41 (1,34)
Molkereiprodukte (18)	3,75 (1,83)	-	4,38 (1,92)	4,92 (1,00)	4,00 (1,41)	5,81 (1,17)	4,53 (1,66)
Alkoholfreie Getränke (13)	4,92 (2,19)	-	5,00 (0,82)	4,60 (1,47)	-	4,00 (0,89)	4,52 (1,50)
Bierprodukte (14)	3,75 (1,39)	3,25 (0,50)	5,13 (0,35)	5,08 (0,67)	5,33 (1,97)	5,42 (1,31)	4,89 (1,41)
Pflege- und Reinigungsmittel (95)	4,66 (1,27)	5,14 (1,53)	4,31 (1,35)	4,69 (1,17)	4,86 (1,29)	4,58 (1,50)	4,73 (1,39)
Nahrungs- und Genussmittel (108)	4,02 (1,59)	4,92 (1,23)	4,48 (1,03)	4,86 (1,12)	4,25 (1,49)	4,88 (1,45)	4,52 (1,43)
Gesamtstichprobe (203)	4,34 (1,47)	5,06 (1,43)	4,40 (1,19)	4,79 (1,13)	4,50 (1,44)	4,78 (1,47)	4,62 (1,41)

Die Ausgangswerte liegen auf einer Skala von 1 (Minimum) bis 7 (Maximum). Die arithmetischen Mittel (jeweils erster Wert) und die Standardabweichungen (jeweils zweiter Wert in Klammern) beziehen sich auf alle Items des Konstrukts. Vgl. zu einer Auflistung der sonstigen Auslandsmärkte Abschnitt 4.4.1.1.

Arithmetische Mittel und Standardabweichungen „Ausländischer Produktgewinn":

	Frankreich (58)	Österreich (34)	USA (27)	Russland (23)	China (22)	Sonstige (39)	Gesamt (203)
Körperpflegemittel (91)	4,17 (1,25)	4,36 (1,30)	3,75 (1,58)	4,30 (0,86)	3,89 (1,69)	4,37 (1,24)	4,17 (1,35)
Wasch-, Spül- und Putzmittel (4)	-	-	-	4,38 (1,36)	-	-	4,38 (1,36)
Süß- und Backwaren (44)	3,88 (1,08)	4,34 (1,14)	3,75 (1,41)	-	3,85 (1,14)	4,36 (1,18)	4,10 (1,18)
Fertiggerichte u.ä. Nahrungsmittel (19)	3,71 (1,33)	-	3,63 (1,20)	3,92 (1,31)	3,00 (2,45)	3,13 (1,02)	3,57 (1,31)
Molkereiprodukte (18)	4,65 (1,46)	-	4,75 (1,28)	4,75 (1,29)	4,44 (1,03)	4,25 (0,45)	4,54 (1,14)
Alkoholfreie Getränke (13)	3,92 (1,16)	-	4,00 (0,00)	3,55 (0,89)	-	5,50 (1,21)	4,27 (1,32)
Bierprodukte (14)	5,00 (1,31)	4,00 (0,82)	4,13 (0,64)	4,50 (1,31)	5,08 (0,67)	4,50 (1,17)	4,61 (1,07)
Pflege- und Reinigungsmittel (95)	4,17 (1,25)	4,36 (1,30)	3,75 (1,58)	4,33 (1,10)	3,89 (1,69)	4,40 (1,24)	4,18 (1,35)
Nahrungs- und Genussmittel (108)	4,05 (1,28)	4,31 (1,11)	3,93 (1,22)	4,09 (1,24)	4,25 (1,27)	4,35 (1,25)	4,16 (1,24)
Gesamtstichprobe (203)	4,11 (1,26)	4,35 (1,23)	3,84 (1,40)	4,18 (1,19)	4,10 (1,45)	4,37 (1,24)	4,17 (1,29)

Die Ausgangswerte liegen auf einer Skala von 1 (Minimum) bis 7 (Maximum). Die arithmetischen Mittel (jeweils erster Wert) und die Standardabweichungen (jeweils zweiter Wert in Klammern) beziehen sich auf alle Items des Konstrukts. Vgl. zu einer Auflistung der sonstigen Auslandsmärkte Abschnitt 4.4.1.1.

Anhang 11: Korrelationsmatrizen zu den Analysen beim Fit als Matching

Korrelationsmatrix für die Fehlstandardisierung in der Gesamtstichprobe:

	FN	FS	FM	FP	WF	WF x FN	WF x FS	WF x FM	WF x FP	UF	UF x FN	UF x FS	UF x FM	UF x FP	PG
FN	1,000														
FS	0,190	1,000													
FM	0,016	-0,056	1,000												
FP	-0,227	0,002	0,093	1,000											
WF	0,081	-0,037	-0,131	-0,031	1,000										
WF x FN	0,005	0,019	-0,035	-0,099	0,055	1,000									
WF x FS	0,013	0,134	-0,093	0,004	0,069	0,343	1,000								
WF x FM	-0,137	-0,008	0,004	0,007	-0,037	-0,290	-0,207	1,000							
WF x FP	-0,103	-0,094	-0,034	0,028	-0,045	-0,364	-0,159	0,340	1,000						
UF	0,082	-0,003	-0,057	-0,087	0,543	-0,009	-0,012	0,065	0,039	1,000					
UF x FN	-0,039	-0,121	-0,015	-0,009	0,054	0,000	-0,116	0,083	0,020	0,124	1,000				
UF x FS	-0,053	0,001	0,058	0,220	-0,083	-0,048	-0,074	-0,052	-0,007	-0,075	0,075	1,000			
UF x FM	0,035	0,055	0,123	0,108	-0,018	-0,092	-0,084	0,411	-0,010	0,060	-0,062	-0,087	1,000		
UF x FP	0,118	0,209	0,002	-0,074	0,164	-0,088	0,195	-0,055	0,167	0,165	-0,148	-0,150	-0,158	1,000	
PG	-0,215	-0,242	0,259	0,209	-0,266	-0,218	-0,268	0,128	0,164	-0,201	0,161	0,282	0,150	-0,267	1,000

Eine Erklärung der Abkürzungen findet sich in Abbildung 28.

Korrelationsmatrix für die Fehlstandardisierung in der Pflege- und Reinigungsmittelindustrie:

	FN	FS	FM	FP	PG
FN	1,000				
FS	0,324	1,000			
FM	-0,125	-0,027	1,000		
FP	-0,312	-0,164	0,155	1,000	
PG	-0,330	-0,361	0,318	0,355	1,000

Eine Erklärung der Abkürzungen findet sich in Abbildung 28.

Korrelationsmatrix für die Fehlstandardisierung in der Nahrungs- und Genussmittelindustrie:

	FN	FS	FM	FP	PG
FN	1,000				
FS	0,079	1,000			
FM	-0,002	-0,062	1,000		
FP	-0,197	-0,191	0,039	1,000	
PG	-0,367	-0,268	0,302	0,366	1,000

Eine Erklärung der Abkürzungen findet sich in Abbildung 28.

Korrelationsmatrix für die Unterstandardisierung in der Gesamtstichprobe:

	UN	US	UM	UP	WF	WF x UN	WF x US	WF x UM	WF x UP	UF	UF x UN	UF x US	UF x UM	UF x UP	PG
UN	1,000														
US	0,388	1,000													
UM	0,150	0,215	1,000												
UP	0,416	0,688	0,432	1,000											
WF	0,103	0,098	0,084	0,020	1,000										
WF x UN	0,232	0,013	0,165	0,076	0,069	1,000									
WF x US	0,203	0,128	0,021	0,098	0,096	0,269	1,000								
WF x UM	0,140	0,074	0,058	0,083	0,019	0,113	0,525	1,000							
WF x UP	-0,225	-0,135	-0,011	-0,132	-0,040	0,196	-0,302	-0,514	1,000						
UF	0,002	0,029	0,065	-0,045	0,543	-0,109	-0,091	-0,108	0,046	1,000					
UF x UN	-0,126	-0,078	-0,190	-0,187	-0,120	-0,082	-0,143	-0,226	0,217	-0,019	1,000				
UF x US	-0,065	0,027	0,080	0,056	0,067	0,053	0,441	0,263	-0,155	-0,083	-0,434	1,000			
UF x UM	-0,074	0,027	0,175	0,058	-0,010	0,034	0,257	0,224	-0,124	-0,011	-0,005	0,539	1,000		
UF x UP	-0,052	-0,205	-0,124	-0,202	-0,129	-0,020	0,103	-0,084	0,187	-0,081	0,380	-0,034	0,175	1,000	
PG	-0,208	-0,251	-0,215	-0,220	-0,268	-0,178	-0,188	-0,138	0,245	-0,201	0,362	-0,275	-0,157	0,286	1,000

Eine Erklärung der Abkürzungen findet sich in Abbildung 29.

Korrelationsmatrix für die Unterstandardisierung in der Pflege- und Reinigungsmittelindustrie:

	UN	US	UM	UP	PG
UN	1,000				
US	-0,593	1,000			
UM	-0,364	0,304	1,000		
UP	0,396	-0,670	-0,418	1,000	
PG	-0,253	0,348	0,365	-0,331	1,000

Eine Erklärung der Abkürzungen findet sich in Abbildung 29.

Korrelationsmatrix für die Unterstandardisierung in der Nahrungs- und Genussmittelindustrie:

	UN	US	UM	UP	PG
UN	1,000				
US	0,560	1,000			
UM	0,362	0,428	1,000		
UP	0,450	0,771	0,508	1,000	
PG	-0,387	-0,405	-0,286	-0,320	1,000

Eine Erklärung der Abkürzungen findet sich in Abbildung 29.

Korrelationsmatrix für die Überstandardisierung in der Gesamtstichprobe:

	ÜN	ÜS	ÜM	ÜP	WF	WF x ÜN	WF x ÜS	WF x ÜM	WF x ÜP	UF	UF x ÜN	UF x ÜS	UF x ÜM	UF x ÜP	PG
ÜN	1,000														
ÜS	0,494	1,000													
ÜM	0,087	0,096	1,000												
ÜP	0,705	0,557	0,147	1,000											
WF	-0,115	-0,056	-0,187	-0,109	1,000										
WF x ÜN	-0,097	-0,038	0,039	0,042	-0,051	1,000									
WF x ÜS	-0,016	0,030	0,057	-0,016	-0,084	0,174	1,000								
WF x ÜM	0,038	-0,006	0,143	0,007	-0,015	0,260	0,079	1,000							
WF x ÜP	-0,097	-0,048	0,015	-0,001	-0,012	0,383	0,111	0,399	1,000						
UF	-0,089	-0,049	-0,032	-0,060	0,543	0,034	0,039	0,081	0,069	1,000					
UF x ÜN	0,057	-0,085	-0,006	0,005	0,084	0,095	0,105	0,074	0,002	0,226	1,000				
UF x ÜS	0,054	0,034	0,007	0,057	-0,100	0,144	0,459	-0,008	0,057	-0,126	0,134	1,000			
UF x ÜM	0,032	0,025	0,041	0,083	-0,035	0,063	-0,007	0,404	0,031	0,036	0,053	-0,010	1,000		
UF x ÜP	-0,038	-0,093	0,015	-0,125	0,071	0,038	0,044	-0,011	-0,062	0,108	0,064	0,185	-0,022	1,000	
PG	0,225	0,224	0,195	0,248	-0,268	0,191	0,126	0,154	0,160	-0,204	0,190	0,124	0,165	-0,125	1,000

Eine Erklärung der Abkürzungen findet sich in Abbildung 30.

Korrelationsmatrix für die Überstandardisierung in der Pflege- und Reinigungsmittelindustrie:

	ÜN	ÜS	ÜM	ÜP	PG
ÜN	1,000				
ÜS	-0,593	1,000			
ÜM	0,252	-0,037	1,000		
ÜP	0,812	-0,662	0,152	1,000	
PG	0,383	-0,264	0,335	0,236	1,000

Eine Erklärung der Abkürzungen findet sich in Abbildung 30.

Korrelationsmatrix für die Überstandardisierung in der Nahrungs- und Genussmittelindustrie:

	ÜN	ÜS	ÜM	ÜP	PG
ÜN	1,000				
ÜS	0,584	1,000			
ÜM	0,291	0,312	1,000		
ÜP	0,745	0,591	0,352	1,000	
PG	0,361	0,459	0,215	0,406	1,000

Eine Erklärung der Abkürzungen findet sich in Abbildung 30.

Korrelationsmatrix für das um die Kontrollvariablen erweiterte Hauptmodell:

	FN	FS	FM	FP	WF	UF	KE10	KE11	KE13	KE20	KE22	KE23	KE32	KE33	KE34	KE35	KE36	PG
FN	1,000																	
FS	0,203	1,000																
FM	0,016	-0,052	1,000															
FP	-0,227	0,010	0,098	1,000														
WF	0,076	-0,033	-0,131	-0,032	1,000													
UF	0,079	-0,006	-0,059	-0,087	0,543	1,000												
KE10	-0,066	-0,007	0,088	0,056	-0,118	-0,122	1,000											
KE11	-0,120	-0,211	0,117	0,204	-0,291	-0,334	0,367	1,000										
KE13	0,038	-0,087	0,041	0,089	-0,314	-0,270	0,158	0,210	1,000									
KE20	-0,089	0,033	-0,066	-0,015	-0,032	-0,039	0,031	0,029	0,000	1,000								
KE22	-0,016	-0,026	-0,153	-0,159	-0,188	-0,199	0,149	0,253	0,106	0,207	1,000							
KE23	0,017	0,039	-0,062	-0,117	0,194	0,110	0,002	-0,048	0,013	0,086	0,091	1,000						
KE32	0,035	0,037	0,092	0,027	-0,035	0,050	-0,044	0,041	0,062	-0,086	-0,046	-0,031	1,000					
KE33	0,028	-0,059	0,008	-0,006	-0,011	0,077	-0,048	-0,030	0,046	-0,107	-0,093	0,041	0,648	1,000				
KE34	0,027	0,126	-0,023	-0,021	0,027	-0,008	-0,047	0,009	0,011	-0,097	-0,036	-0,003	0,342	0,109	1,000			
KE35	0,033	0,039	0,075	0,054	-0,045	-0,033	0,042	0,066	0,017	-0,052	0,062	0,048	0,425	0,378	0,347	1,000		
KE36	-0,089	-0,071	0,139	0,179	-0,345	-0,428	0,183	0,478	0,346	-0,012	0,206	-0,145	-0,044	-0,120	-0,076	-0,129	1,000	
PG	-0,241	-0,241	0,255	0,211	-0,270	-0,205	0,056	0,229	0,249	0,031	-0,122	-0,102	-0,122	-0,056	-0,081	0,011	0,299	1,000

Eine Erklärung der Abkürzungen findet sich in Abbildung 32.

Anhang 12: Korrelationsmatrizen zu den Analysen beim Fit als Moderation in Form einer Subgruppenanalyse

Korrelationsmatrix für die Subgruppe „NH gering":

	PS	SE	SE x PS	MK	MK x PS	PE	PE x PS	WF	WF x PS	UQ	UQ x PS	PG
PS	1,000											
SE	0,098	1,000										
SE x PS	0,017	-0,141	1,000									
MK	-0,016	-0,048	-0,053	1,000								
MK x PS	0,149	-0,143	0,234	0,148	1,000							
PE	0,076	-0,059	-0,025	0,041	0,192	1,000						
PE x PS	-0,014	-0,023	0,014	0,006	-0,368	-0,097	1,000					
WF	0,185	-0,013	-0,107	0,132	-0,026	-0,216	0,010	1,000				
WF x PS	0,008	-0,150	0,149	-0,146	0,158	-0,026	-0,023	-0,003	1,000			
UQ	-0,095	0,044	0,008	-0,082	-0,103	0,153	0,147	-0,545	0,067	1,000		
UQ x PS	-0,166	0,037	0,119	-0,021	-0,081	0,028	-0,023	-0,148	-0,358	0,008	1,000	
PG	-0,388	0,060	0,174	-0,185	-0,286	0,019	0,219	-0,338	-0,227	0,139	0,475	1,000

Eine Erklärung der Abkürzungen findet sich in Abbildung 33.

Korrelationsmatrix für die Subgruppe „NH hoch":

	PS	SE	SE x PS	MK	MK x PS	PE	PE x PS	WF	WF x PS	UQ	UQ x PS	PG
PS	1,000											
SE	-0,014	1,000										
SE x PS	0,245	0,239	1,000									
MK	-0,009	0,174	-0,144	1,000								
MK x PS	-0,389	0,053	-0,274	0,135	1,000							
PE	-0,046	-0,110	-0,145	0,004	0,015	1,000						
PE x PS	-0,013	-0,033	0,246	-0,094	-0,331	-0,067	1,000					
WF	-0,266	-0,068	0,021	0,015	0,084	-0,029	0,048	1,000				
WF x PS	0,383	-0,122	0,178	-0,101	-0,205	-0,043	0,015	-0,126	1,000			
UQ	0,060	0,048	0,110	-0,113	0,062	0,151	-0,012	-0,535	-0,110	1,000		
UQ x PS	0,160	0,098	0,083	0,101	-0,235	-0,112	0,386	-0,151	0,011	0,303	1,000	
PG	0,364	-0,137	0,287	-0,293	-0,321	-0,179	0,173	-0,265	0,235	0,286	0,286	1,000

Eine Erklärung der Abkürzungen findet sich in Abbildung 33.

Korrelationsmatrix für die Subgruppe „SE hoch":

	PS	NH	NH x PS	MK	MK x PS	PE	PE x PS	WF	WF x PS	UQ	UQ x PS	PG
PS	1,000											
NH	0,008	1,000										
NH x PS	0,008	-0,109	1,000									
MK	0,086	-0,060	-0,018	1,000								
MK x PS	-0,214	0,019	-0,058	0,123	1,000							
PE	-0,084	0,022	0,030	-0,047	0,049	1,000						
PE x PS	0,058	0,038	0,000	0,003	-0,303	-0,130	1,000					
WF	-0,103	-0,020	-0,167	0,044	0,000	-0,144	0,032	1,000				
WF x PS	0,009	-0,031	0,241	-0,012	-0,022	0,045	-0,088	-0,104	1,000			
UQ	0,032	0,020	0,157	-0,079	0,041	0,174	-0,019	-0,553	-0,009	1,000		
UQ x PS	0,057	0,104	-0,062	-0,039	-0,236	-0,072	0,246	-0,041	-0,027	-0,027	1,000	
PG	0,322	-0,088	0,164	-0,183	-0,264	-0,044	0,201	-0,294	0,194	0,219	0,311	1,000

Eine Erklärung der Abkürzungen findet sich in Abbildung 33.

Anhang

Korrelationsmatrix für die Subgruppe „MK gering":

	PS	NE	NE x PS	SE	SE x PS	PE	PE x PS	WF	WF x PS	UQ	UQ x PS	PG
PS	1,000											
NE	0,093	1,000										
NE x PS	-0,080	-0,036	1,000									
SE	0,086	0,001	-0,061	1,000								
SE x PS	-0,163	-0,194	0,277	-0,077	1,000							
PE	-0,008	0,116	0,008	-0,083	-0,057	1,000						
PE x PS	0,019	0,067	-0,036	0,027	0,023	-0,047	1,000					
WF	-0,226	-0,044	-0,226	-0,003	0,001	-0,051	0,038	1,000				
WF x PS	0,228	0,017	0,111	-0,166	0,087	0,082	-0,033	-0,055	1,000			
UQ	0,027	0,005	-0,108	0,130	-0,200	0,109	-0,013	-0,284	-0,204	1,000		
UQ x PS	-0,005	0,050	0,053	-0,096	0,448	0,032	0,160	-0,208	0,061	-0,072	1,000	
PG	0,337	-0,022	0,153	-0,085	0,277	-0,112	0,153	-0,237	0,258	-0,237	0,368	1,000

Eine Erklärung der Abkürzungen findet sich in Abbildung 33.

Korrelationsmatrix für die Subgruppe „MK hoch":

	PS	NH	NH x PS	SE	SE x PS	PE	PE x PS	WF	WF x PS	UQ	UQ x PS	PG
PS	1,000											
NH	-0,081	1,000										
NH x PS	0,193	-0,187	1,000									
SE	0,084	0,107	-0,054	1,000								
SE x PS	-0,167	-0,086	0,411	-0,076	1,000							
PE	0,023	-0,061	-0,078	-0,055	-0,086	1,000						
PE x PS	-0,121	-0,145	0,351	-0,092	0,263	-0,096	1,000					
WF	-0,104	-0,079	-0,088	-0,153	-0,113	-0,201	0,039	1,000				
WF x PS	0,420	0,062	-0,050	0,164	-0,305	0,031	-0,107	-0,156	1,000			
UQ	0,126	0,077	0,259	0,089	0,186	0,159	0,040	-0,614	-0,129	1,000		
UQ x PS	-0,155	0,176	-0,679	0,059	-0,449	0,193	-0,512	-0,034	-0,122	-0,092	1,000	
PG	0,381	-0,011	0,249	0,017	0,142	-0,069	0,200	-0,296	0,205	0,395	-0,291	1,000

Eine Erklärung der Abkürzungen findet sich in Abbildung 33.

Korrelationsmatrix für die Subgruppe „PE gering":

	PS	NH	NH x PS	SE	SE x PS	MK	MK x PS	WF	WF x PS	UQ	UQ x PS	PG
PS	1,000											
NH	0,097	1,000										
NH x PS	-0,259	-0,127	1,000									
SE	0,081	0,066	-0,135	1,000								
SE x PS	-0,153	-0,096	0,243	-0,201	1,000							
MK	0,040	-0,005	0,031	0,119	-0,071	1,000						
MK x PS	0,098	0,114	-0,369	-0,084	0,116	0,406	1,000					
WF	0,228	-0,093	-0,163	-0,071	-0,072	0,140	0,091	1,000				
WF x PS	0,181	0,109	-0,019	0,094	-0,227	0,010	-0,063	-0,067	1,000			
UQ	-0,231	0,022	0,197	-0,027	0,139	-0,169	-0,078	-0,483	-0,118	1,000		
UQ x PS	-0,147	-0,117	0,378	0,026	0,068	-0,144	-0,346	-0,082	0,155	0,165	1,000	
PG	-0,237	0,028	0,204	-0,163	-0,102	-0,337	-0,275	-0,362	0,220	0,275	0,321	1,000

Eine Erklärung der Abkürzungen findet sich in Abbildung 33.

Korrelationsmatrix für die Subgruppe „PE hoch":

	PS	NH	NH x PS	SE	SE x PS	MK	MK x PS	WF	WF x PS	UQ	UQ x PS	PG
PS	1,000											
NH	0,152	1,000										
NH x PS	-0,196	-0,088	1,000									
SE	-0,128	0,057	0,042	1,000								
SE x PS	0,002	-0,041	0,238	-0,008	1,000							
MK	0,006	0,093	-0,282	0,155	-0,104	1,000						
MK x PS	-0,408	0,015	-0,205	0,083	-0,185	0,301	1,000					
WF	-0,113	-0,018	-0,167	-0,075	-0,115	0,033	-0,065	1,000				
WF x PS	-0,335	-0,237	-0,015	0,054	-0,243	0,052	0,431	0,110	1,000			
UQ	0,020	0,044	0,108	0,166	-0,074	0,110	0,202	-0,587	-0,022	1,000		
UQ x PS	-0,041	0,131	0,068	-0,094	0,673	-0,140	-0,147	-0,091	-0,448	0,006	1,000	
PG	0,362	-0,070	0,181	0,054	0,315	-0,227	-0,541	-0,202	-0,520	0,150	0,346	1,000

Eine Erklärung der Abkürzungen findet sich in Abbildung 33.

Anhang 13: Korrelationsmatrizen zu den Analysen beim Fit als Moderation in Form einer Interaktionsanalyse

Korrelationsmatrix für die Gesamtstichprobe:

	PS	NH	NH x PS	SE	SE x PS	MK	MK x PS	PE	PE x PS	WF x PS	WF x PS x NH	WF x PS x SE	WF x PS x MK	WF x PS x PE	UQ x PS	UQ x PS x NH	UQ x PS x SE	UQ x PS x MK	UQ x PS x PE	PG
PS	1,000																			
NH	0,083	1,000																		
NH x PS	-0,077	-0,102	1,000																	
SE	-0,064	0,054	-0,066	1,000																
SE x PS	-0,095	-0,151	0,310	-0,095	1,000															
MK	0,114	-0,033	-0,018	0,110	-0,045	1,000														
MK x PS	-0,145	-0,002	-0,020	-0,090	0,231	0,119	1,000													
PE	-0,031	0,022	-0,031	-0,084	-0,024	-0,059	0,058	1,000												
PE x PS	0,024	-0,017	0,113	-0,028	0,066	0,021	-0,328	-0,056	1,000											
WF x PS	0,161	-0,078	-0,047	-0,024	-0,020	0,024	0,045	-0,051	-0,030	1,000										
WF x PS x NH	0,138	0,063	-0,312	-0,028	0,020	0,033	-0,027	-0,099	0,135	0,218	1,000									

	PS	NH	NH×PS	SE	SE×PS	MK	MK×PS	PE	PE×PS	WF×PS	WF×PS×NH	WF×PS×SE	WF×PS×MK	WF×PS×PE	UQ×PS	UQ×PS×NH	UQ×PS×SE	UQ×PS×MK	UQ×PS×PE	PG
WF×PS×SE	0,144	0,055	-0,061	0,016	-0,253	0,010	-0,136	-0,068	0,036	0,210	0,553	1,000								
WF×PS×MK	-0,012	0,103	-0,075	0,097	-0,189	0,079	-0,201	0,021	-0,022	-0,189	-0,483	-0,519	1,000							
WF×PS×PE	0,010	-0,103	0,130	-0,145	0,092	-0,053	0,153	0,041	-0,129	0,092	0,425	0,458	-0,603	1,000						
UQ×PS	-0,026	0,103	0,047	0,068	0,002	0,047	-0,062	0,000	-0,018	-0,132	-0,318	-0,276	0,322	-0,272	1,000					
UQ×PS×NH	0,082	-0,111	0,419	0,034	-0,012	0,064	-0,167	-0,011	0,130	0,010	-0,370	0,135	0,022	0,108	0,208	1,000				
UQ×PS×SE	0,019	0,018	-0,096	0,006	-0,246	0,061	-0,200	-0,070	0,217	0,042	0,251	0,211	-0,167	0,079	-0,292	0,034	1,000			
UQ×PS×MK	-0,066	0,129	-0,258	0,116	-0,395	0,027	0,105	0,063	-0,103	0,032	0,090	0,016	-0,048	-0,021	-0,369	-0,366	0,460	1,000		
UQ×PS×PE	0,153	0,025	0,222	-0,045	0,314	0,092	-0,138	-0,094	0,261	0,108	0,243	0,157	-0,215	0,071	0,042	0,271	-0,038	-0,426	1,000	
PG	0,221	-0,018	0,181	-0,045	0,158	-0,180	-0,192	-0,091	0,147	-0,127	-0,113	-0,091	0,143	-0,084	0,265	0,211	-0,106	-0,250	0,187	1,000

Eine Erklärung der Abkürzungen findet sich in Abbildung 35.

Anhang

Korrelationsmatrix für die Pflege- und Reinigungsmittelindustrie:

	PS	NH	NH x PS	SE	SE x PS	MK	MK x PS	PE	PE x PS	PG
PS	1,000									
NH	0,028	1,000								
NH x PS	0,308	-0,131	1,000							
SE	0,043	0,121	-0,027	1,000						
SE x PS	-0,120	0,016	-0,063	-0,111	1,000					
MK	0,018	-0,038	0,061	-0,032	0,053	1,000				
MK x PS	-0,234	0,082	-0,396	-0,196	0,389	0,217	1,000			
PE	-0,028	-0,062	-0,015	-0,204	-0,012	-0,041	0,049	1,000		
PE x PS	0,297	0,062	0,344	-0,042	-0,060	-0,106	-0,317	-0,047	1,000	
PG	0,302	-0,045	0,261	0,061	-0,277	-0,296	-0,331	-0,066	0,193	1,000

Eine Erklärung der Abkürzungen findet sich in Abbildung 35.

Korrelationsmatrix für die Nahrungs- und Genussmittelindustrie:

	PS	NH	NH x PS	SE	SE x PS	MK	MK x PS	PE	PE x PS	PG
PS	1,000									
NH	0,193	1,000								
NH x PS	-0,105	-0,030	1,000							
SE	-0,027	0,016	-0,182	1,000						
SE x PS	-0,030	-0,219	0,387	-0,111	1,000					
MK	0,155	0,105	-0,092	0,193	-0,091	1,000				
MK x PS	-0,143	-0,060	-0,059	-0,024	0,171	0,163	1,000			
PE	-0,149	-0,040	-0,078	0,023	-0,042	-0,082	0,090	1,000		
PE x PS	0,310	-0,074	0,013	-0,013	0,089	0,236	-0,334	-0,094	1,000	
PG	0,391	-0,001	0,242	-0,171	0,181	-0,240	-0,288	-0,129	0,212	1,000

Eine Erklärung der Abkürzungen findet sich in Abbildung 35.

Korrelationsmatrix für das um die Kontrollvariablen erweiterte Hauptmodell:

	PS	NH	NH×PS	SE	SE×PS	MK	MK×PS	PE	PE×PS	KE10	KE11	KE13	KE20	KE22	KE23	KE32	KE33	KE34	KE35	KE36	PG
PS	1,000																				
NH	0,081	1,000																			
NH×PS	-0,077	-0,102	1,000																		
SE	-0,063	0,054	-0,066	1,000																	
SE×PS	-0,097	-0,151	0,310	-0,095	1,000																
MK	0,117	-0,033	-0,018	0,109	-0,045	1,000															
MK×PS	-0,145	-0,002	-0,020	-0,090	0,231	0,118	1,000														
PE	-0,031	0,022	-0,031	-0,084	-0,025	-0,057	0,058	1,000													
PE×PS	0,023	-0,017	0,113	-0,028	0,066	0,023	-0,328	-0,056	1,000												
KE10	0,115	0,063	-0,050	-0,040	-0,020	-0,095	0,064	-0,006	-0,069	1,000											
KE11	0,184	0,028	0,041	-0,047	0,066	-0,088	-0,071	0,040	0,093	0,367	1,000										
KE13	0,144	0,091	0,039	0,010	0,067	-0,102	-0,064	0,107	0,031	0,158	0,210	1,000									
KE20	-0,074	0,021	-0,039	-0,047	-0,026	-0,089	0,055	0,007	-0,069	0,031	0,029	0,000	1,000								
KE22	-0,025	0,091	0,040	0,074	-0,037	0,061	0,052	0,263	0,022	0,149	0,253	0,106	0,207	1,000							
KE23	-0,055	-0,009	0,066	-0,024	0,082	0,040	0,061	0,028	0,166	0,002	-0,048	0,013	0,086	0,091	1,000						
KE32	-0,021	0,143	-0,055	0,016	-0,054	-0,045	0,053	0,133	-0,128	-0,044	0,041	0,062	-0,086	-0,046	-0,031	1,000					
KE33	-0,029	0,237	-0,036	0,069	0,026	0,071	0,078	0,105	-0,046	-0,048	-0,030	0,046	-0,107	-0,093	0,041	0,648	1,000				
KE34	0,033	0,170	-0,035	-0,052	-0,113	0,011	0,060	0,051	-0,064	-0,047	0,009	0,011	-0,097	-0,036	-0,003	0,342	0,109	1,000			
KE35	-0,025	0,206	-0,003	0,129	-0,080	-0,042	0,030	0,076	-0,052	0,042	0,066	0,017	-0,052	0,062	0,048	0,425	0,378	0,347	1,000		
KE36	0,082	-0,036	0,163	-0,026	0,137	-0,113	-0,008	0,088	0,123	0,183	0,478	0,346	-0,012	0,206	-0,145	-0,044	-0,120	-0,076	-0,129	1,000	
PG	0,220	-0,020	0,180	-0,045	0,157	-0,181	-0,192	-0,091	0,147	0,054	0,228	0,249	0,029	-0,122	-0,102	-0,121	-0,053	-0,080	0,012	0,298	1,000

Eine Erklärung der Abkürzungen findet sich in Abbildung 37.

Korrelationsmatrix für das um die Einflussvariablen erweiterte Hauptmodell:

	PS	NH	PS×NH	SE	PS×SE	MK	PS×MK	PE	PS×PE	KE2	KE4	KE6	KE7	KE17	KE22	KE24	KE25	KE28	KE30	KE31	PG
PS	1,000																				
NH	0,399	1,000																			
PS×NH	-0,354	-0,102	1,000																		
SE	0,194	0,054	-0,068	1,000																	
PS×SE	-0,088	-0,151	0,313	-0,094	1,000																
MK	-0,271	-0,121	0,051	0,050	-0,095	1,000															
PS×MK	-0,004	-0,003	-0,018	-0,091	0,232	-0,088	1,000														
PE	0,016	0,022	-0,031	-0,084	-0,024	-0,003	0,058	1,000													
PS×PE	-0,040	-0,018	0,114	-0,027	0,067	-0,032	-0,327	-0,057	1,000												
KE2	0,119	0,424	0,110	-0,043	-0,079	-0,205	-0,051	0,041	-0,012	1,000											
KE4	0,084	0,120	-0,098	0,032	-0,144	-0,014	-0,044	0,057	0,055	0,454	1,000										
KE6	0,330	0,559	-0,039	-0,016	-0,095	-0,210	-0,042	0,184	0,039	0,541	0,343	1,000									
KE7	0,201	0,459	0,096	0,015	-0,133	0,040	-0,056	0,173	-0,001	0,482	0,366	0,640	1,000								
KE17	-0,544	-0,179	0,033	-0,194	-0,030	0,172	-0,037	-0,026	0,116	-0,053	-0,043	-0,189	-0,105	1,000							
KE22	-0,070	0,091	0,039	0,074	-0,037	-0,064	0,053	0,263	0,022	0,115	0,000	0,027	0,036	-0,047	1,000						
KE24	0,409	0,222	-0,079	0,192	-0,063	-0,105	0,080	-0,002	-0,045	0,061	-0,008	0,181	0,076	-0,239	0,011	1,000					
KE25	0,087	0,091	-0,049	0,000	-0,179	0,059	-0,088	-0,030	-0,047	0,018	-0,099	0,081	0,051	-0,165	-0,029	0,343	1,000				
KE28	0,234	0,121	-0,016	0,315	-0,284	0,021	-0,183	-0,148	0,035	0,009	-0,042	0,124	0,033	-0,174	-0,157	0,141	0,184	1,000			
KE30	0,229	0,072	0,009	0,232	-0,155	0,012	-0,060	-0,147	0,050	0,035	0,032	0,060	-0,040	-0,146	-0,135	0,158	0,226	0,584	1,000		
KE31	0,238	0,157	-0,050	0,317	-0,165	0,006	-0,099	-0,137	-0,097	-0,008	-0,014	0,096	0,033	-0,288	-0,108	0,258	0,446	0,522	0,507	1,000	
PG	0,050	-0,016	0,179	-0,045	0,158	-0,050	-0,195	-0,086	0,144	0,012	0,037	0,137	0,028	-0,120	-0,123	-0,002	0,014	-0,033	0,023	0,070	1,000

Eine Erklärung der Abkürzungen findet sich in Abbildung 38.

Literaturverzeichnis

Adam, D. (2001). Produktions-Management. 9. Auflage, Gabler, Wiesbaden, 2001.

Agiakloglou, C. & Yannelis, D. (2006). Estimation of Price Elasticities for International Telecommunications Demand. In: International Advances in Economic Research, Jg. 12, Nr. 1/2006, S. 131-137.

Agrawal, M. (1995). Review of a 40-Year Debate in International Advertising. In: International Marketing Review, Jg. 12, Nr. 1/1995, S. 26-48.

Aguinis, H. & Gottfredson, R.K. (2010). Best-Practice Recommendations for Estimating Interaction Effects Using Moderated Multiple Regression. In: Journal of Organizational Behavior, Jg. 31, Nr. 6/2010, S. 776-786.

Alashban, A.A., Hayes, L.A., Zinkhan, G.M. & Balazs, A.L. (2002). International Brand Name Standardization/Adaptation: Antecedents and Consequences. In: Journal of International Marketing, Jg. 10, Nr. 3/2002, S. 22-48.

Albaum, G., Roster, C.A., Wiley, J., Rossiter, J.R. & Smith, S.M. (2010). Designing Web Surveys in Marketing Research: Does Use of Forced Answering Affect Completion Rates? In: Journal of Marketing Theory & Practice, Jg. 18, Nr. 3/2010, S. 285-293.

Alden, D.L., Hoyer, W.D. & Lee, C. (1993). Identifying Global and Culture-Specific Dimensions of Humor in Advertising: A Multinational Analysis. In: Journal of Marketing, Jg. 57, Nr. 2/1993, S. 64-75.

Alden, D.L., Steenkamp, J.-B.E.M. & Batra, R. (1999). Brand Positioning Through Advertising in Asia, North America, and Europe: The Role of Global Consumer Culture. In: Journal of Marketing, Jg. 63, Nr. 1/1999, S. 75-87.

Aldrich, H.E. (1979). Organization and Environments. Prentice-Hall, Englewood Cliffs, 1979.

Anderson, C.R. & Paine, F.T. (1975). Managerial Perceptions and Strategic Behavior. In: Academy of Management Journal, Jg. 18, Nr. 4/1975, S. 811-823.

Apel, K.-O. (1990). Die Erklären:Verstehen-Kontroverse in transzendentalpragmatischer Sicht. Suhrkamp, Frankfurt, 1990.

Armstrong, J.S. & Overton, T.S. (1977). Estimating Nonresponse Bias in Mail Surveys. In: Journal of Marketing Research, Jg. 14, Nr. 3/1977, S. 396-402.

Avolio, B.J., Yammarino, F.J. & Bass, B.M. (1991). Identifying Common Methods Variance With Data Collected From A Single Source: An Unresolved Sticky Issue. In: Journal of Management, Jg. 17, Nr. 3/1991, S. 571-587.

Backhaus, K. & Voeth, M. (2010). Internationales Marketing. 6. Auflage, Schäffer-Poeschel, Stuttgart, 2010.

Backhaus, K., Erichson, B., Plinke, W. & Weiber, R. (2011a). Multivariate Analysemethoden. Eine anwendungsorientierte Einführung. 13. Auflage, Springer, Berlin, 2011.

Backhaus, K., Erichson, B., Weiber, R. (2011b). Fortgeschrittene Multivariate Analysemethoden. Eine anwendungsorientierte Einführung. Springer, Berlin, 2011.

Backhouse, R.E. & Morgan, M.S. (2000). Introduction: Is Data Mining a Methodological Problem? In: Journal of Economic Methodology, Jg. 7, Nr. 2/2000, S. 171-181.

Baddeley, M. (2006). Convergence or Divergence? The Impacts of Globalisation on Growth and Inequality in Less Developed Countries. In: International Review of Applied Economics, Jg. 20, Nr. 3/2006, S. 391-410.

Bagozzi, R.P. & Yi, Y. (1988). On the Evaluation of Structural Equation Models. In: Journal of the Academy of Marketing Science, Jg. 16, Nr. 1/1988, S. 74-94.

Bagwell, L.S. & Blenheim, B.D. (1996). Veblen Effects in a Theory of Conspicuous Consumption. In: American Economic Review, Jg. 86, Nr. 3/1996, S. 349-373.

Bain, J.S. (1959). Industrial Organization. John Wiley & Sons, New York et al., 1959.

Bamberger, I. & Wrona, T. (2004). Strategische Unternehmensführung. Vahlen, München, 2004.

Barney, J.B. (1991). Firm Resources and Sustained Competitive Advantage. In: Journal of Management, Jg. 17, Nr. 1/1991, S. 99-120.

Baron, R.M. & Kenny, D.A. (1986). The Moderator-Mediator Variable Distinction in Social Psychological Research: Conceptual, Strategic, and Statistical Considerations. In: Journal of Personality and Social Psychology, Jg. 51, Nr. 6/1986, S. 1173-1182.

Bartlett, C. & Ghoshal, S. (1986). Tap Your Subsidiaries for Global Reach. In: Harvard Business Review, Jg. 64, Nr. 6/1986, S. 87-94.

Bartlett, C. & Ghoshal, S. (1988). Organizing for Worldwide Effectiveness: The Transnational Solution. In: California Management Review, Jg. 31, Nr. 1/1988, S. 54-74.

Bea, F.X. & Schweitzer, M. (2009). Allgemeine Betriebswirtschaftslehre. Band 1: Grundfragen. 10. Auflage, Lucius & Lucius, Stuttgart, 2009.

Becker, J. (2009). Marketing-Konzeption. Grundlagen des ziel-strategischen und operativen Marketing-Managements. 9. Auflage, Vahlen, München, 2009.

Beckwith, N.E., Kassarjian, H.H. & Lehmann, D.R. (1978). Halo Effects in Marketing Research: Review and Prognosis. In: Advances in Consumer Research, Jg. 5, Nr. 1/1978, S. 465-467.

Berekoven, L., Eckert, W. & Ellenrieder, P. (2009). Marktforschung. Methodische Grundlagen und praktische Anwendung. 12. Auflage, Gabler, Wiesbaden, 2009.

Bergkvist, L. & Rossiter, J.R. (2007). The Predictive Validity of Multiple-Item Versus Single-Item Measures of the Same Constructs. In: Journal of Marketing Research, Jg. 44, Nr. 2/2007, S. 175-184.

Berndt, R., Fantapié Altobelli, C. & Sander, M. (2010). Internationales Marketing-Management. 4. Auflage, Springer, Berlin, 2010.

Bianchi, C.C. & Arnold, S.J. (2004). An Institutional Perspective on Retail Internationalization Success: Home Depot in Chile. In: International Review of Retail, Distribution & Consumer Research, Jg. 14, Nr. 2/2004, S. 149-169.

Bianchi, C.C. & Ostale, E. (2006). Lessons Learned From Unsuccessful Internationalization Attempts: Examples of Multinational Retailers in Chile. In: Journal of Business Research, Jg. 59, Nr. 1/2006, S. 140-147.

Biner, P.M. & Kidd, H.J. (1994). The Interactive Effects of Monetary Incentive Justification and Questionnaire Length on Mail Survey Response Rates. In: Psychology & Marketing, Jg. 11, Nr. 5/1994, S. 483-492.

Birch, D. & McPhail, J. (1999). Does Accent Matter in International Television Advertisements? In: International Journal of Advertising, Jg. 18, Nr. 2/1999, S. 251-268.

Birnik, A. & Bowman, C. (2007). Marketing Mix Standardization in Multinational Corporations: A Review of the Evidence. In: International Journal of Management Reviews, Jg. 9, Nr. 4/2007, S. 303-324.

Boddewyn, J.J., Soehl, R. & Picard, J. (1986). Standardization in International Marketing: Is Ted Levitt in Fact Right? In: Business Horizons, Jg. 29, Nr. 6/1986, S. 69-75.

Bohrnstedt, G.W. (1977). Use of the Multiple Indicators Multiple Causes (MIMIC) Model. In: American Sociological Review, Jg. 42, Nr. 4/1977, S. 656-663.

Bortz, J. & Döring, N. (2006). Forschungsmethoden und Evaluation für Human- und Sozialwissenschaftler. 4. Auflage, Springer, Berlin, 2006.

Bortz, J. & Schuster, C. (2010). Statistik für Human- und Sozialwissenschaftler. 7. Auflage, Springer, Berlin, 2010.

Brewster, C. (1999). Strategic Human Resource Management: The Value of Different Paradigms. In: Management International Review, Jg. 39, Nr. 3/1999, S. 45-64.

Brown, J.R., Krishen, A.S., Kachroo, P. & Dev, C.S. (2005). Within-Informant Bias in Marketing Research. In: AMA Winter Educators' Conference Proceedings, Jg. 16, Nr. 1/2005, S. 200-201.

Bulmer, S. & Buchanan-Oliver, M. (2006). Advertising Across Cultures: Interpretations of Visually Complex Advertising. In: Journal of Current Issues & Research in Advertising, Jg. 28, Nr. 1/2006, S. 57-71.

Bundesvereinigung der Deutschen Ernährungsindustrie (2011). Strukturdaten. Berlin, 2011. URL: http://www.bve-online.de/markt_und_statistik/tabellen_grafiken/strukturdaten (Stand: 10.01.2011).

Calantone, R.J., Kim, D., Schmidt, J.B. & Cavusgil, S.T. (2006). The Influence of Internal and External Firm Factors on International Product Adaptation Strategy and Export Performance: A Three-Country Comparison. In: Journal of Business Research, Jg. 59, Nr. 2/2006, S. 176-185.

Callow, M. & Schiffmann, L.G. (2002). Implicit Meaning in Visual Print Advertisements: A Cross-Cultural Examination of the Contextual Communication Effect. In: International Journal of Advertising, Jg. 21, Nr. 2/2002, S. 259-277.

Callow, M. & Schiffmann, L.G. (2004). Sociocultural Meanings in Visually Standardized Print Ads. In: European Journal of Marketing, Jg. 38, Nr. 9/2004, S. 1113-1128.

Caruana, A. & Abdilla, M. (2005). To Dub or Not to Dub: Language Adaptation of Global Television Advertisements for a Bilingual Community. In: Journal of Brand Management, Jg. 12, Nr. 4/2005, S. 236-249.

Cavero, S. & Cebollada, J. (1997). Brand Choice and Marketing Strategy: An Application to the Market of Laundry Detergent for Delicate Clothes in Spain. In: Journal of International Consumer Marketing, Jg. 10, Nr. 1/1997, S. 57-71.

Cavusgil, S.T. & Zou, S. (1994). Marketing Strategy-Performance Relationship: An Investigation of the Empirical Link in Export Market Ventures. In: Journal of Marketing, Jg. 58, Nr. 1/1994, S. 1-21.

Cavusgil, S.T., Zou, S. & Naidu, G.M. (1993). Product and Promotion Adaptation in Export Ventures: An Empirical Investigation. In: Journal of International Business Studies, Jg. 24, Nr. 3/1993, S. 479-506.

Chandra, A., Griffith, D.A. & Ryans, J.K. (2002a). Advertising Standardisation in India: US Multinational Experience. In: International Journal of Advertising, Jg. 21, Nr. 1/2002, S. 47-66.

Chandra, A., Griffith, D.A. & Ryans, J.K. (2002b). The Association Between Process and Program Advertising Standardization: An Illustration of U.S. Multinationals Operating in India. In: Advances in International Marketing, o. Jg., Nr. 12/2002, S. 67-83.

Chang, S.-J., van Witteloostuijn, A. & Eden, L. (2010). Common Method Variance in International Business Research. In: Journal of International Business Studies, Jg. 41, Nr. 2/2010, S. 178-184.

Chen, H.C.K. (1996). Direction, Magnitude and Implications of Non-Response Bias in Mail Surveys. In: Journal of the Market Research Society, Jg. 38, Nr. 3/1996, S. 267-276.

Chen, Y., Ganesan, S. & Liu, Y. (2009). Does a Firm's Product-Recall Strategy Affect Its Financial Value? An Examination of Strategic Alternatives During Product-Harm Crises. In: Journal of Marketing, Jg. 73, Nr. 6/2009, S. 214-226.

Cheon, H.J., Cho, C.-H. & Sutherland, J. (2007). A Meta-Analysis of Studies on the Determinants of Standardization and Localization of International Marketing and Advertising Strategies. In: Journal of International Consumer Marketing, Jg. 19, Nr. 4/2007, S. 109-147.

Chhabra, S.S. (1996). Marketing Adaptations by American Multinational Corporations in South America. In: Journal of Global Marketing, Jg. 9, Nr. 4/1996, S. 57-74.

Child, J. (1972). Organization Structure and Strategies of Control: A Replication of the Aston Study. In: Administrative Science Quarterly, Jg. 17, Nr. 2/1972, S. 163-177.

Chin, W.W. (1998). The Partial Least Squares Approach for Structural Equation Modelling. In: Marcoulides, G.A. (Hrsg.): Modern Methods for Business Research. Lawrence Erlbaum, London, 1998, S. 295-336.

Chin, W.W. & Newsted, P.R. (1999). Structural Equation Modeling Analysis With Small Samples Using Partial Least Squares. In: Hoyle, R. (Hrsg.): Statistical Methods for Small Sample Research. Sage, Thousand Oaks et al., 1999, S. 307-342.

Chung, H.F.L. (2008). The Impact of a Centralised Organisational Structure on Marketing Standardisation Strategy and Performance: The Experience of Price, Place and Management Processes. In: Journal of Global Marketing, Jg. 21, Nr. 2/2008, S. 83-107.

Chung, H.F.L. (2009). Structure of Marketing Decision Making and International Marketing Standardisation Strategies. In: European Journal of Marketing, Jg. 43, Nr. 5/2009, S. 794-825.

Chung, H.F.L. & Wang, Z. (2006). Analysis of Marketing Standardization Strategies – A "City Market Framework". In: Journal of Global Marketing, Jg. 20, Nr. 1/2006, S. 39-59.

Churchill, G.A. (1979). A Paradigm for Developing Better Measures of Marketing Constructs. In: Journal of Marketing Research, Jg. 16, Nr. 1/1979, S. 64-73.

CIMaR (2009). Consortium for International Marketing Research – Call for Papers 2010. Oslo, 2009. URL: http://event.bi.no/cimar2010/callforpapers.cfm (Stand: 08.06.2011).

Cleff, T. (2011). Deskriptive Statistik und moderne Datenanalyse. 2. Auflage, Gabler, Wiesbaden, 2011.

Cohen, M.D., March, J.G. & Olsen, J.P. (1972). A Garbage Can Model of Organizational Choice. In: Administrative Science Quarterly, Jg. 17, Nr. 1/1972, S. 1-25.

Colipa (2010). Activity Report 2010. Brüssel, 2010.

Colquitt, J.A. & Zapata-Phelan, C.P. (2007). Trends in Theory Building and Theory Testing: A Five-Decade Study of the Academy of Management Journal. In: Academy of Management Journal, Jg. 50, Nr. 6/2007, S. 1281-1303.

Cooper, H.M. (1984). The Integrative Research Review. A Systematic Approach. Sage, London, 1984.

Copeland, T., Koller, T. & Murrin, J. (2000). Valuation. Measuring and Managing the Value of Companies. 3. Auflage, John Wiley & Sons, New York et al., 2000.

Corley, K.G. & Gioia, D.A. (2011). Building Theory about Theory Building: What Constitutes a Theoretical Contribution? In: Academy of Management Review, Jg. 36, Nr. 1/2011, S. 12-32.

Craig, C.S. & Douglas, S.P. (2005). International Marketing Research. 3. Auflage, John Wiley & Sons, Chichester, 2005.

Cronbach, L.J. (1951). Coefficient Alpha and the Internal Structure of Tests. In: Psychometrika, Jg. 16, Nr. 3/1951, S. 297-334.

Cui, G. & Yang, X. (2009). Responses of Chinese Consumers to Sex Appeals in International Advertising: A Test of Congruency Theory. In: Journal of Global Marketing, Jg. 22, Nr. 3/2009, S. 229-245.

Darley, W.K. (2000). Status of Replication Studies in Marketing: A Validation and Extension. In: Marketing Management Journal, Jg. 10, Nr. 2/2000, S. 121-132.

Dawar, N. & Chattopadhyay, A. (2002). Rethinking Marketing Programs for Emerging Markets. In: Long Range Planning, Jg. 35, Nr. 5/2002, S. 457-474.

Dawar, N. & Parker, P. (1994). Marketing Universals: Consumers' Use of Brand Name, Price, Physical Appearance, and Retailer Reputation as Signals of Product Quality. In: Journal of Marketing, Jg. 58, Nr. 2/1994, S. 81-95.

de Jong, M.G., Pieters, R. & Fox, J.-P. (2010). Reducing Social Desirability Bias Through Item Randomized Response: An Application to Measure Underreported Desires. In: Journal of Marketing Research, Jg. 47, Nr. 1/2010, S. 14-27.

Delios, A. & Beamish, P.W. (2001). Survival and Profitability: The Roles of Experience and Intangible Assets in Foreign Subsidiary Performance. In: Academy of Management Journal, Jg. 44, Nr. 5/2001, S. 1028-1038.

de Mooij, M. (2003). Convergence and Divergence in Consumer Behaviour: Implications for Global Advertising. In: International Journal of Advertising, Jg. 22, Nr. 2/2003, S. 183-202.

Diamantopoulos, A. & Riefler, P. (2008). Formative Indikatoren: Einige Anmerkungen zu ihrer Art, Validität und Multikollinearität. In: Zeitschrift für Betriebswirtschaft, Jg. 78, Nr. 11/2008, S. 1183-1196.

Dillman, D.A., Sinclair, M.D. & Clark, J.R. (1993). Effects of Questionnaire Length, Respondent-Friendly Design and a Difficult Question on Response Rates for Occupant-Addressed Census Mail Surveys. In: Public Opinion Quarterly, Jg. 57, Nr. 3/1993, S. 289-304.

Dilthey, W. (1961). Gesammelte Schriften. Band 5. Die geistige Welt. 3. Auflage, Vandenhoeck und Ruprecht, Stuttgart, Göttingen, 1961.

Dilthey, W. (1976). Entwürfe zur Kritik der historischen Vernunft. In: Gadamer, H.-G. & Boehm, G. (Hrsg.): Seminar: Philosophische Hermeneutik. Suhrkamp, Frankfurt, 1976, S. 189-220.

Donaldson, L. (1987). Strategy and Structural Adjustment to Regain Fit and Performance: In Defence of Contingency Theory. In: Journal of Management Studies, Jg. 24, Nr. 1/1987, S. 1-24.

Donaldson, L. (2005). Organization Theory as a Positive Science. In: Tsoukas, H. & Knudsen, C. (Hrsg.): The Oxford Handbook of Organization Theory. Oxford University Press, Oxford, 2005, S. 39-62.

Doty, D.H., Glick, W.H. & Huber, G.P. (1993). Fit, Equifinality, and Organizational Effectiveness: A Test of Two Configurational Theories. In: Academy of Management Journal, Jg. 36, Nr. 6/1993, S. 1196-1250.

Douglas, S.P. & Wind, Y. (1987). The Myth of Globalization. In: Columbia Journal of World Business, Jg. 22, Nr. 4/1987, S. 19-29.

Dow, D. (2006). Adaptation and Performance in Foreign Markets: Evidence of Systematic Under-Adaptation. In: Journal of International Business Studies, Jg. 37, Nr. 2/2006, S. 212-226.

Dow, D. & Karunaratna, A. (2006). Developing a Multidimensional Instrument to Measure Psychic Distance Stimuli. In: Journal of International Business Studies, Jg. 37, Nr. 5/2006, S. 578-602.

Draganska, M. & Jain, D.C. (2005). Product-Line Length as a Competitive Tool. In: Journal of Economics & Management Strategy, Jg. 14, Nr. 1/2005, S. 1-28.

Drazin, R. & van de Ven, A.H. (1985). Alternative Forms of Fit in Contingency Theory. In: Administrative Science Quarterly, Jg. 30, Nr. 4/1985, S. 514-539.

Dunning, J.H., Fujita, M., & Yokova, N. (2007). Some Macro-Data on the Regionalisation/Globalisation Debate: A Comment on the Rugman/Verbeke Analysis. In: Journal of International Business Studies, Jg. 38, Nr. 1/2007, S. 177-199.

Eberhard, K. (1999). Einführung in die Erkenntnis- und Wissenschaftstheorie – Geschichte und Praxis der konkurrierenden Erkenntniswege. 2. Auflage, Kohlhammer, Stuttgart, 1999.

Ebers, M. (2004). Kontingenzansatz. In: Schreyögg, G. & von Werder, A. (Hrsg.): Handwörterbuch Unternehmensführung und Organisation. 4. Auflage, Schäffer-Poeschel, Stuttgart, 2004, Sp. 653-667.

Elinder, E. (1961). International Advertisers Must Devise Universal Ads, Dump Seperate National Ones, Swedish Ad Man Avers. In: Advertising Age, 27.11.1961, S. 91.

Elinder, E. (1965). How International Can European Advertising Be? In: Journal of Marketing, Jg. 29, Nr. 2/1965, S. 7-11.

Ensign, P. (2001). The Concept of Fit in Organizational Research. In: International Journal of Organization Theory & Behavior, Jg. 4, Nr. 3, S. 287-306.

Esch, F.-R., Herrmann, A. & Sattler, H. (2011). Marketing. Eine managementorientierte Einführung. 3. Auflage, Vahlen, München, 2011.

Evans, J., Mavondo, F.T. & Bridson, K. (2008). Psychic Distance: Antecedents, Retail Strategy Implications, and Performance Outcomes. In: Journal of International Marketing, Jg. 16, Nr. 2/2008, S. 32-63.

Fastoso, F. & Whitelock, J. (2007). International Advertising Strategy: The Standardisation Question in Manager Studies. In: International Marketing Review, Jg. 24, Nr. 5/2007, S. 591-605.

Ferdows, K. (1997). Making the Most of Foreign Factories. In: Harvard Business Review, Jg. 75, Nr. 2/1997, S. 73-88.

Fincke, U. & Goffard, E. (1993). Customizing Distribution. In: McKinsey Quarterly, o. Jg., Nr. 1/1993, S. 115-131.

Fisher, R.J. (2000). The Future of Social-Desirability Bias Research in Marketing. In: Psychology & Marketing, Jg. 17, Nr. 2/2000, S. 73-77.

Florin, J. & Ogbuehi, A.O. (2004). Strategic Choice in International Ventures: A Contingency Framework Integrating Standardization and Entry-Mode Decisions. In: Multinational Business Review, Jg. 12, Nr. 2/2004, S. 83-109.

Fornell, C. & Larcker, D.F. (1981). Evaluating Structural Equation Models with Unobservable Variables and Measurement Error. In: Journal of Marketing Research, Jg. 18, Nr. 1/1981, S. 39-50.

Francis, J.N.P., Jan, L. & Walls, J.P.Y. (2002). Executive Insights: The Impact of Linguistic Differences on International Brand Name Standardization: A Comparison of English and Chinese Brand Names of Fortune-500 Companies. In: Journal of International Marketing, Jg. 10, Nr. 1/2002, S. 98-116.

Friedmann, R. (1986). Psychological Meaning of Products: A Simplification of the Standardization vs. Adaptation Debate. In: Columbia Journal of World Business, Jg. 21, Nr. 2/1986, S. 97-104.

Fuchs, C. & Diamantopoulos, A. (2009). Using Single-Item Measures for Construct Measurement in Management Research. In: Die Betriebswirtschaft, Jg. 69, Nr. 2/2009, S. 195-210.

Fung, M.K. (2009). Financial Development and Economic Growth: Convergence or Divergence? In: Journal of International Money and Finance, Jg. 28, Nr. 1, S. 56-67.

Furrer, O., Thomas, H. & Goussevskaia, A. (2008). The Structure and Evolution of the Strategic Management Field: A Content Analysis of 26 Years of Strategic

Management Research. In: International Journal of Management Reviews, Jg. 10, Nr. 1/2008, S. 1-23.

Gabrielsson, P., Gabrielsson, M. & Gabrielsson, H. (2008). International Advertising Campaigns in Fast-Moving Consumer Goods Companies Originating From a SMOPEC Country. In: International Business Review, Jg. 17, Nr. 6/2008, S. 714-728.

Gadenne, V. (2007). Bewährung. In: Keuth, H. (Hrsg.): Karl Popper. Logik der Forschung. 3. Auflage, Akademie, Berlin, 2007, S. 125-144.

Galtung, J. (1981): Structure, Culture, and Intellectual Style. An Essay Comparing Saxonic, Teutonic, Gallic and Nipponic Approaches. In: Social Science Information, Jg. 20, Nr. 6/1981, S. 817-856.

Galtung, J. (1982). Struktur, Kultur und intellektueller Stil. Ein vergleichender Essay über sachsonische, teutonische, gallische und nipponische Wissenschaft. Zentrale Universitätsdruckerei der FU Berlin, 1982.

Geiger, S.W., Ritchie, W.J. & Marlin, D. (2006). Strategy/Structure Fit and Firm Performance. In: Organization Development Journal, Jg. 24, Nr. 2/2006, S. 10-22.

Geisser, S. (1975). A Predictive Approach to the Random Effect Model. In: Biometrika, Jg. 61, Nr. 1/1975, S. 101-107.

Ghauri, P.N. & Cateora, P. (2010). International Marketing. 3. Auflage, McGraw-Hill, Maidenhead, 2010.

Ghemawat, P. (2003). Semiglobalization and International Business Strategy. In: Journal of International Business Studies, Jg. 34, Nr. 2/2003, S. 138-152.

Ghemawat, P. (2005). Regional Strategies for Global Leadership. In: Harvard Business Review, Jg. 83, Nr. 12/2005, S. 98-108.

Ginsberg, A. & Venkatraman, N. (1985). Contingency Perspectives in Organizational Strategy: A Critical Review of the Empirical Research. In: Academy of Management Review, Jg. 10, Nr. 3/1985, S. 421-434.

Glaister, K. & Thwaites, D. (1993). Managerial Perception and Organizational Strategy. In: Journal of General Management, Jg. 18, Nr. 4/1993, S. 15-33.

Gold, B. (1966). New Perspectives on Cost Theory and Empirical Findings. In: Journal of Industrial Economics, Jg. 14, Nr. 2/1966, S. 164-197.

Govindarajan, V. & Gupta, A.K. (2002). Erfolgreiche Internationalisierungsstrategien. Wettbewerbsvorteile erkennen und optimal nutzen. Wiley, Weinheim, 2002.

Gössinger, R. (2008). Produktion und Logistik. In: Corsten, H. & Reiß, M. (Hrsg.): Betriebswirtschaftslehre. Band 1. 4. Auflage, Oldenbourg, München, Wien, 2008, S. 443-539.

Grewal, R., Chandrashekaran, M. & Dwyer, F.R. (2008). Navigating Local Environments with Global Strategies: A Contingency Model of Multinational Subsidiary Performance. In: Marketing Science, Jg. 27, Nr. 5/2008, S. 886-902.

Griffith, D.A., Jacobs, L. & Richey, R.G. (2006). Fitting Strategy Derived From Strategic Orientation to International Contexts. In: Thunderbird International Business Review, Jg. 48, Nr. 2/2006, S. 239-262.

Grosse, R. & Zinn, W. (1990). Standardization in International Marketing: The Latin American Case. In: Journal of Global Marketing, Jg. 4, Nr. 1/1990, S. 53-78.

Günther, H.-O. & Tempelmeier, H. (2009). Produktion und Logistik. 8. Auflage, Springer, Berlin, 2009.

Guo, Y. (2010). Mass Customization Marketing Strategies for China Railway Freight Transportation Service. In: International Journal of Marketing Studies, Jg. 2, Nr. 1/2010, S. 104-109.

Gupta, A.K. & Govindarajan, V. (1991). Knowledge Flows and the Structure of Control Within Multinational Corporations. In: Academy of Management Review, Jg. 16, Nr. 4/1991, S. 768-792.

Hahn, W. & Powers, T. (1999). The Impact of Strategic Planning Sophistication and Implementation on Firm Performance. In: Journal of Business & Economic Studies, Jg. 5, Nr. 2/1999, S. 19-35.

Hahn, W. & Powers, T. (2010). Strategic Plan Quality, Implementation Capability, and Firm Performance. In: Academy of Strategic Management Journal, Jg. 9, Nr. 1/2010, S. 63-81.

Hair, J.F., Ringle, C.M. & Sarstedt, M. (2011). PLS-SEM: Indeed a Silver Bullet. In: Journal of Marketing Theory & Practice, Jg. 19, Nr. 2/2011, S. 139-152.

Harzing, A.-W. (2009). Journal Quality List. 34. Auflage, Parkville, 2009. URL: http://www.harzing.com/jql.htm (Stand: 03.07.2009).

Harzing, A.-W. & van der Wal, R. (2008). Google Scholar as a New Source for Citation Analysis. In: Ethics in Science and Environmental Politics, Jg. 8, Nr. 1/2008, S. 61-73.

Harzing, A.-W. & van der Wal, R. (2009). A Google Scholar H-Index for Journals: An Alternative Metric to Measure Journal Impact in Economics and Business. In:

Journal of the American Society for Information Science & Technology, Jg. 60, Nr. 1/2009, S. 41-46.

Henseler, J., Ringle, C.M. & Sinkovics, R. (2009). The Use of Partial Least Squares Path Modeling. In: Advances in International Marketing, Jg. 20, Nr. 1/2009, S. 277-319.

Hillman, A.J. & Keim, G.D. (2001). Shareholder Value, Stakeholder Management, and Social Issues: What's the Bottom Line. In: Strategic Management Journal, Jg. 22, Nr. 2/2001, S. 125-139.

Hinterhuber, H.H. (1997). Struktur und Dynamik der strategischen Unternehmensführung. In: Hahn, D. & Taylor, B. (Hrsg.): Strategische Unternehmensplanung – Strategische Unternehmensführung. Stand und Entwicklungstendenzen. 7. Auflage, Physica, Heidelberg, 1997, S. 51-74.

Hoeken, H., Starren, M., Nickerson, C., Crijns, R. & van den Brandt, C. (2007). Is It Necessary to Adapt Advertising Appeals for National Audiences in Western Europe? In: Journal of Marketing Communications, Jg. 13, Nr. 1/2007, S. 19-38.

Hofstede, G. & Hofstede, G.J. (2011). Lokales Denken, globales Handeln. Interkulturelle Zusammenarbeit und globales Management. 5. Auflage, Deutscher Taschenbuchverlag, München, 2011.

Homburg, C., Grozdanovic, M. & Klarmann, M. (2007). Responsiveness to Customers and Competitors: The Role of Affective and Cognitive Organizational Systems. In: Journal of Marketing, Jg. 71, Nr. 3/2007, S. 18-38.

Homburg, C. & Krohmer, H. (2009). Marketingmanagement. Strategie – Instrumente – Umsetzung – Unternehmensführung. 3. Auflage, Gabler, Wiesbaden, 2009.

Hoskisson, R.E. (1987). Multidivisional Structure and Performance: The Contingency of Diversification Strategy. In: Academy of Management Journal, Jg. 30, Nr. 4/1987, S. 625-664.

House, R.J., Hanges, P.J., Javidan, M., Dorfman, P.W. & Gupta, V. (2004, Hrsg.). Culture, Leadership and Organizations. The GLOBE Study of 62 Societies. Sage, Thousand Oaks et al., 2004.

Huber, F., Herrmann, A., Meyer, F., Vogel, J. & Vollhardt, K. (2007). Kausalmodellierung mit Partial Least Squares. Eine anwendungsorientierte Einführung. Gabler, Wiesbaden, 2007.

Hudson, D., Seah, L.-H., Hite, D. & Haab, T. (2004). Telephone Presurveys, Self-Selection, and Non-Response Bias to Mail and Internet Surveys in Economic Research. In: Applied Economics Letters, Jg. 11, Nr. 4/2004, S. 237-240.

Hult, G.T.M., Ketchen, D.J., Griffith, D.A., Chabowski, B.R., Hoffman, M.K., Johnson Dykes, B., Pollitte, W.A. & Cavusgil, S.T. (2008). An Assessment of the Measurement of Performance in International Business Research. In: Journal of International Business Studies, Jg. 39, Nr. 6/2008, S. 1064-1080.

Hultman, M., Robson, M.J. & Katsikeas, C.S. (2009). Export Product Strategy Fit and Performance: An Empirical Investigation. In: Journal of International Marketing, Jg. 17, Nr. 4/2009, S. 1-23.

Hüttner, M. & Schwarting, U. (2008). Exploratorische Faktorenanalyse. In: Herrmann, A., Homburg, C. & Klarmann, M. (Hrsg.): Handbuch Marktforschung. 3. Auflage, Gabler, Wiesbaden, 2008, S. 241-270.

Iacobucci, D., Saldanha, N. & Deng, X. (2007). A Meditation on Mediation: Evidence That Structural Equations Models Perform Better Than Regressions. In: Journal of Consumer Psychology, Jg. 17, Nr. 2/2007, S. 139-153.

Ilieva, J., Baron, S. & Healey, N.M. (2002). Online Surveys in Marketing Research: Pros and Cons. In: International Journal of Market Research, Jg. 44, Nr. 3/2002, S. 361-376.

Industrieverband Körperpflege- und Waschmittel (2011a). Jahresbericht 2010/2011. Frankfurt, 2011.

Industrieverband Körperpflege- und Waschmittel (2011b). Mitgliedsfirmen. Frankfurt, 2011. URL: http://www.ikw.org/pages/main_mitgliedsfirmen.php (Stand 29.09.2011).

Ittner, C.D. & Larcker, D.F. (1998). Are Nonfinancial Measures Leading Indicators of Financial Performance? An Analysis of Customer Satisfaction. In: Journal of Accounting Research, Jg. 36, Nr. 3/1998, S. 1-35.

Jain, S.C. (1989). Standardization of International Marketing Strategy: Some Research Hypotheses. In: Journal of Marketing, Jg. 53, Nr. 1/1989, S. 70-79.

James, L.R. & Brett, J.M. (1984). Mediators, Moderators, and Tests for Mediation. In: Journal of Applied Psychology, Jg. 69, Nr. 2/1984, S. 307-332.

Javalgi, R.G., Cutler, B.D. & White, D.S. (1994). Print Advertising in the Pacific Basin. In: International Marketing Review, Jg. 11, Nr. 6/1994, S. 48-64.

Javalgi, R.G., Sung M.K., Lundstrom, W.J. & Wright, R.F. (2006). Toward the Development of an Integrative Framework of Subsidiary Success: A Synthesis of the Process and Contingency Models With the Strategic Reference Points Theory. In: Thunderbird International Business Review, Jg. 48, Nr. 6, S. 843-866.

Jiang, X. & Li, Y. (2008). The Relationship Between Organizational Learning and Firms' Financial Performance in Strategic Alliances: A Contingency Approach. In: Journal of World Business, Jg. 43, Nr. 3/2008, S. 365-379.

Johanson, J. & Vahlne, J.-E. (1977). The Internationalization Process of the Firm – A Model of Knowledge Development and Increasing Foreign Market Commitments. In: Journal of International Business Studies, Jg. 8, Nr. 1/1977, S. 25-34.

John, G. & Reve, T. (1982). The Reliability and Validity of Key Informant Data From Dyadic Relationships in Marketing Channels. In: Journal of Marketing Research, Jg. 19, Nr. 4/1982, S. 517-524.

Johnson Jr., A.C. & Helmberger, P. (1967). Price Elasticity of Demand as an Element of Market Structure. In: American Economic Review, Jg. 57, Nr. 5/1967, S. 1218-1221.

Jöreskog, K.G. & Goldberger, A.S. (1975). Estimation of a Model with Multiple Indicators and Multiple Causes of a Single Latent Variable. In: Journal of the American Statistical Association, Jg. 70, Nr. 1/1975, S. 631-639.

Jung, H. (2010). Allgemeine Betriebswirtschaftslehre. 12. Auflage, Oldenbourg, München, 2010.

Kaiser, H. & Rice, J. (1974). Little Jiffy, Mark IV. In: Educational and Psychological Measurement, Jg. 34, Nr. 1/1974, S. 111-117.

Katsikeas, C.S., Samiee, S. & Theodosiou, M. (2006). Strategy Fit and Performance Consequences of International Marketing Standardization. In: Strategic Management Journal, Jg. 27, Nr. 9/2006, S. 867-890.

Kern, M. (1979). Klassische Erkenntnistheorien und moderne Wissenschaftslehre. In: Raffée, H. & Abel, B. (Hrsg.): Wissenschaftstheoretische Grundfragen der Wirtschaftswissenschaften. Vahlen, München, 1979, S. 11-27.

Kieser, A. (2006). Der situative Ansatz. In: Kieser, A. & Ebers, M. (Hrsg.): Organisationstheorien. 6. Auflage, Kohlhammer, Stuttgart, 2006, S. 215-246.

Kieser, A. & Ebers, M. (2006, Hrsg.). Organisationstheorien. 6. Auflage, Kohlhammer, Stuttgart, 2006.

Kieser, A. & Kubicek, H. (1992). Organisation. 3. Auflage, Walter de Gruyter, Berlin, New York, 1992.

Kieser, A. & Walgenbach, P. (2010). Organisation. 6. Auflage, Schäffer-Poeschel, Stuttgart, 2010.

Kim, K. & Timm, N.H. (2006). Univariate and Multivariate General Linear Models. 2. Auflage, Chapman & Hall, Boca Raton, 2006.

Klippel, R.E. & Boewadt, R.J. (1974). Attitude Measurement as a Strategy Determinant for Standardization of Multinational Advertising Formats. In: Journal of International Business Studies, Jg. 5, Nr. 1/1974, S. 39-50.

Ko, E., Kim, E., Taylor, C.R., Kim, K.H. & Kang, I.J. (2007). Cross-National Market Segmentation in the Fashion Industry. In: International Marketing Review, Jg. 24, Nr. 5/2007, S. 629-651.

Kolk, N.J., Born, M.P. & van der Flier, H. (2002). Impact of Common Rater Variance on Construct Validity of Assessment Center Dimension Judgments. In: Human Performance, Jg. 15, Nr. 4/2002, S. 325-337.

Kotler, P. (1986). Global Standardization – Courting Danger. In: Journal of Consumer Marketing, Jg. 3, Nr. 2/1986, S. 13-15.

Kotler, P., Keller, K.L. & Bliemel, F. (2007). Marketing-Management. Strategien für wertschaffendes Handeln. 12. Auflage, Pearson, Upper Saddle River, 2007.

Kotler, P., Keller, K.L., Brady, M., Goodman, M. & Hansen, T. (2009). Marketing Management. Prentice-Hall, Upper Saddle River, 2009.

Kreinin, M.E. (1967). Price Elasticities in International Trade. In: Review of Economics & Statistics, Jg. 49, Nr. 4/1967, S. 510-516.

Kumbhakar, S.C. (2002). Productivity Measurement: A Profit Function Approach. In: Applied Economic Letters, Jg. 9, Nr. 5/2002, S. 331-334.

Kuß, A. & Eisend, M. (2010). Marktforschung. Grundlagen der Datenerhebung und Datenanalyse. 3. Auflage, Gabler, Wiesbaden, 2010.

Kutschker, M. & Bäurle, I. (1997). Three + One: Multidimensional Strategy of Internationalization. In: Management International Review, Jg. 37, Nr. 2/1997, S. 103-125.

Kutschker, M., Bäurle, I. & Schmid, S. (1997). Quantitative und qualitative Forschung im Internationalen Management – Ein kritisch-fragender Dialog. Diskussionsbeitrag Nr. 82 der Wirtschaftswissenschaftlichen Fakultät Ingolstadt, Katholische Universität Eichstätt-Ingolstadt, Eichstätt, 1997.

Kutschker, M. & Schmid, S. (2011). Internationales Management. 7. Auflage, Oldenburg, München, 2011.

Ladyman, J. (2007). Ontological, Epistemological, and Methodological Positions. In: Kuipers, T.A.F. (Hrsg.): General Philosophy of Science. Elsevier, Oxford, 2007, S. 303-376.

Lages, L.F. (2000). A Conceptual Framework of the Determinants of Export Performance: Reorganizing Key Variables and Shifting Contingencies in Export Marketing. In: Journal of Global Marketing, Jg. 13, Nr. 3/2000, S. 29-51.

Lages, L.F., Abrantes, J.L. & Lages, C.R. (2008). The Stratadapt Scale: A Measure of Marketing Strategy Adaptation to International Business Markets. In: International Marketing Review, Jg. 25, Nr. 5/2008, S. 584-600.

Lages, L.F. & Montgomery, D.B. (2005). The Relationship Between Export Assistance and Performance Improvement in Portuguese Export Ventures: An Empirical Test of the Mediating Role of Pricing Strategy Adaptation. In: European Journal of Marketing, Jg. 39, Nr. 7/2005, S. 755-784.

Lang, M. (2009). Normative Entscheidungstheorie. In: Schwaiger, M. & Meyer, A. (Hrsg.): Theorien und Methoden der Betriebswirtschaft. Vahlen, München, 2009, S. 161-176.

Langer, A. & Rogowski, W. (2009). Deskriptive Entscheidungstheorie. In: Schwaiger, M. & Meyer, A. (Hrsg.): Theorien und Methoden der Betriebswirtschaft. Vahlen, München, 2009, S. 177-191.

Laux, H. (2010). Entscheidungstheorie. 7. Auflage, Springer, Berlin, 2010.

Le Boutillier, J., Le Boutillier, S.S. & Neslin, S.A. (1994). A Replication and Extension of the Dickson and Sawyer Price-Awareness Study. In: Marketing Letters, Jg. 5, Nr. 1/1994, S. 31-42.

Lee, C. & Griffith, D.A. (2004). The Marketing Strategy-Performance Relationship in an Export-Driven Developing Economy: A Korean Illustration. In: International Marketing Review, Jg. 21, Nr. 3/2004, S. 321-334.

Lee, D.H. & Olshavsky, R.W. (1997). Consumers' Use of Alternative Information Sources in Inference Generation: A Replication Study. In: Journal of Business Research, Jg. 39, Nr. 3/1997, S. 257-269.

Leibenstein, H. (1950). Bandwagon, Snob, and Veblen Effects in the Theory of Consumers' Demand. In: Quarterly Journal of Economics, Jg. 64, Nr. 2/1950, S. 183-207.

Lemak, D.J. & Arunthanes, W. (1997). Global Business Strategy: A Contingency Approach. In: Multinational Business Review, Jg. 5, Nr. 1/1997, S. 26-39.

Lenartowicz, T. & Roth, K. (2004). The Selection of Key Informants in IB Cross-Cultural Studies. In: Management International Review, Jg. 44, Nr. 1/2004, S. 23-51.

Leonidou, L.C., Katsikeas, C.S. & Samiee, S. (2002). Marketing Strategy Determinants of Export Performance. A Meta-Analysis. In: Journal of Business Research, Jg. 55, Nr. 1/2002, S. 51-67.

Levitt, T. (1983). The Globalization of Markets. In: Harvard Business Review, Jg. 61, Nr. 3/1983, S. 91-102.

Lim, L.K.S., Acito, F. & Rusetski, A. (2006). Development of Archetypes of International Marketing Strategy. In: Journal of International Business Studies, Jg. 37, Nr. 4/2006, S. 499-524.

Littrell, M.A. & Miller, N.J. (2001). Marketing Across Cultures: Consumers' Perceptions of Product Complexity, Familiarity, and Compatibility. In: Journal of Global Marketing, Jg. 15, Nr. 1/2001, S. 67-86.

Lomax, W., Hammond, K., Clemente, M. & East, R. (1996). New Entrants in a Mature Market: An Empirical Study of the Detergent Market. In: Journal of Marketing Management, Jg. 12, Nr. 4/1996, S. 281-295.

López, N.V. (2004). Marketing Mix and the Internet: Globalisation or Adaptation? In: Journal of Euromarketing, Jg. 13, Nr. 4/2004, S. 31-58.

Luostarinen, R. (1989). Internationalization of the Firm. An Empirical Study of the Internationalization of Firms with Small and Open Domestic Markets with Special Emphasis on Lateral Rigidity as a Behavioral Characteristic in Strategic Decision-Making. Acta Academiae Oeconomicae Helsingiensis, 3. Auflage, The Helsinki School of Economics, Helsinki, 1989.

Lynch, P.D. & Beck, J.C. (2001). Profiles of Internet Buyers in 20 Countries: Evidence for Region-Specific Strategies. In: Journal of International Business Studies, Jg. 32, Nr. 4/2001, S. 725-748.

Macharzina, K. & Engelhard, J. (1991). Paradigm Shift in International Business Research: From Partist and Eclectic Approaches to the GAINS Paradigm. In: Management International Review, Jg. 31, Nr. 4/1991, S. 23-43.

Macharzina, K. & Wolf, J. (2010). Unternehmensführung. Das internationale Managementwissen. Konzepte – Methoden – Praxis. 7. Auflage, Gabler, Wiesbaden, 2010.

Mai, R. (2011). Der Herkunftslandeffekt: Eine kritische Würdigung des State of the Art. In: Journal für Betriebswirtschaft, Jg. 61, Nr. 2/2011, S. 91-121.

Malhotra, N.K., Kim, S.S. & Patil, A. (2006). Common Method Variance in IS Research: A Comparison of Alternative Approaches and a Reanalysis of Past Research. In: Management Science, Jg. 52, Nr. 12/2006, S. 1865-1883.

March, J.G. (2009). A Primer on Decision Making: How Decisions Happen. The Free Press, New York, 2009.

Marschan-Piekkari, R. & Welch, C. (2005). Handbook of Qualitative Research Methods for International Business. Edward Elgar, Cheltenham Glos, 2005.

Matarazzo, B. & Nijkamp, P. (1997). Meta-Analysis for Comparative Environmental Case Studies: Methodological Issues. In: International Journal of Social Economics, Jg. 24, Nr. 7/1997, S. 799-811.

Mattmüller, R. & Tunder, R. (2004). Strategisches Handelsmarketing. Vahlen, München, 2004.

Maule, A.J. & Hodgkinson, G.P. (2003). Re-Appraising Managers' Perceptual Errors: A Behavioural Decision-Making Perspective. In: British Journal of Management, Jg. 14, Nr. 1/2003, S. 33-37.

Mays, N., Pope, C. & Popay, J. (2005). Systematically Reviewing Qualitative and Quantitative Evidence to Inform Management and Policy-Making in the Health Field. In: Journal of Health Services Research & Policy, Jg. 10, Nr. 1/2005, S. 6-20.

McGrath, R.E. (2005). Conceptual Complexity and Construct Validity. In: Journal of Personality Assessment, Jg. 85, Nr. 2/2005, S. 112-124.

Meffert, H., Burmann, C. & Becker, C. (2010). Internationales Marketing-Management. 4. Auflage, Kohlhammer, Stuttgart, 2010.

Meffert, H., Burmann, C. & Kirchgeorg, M. (2012). Marketing. Grundlagen marktorientierter Unternehmensführung. Konzepte – Instrumente – Praxisbeispiele. 11. Auflage, Gabler, Wiesbaden, 2012.

Melewar, T.C. & Saunders, J. (1999). International Corporate Visual Identity: Standardization or Localization? Journal of International Business Studies, Jg. 30, Nr. 3/1999, S. 583-598.

Melewar, T.C. & Vemmervik, C. (2004). International Advertising Strategy: A Review, Reassessment and Recommendation. In: Management Decision, Jg. 42, Nr. 7/2004, S. 863-881.

Melino, A. (1982). Testing for Sample Selection Bias. In: Review of Economic Studies, Jg. 49, Nr. 155/1982, S. 151-153.

Meredith, J.R. & Shafer, S.M. (2011). Operations Management. 4. Auflage, John Wiley & Sons, New York et al., 2011.

Merrilees, B., Getz, D. & O'Brien, D. (2005). Marketing Stakeholders Analysis. Branding the Brisbane Goodwill Games. In: European Journal of Marketing, Jg. 39, Nr. 9/2005, S. 1060-1077.

Merz, M.A., He, Y. & Alden, D.L. (2008). A Categorization Approach to Analyzing the Global Customer Culture Debate. In: International Marketing Review, Jg. 25, Nr. 2/2008, S. 166-182.

Mezias, J.M. & Starbuck, W.H. (2003). Studying the Accuracy of Managers' Perceptions: A Research Odyssey. In: British Journal of Management, Jg. 14, Nr. 1/2003, S. 3-17.

Michell, P., Lynch, J. & Alabdali, O. (1998). New Perspectives on Marketing Mix Programme Standardization. In: International Business Review, Jg. 7, Nr. 6/1998, S. 617-634.

Miller, G.A. (1956). The Magical Number Seven, Plus or Minus Two: Some Limits on Our Capacity for Processing Information. In: Psychological Review, Jg. 63, Nr. 1/1956, S. 81-97.

Mintzberg, H. (1978). Patterns in Strategy Formation. In: Management Science, Jg. 24, Nr. 9/1978, S. 934-948.

Morschett, D. & Swoboda, B. (2009). Internationales Management aus der Perspektive des Internationalen Distributionsmanagements. In: Oesterle, M.-J. & Schmid, S. (Hrsg.): Internationales Management. Forschung, Lehre, Praxis. Schäffer-Poeschel, Stuttgart, 2009, S. 653-679.

Moscovici, S. & Doise, W. (1995). Conflict and Consensus: A General Theory of Collective Decisions. Sage, London, 1995.

Müller, S. & Gelbrich, K. (2004). Interkulturelles Marketing. Vahlen, München, 2004.

Müller, S. & Kornmeier, M. (2002). Strategisches Internationales Management. Vahlen, München, 2002.

Musgrave, A.E. (2007). Explanation, Description and Scientific Realism. In: Keuth, H. (Hrsg.): Karl Popper. Logik der Forschung. 3. Auflage, Akademie, Berlin, 2007, S. 83-102.

Newman, S.W. (1962). Differences Between Early and Late Respondents to a Mailed Survey. In: Journal of Advertising Research, Jg. 2, Nr. 2/1962, S. 37-39.

Noble, C.H. (1999). The Eclectic Roots of Strategy Implementation Research. In: Journal of Business Research, Jg. 45, Nr. 2/1999, S. 119-134.

Nunnally, J.C. & Bernstein, I.H. (1994). Psychometric Theory. 3. Auflage, McGraw-Hill, New York, 1994.

O'Cass, A. & Julian, C.C. (2003a). Examining Firms and Environmental Influences on Export Marketing Mix Strategies and Export Performance of Australian Exporters. In: European Journal of Marketing, Jg. 37, Nr. 3/2003, S. 366-384.

O'Cass, A. & Julian, C.C. (2003b). Modelling the Effects of Firm-Specific and Environmental Characteristics on Export Marketing Performance. In: Journal of Global Marketing, Jg. 16, Nr. 3/2003, S. 53-74.

O'Connor, G.C. (1994). Differences in Marketing Strategies and Operating Efficiencies in Surviving and Failed Organizations. In: Journal of Strategic Marketing, Jg. 2, Nr. 1/1994, S. 1-28.

O'Donnell, S. & Jeong, I. (2000). Marketing Standardization Within Global Industries. In: International Marketing Review, Jg. 17, Nr. 1, S. 19-33.

Oesterle, M.-J. & Schmid, S. (2009). Bedeutung und Notwendigkeit anwendungsorientierter Forschung im Bereich des Internationalen Management. In: Oesterle, M.-J. & Schmid, S. (Hrsg.): Internationales Management als Wissenschaft, Schäffer-Poeschel, Stuttgart, 2009, S. 169-197.

O'Grady, S. & Lane, H.W. (1996). The Psychic Distance Paradox. In: Journal of International Business Studies, Jg. 27, Nr. 2/1996, S. 309-333.

Okazaki, S., Taylor, C.R. & Doh, J.P. (2007). Market Convergence and Advertising Standardization in the European Union. In: Journal of World Business, Jg. 42, Nr. 4/2007, S. 384-400.

Onkvisit, S. & Shaw, J.J. (1999). Standardized International Advertising: Some Research Issues and Implications. In: Journal of Advertising Research, Jg. 39, Nr. 6/1999, S. 19-24.

Opp, K.-D. (2005). Methodologie der Sozialwissenschaften. Einführung in Probleme ihrer Theorienbildung und praktischen Anwendung. 6. Auflage, Verlag für Sozialwissenschaften, Wiesbaden, 2005.

Osigweh, C.A.B. (1989). The Myth of Universality in Transnational Organizational Science. In: Osigweh, C.A.B. (Hrsg.): Organizational Science Abroad. Plenum, New York, 1989, S. 3-26.

Osterloh, M. (1994). Kulturalismus versus Universalismus. Reflektionen zu einem Grundlagenproblem des interkulturellen Managements. In: Schiemenz, B. & Wurl,

H.-J. (Hrsg.): Internationales Management. Beiträge zur Zusammenarbeit. Eberhard Dülfer zum 70. Geburtstag. Gabler, Wiesbaden, 1994, S. 95-116.

Özsomer, A., Bodur, M. & Cavusgil, S.T. (1991). Marketing Standardisation by Multinationals in an Emerging Market. In: European Journal of Marketing, Jg. 25, Nr. 12/1991, S. 50-64.

Özsomer, A. & Prussia, G.E. (2000). Competing Perspectives in International Marketing Strategy: Contingency and Process Models. In: Journal of International Marketing, Jg. 8, Nr. 1/2000, S. 27-50.

Özsomer, A. & Simonin, B.L. (2004). Marketing Program Standardization: A Cross-Country Exploration. In: International Journal of Research in Marketing, Jg. 21, Nr. 4/2004, S. 397-419.

Pae, J.H., Samiee, S. & Tai, S. (2002). Global Advertising Strategy. In: International Marketing Review, Jg. 19, Nr. 2/2002, S. 176-189.

Parnell, J.A., Wright, P. & Tu, H.S. (1996). Beyond the Strategy-Performance Linkage: The Impact of the Strategy-Organization-Environment Fit on Business Performance. In: American Business Review, Jg. 14, Nr. 2/1996, S. 41-50.

Pennings, J.M. (1992). Structural Contingency Theory: A Reappraisal. In: Research in Organizational Behavior, Jg. 14, Nr. 1/1992, S. 267-309.

Pennings, J.M. (1998). Structural Contingency Theory. In: Drenth, P.J.D., Thierry, H. & de Wolff, C.J. (Hrsg.): Handbook of Work and Organizational Psychology. Psychology Press, Howe, 1998, S. 39-60.

Perlmutter, H.V. (1969). The Tortuous Evolution of the Multinational Corporation. In: Columbia Journal of World Business, Jg. 4, Nr. 1/1969, S. 9-18.

Pfohl, H.-C. & Braun, G.E. (1986). Entscheidungstheorie. Normative und deskriptive Grundlagen des Entscheidens. Moderne Industrie, Landsberg, 1986.

Phillips, L.W. (1981). Assessing Measurement Error in Key Informant Reports: A Methodological Note on Organizational Analysis in Marketing. In: Journal of Marketing Research, Jg. 18, Nr. 4/1981, S. 395-415.

Pillai, K.G. (2010). Managers' Perceptual Errors Revisited: The Role of Knowledge Calibration. In: British Journal of Management, Jg. 21, Nr. 2/2010, S. 299-312.

Pine, B.J. II (1999). Mass Customization: The New Frontier in Business Competition. Harvard Business School Press, Boston, 1999.

Pleshko, L.P. & Souiden, N. (2003). The Profit Effects of Product-Market Growth Strategy: A Financial Services Example. In: Journal of Financial Services Marketing, Jg. 7, Nr. 3/2003, S. 258-266.

Podsakoff, P.M., MacKenzie, S.B., Lee, J.-Y. & Podsakoff, N.P. (2003). Common Method Biases in Behavioral Research: A Critical Review of the Literature and Recommended Remedies. In: Journal of Applied Psychology, Jg. 88, Nr. 5/2003, S. 879-903.

Popper, K. (2002). Logik der Forschung. 10. Auflage, Mohr Siebeck, Tübingen, 2002.

Poser, H. (2001). Wissenschaftstheorie. Eine philosophische Einführung. Reclam, Stuttgart, 2001.

Powers, T.L. & Loyka, J.L. (2007). Market, Industry, and Company Influences on Global Product Standardization. In: International Marketing Review, Jg. 24, Nr. 6/2007, S. 678-694.

Prasad, B. (1998). Designing Products for Variety and How to Manage Complexity. In: Journal of Product & Brand Management, Jg. 7, Nr. 3/1998, S. 208-222.

Quelch, J.A. & Hoff, E.J. (1986). Customizing Global Marketing. In: Harvard Business Review, Jg. 64, Nr. 3/1986, S. 59-68.

Quester, P.G. & Conduit, J. (1996). Standardization, Centralisation and Marketing in Multinational Companies. In: International Business Review, Jg. 5, Nr. 4/1996, S. 395-421.

Ramaswamy, K. (2001). Organizational Ownership, Competitive Intensity, and Firm Performance: An Empirical Study of the Indian Manufacturing Sector. In: Strategic Management Journal, Jg. 22, Nr. 10/2001, S. 989-998.

Rappaport, A. (1997). Creating Shareholder Value: The New Standard for Business Performance. 2. Auflage, The Free Press, New York, 1997.

Rau, P.A. & Preble, J.F. (1987). Standardisation of Marketing Strategy by Multinationals. In: International Marketing Review, Jg. 4, Nr. 3/1987, S. 18-28.

Reinartz, W., Haenlein, M. & Henseler, J. (2009). An Empirical Comparison of the Efficacy of Covariance-Based and Variance-Based SEM. In: International Journal of Research in Marketing, Jg. 26, Nr. 4/2009, S. 332-344.

Reinecke, J. (2005). Strukturgleichungsmodelle in den Sozialwissenschaften. Oldenbourg, München, Wien, 2005.

Riahi-Belkaoui, A. (1997). Multidivisional Structure and Productivity: The Contingency of Diversification Strategy. In: Journal of Business Finance & Accounting, Jg. 24, Nr. 5/1997, S. 615-628.

Riesenhuber, F. (2009). Großzahlige empirische Forschung. In: Albers, S., Klapper, D., Konradt, U., Walter, A. & Wolf, J. (Hrsg.): Methodik der empirischen Forschung, 3. Auflage, Gabler, Wiesbaden, 2009, S. 1-16.

Ringle, C.M., Wende, S. & Will, S. (2005). SmartPLS 2.0 (M3) Beta. Hamburg, 2005. URL: http://www.smartpls.de (Stand: 01.07.2011).

Ringlstetter, M. & Skrobarczyk, P. (1994). Die Entwicklung internationaler Strategien. In: Zeitschrift für Betriebswirtschaft, Jg. 64, Nr. 3/1994, S. 333-357.

Robinson, J.P., Shaver, P.R. & Wrightsman, L.S. (1991). Criteria for Scale Selection and Evaluation. In: Robinson, J.P., Shaver, P.R. & Wrightsman, L.S. (Hrsg.): Measures of Personality and Social Psychological Attitudes. Academic Press, San Diego, 1991, S. 1-15.

Robles, F. (2002). The Evolution of Global Portal Strategy. In: Thunderbird International Business Review, Jg. 44, Nr. 1/2002, S. 25-46.

Roostal, I. (1963). Standardization of Advertising for Western Europe. In: Journal of Marketing, Jg. 27, Nr. 4/1963, S. 15-20.

Roper, A. (2005). Marketing Standardisation: Tour Operators in the Nordic Region. In: European Journal of Marketing, Jg. 39, Nr. 5/2005, S. 514-527.

Roper, S. & Parker, C. (2006). How (and Where) The Mighty Have Fallen: Branded Litter. In: Journal of Marketing Management, Jg. 22, Nr. 5/2006, S. 473-487.

Rosenbloom, B. & Larsen, T. (1997). Global Marketing Channels and the Standardization Controversy. In: Journal of Global Marketing, Jg. 11, Nr. 1/1997, S. 49-64.

Rosenthal, R. & DiMatteo, M.R. (2001). Meta-Analysis: Recent Developments in Quantitative Methods for Literature Reviews. In: Annual Review of Psychology, Jg. 52, Nr. 1/2001, S. 59-82.

Rossiter, J.R. (2002). The C-OAR-SE Procedure for Scale Development in Marketing. In: International Journal of Research in Marketing, Jg. 19, Nr. 4/2002, S. 305-335.

Roth, M.S. (1995). Effects of Global Market Conditions on Brand Image Customization and Brand Performance. In: Journal of Advertising, Jg. 24, Nr. 4/1995, S. 55-75.

Rugman, A.M. (2005). The Regional Multinationals. MNEs and "Global" Strategic Management. Cambridge University Press, Cambridge, 2005.

Rugman, A.M., & Verbeke, A. (2004). A Perspective on Regional and Global Strategies of Multinational Enterprises. In: Journal of International Business Studies, Jg. 35, Nr. 1/2004, S. 3-18.

Ryans, J.K., Griffith, D.A. & White, D.S. (2003). Standardization/Adaptation of International Marketing Strategy. Necessary Conditions for the Advancement of Knowledge. In: International Marketing Review, Jg. 20, Nr. 6/2003, S. 588-603.

Samiee, S. & Roth, K. (1992). The Influence of Global Marketing Standardization on Performance. In: Journal of Marketing, Jg. 56, Nr. 2/1992, S. 1-17.

Sarstedt, M. & Wilczynski, P. (2009). More for Less? A Comparison of Single-Item and Multi-Item Measures. In: Die Betriebswirtschaft, Jg. 69, Nr. 2/2009, S. 211-227.

Sauer, P.L. & Dick, A. (1993). Using Moderator Variables in Structural Equation Models. In: Advances in Consumer Research, Jg. 20, Nr. 1/1993, S. 637-640.

Saunders, J., Wong, V. & Doyle, P. (1994). The Congruence of Successful International Competitors: A Study of the Marketing Strategies and Organizations of Japanese and US Competitors in the UK. In: Journal of Global Marketing, Jg. 7, Nr. 3/1994, S. 41-59.

Schanz, G. (1988). Methodologie für Betriebswirte. 2. Auflage, Poeschel, Stuttgart, 1988.

Schilke, O., Reimann, M. & Thomas, J.S. (2009). When Does International Marketing Standardization Matter to Firm Performance? In: Journal of International Marketing, Jg. 17, Nr. 4/2009, S. 24-46.

Schlegelmilch, B.B. (1986). Controlling Country-Specific and Industry-Specific Influences on Export Behaviour. In: European Journal of Marketing, Jg. 20, Nr. 2/1986, S. 54-71.

Schmid, S. (1994). Orthodoxer Positivismus und Symbolismus im Internationalen Management – Eine kritische Reflexion situativer und interpretativer Ansätze. Diskussionsbeitrag Nr. 29 der Wirtschaftswissenschaftlichen Fakultät Ingolstadt, Katholische Universität Eichstätt-Ingolstadt, Eichstätt, 1994.

Schmid, S. (1996). Multikulturalität in der internationalen Unternehmung. Konzepte – Reflexionen – Implikationen. Gabler, Wiesbaden, 1996, zugleich Dissertation, Katholische Universität Eichstätt-Ingolstadt, Eichstätt, 1996.

Schmid, S. (1998). Shareholder-Value-Orientierung als oberste Maxime der Unternehmungsführung? – Kritische Überlegungen aus der Perspektive des Strategischen Managements. In: Zeitschrift für Planung, Jg. 9, Nr. 3/1998, S. 219-238.

Schmid, S. (2000). Was versteht man eigentlich unter Globalisierung...? Ein kritischer Überblick über die Globalisierungsdiskussion. Diskussionsbeitrag Nr. 144 der Wirtschaftswissenschaftlichen Fakultät Ingolstadt, Katholische Universität Eichstätt-Ingolstadt, Eichstätt, 2000.

Schmid, S. (2002). Strategien der grenzüberschreitenden Unternehmungstätigkeit. Diskussionsbeitrag Nr. 157 der Wirtschaftswissenschaftlichen Fakultät Ingolstadt, Katholische Universität Eichstätt-Ingolstadt, Eichstätt, 2002.

Schmid, S. (2003). Blueprints From the U.S.? Zur Amerikanisierung der Betriebswirtschafts- und Managementlehre. ESCP-EAP Working Paper Nr. 2, ESCP-EAP Europäische Wirtschaftshochschule, Berlin, 2003.

Schmid, S. (2007). Strategien der Internationalisierung – Ein Überblick. In: Schmid, S. (Hrsg.): Strategien der Internationalisierung. Fallstudien und Fallbeispiele. 2. Auflage, Oldenbourg, München, Wien, 2007, S. 3-34.

Schmid, S. (2009). Strategies of Internationalization – An Overview. ESCP-EAP Working Paper Nr. 47, ESCP-EAP Europäische Wirtschaftshochschule, Berlin, 2009.

Schmid, S., Bäurle, I. & Kutschker, M. (1998). Tochtergesellschaften in international tätigen Unternehmungen – Ein "State-of-the-Art" unterschiedlicher Rollentypologien. Diskussionsbeitrag Nr. 104 der Wirtschaftswissenschaftlichen Fakultät Ingolstadt, Katholische Universität Eichstätt-Ingolstadt, Eichstätt, 1998.

Schmid, S. & Dost, R. (2009). Management in unterschiedlichen Kulturen – Zentrale Ergebnisse der GLOBE-Studie. In: WISU – Das Wirtschaftsstudium, Jg. 38, Nr. 11/2009, S. 1467-1472 und S. 1513.

Schmid, S. & Grosche, P. (2008). Management internationaler Wertschöpfung in der Automobilindustrie – Strategie, Struktur und Kultur. Bertelsmann Stiftung, Gütersloh, 2008.

Schmid, S. & Grosche, P. (2009). Konfiguration und Koordination von Wertschöpfungsaktivitäten in internationalen Unternehmen – Ein kritischer Beitrag zum State-of-the Art. ESCP Europe Working Paper Nr. 48, ESCP Europe Wirtschaftshochschule, Berlin, 2009.

Schmid, S., Grosche, P., Bernhart, W. & Schott, S. (2011). Focus on Corporate Culture and Networks: How Automotive Companies Successfully Coordinate Their Activities Across Borders. A Joint Study Conducted by ESCP Europe and Roland Berger, Berlin, München, 2011.

Schmid, S. & Kotulla, T (2009a). The Debate on Standardization and Adaptation in International Marketing and Management Research – What Do We Know, What Should We Know? ESCP Europe Working Paper Nr. 50, ESCP Europe Wirtschaftshochschule, Berlin, 2009.

Schmid, S. & Kotulla, T. (2009b). Standardization and Adaptation in International Marketing and Management – From a Critical Literature Analysis to a Theoretical Framework. In: Larimo, J. (Hrsg.): Strategies and Management of Internationalization and Foreign Operations. Vaasan Yliopiston Julkaisuja, Vaasa, 2009, S. 311-350.

Schmid, S. & Kotulla, T. (2010). Die GLOBE-Studie – Kultur und erfolgreiches Leadership in Zeiten der Globalisierung. In: WiSt – Wirtschaftswissenschaftliches Studium, Jg. 39, Nr. 2/2010, S. 61-67.

Schmid, S. & Kotulla, T. (2011a). Internationale Standardisierung und Differenzierung des Marketing – Ergebnisse einer metaanalytischen Untersuchung. In: Mann, A. (Hrsg.): Herausforderungen der internationalen marktorientierten Unternehmensführung. Festschrift zum 65. Geburtstag von Reinhard Hünerberg. Gabler, Wiesbaden, 2011, S. 151-176.

Schmid, S. & Kotulla, T. (2011b). 50 Years of Research on International Standardization and Adaptation – From a Systematic Literature Analysis to a Theoretical Framework. In: International Business Review, Jg. 20, Nr. 5/2011, S. 491-507.

Schmid, S. & Kotulla, T. (2012). To Standardize or to Adapt? A Comprehensive Review and Assessment of the Literature. In: Zentes, J. (Hrsg.): Markteintrittsstrategien. Dynamik und Komplexität. mir-Edition, Springer Gabler, Wiesbaden, 2012, S. 51-93.

Schmid, S. & Machulik, M. (2006). What has Perlmutter Really Written? A Comprehensive Analysis of the EPRG Concept. ESCP-EAP Working Paper Nr. 16, ESCP-EAP Europäische Wirtschaftshochschule, Berlin, 2006.

Schmid, S. & Oesterle, M.-J. (2009). Internationales Management als Wissenschaft – Herausforderungen und Zukunftsperspektiven. In: Oesterle, M.-J. & Schmid, S. (Hrsg.): Internationales Management. Forschung, Lehre, Praxis. Schäffer-Poeschel, Stuttgart, 2009, S. 3-36.

Scholderer, J. & Balderjahn, I. (2006). Was unterscheidet harte und weiche Strukturgleichungsmodelle nun wirklich? Ein Klärungsversuch zur LISREL-PLS-Frage. In: Marketing ZFP – Journal of Research and Management, Jg. 28, Nr. 1/2006, S. 57-70.

Schramm-Klein, H. & Morschett, D. (2006). The Relationship Between Marketing Performance, Logistics Performance and Company Performance for Retail Companies. In: International Review of Retail, Distribution and Consumer Research, Jg. 16, Nr. 2/2006, S. 277-296.

Schuh, A. (2000). Global Standardization as a Success Formula for Marketing in Central Eastern Europe? In: Journal of World Business, Jg. 35, Nr. 2/2000, S. 133-148.

Schuh, A. (2007). Brand Strategies of Western MNCs as Drivers of Globalization in Central and Eastern Europe. In: European Journal of Marketing, Jg. 41, Nr. 3/2007, S. 274-291.

Shamsuzzoha, A., Helo, P.T. & Kekäle, T. (2010). Application of Modularity in World Automotive Industries: A Literature Analysis. In: International Journal of Automotive Technology & Management, Jg. 10, Nr. 4/2010, S. 361-377.

Shipchandler, Z.E. & Moore, J.S. (2000). Product Customization for the U.S. Market: An Expert System Comparison of British, German, and Japanese Subsidiaries. In: Multinational Business Review, Jg. 8, Nr. 1/2000, S. 22-28.

Shoham, A. (1995). Global Marketing Standardization. In: Journal of Global Marketing, Jg. 9, Nr. 1/1995, S. 91-119.

Shoham, A. (1996). Marketing-Mix Standardization: Determinants of Export Performance. In: Journal of Global Marketing, Jg. 10, Nr. 2/1996, S. 53-72.

Shoham, A. (1999). Bounded Rationality, Planning, Standardization of International Strategy, and Export Performance: A Structural Model Examination. In: Journal of International Marketing, Jg. 7, Nr. 2/1999, S. 24-50.

Shoham, A. (2002). Standardization of International Strategy and Export Performance: A Meta-Analysis. In: Journal of Global Marketing, Jg. 16, Nr. 1/2002, S. 97-120.

Shoham, A. & Albaum, G. (1994). The Effects of Transfer of Marketing Methods on Export Performance: An Empirical Examination. In: International Business Review, Jg. 3, Nr. 3/1994, S. 219-241.

Shoham, A., Brencic, M.M., Virant, V. & Ruvio, A. (2008). International Standardization of Channel Management and Its Behavioral and Performance Outcomes. In: Journal of International Marketing, Jg. 16, Nr. 2/2008, S. 120-151.

Shugan, S.M. (2002). In Search of Data: An Editorial. In: Marketing Science, Jg. 21, Nr. 4/2002, S. 369-377.

Simms, C. & Trott, P. (2010). Packaging Development: A Conceptual Framework for Identifying New Product Opportunities. In: Marketing Theory, Jg. 10, Nr. 4/2010, S. 397-415.

Simon, H.A. (1978). Rationality as Process and as Product of Thought. In: The American Economic Review, Jg. 68, Nr. 2/1978, S. 1-16.

Simon, H.A. (1991). Bounded Rationality and Organizational Learning. In: Organization Science, Jg. 2, Nr. 1/1991, S. 125-134.

Singh, N., Zhao, H. & Hu, X. (2005). Analyzing the Cultural Content of Web Sites: A Cross-National Comparison of China, India, Japan, and US. In: International Marketing Review, Jg. 22, Nr. 2/2005, S. 129-145.

Sirisagul, K. (2000). Global Advertising Practices: A Comparative Study. In: Journal of Global Marketing, Jg. 14, Nr. 3/2000, S. 77-97.

Skiera, B. & Albers, S. (2008). Regressionsanalyse. In: Herrmann, A., Homburg, C. & Klarmann, M. (Hrsg.): Handbuch Marktforschung. 3. Auflage, Gabler, Wiesbaden, 2008, S. 467-497.

Skrzipek, M. (2005). Shareholder Value versus Stakeholder Value. Ein Vergleich des US-amerikanischen Raums mit Österreich. Deutscher Universitäts-Verlag, Wiesbaden, 2005, zugleich Dissertation, Wirtschaftsuniversität Wien, 2005.

Smith, R., Olah, D., Hansen, B. & Cumbo, D. (2003). The Effect of Questionnaire Length on Participant Response Rate: A Case Study in the U.S. Cabinet Industry. In: Forest Products Journal, Jg. 53, Nr. 11/2003, S. 33-36.

Solberg, C.A. (2000). Educator Insights: Standardization or Adaptation of the International Marketing Mix: The Role of the Local Subsidiary/Representative. In: Journal of International Marketing, Jg. 8, Nr. 1/2000, S. 78-98.

Solberg, C.A. (2002). The Perennial Issue of Adaptation or Standardization of International Marketing Communication: Organizational Contingencies and Performance. In: Journal of International Marketing, Jg. 10, Nr. 3/2002, S. 1-21.

Sorenson, R.Z. & Wiechmann, U.E. (1975). How Multinationals View Marketing Standardization. In: Harvard Business Review, Jg. 53, Nr. 3/1975, S. 38-54 und S. 167.

SoSciSurvey (2011). oFb Online-Fragebogen. München, 2011. URL: https://www.soscisurvey.de (Stand 29.09.2011).

Sousa, C.M.P. & Bradley, F. (2005). Global Markets: Does Psychic Distance Matter? In: Journal of Strategic Marketing, Jg. 13, Nr. 1/2005, S. 43-59.

Sousa, C.M.P. & Bradley, F. (2008). Antecedents of International Pricing Adaptation and Export Performance. In: Journal of World Business, Jg. 43, Nr. 3/2008, S. 307-320.

Sousa, C.M.P. & Lengler, J. (2009). Psychic Distance, Marketing Strategy and Performance in Export Ventures of Brazilian Firms. In: Journal of Marketing Management, Jg. 25, Nr. 5/2009, S. 591-610.

Squires, D. (1988). Production Technology, Costs, and Multiproduct Industry Structure: An Application of the Long-Run Profit Function to the New England Fishing Industry. In: Canadian Journal of Economics, Jg. 21, Nr. 2/1988, S. 359-378.

Stanley, T.D. & Jarrell, S.B. (2005). Meta-Regression Analysis: A Quantitative Method of Literature Surveys. In: Journal of Economic Surveys, Jg. 19, Nr. 3/2005, S. 299-308.

Starbuck, W.H. & Mezias, J.M. (1996). Opening Pandora's Box: Studying the Accuracy of Managers' Perceptions. In: Journal of Organizational Behavior, Jg. 17, Nr. 2/1996, S. 99-117.

Statistisches Bundesamt (2010). Statistisches Jahrbuch 2010. Wiesbaden, 2010.

Stewart, D.B. (1997). Domestic Competitive Strategy and Export Marketing Strategy: The Impact of Fit on the Degree of Internationalisation of SMEs. In: Journal of Marketing Management, Jg. 13, Nr. 1/1997, S. 105-117.

Stone, M. (1974). Cross-Validatory Choice and Assessment of Statistical Predictions. In: Journal of the Royal Statistical Society, Jg. 36, Nr. 2/1974, S. 111-147.

Subramaniam, M. & Hewett, K. (2004). Balancing Standardization and Adaptation for Product Performance in International Markets: Testing the Influence of Headquarters-Subsidiary Contact and Cooperation. In: Management International Review, Jg. 44, Nr. 2/2004, S. 171-194.

Sullivan, M. (1990). Measuring Image Spillovers in Umbrella-Branded Products. In: Journal of Business, Jg. 63, Nr. 3/1990, S. 309-329.

Suri, R., Anderson, R.E. & Kotlov, V. (2004). The Use of 9-Ending Prices: Contrasting the USA With Poland. In: European Journal of Marketing, Jg. 38, Nr. 1/2004, S. 56-72.

Swoboda, B. (2002). Dynamische Prozesse der Internationalisierung. Managementtheoretische und empirische Perspektiven des unternehmerischen Wandels. Deutscher Universitäts-Verlag, Wiesbaden, 2002.

Swoboda, B., Zentes, J. & Elsner, S. (2009). Internationalisation of Retail Firms: State of the Art After 20 Years of Research. In: Marketing ZFP – Journal of Research and Management, Jg. 31, Nr. 2/2009, S. 105-126.

Tai, S.H.C. (1997). Advertising in Asia: Localize or Regionalize? In: International Journal of Advertising, Jg. 16, Nr. 1/1997, S. 48-61.

Tai, S.H.C. & Pae, J.H. (2002). Effects of TV Advertising on Chinese Consumers: Local versus Foreign-Sourced Commercials. In: Journal of Marketing Management, Jg. 18, Nr. 1/2002, S. 49-72.

Taylor, C.R. & Johnson, C.M. (2002). Standardized vs. Specialized International Advertising Campaigns: What We Have Learned from Academic Research in the 1990s. In: Advances in International Marketing, Jg. 12, Nr. 1/2002, S. 45-66.

Taylor, C.R. & Okazaki, S. (2006). Who Standardizes Advertising More Frequently, and Why Do They Do So? A Comparison of U.S. and Japanese Subsidiaries' Advertising Practices in the European Union. In: Journal of International Marketing, Jg. 14, Nr. 1/2006, S. 98-120.

Tellis, G.J. & Chandrasekaran, D. (2010). Extent and Impact of Response Biases in Cross-National Survey Research. In: International Journal of Research in Marketing, Jg. 27, Nr. 4/2010, S. 329-341.

Theobald, A., Dreyer, M. & Starsetzki, T. (2003, Hrsg.). Online-Marktforschung. 2. Auflage, Gabler, Wiesbaden, 2003.

Theodosiou, M. & Katsikeas, C.S. (2001). Factors Influencing the Degree of International Pricing Strategy Standardization of Multinational Corporations. In: Journal of International Marketing, Jg. 9, Nr. 3/2001, S. 1-18.

Theodosiou, M. & Leonidou, L.C. (2003). Standardization versus Adaptation of International Marketing Strategy: An Integrative Assessment of the Empirical Research. In: International Business Review, Jg. 12, Nr. 2/2003, S. 141-171.

Tixier, M. (2005). Globalization and Localization of Contents: Evolution of Major Internet Sites Across Sectors of Industry. In: Thunderbird International Business Review, Jg. 47, Nr. 1/2005, S. 15-48.

Townsend, J.D., Yeniyurt, S., Cavusgil, S.T. & Deligonul, Z.S. (2004). Exploring the Marketing Program Antecedents of Performance in a Global Company. In: Journal of International Marketing, Jg. 12, Nr. 4/2004, S. 1-24.

Troßmann, E. (2008). Internes Rechnungswesen. In: Corsten, H. & Reiß, M. (Hrsg.): Betriebswirtschaftslehre. Band 1. 4. Auflage, Oldenbourg, München, Wien, 2008, S. 99-219.

Tryfos, P. (1975). The Measurement of Price Elasticities in International Trade. In: American Journal of Agricultural Economics, Jg. 57, Nr. 4/1975, S. 689-691.

Tyagi, P.K. (1989). The Effects of Appeals, Anonymity, and Feedback on Mail Survey Response Patterns from Salespeople. In: Journal of the Academy of Marketing Science, Jg. 17, Nr. 3/1989, S. 235-241.

Überla, K. (1984). Faktorenanalyse. 2. Auflage, Springer, Berlin, 1984.

United Nations (2011). World Investment Report 2011. New York, Genf, 2011.

Urban, D. & Mayerl, J. (2011). Regressionsanalyse: Theorie, Technik und Anwendung. 4. Auflage, Verlag für Sozialwissenschaften, Wiesbaden, 2011.

van de Ven, A.H. & Drazin, R. (1985). The Concept of Fit in Contingency Theory. In: Barry, M.S. & Cummings, L.L. (Hrsg.): Research in Organizational Behavior. JAI Press, Greenwich, 1985, S. 333-365.

van Goor, H. & van Goor, A. (2007). The Usefulness of the Basic Question Procedure for Determining Non-Response Bias in Substantive Variables. In: International Journal of Market Research, Jg. 49, Nr. 2/2007, S. 221-236.

Varian, H.R. (2010). Intermediate Microeconomics. A Modern Approach. 8. Auflage, Norton, New York, 2010.

Venkatraman, N. (1989). The Concept of Fit in Strategy Research: Toward Verbal and Statistical Correspondence. In: Academy of Management Review, Jg. 14, Nr. 3/1989, S. 423-444.

Venkatraman, N. & Camillus, J.C. (1984). Exploring the Concept of "Fit" in Strategic Management. In: Academy of Management Review, Jg. 9, Nr. 3/1984, S. 513-525.

Verlegh, P.W.J. & Steenkamp, J.-B.E.M. (1999). A Review and Meta-Analysis of Country-of-Origin Research. In: Journal of Economic Psychology, Jg. 20, Nr. 5/ 1999, S. 521-546.

Verwaal, E., Commandeur, H. & Verbeke, W. (2009). Value Creation and Value Claiming in Strategic Outsourcing Decisions: A Resource Contingency Perspective. In: Journal of Management, Jg. 35, Nr. 2/2009, S. 420-444.

Viswanathan, N.K. & Dickson, P.R. (2007). The Fundamentals of Standardizing Global Marketing Strategy. In: International Marketing Review, Jg. 24, Nr. 1/2007, S. 46-63.

Vlachos, P.A. (2010). Methods for Detecting Non-Linear Effects in Latent Variable Structural Equation Models: An Exhibition of the Two-Stage Least Squares Method. In: Marketing Review, Jg. 10, Nr. 2/2010, S. 135-145.

von Hippel, P.T. (2004). Biases in SPSS 12.0 Missing Value Analysis. In: American Statistician, Jg. 58, Nr. 2/2004, S. 160-164.

von Wright, G.H. (2008). Erklären und Verstehen. Europäische Verlagsanstalt, Hamburg, 2008.

Vrontis, D., Thrassou, A. & Lamprianou, I. (2009). International Marketing Adaptation Versus Standardisation of Multinational Companies. In: International Marketing Review, Jg. 26, Nr. 4/2009, S. 477-500.

Waheeduzzaman, A.N.M. & Dube, L.F. (2004). Trends and Development in Standardization Adaptation Research. In: Journal of Global Marketing, Jg. 17, Nr. 4/2004, S. 23-52.

Waller, D.L. (2003). Operations Management. A Supply Chain Approach. 2. Auflage, Thomson, London, 2003.

Walters, P.G.P. & Toyne, B. (1989). Product Modification and Standardization in International Markets: Strategic Options and Facilitating Policies. In: Columbia Journal of World Business, Jg. 24, Nr. 4/1989, S. 37-44.

Weathers, D., Sharma, S. & Niedrich, R.W. (2005). The Impact of the Number of Scale Points, Dispositional Factors, and the Status Quo Decision Heuristic on Scale Reliability and Response Accuracy. In: Journal of Business Research, Jg. 58, Nr. 11/2005, S. 1516-1524.

Webster, F.E. & Wind, Y. (1972). Organizational Buying Behavior. Prentice-Hall, New Jersey, 1972.

Weiber, R. & Mühlhaus, D. (2010). Strukturgleichungsmodellierung. Eine anwendungsorientierte Einführung in die Kausalanalyse mit Hilfe von AMOS, SmartPLS und SPSS. Springer, Berlin, 2010.

Weijters, B., Cabooter, E. & Schillewaert, N. (2010). The Effect of Rating Scale Format on Response Styles: The Number of Response Categories and Response Category Labels. In: International Journal of Research in Marketing, Jg. 27, Nr. 3/2010, S. 236-247.

Weis, H.C. & Steinmetz, P. (2008). Marktforschung. 7. Auflage, Kiehl, Ludwigshafen, 2008.

Welge, M.K. & Al-Laham, A. (2008). Strategisches Management. Grundlagen – Prozess – Implementierung. 5. Auflage, Gabler, Wiesbaden, 2008.

Wer und Was (2010a). Körperpflege-, Wasch- und Reinigungsmittel-Industrie 2010/ 2011. Firmen – Fakten – Führungskräfte. Behr's, Hamburg, 2010.

Wer und Was (2010b). Süßwaren-Industrie 2010/2011. Firmen – Fakten – Führungskräfte. Behr's, Hamburg, 2010.

Wer zu Wem (2011). Unternehmen Industrie 2011. Hamburg, 2011. URL: http://www.wer-zu-wem.de/industrie (Stand: 10.01.2011).

Westbrook, R.A. & Reilly, M.D. (1983). Value-Percept Disparity: An Alternative to the Disconfirmation of Expectations Theory of Consumer Satisfaction. In: Advances in Consumer Research, Jg. 10, Nr. 1/1983, S. 256-261.

Wolf, J. (2000). Der Gestaltansatz in der Management- und Organisationslehre. Gabler, Wiesbaden, 2000.

Wolf, J. (2011). Organisation, Management, Unternehmensführung: Theorien, Praxisbeispiele und Kritik. 4. Auflage, Gabler, Wiesbaden, 2011.

Wong, H.Y. & Merrilees, B. (2008). Determinants of SME International Marketing Communications. In: Journal of Global Marketing, Jg. 21, Nr. 4/2008, S. 293-305.

World Trade Organization (2004). International Trade Statistics 2004. Genf, 2004.

World Trade Organization (2010). International Trade Statistics 2010. Genf, 2010.

XING (2011). Geschäftsbericht 2010. Hamburg, 2011.

Xu, S., Cavusgil, S.T. & White, J.C. (2006). The Impact of Strategic Fit Among Strategy, Structure, and Processes on Multinational Corporation Performance: A Multimethod Assessment. In: Journal of International Marketing, Jg. 14, Nr. 2/2006, S. 1-31.

Yamin, M. & Altunisik, R. (2003). A Comparison of Satisfaction Outcomes Associated With Adapted and Non-Adapted Products. Domestic Versus Imported Washing Machines in Turkey. In: International Marketing Review, Jg. 20, Nr. 6/2003, S. 604-620.

Zaichkowsky, J.L. (1985). Measuring the Involvement Construct. In: Journal of Consumer Research, Jg. 12, Nr. 3/1985, S. 341-352.

Zeithaml, C.A., Varadarajan, P.R. & Zeithaml, C.P. (1988). The Contingency Approach: Its Foundations and Relevance to Theory Building and Research in Marketing. In: European Journal of Marketing, Jg. 22, Nr. 7/1988, S. 37-64.

Zelewski, S. (2008). Grundlagen. In: Corsten, H. & Reiß, M. (Hrsg.): Betriebswirtschaftslehre. Band 1. 4. Auflage, Oldenbourg, München, Wien, 2008, S. 1-97.

Zentes, J. & Morschett, D. (2007). Internationales Dienstleistungsmarketing. Einflussfaktoren auf die Entscheidung über Standardisierung vs. Differenzierung. In: Bayón, T., Herrmann, A. & Huber, F. (Hrsg.): Vielfalt und Einheit in der Marketingwissenschaft. Ein Spannungsverhältnis. Hans H. Bauer zum 60. Geburtstag. Gabler, Wiesbaden, 2007, S. 591-612.

Zentes, J. & Schramm-Klein, H. (2009). Internationales Management aus der Perspektive des Internationalen Marketings. In: Oesterle, M.-J. & Schmid, S. (Hrsg.): Internationales Management. Forschung, Lehre, Praxis. Schäffer-Poeschel, Stuttgart, 2009, S. 619-652.

Zentes, J. & Schramm-Klein, H. & Morschett, D. (2004). Außenhandel und internationales Marketing. In: Zentes, J., Morschett, D. & Schramm-Klein, H. (Hrsg.): Außenhandel. Marketingstrategien und Managementkonzepte. Gabler, Wiesbaden, 2004, S. 3-25.

Zentes, J., Swoboda, B. & Schramm-Klein, H. (2010). Internationales Marketing. 2. Auflage, Vahlen, München, 2010.

Zou, S. & Cavusgil, S.T. (2002). The GMS: A Broad Conceptualization of Global Marketing Strategy and Its Effect on Firm Performance. In: Journal of Marketing, Jg. 66, Nr. 4/2002, S. 40-56.

Von der Promotion zum Buch

WWW.GABLER.DE

Sie haben eine wirtschaftswissenschaftliche Dissertation bzw. Habilitation erfolgreich abgeschlossen und möchten sie als Buch veröffentlichen?

Zeigen Sie, was Sie geleistet haben.
Publizieren Sie Ihre Dissertation als Buch bei Gabler Research.
Ein Buch ist nachhaltig wirksam für Ihre Karriere.
Nutzen Sie die Möglichkeit mit Ihrer Publikation bestmöglich sichtbar und wertgeschätzt zu werden – im Umfeld anerkannter Wissenschaftler und Autoren.
Qualitative Titelauswahl sowie namhafte Herausgeber renommierter Schriftenreihen bürgen für die Güte des Programms.

Ihre Vorteile:

- Kurze Produktionszyklen: Drucklegung in 6-8 Wochen
- Dauerhafte Lieferbarkeit print und digital: Druck + E-Book in SpringerLink Zielgruppengerechter Vertrieb an Wissenschaftler, Bibliotheken, Fach- und Hochschulinstitute und (Online-)Buchhandel
- Umfassende Marketingaktivitäten: E-Mail-Newsletter, Flyer, Kataloge, Rezensionsexemplar-Versand an nationale und internationale Fachzeitschriften, Präsentation auf Messen und Fachtagungen etc.

▶ Möchten Sie Autor beim Gabler Verlag werden? Kontaktieren Sie uns!

Ute Wrasmann | Lektorat Wissenschaftliche Monografien
Tel. +49 (0)611.7878-239 | Fax +49 (0)611.7878-78-239 | ute.wrasmann@gabler.de

KOMPETENZ IN SACHEN WIRTSCHAFT GABLER

Springer Gabler RESEARCH

„mir-Edition"
Hrsg./Eds.: Andreas Al-Laham, Johann Engelhard,
Michael Kutschker, Klaus Macharzina, Michael-Jörg Oesterle,
Stefan Schmid, Martin K. Welge, Joachim Wolf
zuletzt erschienen:

Philipp Michael Grosche
Konfiguration und Koordination von Wertschöpfungsaktivitäten in internationalen Unternehmen
Eine empirische Untersuchung in der Automobilindustrie
2012. XXVI, 367 S., 50 Abb., 62 Tab., Br. € 59,95
ISBN 978-3-8349-4048-3

Thomas Kotulla
Strategien der internationalen Produktstandardisierung und -differenzierung
2012. XVIII, 300 S., 42 Abb., Br. € 59,95
ISBN 978-3-8349-4437-5

Leif E. Moll
Strategische Erfolgsfaktoren von Shared Services im Personalbereich
Eine praxisorientierte Analyse zur wertorientierten Unternehmensführung
2012. XXIV, 293 S., 57 Abb., 9 Tab., Br. € 59,95
ISBN 978-3-8349-4057-5

Hannah Noriko Richta
Organisationales Lernen als erfolgsrelevantes Konstrukt im Rahmen der Internationalisierung von Unternehmen
2012. XXIX, 558 S., 96 Abb., Br. € 69,95
ISBN 978-3-8349-4215-9

Joachim Zentes (Hrsg.)
Markteintrittsstrategien
Dynamik und Komplexität
2012. X, 293 S., 54 Abb., Br. € 59,95
ISBN 978-3-8349-3503-8

Springer Gabler

Änderungen vorbehalten. Stand: Juni 2012. Erhältlich im Buchhandel oder beim Verlag.
Abraham-Lincoln-Str. 46 . 65189 Wiesbaden . www.springer-gabler.de